全国高等医学院校教材

行为医学

（第3版）

主　编　王明旭　李兴民
副主编　张持晨　江　泳　李小龙
编　者（以姓氏笔画为序）

王　彧	哈尔滨医科大学	李小龙	商洛职业技术学院
王明旭	西安交通大学	李兴民	陕西中医药大学
田旭升	黑龙江中医药大学	杨晓照	中山大学
田志强	山西医科大学	肖　霞	昆明医科大学
刘　冰	火箭军特色医学中心	吴　丹	深圳大学
刘传新	济宁医学院	张持晨	南方医科大学
刘惠军	天津医科大学	张瑞彬	南方医科大学
刘德祥	山东大学	张殿君	牡丹江医学院
闫冠韫	哈尔滨医科大学	陆　姣	山西医科大学
江　泳	成都中医药大学	郑菊贤	西安市第九医院
杜文琪	青海大学	贺红梅	河南大学

北京大学医学出版社

XINGWEI YIXUE

图书在版编目（CIP）数据

行为医学 / 王明旭，李兴民主编 . —3 版 . —北京：北京大学医学出版社，2021.5
ISBN 978-7-5659-2139-1

Ⅰ.①行… Ⅱ.①王…②李… Ⅲ.①行为医学－医学院校－教材 Ⅳ.①R395.1

中国版本图书馆 CIP 数据核字（2021）第 022524 号

行为医学（第 3 版）

主　　编：王明旭　李兴民
出版发行：北京大学医学出版社（电话：010-82802230）
地　　址：（100191）北京市海淀区学院路 38 号　北京大学医学部院内
电　　话：发行部 010-82802230；图书邮购 010-82802495
网　　址：http://www.pumpress.com.cn
E-mail：booksale@bjmu.edu.cn
印　　刷：北京瑞达方舟印务有限公司
经　　销：新华书店
责任编辑：崔玲和　　责任校对：靳新强　　责任印制：李　啸
开　　本：850 mm×1168 mm　1/16　印张：19.25　字数：490 千字
版　　次：2021 年 5 月第 3 版　2021 年 5 月第 1 次印刷
书　　号：ISBN 978-7-5659-2139-1
定　　价：48.00 元

版权所有，违者必究

（凡属质量问题请与本社发行部联系退换）

第 3 版前言

2019年12月28日国家颁布的《中华人民共和国基本医疗卫生与健康促进法》起到了为健康中国战略保驾护航的巨大作用。《健康中国行动（2019—2030年）》更具体地强调了对全民健康行为的引导及全生命周期的健康服务。一场肆虐全球的新冠肺炎疫情提高了全民的健康意识并强化了健康行为，人类卫生健康共同体的打造越来越成为国际社会的共识。所有这些构成了这本《行为医学》教材再版的宏观背景。

《行为医学》（第2版·修订版）于2009年出版，距现在已有10余年。作为一门学科，行为医学在这10余年中有了长足的发展，更重要的是人们对这门学科有了进一步的了解，认识到行为医学是研究人类健康与疾病相关行为的学科，它把与健康、疾病有关的行为科学技术和生物医学技术整合起来，应用于疾病的预防、诊断、治疗和康复。

现代的疾病谱、死亡谱几乎都与不良的生活方式和心理行为有着密切的关系，如心血管疾病、消化系统疾病、内分泌疾病、精神及神经系统疾病等的发病和预防无不与行为方式有着明显的关系。这10余年来，行为医学在医学中的地位得到了提高，无论是医学的各专业、各学科，还是相关专业或学科，均已离不开对人类行为的认识和研究。人们已达成了共识，那就是，医学就是"人学"，它是研究人的健康和疾病，为促进人类健康服务的，医学若不关注人的行为就可能偏离了医学宗旨。因此，医学教育中加强行为医学知识的教学相当重要。

本版《行为医学》在编写过程中注意了对行为医学近10余年来新成就的补充。此外，由于行为医学与基础医学、临床医学关系密切，所以在第3版编写过程中，全体编者坚持行为科学与医学更紧密的结合，做到"构思严谨、重点突出、内容规范、资料翔实"，力求基本理论、基本知识和基本技能脉络清晰，反映出医学领域行为科学的基本内容和前沿进展；加强了疾病发生与行为关系的讨论，对原疾病与行为关系的章节进行了调整和充实，原第2版·修订版第十章、第十一章变为新版的第十二章和第十三章，分别为与心理行为相关的功能性躯体障碍疾病和器质性疾病；结合目前与性行为有关的流行病增加趋势明显的特点，增加了性传播疾病与行为医学一章，涉及的面宽泛了许多。

本版将第2版·修订版的心理咨询与心理行为治疗分为2章，使内容更加容易展开阐述。过去一些学者认为心理咨询是医学心理学的主要内容，与行为医学关系不甚密切，但现实证明，预防许多不良行为、高危行为以及不良生活方式所致疾病时，心理咨询仍起着重要的作用，所以本版增加了心理行为健康咨询的内容。

为了集思广益，本版在编写时主编组织及聘请了全国近20所院校的相关教师参与编写工作。在统稿时我们发现本书稿质量确实有了较大幅度的提高，但也增加了一些难度，在对一些学术问题的认识上，由于各人手头的资料不同，所以有些观点分歧较大，这也是好事，在促进

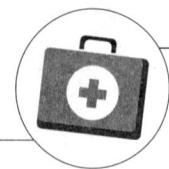

大家对一些问题的统一认识过程中，相应地也促进了书稿质量的提高。

本书的编写倾注了所有编者的辛勤劳动，得到了北京大学医学出版社的大力支持，在此一并表示衷心感谢！

虽然全体编者尽心尽力完成了本教材的编写，但由于学术水平和能力有限，本书可能还存在很多不足，希望各校师生多提宝贵意见，以期再版时改进。

王明旭　李兴民

2020 年 6 月 20 日

第2版前言

行为是主体心理活动的外部表现，是主体和外部环境复杂互动的结果。所有的医疗、预防、保健、康复等活动都是由一系列复杂行为组成的。因此，不研究人的行为就无法理解医学的本质和规律，就不能有效地进行医学活动和培养优秀的医学人才。

行为医学，虽是一门新兴学科，但它的起点高，发展迅速。世界上第一次行为医学大会1977年在美国耶鲁大学召开。在欧美发达国家，不仅将行为医学作为医学生的必修课程，而且纳入职业医师考试的范畴。20世纪80年代中期以后，我国医学院校陆续开设行为医学课程。许多学校将行为医学列为医学生的必修课程，一些学校则作为选修课程，不少的学校不仅在本科生中开课，而且在研究生中也开设了行为医学的课程。已有相当多的医疗卫生单位，将行为医学作为医务人员继续教育的重要的内容。

本书第一版出版于2000年，对行为医学的学科建设以及医学院校的教学指导工作发挥了一定的作用。但随着社会经济的快速发展和医学科学的不断进步，行为医学这门新兴学科，在进入21世纪后得到了较快的发展，其理论成果和操作技术不断得到丰富和完善，其学科体系日趋成熟，尤其在临床各专业的应用发展迅速，并取得了一系列的突破，因而对本书第一版进行系统修改势在必行。

本版对第一版的章节做了较大幅度的调整，删除了原有的第三章、第十一章、第十四章，对其他章节的顺序和内容也做了改动，增加或完善了一些章节。如将不同年龄和性别的行为与常见病关系单列，系统叙述，使全书脉络更为清晰。

其次，本版对一些概念、理论和方法作了比较详细和审慎的修订，使之更加完善，更加符合行为医学研究中取得的共识。

再次，本版更加强调人的行为的生物性和社会性的统一，并把这一观点贯穿于全书的始终。

最后，本版编者进行了大幅度的调整，吸收了国内部分高校的行为医学专家参与编撰，进一步完善和提高了本书质量。

本书第一版主编张文教授出于提携青年学者成长的崇高动机，恳切推荐本书第1版副主编王明旭教授担任第2版教材的主编。在编写过程中，张文教授倾注了大量心血给予指导和帮助，并仔细审阅了全部书稿。在此，我们对张文教授的崇高品质与辛勤劳动致以诚挚的敬意和衷心的感谢！

我们力求本版有所提高，以适应行为医学学科建设的发展和教学需求，但难免仍有不妥之处，殷切希望使用本教材的师生和行为医学同道批评指正。

编者

2007年6月10日

第1版前言

行为医学是行为科学与医学的结合，是研究行为因素在人体健康和疾病发生中作用规律的一门学科，也是行为科学在医学领域中的具体应用。它为医学教育、医疗实践和医科科研工作提供了现代行为科学的观点、方法和技术。

行为医学是近30年来才发展起来的学科，在国外的医学教育中，行为科学是一门重要的必修课程。但在我国医学教育中，开设这门课程起步甚晚。1981年7月，世界卫生组织在北京举办精神病教学讲习班，各国专家一再强调医学教学中讲授行为科学的重要性。在学习班结束时，我国卫生部有关领导与来自各医学院校的教师座谈时，也号召大家创造条件尽快在我国医学院校开设行为医学课程。20世纪80年代中期，我国有些医学院校开始试验开设这门课程。1991年夏天，我国卫生部和世界卫生组织又联合在北京举办了"社会心理因素和行为与健康研讨会"，会议期间，国家卫生部直属院校校长、教务长和国外专家，都认为高等医学院校应加强行为医学和医学心理学的教学，使医学生能理解人的行为及其与疾病的关系，以适应当前医疗实践的需要。在我国举办的这两次与行为医学密切相关的国际性学术活动，对促进我国行为医学的发展有着非常重要的意义。也正是在这两次国际性学术活动的影响下，我国一些医学院校相继开设了行为医学课程。

我们这次在编写该教材过程中，先后参阅了几家兄弟院校近年编写的这方面教材，发现各家教材的体系和涉及的内容差异较大，说明这门课程要完全达到认识统一、内容规范，还要有一个较长的过程。

行为医学涉及了从基础到临床、从生理学到心理学、社会学等许多学科，其机制研究又与神经内分泌学关系十分密切。因而我们在编写过程中，除注重理论的探讨外，同时也对动物行为实验室研究和临床研究的成就适当采纳，尽量做到理论和实践的结合。

本书共分15章。第1~3章介绍了行为科学有关的理论和研究方法，第4~5章分别介绍了不良行为与吸毒、自杀等高危行为，第6章介绍了变态行为，第7章介绍了行为医学与常见病多发病。第8章介绍了儿童的行为医学问题。第9章和第10章介绍了求医行为与医疗行为和医患行为互动。第11章介绍药物与行为。第12~15章介绍了行为测量与应用，心理行为治疗及社区和不同人群的心理卫生保健工作。

本书承蒙西安医科大学毛磊教授审阅，在此表示诚挚的谢意。由于本学科在理论体系方面还未完全成熟，加之编写者水平有限，故错误之处一定不少，欢迎使用本书的师生和广大读者批评指正。

编者

1999年10月10日

目 录

第一章 绪论 … 1

第一节 行为医学的概念 … 1
- 一、人类的行为 … 1
- 二、行为科学 … 2
- 三、行为医学 … 3

第二节 行为医学研究的内容 … 4
- 一、研究影响人体健康与疾病的各种行为关系 … 4
- 二、探讨个体的求医行为 … 5
- 三、研究医患互动行为和医疗行为 … 5
- 四、研究社区、家庭和不同人群的心理卫生保健和卫生环境行为问题 … 5

第三节 行为医学研究的方法 … 6
- 一、观察法 … 6
- 二、实验法 … 6
- 三、调查法 … 7
- 四、测量法 … 7

第四节 行为医学发展简史 … 8
- 一、行为医学在西方的兴起和发展 … 8
- 二、中国古代有关行为医学思想的论述 … 9
- 三、行为医学在我国的发展 … 10

第二章 行为医学的基本理论 … 12

第一节 人类行为发育特征 … 12
- 一、生物学行为的进化 … 12
- 二、人类行为的遗传 … 14
- 三、人类行为的基本特点 … 14

第二节 行为的神经生物学基础 … 15
- 一、功能性神经解剖学 … 15
- 二、神经的生理变化 … 16
- 三、神经系统的调节功能 … 17

第三节　行为的心理学基础 ... 17
一、认知与行为 ... 17
二、情感与行为 ... 18
三、心理倾向性与行为 ... 18
四、人格与行为 ... 20

第四节　人类行为的社会学基础 ... 23
一、行为的社会化 ... 23
二、社会化的内容 ... 23
三、语言行为与社会操作行为 ... 25
四、社会适应与心理压力 ... 27
五、社会因素与行为发展 ... 29

第三章　人类的本能行为 ... 34

第一节　摄食行为 ... 34
一、生理机制 ... 34
二、摄食行为异常 ... 36
三、文化、社会因素对摄食行为模式的影响 ... 36

第二节　睡眠行为 ... 38
一、睡眠的概念 ... 38
二、睡眠节律与生物钟 ... 38
三、睡眠剥夺对健康的影响 ... 40

第三节　性行为 ... 41
一、概述 ... 41
二、生理机制 ... 42
三、心理基础 ... 44
四、性行为功能 ... 44

第四节　自我防御行为与其他本能行为 ... 45
一、自我防御 ... 45
二、攻击行为 ... 46
三、利他行为 ... 48

第四章　健康行为 ... 51

第一节　概述 ... 51
一、健康的概念 ... 51
二、健康行为的概念 ... 52
三、健康促进行为 ... 52

第二节　影响健康行为的因素 ·· 53
　　一、生物因素 ·· 54
　　二、心理因素 ·· 54
　　三、环境因素 ·· 54
　　四、生活方式 ·· 57
第三节　健康行为的表现 ·· 57
　　一、健康饮食 ·· 58
　　二、生活行为的规律性 ·· 59
　　三、运动和锻炼 ·· 60
　　四、兴趣与心理健康 ·· 61
　　五、其他 ·· 62

第五章　不良行为与高危行为 ·· 63
第一节　不良生活方式与嗜好 ·· 63
　　一、生活不规律 ·· 64
　　二、缺乏运动 ·· 67
　　三、吸烟、酗酒与赌博 ·· 68
第二节　药物成瘾行为 ·· 73
　　一、概述 ·· 73
　　二、成瘾药物的分类 ·· 74
　　三、常见成瘾药物及其特点 ···································· 74
　　四、成瘾药物的危害 ·· 76
　　五、药物成瘾的行为干预 ······································ 77
第三节　暴力攻击及破坏 ·· 77
　　一、暴力攻击行为产生的原因 ·································· 78
　　二、有关暴力攻击行为的学说 ·································· 78
　　三、暴力攻击行为的表现形式 ·································· 79
　　四、暴力攻击行为的干预 ······································ 79

第六章　自杀行为 ·· 82
第一节　概述 ·· 82
　　一、自杀的概念 ·· 82
　　二、自杀的流行病学 ·· 82
　　三、自杀类型及心理过程 ······································ 83
第二节　影响自杀的因素 ·· 84
　　一、自杀的心理因素 ·· 84
　　二、自杀的社会因素 ·· 84

三、自杀与精神障碍 ·· 85

第三节　自杀者的心理行为特点、常见自杀方式与高危人群 ················· 85
　　一、自杀者的心理特征 ·· 85
　　二、自杀者的行为特征与常见自杀方式 ··· 86
　　三、自杀行为的高危群体 ·· 87

第四节　自杀干预 ·· 88
　　一、自杀行为风险评估 ·· 88
　　二、自杀行为干预 ··· 89
　　三、自杀行为疗法 ··· 91
　　四、自杀行为预防 ··· 93

第七章　人格障碍与偏离行为 · 95

第一节　概述 ··· 95
　　一、人格与人格障碍 ·· 95
　　二、人格障碍患病率 ·· 95
　　三、人格障碍对健康的影响 ··· 95

第二节　人格障碍的常见类型 ··· 96
　　一、偏执型人格障碍 ·· 96
　　二、分裂样人格障碍 ·· 96
　　三、反社会型人格障碍 ·· 97
　　四、冲动型人格障碍 ·· 97
　　五、表演型人格障碍 ·· 97
　　六、强迫型人格障碍 ·· 98
　　七、焦虑-回避型人格障碍 ··· 98
　　八、依赖型人格障碍 ·· 99
　　九、其他或待分类的人格障碍 ·· 99

第三节　人格障碍的干预 ··· 99
　　一、心理治疗 ··· 99
　　二、教育和训练 ··· 100
　　三、药物治疗 ·· 100
　　四、预后 ·· 101

第八章　性行为障碍 · 103

第一节　性功能障碍 ·· 103
　　一、性功能障碍的病因 ··· 103
　　二、性功能障碍的类型 ··· 103
　　三、心理行为干预及药物治疗 ·· 104

第二节　性心理障碍 ·105
一、性心理障碍的概念 ·105
二、性心理障碍的形成因素 ·105
三、性心理障碍常见类型 ·106
四、性心理障碍的诊断 ·107
五、性心理障碍的治疗 ·108

第九章　儿童、青少年行为医学 109

第一节　儿童及青少年不同年龄阶段发育特点 ·109
一、儿童、青少年生长发育的一般规律 ·109
二、儿童各器官和系统的生理特点 ·112
三、青少年各器官和系统的生理特点 ·114

第二节　儿童及青少年不同年龄阶段的心理行为特点 ·117
一、婴幼儿的心理行为特点 ·117
二、学龄期儿童的心理行为特点 ·118
三、青少年的心理行为特点 ·119

第三节　儿童、青少年常见的行为障碍 ·122
一、品行障碍 ·122
二、情绪障碍 ·124
三、儿童发育行为障碍 ·125

第四节　儿童行为的保健 ·128
一、培养儿童良好的生活卫生习惯 ·128
二、培养儿童体育锻炼的爱好 ·130
三、培养儿童道德健康 ·132

第十章　中年人的行为医学 134

第一节　中年人的行为特点 ·134
一、中年的概念 ·134
二、中年人的人格特点 ·134
三、中年人的行为模式 ·136

第二节　中年人的行为问题 ·136
一、社会角色变化对行为的影响 ·136
二、与子女关系或冲突的行为问题 ·138
三、不良生活习惯对行为的固定影响 ·139

第三节　婚姻与性行为 ·142
一、婚姻美满与社会行为的协调 ·142
二、夫妻性行为不协调所带来的行为问题 ·143

三、离婚、丧偶、再婚对双方行为的影响 ········· 146

第十一章　老年行为医学 ········· 149

第一节　概述 ········· 149
　　一、老年的概念 ········· 149
　　二、老年行为与老龄化社会 ········· 149
　　三、全球老龄化发展趋势 ········· 150

第二节　老年人的生理特点 ········· 151
　　一、皮肤、毛发和感觉器官的变化 ········· 151
　　二、肌肉、骨骼的变化 ········· 153
　　三、心血管、呼吸、消化系统的变化 ········· 154
　　四、神经系统的变化 ········· 157
　　五、生殖、泌尿及内分泌功能的变化 ········· 157

第三节　老年人的心理行为特点 ········· 159
　　一、记忆、思维和智力 ········· 159
　　二、情绪及个性 ········· 161
　　三、精神障碍和行为表现 ········· 163

第十二章　与心理行为相关的功能性躯体障碍疾病 ········· 165

第一节　概述 ········· 165
　　一、定义、病因与发病机制 ········· 165
　　二、发病情况 ········· 166
　　三、常见与心理行为相关的功能性躯体障碍疾病 ········· 166

第二节　心血管神经症与胃肠道功能障碍 ········· 167
　　一、心血管神经症 ········· 167
　　二、胃肠道功能障碍 ········· 168
　　三、慢性便秘 ········· 171

第三节　其他 ········· 172
　　一、失眠 ········· 172
　　二、慢性疲劳综合征 ········· 174
　　三、经前期综合征 ········· 175
　　四、痛经 ········· 176
　　五、闭经 ········· 176

第十三章　与心理行为相关的器质性疾病 ········· 178

第一节　概述 ········· 178
　　一、行为对器质性疾病发病的影响机制 ········· 178

二、与心理行为相关疾病的分类 ……………………………………………… 179
三、诊断、治疗原则和预防 …………………………………………………… 180

第二节 常见的心脑血管疾病 …………………………………………… 182
一、原发性高血压 ………………………………………………………………… 182
二、冠心病 ………………………………………………………………………… 184
三、脑卒中 ………………………………………………………………………… 186

第三节 代谢性疾病与营养性疾病 ……………………………………… 188
一、糖尿病 ………………………………………………………………………… 188
二、高脂血症 ……………………………………………………………………… 190
三、肥胖 …………………………………………………………………………… 191
四、高尿酸血症和痛风 …………………………………………………………… 192

第四节 肿瘤与行为医学 …………………………………………………… 194
一、恶性肿瘤与行为类型 ………………………………………………………… 195
二、不良生活方式与肿瘤 ………………………………………………………… 196
三、生活事件与恶性肿瘤的发生 ………………………………………………… 196

第十四章 性传播疾病与行为医学 ………………………………………… 200

第一节 性传播疾病概述 …………………………………………………… 200
一、定义 …………………………………………………………………………… 200
二、范围 …………………………………………………………………………… 200
三、流行病学 ……………………………………………………………………… 200
四、病因 …………………………………………………………………………… 202
五、性传播疾病对健康的损害 …………………………………………………… 202

第二节 性传播疾病的干预 ………………………………………………… 203
一、性传播疾病的干预规划 ……………………………………………………… 203
二、预防 …………………………………………………………………………… 204
三、治疗及预后 …………………………………………………………………… 205

第三节 艾滋病与行为医学 ………………………………………………… 206
一、艾滋病的传播与不良性行为 ………………………………………………… 206
二、艾滋病的发病情况 …………………………………………………………… 207
三、艾滋病感染风险评估与阻断治疗 …………………………………………… 207
四、艾滋病的预防 ………………………………………………………………… 209

第十五章 求医行为与医疗行为 …………………………………………… 211

第一节 疾病行为 ……………………………………………………………… 211
一、疾病与疾病行为 ……………………………………………………………… 211
二、影响疾病行为的因素 ………………………………………………………… 213

三、疾病行为的阶段 ………………………………………………………………… 214

第二节　求医行为 ……………………………………………………………………… 215
一、求医行为的分类 ………………………………………………………………… 216
二、求医行为的影响因素 …………………………………………………………… 216

第三节　医疗行为 ……………………………………………………………………… 218
一、医师角色与行为 ………………………………………………………………… 218
二、医师的义务和权利施行与行为 ………………………………………………… 219
三、医师行为评定 …………………………………………………………………… 222

第十六章　心理行为评估 …………………………………………………… 225

第一节　心理测验概述 ………………………………………………………………… 225
一、心理测验的概念 ………………………………………………………………… 225
二、心理测验的分类 ………………………………………………………………… 226
三、心理测验的技术指标 …………………………………………………………… 227
四、心理测验评估的条件 …………………………………………………………… 228

第二节　心理测验在行为评估中的应用 ……………………………………………… 229
一、智力测验 ………………………………………………………………………… 229
二、人格测验 ………………………………………………………………………… 231
三、神经心理测验 …………………………………………………………………… 233

第三节　行为评估与常用行为评估量表 ……………………………………………… 236
一、行为评估概述 …………………………………………………………………… 236
二、心理行为评估的基本知识 ……………………………………………………… 238
三、常用行为评估量表 ……………………………………………………………… 242

第十七章　心理及行为健康咨询 …………………………………………… 247

第一节　概述 …………………………………………………………………………… 247
一、概念与作用 ……………………………………………………………………… 247
二、行为健康咨询与医学心理咨询 ………………………………………………… 247
三、行为健康咨询的保健意义 ……………………………………………………… 248

第二节　心理及行为健康咨询的内容和形式 ………………………………………… 248
一、心理及行为健康咨询的内容 …………………………………………………… 248
二、心理及行为健康咨询的形式 …………………………………………………… 249
三、心理及行为健康咨询的发展方向 ……………………………………………… 250

第三节　健康传播 ……………………………………………………………………… 250
一、健康传播的意义 ………………………………………………………………… 250
二、健康传播的要素 ………………………………………………………………… 250
三、健康传播的方式 ………………………………………………………………… 251

四、健康传播的策略与方法 ………………………………………………………… 252

第十八章　行为医学的治疗学 …………………………………………… 254

第一节　概述 …………………………………………………………………………… 254
一、中国古代的心理行为治疗学 …………………………………………………… 254
二、行为疗法在西方的发展 ………………………………………………………… 256

第二节　认知疗法理论与基本内容 …………………………………………………… 258
一、认知行为及认知疗法概述 ……………………………………………………… 258
二、认知疗法的理论形成与发展 …………………………………………………… 258
三、认知疗法的内容和方法 ………………………………………………………… 259

第三节　行为疗法理论与基本内容 …………………………………………………… 261
一、行为疗法概述 …………………………………………………………………… 261
二、行为疗法的内容和方法 ………………………………………………………… 262

第四节　常用行为疗法 ………………………………………………………………… 263
一、生物反馈疗法 …………………………………………………………………… 263
二、系统脱敏疗法 …………………………………………………………………… 264
三、放松训练 ………………………………………………………………………… 265
四、暗示疗法 ………………………………………………………………………… 265
五、冲击疗法 ………………………………………………………………………… 267
六、厌恶疗法 ………………………………………………………………………… 268
七、正性强化法 ……………………………………………………………………… 270
八、发泄疗法 ………………………………………………………………………… 271
九、森田疗法 ………………………………………………………………………… 272
十、气功疗法 ………………………………………………………………………… 273

第十九章　行为保健 ……………………………………………………… 276

第一节　个体行为保健 ………………………………………………………………… 276
一、概念 ……………………………………………………………………………… 276
二、应对能力与行为保健 …………………………………………………………… 277
三、健康行为与行为保健 …………………………………………………………… 277
四、个人行为保健能力的培养 ……………………………………………………… 278

第二节　家庭行为保健 ………………………………………………………………… 279
一、概念 ……………………………………………………………………………… 279
二、家庭行为特征对个体的影响 …………………………………………………… 279
三、不同家庭结构的行为保健 ……………………………………………………… 280

第三节　社区行为保健 ………………………………………………………………… 281
一、概念 ……………………………………………………………………………… 281

二、社区行为保健的内容 ……………………………………………… 282
三、社区行为保健的发展 ……………………………………………… 283
第四节　国家、国际行为保健 …………………………………………… 284
一、概念 ………………………………………………………………… 284
二、国家行为保健 ……………………………………………………… 284
三、国际行为保健 ……………………………………………………… 285

中英文专业词汇索引 …………………………………………………… 288

主要参考文献 …………………………………………………………… 290

第一章

绪 论

随着社会的发展、生产力的进步，人们的生活方式和行为发生了巨大的变化，加之医药科技的快速发展，使疾病谱、死因谱、医学模式都发生了明显改变，人们已逐渐认识到心理社会因素等成为如今引发许多疾病的重要原因。国内外一些学者的研究表明，在导致死亡的10种主要疾病中，一半可以追溯到与生活方式有关，超过了生物因素的影响。

社会心理行为日益影响着人类的健康，因而单纯从生物因素来考虑健康和疾病无疑是片面的，单纯用生物学方法诊治、预防疾病也已不能完全控制疾病的发生与蔓延，所以现代医学模式（生物-心理-社会医学模式）是一个全方位探求影响人类健康与疾病的因果关系的模式，相应地，人类行为与健康关系的问题日益受到医学界的高度重视，医学已进入用改变行为来预防、治疗疾病的时代，这也是"行为医学"兴起和很快成为一个新学科的原因。

第一节 行为医学的概念

一、人类的行为

行为（behavior）是人和动物对周围环境各种影响的复杂反应。人类的行为和动物的行为具有很大的相似性，都是为了维持个体的生存和种族的延续，以适应不断变化的复杂环境所做出的反应。动物的行为主要是受本能活动（摄食、睡眠、防卫和性本能）的支配，而人类的行为则更为复杂而高级。人类的行为除了受本能活动[又称生物学行为（biological behavior）]支配外，还要受社会行为（social behavior）的制约和支配，因此可将人类行为分为两大类：本能行为（生物学行为）和社会行为。本能行为是指先天遗传的、不经学习即可出现的典型、刻板、限定的行为模式，并且是有目的的指向行为，如摄食、饮水、防御、性、睡眠等；社会行为是指人类在后天社会环境中由社会刺激引起的行为，或者一个人的行为结果引起另一个人或人群的行为，即相互影响的行为。不同社会有不同的行为规范和文化。个人行为一般都会受社会环境因素的影响和制约，因此人的行为具有社会性。

人的行为主要表现为语言活动和操作行为。语言活动直接表现人的心理活动，人是符号动物，通过语言传达信息，人们既要准确地表达信息，又要使他人准确地理解这种信息。操作行为是人们对自身或其他客体进行的操作，是实现自我愿望的活动，人的行为无论从个体还是从种族角度，都是处在不断的变化和发展之中。

从每个人降临到人世间开始，通过与他人的交往、学习，通过自身总结经验和不断提高，人的行为领域不断得到加深和拓展。社会的发展、科学技术的进步不断改变着人们的生活方式和行为方式，使人类的行为能力和质量不断得到提高。人类行为是人的心理活动与外界环境交互作用的表现，这种表现也是人类行为社会化的过程，以及在这些过程或活动中伴发的情感反应，均为人类社会化的表现。

人的心理因素是启动人的行为的主动因素，但绝不能因此忽略环境的重要作用，如果没有行为与环境的相互作用，人们不但不能够认识世界，而且也无法纠正心理活动中存在的缺陷，无法推动心理活动的发展，无法发挥心理活动对行为的指导作用。

人的行为是人的机体活动，是在人的本能活动基础上发展起来的，具有生物性；人的行为受人的心理活动的支配，因而具有心理基础；人的行为是在社会环境和社会发展的过程中形成的，又具有社会性。人的生物性和社会性从人出生起就有机地结合在一起，人的本能活动同时也是社会性的活动，这从饮食文化、婚姻活动等可以得到充分证明。人的高级社会活动离不开人的机体活动的支配，否则人的生物活动、社会活动就失去了它的自然载体，人的生物性和社会性始终是分不开的。

人的任何一种行为都是有原因的，既受人的遗传和环境因素的影响，也受需要引发的动机的影响。一方面，人的行为是有目标的，为了实现目标，在目标未达到时，行为是不会终止的；另一方面，人又会根据情况调整目标，根据情况不断改变实现目标的手段。人的行为的基本单元是动作，所有行为都是由一连串的动作组成的。人的一生就是由各种行为链组成的。人的行为是人的生命活动力的表现，生命不息，人的行为就不会停止。

二、行为科学

行为科学的研究始于20世纪30年代，即梅奥的霍桑试验涉及动物行为问题。1949年美国芝加哥大学召开的一次跨学科科学会议上，第一次提出了行为科学的概念，但直到1953年，在美国福特基金会召开的各大学学科专家参加的会议上，其才被正式命名，"行为科学"从此诞生。此后，美国许多大学和基金会建立了相应的研究机构。

一般认为，行为科学就是运用心理学、社会学、社会心理学、人类学以及其他与研究人的行为有关的学科理论研究人类行为一般规律的学问。行为科学强调从心理和社会两方面去理解人、引导人、激励人。

行为科学有广义和狭义之分。广义的行为科学是指运用科学的方法，研究自然和社会环境中人类行为规律的学科群。它包括心理学、社会学、社会心理学、伦理学等学科中与研究人类行为直接有关的分支学科。其综合基础学科是哲学，既包括社会科学，也包括自然科学，属于交叉学科群。狭义的行为科学则是行为科学的一般理论在各个具体领域中的应用。例如，把行为科学应用到组织行为的管理方面，就称为组织行为学；把行为科学的理论应用于人的消费行为的研究，就是消费行为学；把行为科学的理论应用于医学领域的研究，就是行为医学等。

人类的行为研究涉及十分广泛的学科知识，如解剖学、生理学、心理学、医学、社会学、人类学、文化学、经济学、语言学、法律学和政治学等。因此，行为科学是一门跨学科的学科群。

行为科学（behavioral science）是研究人类行为的发生、发展及其变化规律的科学。人的行为是一种复杂的现象，从人猿相揖别说起，人类行为经历了复杂的自然变化和社会变化过程。行为科学就是要揭示这个变化过程对现实人类行为的影响。现实人的行为之所以千差万别，是由于受复杂的个人生理和心理因素及外部社会因素的影响，如人的神经活动、认识能力、兴趣、爱好、气质、性格等心理活动和特点，人与人之间的相互影响以及人所处的社会环境的影响等，这些都是人的行为发生的条件。行为科学就是要揭示人的行为的变化与这些条件的关系。

行为科学的研究领域中最主要的研究内容集中于以下 4 个方面。①人类行为的社会化过程：研究人类行为在其形成与发展过程中受到不同国家、不同民族、不同区域文化差异的影响，如何从一个自然人变成一个社会的人；②生理和心理因素对人的行为的影响：主要研究个人行为是怎样受到认识、情感、意志、气质、性格、态度、价值观等心理过程及特性的影响，同时要揭示这些心理过程和特性的生理机制；③研究社会因素对人的行为的影响：其中包括人与人之间的关系、组织环境、身份、权利、人与人的冲突、领导风格等因素对人的行为的影响；④人的行为预测与调控：根据各种行为因素的关系、趋向和变化等预测未来的行为；根据行为发生、变化的规律，采取措施、设置情景，对某种行为加以控制，促使其发生、不发生或产生预期的改变。

行为科学的具体研究任务又可分为行为分析、行为互动、行为建构、行为调控等。

概括而言，行为科学的任务就是研究人的行为的产生、发展和相互转化的规律，以便解释、预测人的行为和控制人的行为，以利于达到预期目标，并使个人获得成长和发展。其中解释是对人的行为（无论是合乎逻辑的，或不合乎逻辑的），都应对它发生的原因和控制做出科学的说明，预测其未来的行为，应做到心里有全面"设想和安排"。控制则是引导人们的行为向着某一目标发展，克服其消极方面，强化其健康行为，调动其积极性。这些任务有些内容已与行为医学相交叉。

三、行为医学

行为医学（behavioral medicine）是研究医学中的各种行为，它的核心概念包括各种与医学相关的行为。行为医学不同于医学心理学，也不同于社会医学。

医学心理学主要是研究个体行为规律和个体意识活动与健康和疾病关系的学科。行为医学主要是将行为科学与医学结合的科学，是将行为科学的知识和技术用来预防、诊断、治疗疾病及康复的一门学科。前者更关注心理机制的研究，旨在揭示心理因素在维护健康和致病方面的作用；后者则注重从行为角度探讨行为对健康和疾病的影响。当然，行为的发生依赖于人的心理活动，行为医学的研究也必将涉及医学心理学的理论和方法，但两者绝不能相互代替。行为医学更关心的是人们各种行为在维持健康、诊治疾病、卫生管理中的作用，以及影响行为发生、发展的各种因素，涉及行为控制方法的确立和有效实施、行为的测评、行为疗法、不同人群对健康行为方式的潜在或实际的影响、医患行为互动等。另外，两者的研究对象也不尽相同，医学心理学侧重于患者个体的研究；行为医学既关心患者的行为，也关注健康人群的行为，从群体角度把握行为的致病途径和作用，确立维护健康的行为模式。

社会医学是从社会角度研究社会因素与健康和疾病之间的关系，进行社会诊断，提出防治疾病和维护健康的社会处方，进一步增进健康的一门交叉学科。可以说，该学科是从更宏观的层面去研究医学问题。行为医学相对于社会医学而言，侧重于从行为角度较微观层面研究医学问题。虽然社会医学也研究行为方式和健康之间的关系，但不及行为医学深入、全面。然而，行为医学的发展也必将参照社会医学的理论和方法，以便从较高层面认识行为对健康的影响。另外，两者研究对象也不同，社会医学是以社会人群为研究对象，而行为医学是以患者为中心，以健康人群为基础开展研究的。

生物医学为行为医学提供了理论基础，尤其在揭示行为发生及发展规律、探讨行为治病途径、确立行为疗法等方面，生物医学发挥了重要作用。生物医学与行为医学均是研究健康与疾病问题，其研究对象也有相同之处，即患者与健康者。但两者的根本区别在于着眼点不同，生物医学侧重从生物学的角度研究人体的生理、生化变化规律，病理现象和疾病诊治方法。而行为医学更注重从行为的角度出发，从相对于生物医学而言更宏观的层面上研究患者行为及与健康和疾病的发生和发展之间的关系，从行为入手探讨诊治疾病、维护健康的途径和方法。

综上所述，行为医学是行为科学与医学相结合的边缘学科，是应用行为科学的理论与技术研究人类健康和疾病行为的规律及疾病的预防、诊断、治疗及康复行为的科学。

第二节　行为医学研究的内容

行为医学的研究涉及群体健康和个体健康的所有行为，也可以说，它是以人们的健康行为、疾病行为及医疗卫生保健行为作为自身研究内容的。行为医学要研究导致健康损害的行为因素，研究这些因素发挥作用的行为机制、医患行为互动在疾病防治过程中所发挥的作用及其运行规律、建立健康行为的机制、改善群体和个体行为、提高人们健康水平的理论和方法，这些就构成了行为医学的研究对象及其研究任务。

一、研究影响人体健康与疾病的各种行为关系

行为是影响健康的重要因素之一。行为医学的首要任务就是要揭示影响健康的各种因素，研究促进健康的行为方式，并探讨对危害健康的不良行为的矫正方法与技术。人要生活，就必须与外界、他人产生种种行为，必然会接触到各种危害健康甚至导致各种疾病发生的因素。在人的生活行为中存在着大量的随机因素，有许多生活事件是人们无法控制的，例如天灾人祸、意外伤害、环境污染、人际冲突等，其中就存在着大量损害健康的因素，有些因素甚至是人们无力预防和无法回避的。人们自身的不良卫生习惯和不良行为乃至越轨行为更是损害健康的严重行为。人们的一些不良卫生习惯是长期形成并固定于人们行为模式之中的，如异常的摄食行为可以引起神经性厌食症、神经性呕吐、贪食、肥胖、酗酒、吸烟、吸毒和滥用药物；异常的防御行为可以引起焦虑、恐惧、攻击、好斗和自杀；异常的性行为可以出现阳痿、性冷淡和性变态；不规律的起居行为可以引起睡眠障碍等。另外行为医学要研究各年龄阶段的行为学问题

和影响疾病发生、发展、转归的各种行为因素。

二、探讨个体的求医行为

行为医学要探讨个体的求医行为，因为疾病会对人的行为造成极大的干扰，妨碍患者的正常生活、工作等各种活动，使患者表现出特定的患者行为特征。由于疾病带来身体和心理方面的痛苦，患者会被迫地或自愿地改变日常的行为规律。由于疾病已经成为患者关注的中心，求医行为便成了患者的普遍行为。患者的求医行为由于受其自身经济条件或外部医疗条件等因素的限制，常表现出复杂的甚至有时是矛盾的行为倾向，还可能表现为有病乱投医的盲目行为，也会轻信一些传言和不负责任的信息、广告，抱着试一试的态度而出现一些幼稚行为。医师的话在患者心目中具有权威性，但由于种种原因，患者也会产生不听医师劝告的不遵医行为，甚至有意对抗医嘱、对抗治疗的行为。患者患病后行为的变化和疾病的种类、性质、严重程度以及患者的人格特征有着密切关系。研究疾病对患者行为的影响及每个患者表现出的行为特征，从而根据这些特征在进行药物治疗的同时从行为上予以调整，正是行为医学研究的重要内容之一。

三、研究医患互动行为和医疗行为

医师应当研究患者的求医行为、遵医行为，研究求医行为产生误区的原因及其纠正方法，提高遵医行为并防止在遵医行为中出现偏差和误导，这是医师在其医疗行为中必须履行的责任。由于患者的求医行为和遵医行为是在医患行为互动中实现的，为了在行为互动中实现对患者行为的正确引导，要求医师必须严格履行有利于治疗的各种行为规范。在医患行为互动中，医师是主动的一方，因而承担着更大的责任。所以，在行为医学中，必须对医师的心理素质和行为特征及行为规范进行深入研究，对医务人员可能出现的行为扭曲和偏离的原因进行研究，对医务人员的行为评定原则和方法进行研究。医师应当既要从患者的实际行为出发，又要不断对患者加以指导，并提高其医疗行为的针对性和有效性。

四、研究社区、家庭和不同人群的心理卫生保健和卫生环境行为问题

建立健康的行为，通过自我保健行为提高人们的健康水平，加强家庭及社区保健行为的指导，是行为医学必须着重研究的内容。搞好自我保健和社区保健、治理环境是人们的普遍愿望。但人们的行为欲望和健康欲望是对立统一的关系，人们经常可以为了追求感官的一时享受而不顾健康后果，让欲望破坏健康的行为，人们也经常在复杂的人际关系中难以控制自己的情绪，产生损害健康的行为。

医疗卫生机构的职能主要是面向全社会提供医疗卫生服务。其物质条件、文化环境、管理行为会构成影响医务人员及患者行为的环境因素。行为医学要深入探讨环境行为及管理行为在调动医护人员工作积极性、影响和规范工作人员医疗行为的作用及规律。以良好的组织行为改善整体的医疗卫生服务行为。

第三节　行为医学研究的方法

行为医学是从多维的角度研究人群健康状况及其影响因素的科学。其研究方法主要包括观察法、实验法、调查法、测量法等。

一、观察法

观察法是研究者有目的、有计划地在自然条件下，通过感官或借助于一定的科学仪器，对社会生活中人们行为的各种资料的搜集过程。该方法是行为医学研究中最常用的研究方法之一，通过围绕被观察对象的日常生活而进行系统观察，并根据观察获得的资料和依据得出研究结论。

观察法方法很多，如无结构观察和有结构观察。无结构观察又称自然观察法，是对研究目标与问题进行明确界定，是一种初步的、探索性的观察，它又分为参与的和非参与的两种，即观察者是否置身于他所研究的对象之中。有结构观察又称控制观察法，是指经过精心设计并适当予以控制，严格地界定观察的问题，采用有步骤、有记录、有严格程序的观察方法对研究对象某一行为规律的认识，有时可能需要较长时间的观察，它就需要用连续性观察法，即在一般时间内对某一对象的某一问题进行多次观察。这种方法多用于个性化行为问题的研究，从中了解其行为的一般规律。其他观察法还有轮换性观察、隐蔽性观察等。总之，观察法应注意它的重复性、针对性和真实性原则。

观察法的基本原则应遵循以下 3 个方面：

1. 重复性原则　对于行为的研究，不能仅根据一两次观察即得出结论，应重复多次，以避免因偶然性而导致的误差。只有多次、反复地观察，才能有助于发现研究对象行为的特征及规律，进而获得有重要价值的信息，使所得结果更具有科学性、代表性。

2. 针对性原则　在每一次具体观察研究的过程中，最好有针对性地确定一个观察主题，以避免观察指标设置过多，彼此相互干扰，无法得到准确的研究结论。

3. 真实性原则　真实性是研究和获得有价值结果的重要原则。行为的确定要有科学依据和事实，不能想象和猜测，隐蔽性观察的研究方法就是体现这一原则的方法之一。

二、实验法

实验法主要是指根据一定的理论假说，在严格控制各种有关因素的条件下，对研究对象施加目的性实验活动，以研究、了解其行为作用的方法。其研究方法包括实验室实验、现场实验和模拟实验。

1. 实验室实验　采用自然科学方法，在研究个体行为的生理机制、异常行为的变化等方面可采用该方法。实验室实验的优点在于能够严格控制客观条件，排除许多干扰因素，获得说服力较强的研究结果，这在弄清楚行为与疾病之间的联系、与行为有关的疾病的诊断和治疗方面有十分重要的意义。但实验室实验要把人类行为变化研究做得像自然科学一样是不可能的。人的行为复杂，影响行为的变量很多，常难以控制。因而对实验室实验的结果应进行较全面的客观分析，对其结果的推广与应用更应持慎重态度。

2. **现场实验** 又称实地实验，是在现场中运用控制条件进行实验，也可以说该方法是实验法延伸到社会实际生活情境中进行研究的一种方法。它不像实验室实验对干扰因素控制得那样严格，但更接近真实生活，研究的范围更为宽广，实验结果也更易于推广，在行为研究中较为常用。

3. **模拟实验** 是采用人为设计的模拟现实社会情景进行实验的方法。如请人扮演患者，模拟医患交往，观察医师的沟通能力。模拟实验应尽可能地严肃、逼真，它所设计的场景以及所取得的结果应尽量接近真实。还可以采用计算机模拟的方法研究人的某种行为的变化，或者采用数学模型研究影响人的行为的各种变量与人的行为相互作用的关系。

三、调查法

调查法又称为社会调查，是根据所需研究问题的范围预先设计出一些问题，让被试者根据自身的需要选择作答，研究者再对调查结果进行统计分析，然后写出调查报告。这种研究方法所得结果对了解被试者的健康与行为的关系有一定的参考价值。调查法一般分为现状调查研究、回顾调查研究、前瞻调查研究。现状调查研究是对人群的健康状况、行为状况、生活方式等在特定的时间或时期内进行的调查研究；回顾调查研究是调查过去一定时期内人群的健康状况、行为或生活事件等；前瞻调查研究的特点是具有前瞻性，初始并无假设的实验结果，是由原因到结果的设计。

调查法一般可采用问卷调查和访问调查两种方式进行。问卷调查多用于短时间内大范围人群的资料收集；访问调查一般采用面对面的个别访谈，由调查者按被调查者所述获得资料。

调查法的关键在于样本的抽取，根据研究者的目的和所研究问题的性质采用不同的抽样方法。如抽取具有代表性的群体和个体进行个案研究时，可选用典型抽样、滚动抽样和重点抽样等方法；如为了研究某个群体特有的心理行为活动，可采用随机抽样的方法，如单纯随机抽象、整群抽样、机械抽样、分层抽样等。

四、测量法

测量法主要是借助量表、仪器等工具进行心理测验与行为测验。它是指在标准情境下，对人的心理或行为进行数量化测定，从而确定心理现象或行为在性质、程度上的差异。

心理行为测验是一种测量技术，它所使用的工具通常称为量表（scale）。量表是通过选择能反映人的心理行为特点的行为样本，以标准化的方法组合编制而成的。心理行为测验是对行为问题的一种定量研究方法。心理测验和行为测验必须通过测量工具实现，这是科学标准化的基本要求。测量法通常采用心理量表作为中介，揭示人们不同心理和行为活动的本质特征。心理量表是依据研究目的而设计的，心理学界已设制出许多行之有效的心理量表，主要可分为智力测验、特种能力测验、人格测验、诊断测验等，还可以根据研究目的设计新的心理量表。

心理量表必须具有较强的科学性和可靠性，充分考虑民族、文化及专业特点。在自制量表时，要经过信度、效度检验，达到规定标准时方可使用。如采用外国通用的量表，也需要结合我国的国情做出相应的修订，取得我国人群的常模后，方有较好的使用价值。

仪器测量常用的有脑电图，肌电记录仪，心理、生理能力、神经行为功能测试仪器等。仪

器测量扩大了对行为医学的观察和研究领域，许多生理活动，如呼吸、心搏、血压、腺体分泌与内分泌、生物电活动等都属于广义的行为范围，与心理、情绪活动密切相关，通过一定的方式外显出来，可作为参数指标。

除上述方法外，行为医学还可采取溯因研究法、文献研究法、文化比较研究法等。

第四节　行为医学发展简史

一、行为医学在西方的兴起和发展

传统生物医学发展到一定阶段，就愈来愈多地发现对许多疾病的发生、发展、治疗、预防缺乏更有力的措施，甚至"束手无策"，这也使一些学者注意到不少疾病的发生与自身行为的关系，促使了医学研究的重点从生物因素向社会、心理以及行为等因素的扩展。

若向上追溯，行为医学学科是在医学心理学形成一门学科后逐渐发展起来的。1832年费希纳讨论了心身一致性的问题。其后洛采撰写了第一部医学心理学专著《医学心理学或心灵生理学》。1879年，冯特在德国莱锡大学创立了第一个心理实验室，1867年，他出版了《医学动物学手册》，指出心理学是一门科学，为以后的医学心理学和行为医学开辟了道路。此后，心理学蓬勃发展起来，出现了众多心理学派，如格式塔心理学派、动力心理学派、行为主义心理学派、心理生理学派等。在这些学派中，行为主义心理学派可以说是行为医学的最早孕育者。

行为主义心理学（behavioristic psychology）的创始人是美国约翰·华生（1878—1958年），他认为心理学应该研究行为。若把华生定位为这一学派早期代表人物，赫尔、托尔曼、斯金纳等则为后期代表人物。华生认为行为是机体适应环境变化而发生的各种身体反应的组合，他将自己的心理学观点称为行为主义心理学。他认为在刺激（S）与行为（R）之间存在着确定的关系，心理学研究的就是这种关系，并表述为S-R。华生在研究方法上主张采用客观观察法、语言报告法、测验法和条件反射法。条件反射这一概念是俄国生理学家巴甫洛夫提出的，他通过实验研究指出，条件反射是建立在无条件反射（即本能）基础上的。美国实验心理学家斯金纳提出有两种不同的行为模式，即应答性行为和操作性行为，这两种行为都是由条件作用形成的，他提出了操作行为主义理论。班杜拉提出了社会学习理论，他把人的学习行为分为由后果引起的学习和通过示范引起的学习两类。他强调观察学习，重视自我调节的作用，人类行为是受来自外界和自我引发的各种信息进行整合的认知过程和调节过程。

1973年，美国生物学家波克首先使用行为医学这一术语。他用生物反馈技术研究关于哮喘、癫痫、紧张性头痛、雷诺病等的治疗问题，并收到良好的效果。随后许多著名的心理学家、行为科学家、医学家开始重视行为与疾病关系的研究。

1977年2月，在美国耶鲁大学召开了第一次国际行为医学大会，会议提出了行为医学的暂行定义，即"行为医学是研究和发展关于行为科学中健康和疾病有关的知识、技术，以及把这些知识和技术用于疾病的预防、诊断、治疗和康复的交叉性学科"，第二年举行了第二次会议，对行为医学研究的成果进行了初步总结，并讨论了行为医学的发展等内容。会议认为，心身医学是由生物医学与心理学结合发展而来的，主要研究关于疾病的病因学、病理学等基础医学方面的问题；而行为医学则是以行为科学为主体，结合具体医学问题发展起来的。心身医学与行为医学两者相互补充，相互协作，共同完成健康、疾病对医学提出的要求。会议重新修正了行为医学的定义："行为医学是一门把与健康、疾病有关的行为科学技术和生物医学科学技术整合起来，并把它应用于疾病的预防、诊断、治疗以及康复的交叉学科。"自此，行为医学在美国很快发展起来。

1978年，美国科学院会议决定正式成立"行为医学研究院"，以领导这一学科各方面的工作。著名的生理心理学家、生物反馈疗法的创始人米勒任第一任院长，150多位医师和行为科学工作者为该院创办成员。同年，《行为医学杂志》创刊。1979年，波默洛和布雷迪通过大量研究，合著《行为医学》一书。他们提出，行为医学有两大任务：一是把行为疗法等手段用于临床，包括躯体疾病和心理疾病的预防、评估、治疗和管理；二是开展行为研究。

1980年，美国成立了行为医学研究会，定期进行学术交流。在短短的10余年实践中，行为医学不仅在美国迅速发展，而且很快扩展到世界各地。

二、中国古代有关行为医学思想的论述

中国古代有关行为与健康的论述基本上是以天人合一学说为基础的。《黄帝内经》第二篇《四气调神大论》指出："人应顺从天之道，顺从阴阳四时运行的规律，春夏养阳，秋冬养阴，各从其根。"《黄帝内经》研究了人的气质，以心理、道德和行为特点为标准，将人分为太阴、太阳、少阴、少阳和阴阳和平5种类型。《黄帝内经》分析了人生存的社会环境对人行为的影响，并告诫："诊有三常，必问贵贱，封君败伤，及欲侯王。"《黄帝内经》非常重视情志对人们行为的影响，例如《素问·举痛论》说："无则精却，却则焦闭，闭则气还，还则下焦胀，故气不行矣。""惊则心无所倚，神无所归，虑无所定，故气乱矣。"《黄帝内经》提出的这些观点为中国后世医家所继承，他们强调心理、行为调整对治疗疾病的重要意义，并把这一原则贯彻到他们的医疗实践中去。

远在2000年前，祖国医学就已认识到养生行为可以防病延年。如《素问·上古天真论》说："饮食有节，起居有常，不忘作劳，故能形与神俱，而尽终其天年，度百岁乃去。"同时也提出不良行为对人体的损害："以酒为浆，以妄为常，醉以入房，以欲竭其精，以耗散其真，不知待满，不知御神，务快其心，逆于生乐，起居无节，故半百而衰也。"提出了不良生活方式必导致人体早衰。《黄帝内经》还指出"饮食自倍，肠胃乃伤""高粱之变，足生大疔"；东方之域"其民食鱼而嗜咸"，西方之域"其民华食，而肥脂"，强调过食"肥脂""咸盐"，会使人"病生于内"。可以说《黄帝内经》是世界上较早提出高脂饮食、高盐饮食对人类健康影响的著作。对于纵酒行为，《黄帝内经》也在多处提出批评。如《灵枢·论勇》："酒者水谷之精，熟谷之液也，其气剽悍，其入于胃中，则胃胀，气上逆，则满于胸中，肝浮胆横"。古代的养生思想对后世以至现代都起着重要的指导作用，成为中国养生学的重要特色。

中国医学对人们行为的重视也体现在临床实践中。从《黄帝内经》开始，就重视心理行为疗法，如强调在治疗中要用语言开导，《灵枢·师传》"告之以其败，语之以其善，导之以其所便，开之以其所苦，虽有无道之人，恶有不听者乎！"金代医学张子和治"卫德新之妻"一案就运用了类似今日的冲击疗法和系统脱敏疗法相结合的方法。卫德新之妻受抢劫之惊，"每闻有

响，惊倒不知人。"张子和接诊后，设计了以木击几，让她听闻的办法，开始她闻木拍几大惊，后经解释，逐渐适应。以后又以杖击门，遣人暗击其窗，该妇人亦不惊了。明代江瓘在《名医类案》中记有类似病例："一人患心疾，见物如狮子，伊川先生教以手向前捕之，其见无物，久久自愈。"

自《庄子》记载的："吹呴呼吸，吐故纳新"以来，我国的气功疗法日渐发展。后世利用它倡导的意守丹田、采用深呼吸使人放松的方法用以消除紧张和焦虑的情绪，实质上也是一种心理行为疗法，我国古代医籍中记载甚多，说明我国当时虽无行为医学这一学科，但却早已萌发了行为医学的思想，并有许多成功运用行为疗法治疗疾病的案例。

三、行为医学在我国的发展

随着行为医学在美国及其他国家的发展，行为医学在中国也很快受到了重视。1981年夏天，世界卫生组织（WHO）在北京举办了精神病学教学讲习班，各国专家一再强调医学教学中讲授行为科学的重要性，要看到生物医学模式的不足，尽快树立生物-心理-社会医学模式观念。学习班结束时，我国卫生部有关领导与来自各高等医学院校的教师进行座谈，提出要积极创造条件尽快在我国医学院校开设行为科学课程。此后不久，华西医科大学首次开设了行为科学课。1984年下半年，卫生部委托华西医科大学为部分兄弟医学院校举办了一期行为医学师资培训班。

1985年，我国第一台"肌电生物反馈仪"在天津研制成功，应用于临床治疗神经症和心身疾病，收到显著疗效。同年，天津市成立了"天津市生物反馈研究培训中心"和"全国行为医学研究会"，为全国培训行为医学及生物反馈技术专业人员。1989年8月，经中华医学会第二十届常务理事会第三次会议通过，正式成立"中华医学会行为医学及生物反馈学会"。1990年10月，在天津召开了成立大会和全国首届行为医学学术会议。1992年8月，在青岛举行了第二次全国行为医学学术会议。1996年5月，在南京举行第四次全国学术会议时，原学会名称更名为"中华医学会行为医学分会"。

2005年1月2日，中华医学会行为医学分会在北京对行为医学中的许多问题进行了学术讨论。中华医学会行为医学分会的成立和工作的开展大大促进了我国行为医学的快速发展，专业队伍不断壮大，上海、江苏、山东、湖南、四川、广西、山西等地也成立了省级行为医学专业委员会，学会积极促进行为医学各个领域的科学信息和专业经验的交流。

经过10余年的努力，我国行为医学在基础、应用等科学研究方法方面取得了很大的进展，如在行为医学的基础理论研究，心理特征及其与行为的关系，行为的类型，社会因素和生活方式，危险因素与疾病发生、发展、预后的关系，各种行为技术的品质应用研究等方面都取得了重要成果。

（王明旭）

思考题

1. 行为医学的概念是什么?
2. 行为医学研究的主要内容是什么?
3. 行为医学研究有哪些方法?
4. 行为医学在西方是怎么兴起和发展的?
5. 中国古代医学涉及行为医学的相关思想和内容吗?
6. 行为医学目前在我国的发展状况怎样?

第二章 行为医学的基本理论

人的行为是复杂的，人既具有一切动物所具有的生物属性，受人体生理、生化机制特别是神经机制的支配，也受到个体心理因素的调节。掌握了劳动工具和劳动技能后，人类逐渐拥有特有的语言，过着日益复杂的群居性的社会生活，具有特有的社会属性。人从降生起就进入社会化的过程，即使是人和动物共有的本能活动，也经过社会文化的改造和修饰，同样表现为社会性的活动。对于人来说，生物性、个性心理特征、社会性是统一的，是不可分割的，只是为了便于分析，才把它们抽取出来分别加以叙述。

第一节 人类行为发育特征

一、生物学行为的进化

人和其他动物一样具有一些与生俱来的本能行为，如摄食、防御、性等，这些都是维持生命和延续生命所必须具备的行为。

（一）摄食行为

摄食行为（feeding behavior）被认为是动物最具本能特色的一种行为。无论是最原始的动物，还是智力高度发达的人类，从环境中获得养分都是个体生存必备的技能，其主要作用在于保证体内新陈代谢，实现个体生存。低等动物只能通过被动的觅食行为得到食物；高等动物则拥有主动觅食的能力，可通过主动觅食行为获得食物。

对人类而言，摄食行为是一个不断社会化的过程，特别是自人类学会用火以来，就开始了熟食行为，和动物的摄食行为彻底告别。人类的摄食行为包括饮食习惯、进食方式、食品贮藏、食品选择等，已经形成了饮食文化和特定的饮食模式，这种模式因不同民族、不同地区而产生了很大的差异。摄食行为还与宗教、道德、职业、时尚、价值观念等有着密切的关系。由于受社会各种因素的影响，人们不但有各种不同的饮食时尚，还会形成不同的饮食禁忌。人们受社会因素的影响，会注意食物的搭配和食物的营养，会讲究食品色、香、味、形。不同社会地位的人在进餐方式、食品种类的选择及烹调方法上也会有很大的差异。

（二）性行为

性行为（sexual behavior）是生物为保持种群延续而遗传的本能行为。动物界凡是存有两性分化的种系都有性行为。在低等动物中，繁殖是性行为的唯一功能。而在人类中，性行为除满足人的繁殖功能外，还具有满足人的生理需要和心理需要的功能，且要求人们的性行为应该符合社会道德规范。动物一般只有处于发情期才会发生性行为；人则不然，两性都没有明显的发情期，尤其男性。此外，人的性行为经历着社会化的过程，人类从群婚制到配偶制再到一夫一妻制，经历了长时期的历史演化，人类的婚姻制度与人类的性行为是紧密结合的。人类两性结合是以性爱为前提的，性爱是在男女平等的条件下，通过两性间的互爱，产生强烈而持久的感情，从而走向共同生活的道路。在社会中，男性与女性间的性行为是在自愿基础上发生的，如果不顾对方的意志，采用强制手段而发生性行为，便会被社会认为是性犯罪。

（三）防御行为

防御是生物遇到伤害性刺激时的本能反应。防御行为（defense behavior）可以分为两种类型，如刺激引起的情绪反应是愤怒，就会引起攻击行为；如刺激引起的情绪反应是恐惧，就会引起逃避行为。可见，伤害性刺激首先激起人的情绪反应，伴随情绪反应，就会出现不同形式的防御行为。

伤害性刺激往往会成为应激源（stressor），引起人们的应激反应。伤害性刺激不仅来自自然灾害，也来自各种社会事件、人际间的冲突，包括社会的剧烈振荡和冲突，也包括战争。人们使用各种防御手段（特别是社会防御手段）以支持自身的防御行为。人在遭遇挫折或面临社会突发的伤害事件时，便会产生害怕和焦虑的情绪，会出于本能做出应激反应，但更多的是经过学习，形成条件反射；或观察他人在受伤害时做出的反应，形成预见伤害和应对伤害的能力；或通过理论学习，洞察伤害的本质，做出理性的选择。人在遭受挫折时，会引发剧烈的心理冲突，产生焦虑和不快。人在长期生活实践中，也会不断总结经验，学会各种应对伤害的心理防御手段，及时从心理冲突中解脱出来，理性地安排自己的防御行为。所以，无论是人的攻击性和逃避的防御行为，经过长期的社会化，已经理性化和复杂化了，根本不同于动物的防御行为。

（四）睡眠行为

睡眠行为是一种主动的生理过程，与觉醒是规律性交替进行的。人的一生大约有 1/3 的时间用于睡眠。正常规律性的睡眠对保持身心健康十分重要。保证睡眠质量、消除睡眠障碍是提高生活质量的重要内容之一。

睡眠行为障碍是一种常见的现象，也是造成人们苦恼的常见原因之一。失眠是睡眠行为障碍中最普遍的一种。失眠可以是生理性因素引起的，也可以是心理性因素、病理性因素或药物性因素引起的。睡眠过度和睡眠时发作性异常等也属于睡眠障碍。调整人们的行为、改善人们的心理状况、必要时使用药物治疗有助于消除睡眠障碍。

（五）抚幼行为

抚幼行为几乎见于所有的动物群体中。与性行为一样，抚幼行为是动物保存种族繁育的重要手段。抚幼行为包括对子女提供安全保障，给幼仔供食，为后代筑巢建窝，教会幼仔攻击、防御、捕食的本领等。人类的抚幼行为时间更长，内容更为复杂，整个家庭教育和社会教育系统都是为抚幼行为而存在的。

（六）社群行为

社群行为普遍存在于群居的动物中，动物以社群的方式存在，从一出生便生活于某个社群中。社群生活有利于动物的生存，可以更好地防御天敌、取得食物、保护其幼小成员、进行分工合作。动物的社群行为要求动物从出生就适应这种关系，适应群居的规则和秩序。动物的社群行为为人类的社会行为提供了初步雏形。

总之，摄食行为、性行为和防御行为是最基本的本能行为，睡眠行为、抚幼行为、社群行为等都是在它们基础上演化出来的。人和动物一样，保持着本能行为，但这种行为从人出生就开始社会化了，实际上，人的生物性行为与社会性行为是紧密结合为一个整体的。

二、人类行为的遗传

人类是由生物进化而来的，人的行为也是由动物行为发展而成的。人类在长期进化中形成了特定的基因型，人类任何行为都受着基因的调控。一种或一系列基因产物的消失，不同基因产物表达的程序或受某种基因产物的特殊影响，都可引起人的行为的改变。

在人体的每个细胞核内存在脱氧核糖核酸（DNA）的遗传物质，由这些DNA组成的很小单元，称为基因。基因负载着蛋白质合成的密码，这些蛋白质调节着身体的生理过程并表达特征，如身体解剖特点、体力、智力及其他行为模式。传统的行为遗传学观点认为，一种行为症状是以一个基因控制的或者主要是由一个基因控制，此基因的缺陷足以导致行为的障碍，即"一种基因，一种缺陷（one gene, one disorder，OGOD）"。OGOD可以解释某些行为，如阅读障碍与15号、16号染色体上的位点有关。但与此同时，人类的复杂行为的遗传因素又受到多种基因的影响。因此，人类行为表现出很大的差异性。且众多作用大小不一的基因之间以及他们与环境之间都以极其复杂的方式与环境相互作用，进而影响生物体的行为，然而这种交互作用只能决定某种病理行为发生的倾向性和易患性，无法确定因果关系。如2002年卡斯皮等人发现5-羟色胺转运体基因与应激刺激的交互作用对抑郁症状有影响，且携带一种基因型的个体更容易受到应激环境的影响。

三、人类行为的基本特点

与动物相比，人类行为是人类在生活中表现出来的生活态度及具体的生活方式，它是在一定的物质条件下，不同的个人或群体在社会文化制度、个人价值观念的影响下，在生活中表现出来的基本特征，或对内、外环境因素刺激所做出的能动反应。因而，人类行为不但有更为高级的生物学属性，而且更多地接受社会化的塑造。因此与动物行为相比，具有一定的共性的同时，人类行为具有独特性。通常来说，人类行为的基本特点主要包括以下几个方面。

第一，人是一种存在的可能性。人的本质是在人自身的活动中不断生成的，是一种"自我规定"。

第二，人具有自主性和创造性。人不但会学习，而且会发问、会探索、会创新。

第三，人具有发展的本质。人的实践本性决定了人可以通过有意识、有目的的自主创造性活动不断地进行自我否定、自我超越、自我实现，即人具有发展的本质。

第四，人具有历史性和现实性。人的自我本质是在不断发展的历史和现实生活中逐渐生成的，人总是生活在具体的历史与现实空间中，与此同时，人的自我本质的生成与发展要受到一定历史和现实条件的制约。

第五，人具有多样性和差异性。人作为一种存在的可能性本身就蕴含着丰富性和多样性。另外，个体生命具有独特性、不可替代性及个体间的差异性。

第二节　行为的神经生物学基础

一、功能性神经解剖学

人的行为与大脑各个区域存在密不可分的联系。通常大脑皮质包括感觉皮质、运动皮质和联合皮质。与人类行为最为密切的是联合皮质，它将感觉皮质传递来的信息整合，然后传输至运动皮质。大脑皮质主要包括额叶、颞叶、顶叶、枕叶。

（一）额叶及其功能

额叶包括初级运动皮质和前额叶皮质，处于中央沟延伸至大脑的最前端部分。额叶的后部是中央前回，处于中央沟之前，负责精细运动的控制。中央前回内不同的区域负责身体的不同部分，大部分负责控制对侧躯体，但也有一小部分负责控制同侧躯体。额叶的最前端部分是前额叶皮质。通常一个物种的端脑皮质越大，它的前额叶皮质在脑组织中所占的比例也就越大。前额叶不是任何感觉系统的初级投射区域，但是前额叶皮质的不同部位会接受所有的感觉信息的传入，进而对大量信息进行整合。前额叶损伤主要会引起以下几个方面的问题。

（1）认知缺陷：前额叶损伤会导致觉醒水平降低、注意力难以集中、视觉搜索缺陷和凝视控制障碍。

（2）活动不足或过多：活动不足主要表现为自发性活动减少，其主要见于前额叶背外侧区域有大面积病变者；活动过多是指活动过度，运动不安，如额叶切除术发现其主要与额叶皮质后部的损伤有关。

（3）执行功能缺陷：执行功能指有机体对思想和行动进行有意识控制的心理过程，主要包括认知弹性、认知抑制和认知更新（工作记忆）。大量的研究表明，背外侧前额叶皮质损伤会引起工作记忆容量降低、抑制控制缺陷和认知弹性不足。

（4）情绪调节：有研究发现，前额叶损伤情感的改变具有多样性，如冲动、淡漠、欣快等。

（二）颞叶及其功能

颞叶是两个大脑半球最外侧的区域，位于大脑外侧裂之下，外侧面被颞上沟和颞中沟分为颞上回、颞中回、颞下回。颞叶除处理听觉信息外，还存在复杂的视觉和感觉的信息加工以及多种信息存储的记忆功能。颞叶损伤通常会引起以下几个方面的问题。

（1）视知觉障碍：无法对颜色以及熟悉的物体进行辨认，对视觉刺激产生解释性幻觉。

（2）记忆障碍。

（3）意识障碍、梦样状态、人格改变等。

此外，颞叶损伤也会造成情绪异常，如无法表现出正常的恐惧和焦虑等行为。

（三）顶叶及其功能

顶叶体积相对较小，包括布鲁德曼5、7、39和40区，位于中央沟和枕叶之间，在功能上与额叶、颞叶以及枕叶存在密切关系。顶叶在触觉、空间知觉和注意方面具有重要的作用。顶叶损伤的患者通常会丧失触觉识别能力；在空间知觉中则会表现为不能识别日常生活中经常来往的道路和场所、偏侧空间忽略、构成失行，不能把个别的物件或要素通过正确的空间搭配，导致整体结构的感知缺陷。

（四）枕叶及其功能

枕叶位于大脑皮质的后部，是视觉信息传导的主要目的地。枕叶末端的枕极为初级视觉皮质，该区域损伤会导致相关视野的皮质盲。一个枕叶皮质盲的患者有着正常的眼睛、正常的瞳孔反射和一些眼动能力，但是没有模式知觉或视觉表象能力。

二、神经的生理变化

人体内存在许多传递信息的物质，包括离子、信使物质、神经递质、激素、酶和各种受体等。神经递质可分为儿茶酚胺、乙酰胆碱、吲哚胺、γ-氨基丁酸等几种类型。多巴胺、肾上腺素和去甲肾上腺素合称儿茶酚胺，儿茶酚胺过多可以出现精神分裂症状；儿茶酚胺不足则与抑郁、恐惧等有关。乙酰胆碱对中枢神经系统的神经元主要起着兴奋作用，与调节摄食、饮水和血压有特定关系，对脑的激活也有一定作用。吲哚胺包括5-羟色胺、血清紧张素和黑色素激素，5-羟色胺是调节情感因素的重要递质，5-羟色胺的耗竭可使动物出现狂暴的攻击行为，兴奋5-羟色胺传导的药物及受体激动药可抑制攻击性行为。γ-氨基丁酸不足与帕金森症、老年痴呆症等有关。

激素对人的行为具有重大影响，脑肽类激素与记忆、学习、镇痛、母性行为、内分泌功能有关，垂体是影响人类行为重要的内分泌腺，它支配着人体的体温调节、情绪和性行为。垂体受到损伤时，表现为衰老、疲乏、体重下降等。甲状腺可以调节新陈代谢和情绪行为，甲状腺功能低下时，会出现情绪抑郁、懒散等；甲状腺功能亢进时，则出现情绪易激惹、兴奋、多言、好动、多食等。肾上腺素分泌过多时，可使身体处于应激状态；肾上腺皮质功能减退时，则表现为食欲低下、性欲低下和情绪冷淡等。

人体内电解质平衡非常重要，当某种电解质含量过高或过低时，都会引起人的行为改变。铜代谢紊乱时可出现痴呆和舞蹈样异常活动。锰缺乏时会出现激惹性增强。镁对维持钠、钾平衡有着重要的作用，镁含量过多与精神分裂症发病有关。钙与磷增高时会导致兴奋性增强；钙与磷适度降低则可起到镇静作用。

酶与维生素是参与新陈代谢的重要物质，对于维持机体稳态起重要作用。每种酶在体内都有其特殊的作用，酶的缺乏会引起人的行为改变。例如单胺氧化酶 A 是一种黄素线粒体酶，它可以催化 5-羟色胺的降解，在调节细胞间 5-羟色胺的水平上起着重要作用。它还参与多巴胺等神经递质的代谢，从而调节着人们的行为。

三、神经系统的调节功能

神经系统调节功能的基本方式是反射活动。在中枢神经系统参与下，机体对内、外环境刺激做出规律性反应。反射活动的结构基础是反射弧。高等动物和人的反射有非条件反射与条件反射两种。非条件反射在系统发育过程中形成并遗传下来，因而是生来就有的先天性反射，其由于直接刺激感受器而引起，通过大脑皮质下各中枢完成反射。例如，初生婴儿嘴唇碰到奶头就会吮奶；人进食时，口舌黏膜遇到食物会引起唾液分泌。条件反射是动物个体在生活过程中适应环境变化，在非条件反射基础上逐渐形成的后天性反射。它是由信号刺激引起，在大脑皮质的参与下形成的。条件反射是脑的一项高级调节功能，它提高了动物和人适应环境的能力。

根据结构基础的不同，又可把反射分为简单反射和复杂反射两种。最简单的反射是单突触反射。复杂的反射是神经中枢分布较广，靠联络神经元组成复杂的链锁。反射是实现功能调节的基本方式。反射弧中任何一部位被破坏，反射就不能实现。由于突触在结构与功能上的特性，决定了反射弧上冲动的传导只能由感受器传向效应器。人类中枢神经元的数量十分巨大，是按照一定形式组织起来的，并能遵循一定的规律进行有序的活动。只有这样，神经系统才能完成其正常的调节功能。

人神经系统的活动以及人体内各种化学物质的变化和代谢作用都与体内、外的信息刺激发生着密切的互动关系，它们之间不断互动，相互联系，构成一个整体，成为整体活动不可缺少的一部分。人神经系统和各种化学物质的有序活动保证了人类行为的有序性和指向性，一旦其中某个环节遭受破坏，就会导致行为紊乱，使机体难以适应环境的变化，难以做出有效的应答性反应。

第三节　行为的心理学基础

心理因素是人类行为发生的动力，心理冲动的表现是言和行。心理过程是认知过程、情感过程和意志过程的整合，起调节人们行为的作用。

一、认知与行为

认知是人对客观世界的反映，人的行为能否取得预定的成果、达到计划的目标，关键在于对行为对象的认知状况。认知是对信息的掌握，包括对信息的搜集、分析以及对信息变化的动态掌握。认知对于行为医学有着重要作用，卫生服务行为、卫生政策决策行为、医疗卫生人员的医疗及公共卫生服务行为都要求在认识卫生工作规律及其服务对象的实际情况上下功夫。无论是涉及医疗卫生宏观行为还是微观行为，一旦决策失误，可能造成危及人们生命安全的严重后果。

行为医学要研究认知因素在健康行为和患者病因中所起的作用。在健康教育中,强调知信行的原则,把认知因素放在首位,如果人们确实掌握了保健知识,就会促使他们相信和力行;相反,如果知之不确,心中疑惑,就谈不上力行。患者患病后,必然会引起心理和行为的改变,研究其行为变化规律,对于医患沟通和促进患者康复都是很重要的。

人的认知过程不是孤立的,认知过程必然伴有情感和意志过程。人们只会对与他们切身相关的事情感兴趣,感情之所至,常引导认知之所至,而对与己无关的事情常会视而不见,听而不闻。认知过程如果不渗入情感因素,就比较难于唤醒,也难以调动认知的积极性。认知过程是一个调查研究的过程,是一个在掌握大量资料基础上探求事物本质的过程,是一个艰难并且需要坚持的过程,因而,必须伴有意志的努力。否则不是半途而废,就是浅尝辄止,难以获得真知。

二、情感与行为

情感和情绪是人们在行为过程中对事物所产生的内心体验,即人对某种行为是否符合自己需要的内心体验。情感和情绪对于人的行为有着重要影响,人们对符合自己需要的事、乐意做的事,做起来不但心情愉快,而且积极性会很高。相反,对不符合自己需要的事、心烦的事,就不会做,就会躲得远远的。如果硬逼着去做,也会消极对抗,有意怠工。

人们的情绪是和人们的认知活动紧密联系的。当人的需要、愿望、理想等通过行为有了实现的可能时,人们的行动会伴随着喜悦;而当绝望时,人们的情绪就会低落。当人们运用智慧、情感与行为克服困难使事情有了转机时,不但会增强信心,在情绪上也会受到鼓舞。如果对困难认识不足,被困难吓倒,情绪就会低沉。认知是调节情绪极为重要的杠杆,在行为医学中,通过认知方法调节人们的情绪,是行为矫正方法的要点。医务人员通过医疗服务行为,通过医患沟通,改善患者情绪,使他们能够积极、有效地配合治疗,这也是行为医学着重研究的课题。

三、心理倾向性与行为

心理倾向性是由需要、动机、兴趣、理想等因素组成的。心理倾向性的实质是心理活动的指向性,心理活动向哪个方向发展,与之相关的那些因素就容易吸引心理活动的关注,也就是人们的认知指向哪些客体、情感关注哪些因素、意志追求何种目的。

(一)需要

需要(need)指的是人体内环境和外部条件产生的要求在人脑中的反映。它要求人通过行为来满足这些需要。需要的具体表现形式是意向、目的、愿望和动机等。需要是由人的生存和发展的要求产生的,是人所共有的心理现象。吃饭、穿衣、结婚和养育子女、从事劳动和社会活动、人际交往等都属于人的需要,都会转化为人的心理活动,成为引发行为的动力。

马斯洛把人的需要分为生理需要、安全需要、爱和归属需要、尊重需要和自我实现需要5个层次。他认为下一层次需要得到基本满足后才能产生上一层次需要,而且需要层次的升高与个体生长发育是一致的。马斯洛的需要层次论在一定程度上反映了人的需要发展情况,对了解需要在行为启动中的性质和作用有很大帮助。然而,在现实中,由于人的境遇不同,人们对不同层次需要的需求是各异的，优先排列程序也是有差别的，而且会随着社会生活条件的变化而改变。有人指出，马斯洛提出的各种需要并非都具有普遍性。对于权力、尊重和自我实现等高层次的需要，都是社会活动的产物，并非在所有文化中都可发现这些需要。马斯洛的理论是以美国社会为基础的，在西方工业社会和后工业社会中有比较充分的支持证据，对人们的行为发生有着良好的指导作用。马斯洛强调尊重人、关心人，对做好人的工作、满足人的心理需要具有重要意义，但他把人的价值看成一种先天潜能，予以过分强调，忽视了社会条件对需要的制约作用，离开社会制度和人的社会地位，抽象地谈论人性和人的需要是不符合实际的。

（二）动机

动机（motivation）是一种心理倾向，是属于主观状态的东西，和其他主观性东西的不同之处，它是反映人的需要的一种心理倾向，是推动人们开始行动的心理倾向。动机和需要是密切关联的，人的绝大多数动机是由需要引起的，是需要的动态表现，是把需要转化为寻求解决需要的想法和促发行动的力量。人的需要促使人寻求外界满足需要的条件，而这些条件的出现又成为促成动机形成的诱因。在外界诱因的作用下，需要就转化为动机。例如，人的饥饿感和食物的美味结合，促使人们产生吃的动机。

剖析行为的动机（即行为的直接心理动因）是揭示行为的心理基础的前提。动机形成对于个人来说，有一个清晰程度的问题。有的人动机清晰，有的人动机模糊；有的人此种动机清晰，彼种动机却很模糊；有的人有的动机甚至是盲目的、冲动的。不管动机是否清晰，一旦动机形成，就会形成一种强烈的期望，期待行为能满足自身的需求。研究动机的目的是了解和预测人的行为。人的行为是复杂多变的，这是因为由人的需要而产生的动机是极其复杂的。

（三）兴趣

兴趣（interest）是指探究某种事物或从事某种活动的积极态度与倾向。兴趣是一种肯定的、有明确指向性的情绪状态。兴趣是贯穿人的全部心理过程的，对感兴趣的东西，人们就会兴奋，甚至产生无止境的追求。认知有助于人的良好兴趣的建立，有助于推动人们对有兴趣的行为的坚持和深化；而兴趣又可以成为推动认知活动的重要动力。人们的兴趣可以指向精神方面，也可以指向物质方面，兴趣的面非常广泛，不同的人会有完全不同的兴趣，一个人兴趣可能很广泛，也可能很狭窄，甚至也有人对任何东西都不感兴趣。

人的兴趣可以在生活中建立，也可以在生活中发生转移。一般来说，人应该有比较广泛的兴趣，它可以使人感情上有所寄托，易于建立比较良好和积极的心境。兴趣是促发行为的直接动力，引导人们建立兴趣，培养人们的兴趣，对于健康行为的构建和健康行为的发展都是十分重要的。兴趣可以分为直接兴趣和间接兴趣，直接兴趣是指对活动本身发生的兴趣，间接兴趣是对活动结果的兴趣。

（四）理想

理想（ideal）是对未来可能实现的目标的向往和追求。理想的目标一般是一个总目标，需要人的长期努力甚至终生努力予以追求，而不是具体行为所要达到的具体目标，是需要通过一系列的有组织、有步骤的行为才能实现的。

人们由于境遇、个性和才能等方面的差别，每个人的理想是不同的，即使理想的总体上是一致的，在具体细节上人与人之间也有很大的差别。理想是人的一个长期的、总的奋斗目标，因此，对人的主要的行为起着明显的制约作用。理想决定着人的行为轨迹和努力方向，决定着人的为人处世的方法。具有理想的人，他的行为方向是明确的，而且会经常审视和调整自己的行为，以免与理想相背离。

与人的其他心理倾向性一样，理想不是固定不变的，即使一个人坚持某种理想不变，他的理想的具体内容也在不断地解构和建构，也在不断剔除他认为不合理的成分，加入他认为合理的内容。

四、人格与行为

人格（personality）的含义较广，它是以性格为核心，包括先天气质，也包括受到家庭、学校教育、社会环境等心理的和社会的影响，而逐步形成的能力、性格等心理特征的总和。

（一）人格的特征

1. **独特性** 生活在社会上的人都有独特的人格。一个人的人格是在先天、后天因素交互作用下锻铸而成的，由于不同的遗传、生存和教育环境，形成了每个人不同的心理特质，例如有的人外向，有的人内向；有的人善于交际，有的人性格孤僻；有的人随和，有的人固执。诸如此类，千差万别，人人不同。即使同一种人格特征，表现也很不相同。人的内心状况不同和受到外部环境影响，使得人格千差万别。

2. **稳定性** 人格形成以后呈现出稳定性，其特点是恒定的。说性格是稳定的，并不是说人不会在特定场合下表现出与他性格不相符的情况。一个人性情和善不等于他根本不发脾气，但他偶尔出现的大发雷霆并不能否定他性格和善的基本特征，不能由此断定他就是坏脾气。一个人的性格特征一旦形成，并不是说不会发生一点的改变，仍然有可塑性，但是形成后会相对稳定下来，会在不同时空条件下反复表现出同一特征。外部条件千变万化，个人的应对行为也千差万别，但其基本性格却是不变的。

3. **整合性** 人所处的社会条件是极其复杂的，人也是极其复杂的，人格和行为就会表现出多元化、多层面的特征。人格不是单一的，是多层面的，是由不同的人格特征糅合而成的。一个人是内向的，他同时又可能是随和的、友好的、理性的、勤奋的和思维缜密的，各种人格特征组合和建构方式是千变万化的，使得人格从不同层面显示出来。但这些人格特征并不是毫无联系地堆积在一起，而是互相联系、互相渗透，按照一定的方式、秩序、联系方法有机地结合在一起，整合为一个完整的动力系统。换言之，人格是由多种成分相互结合形成的一种有结构的整体，具有内在的一致性。人格是由人的自我意识统一调控的，什么时候应该怎样表现，应当选择什么行为，一个人的人格结构的因素会和谐一致地发挥作用。人格的整合性是人格健康的保证，是人格与环境保持一致的保证。如果一个人不能有机地整合人格结构中各种不同的人格特征，就会产生心理冲突，产生人格与环境适应困难，导致各种心理障碍，甚至会形成"分裂人格"。

4. 功能性 任何生理和心理结构都承担着一定的功能，结构和功能是统一的。人的人格建构承担着及时选择行为，做出与环境相符合的各种行为反应，做出满足人们需要的各种行为反应。一个人的人格既是他的认知、情感和意志活动的承担者，也是人们采取相应行为的承担者。一个人的喜怒哀乐、探索研究、行为目的都是受人格支配的，是人格的外在表现，是人格和人格魅力的展示。在面对现实、成功和失败、意外困难和意外机遇时，可以充分显示出不同人格的不同作用。

（二）气质和能力

气质是人格生理差异的体现，是表现心理活动的强度、速度、灵活性与指向性的一种稳定的心理特征，体现了心理活动的动力特征。人的气质差异是先天形成的，受神经系统活动过程的特性制约。

古希腊的希波克拉底将气质分为黏液质、黄胆质、黑胆质、血液质4种类型。后来，古罗马的盖伦将它改为胆汁质、多血质、黏液质、抑郁质。巴甫洛夫将气质分为强均衡型、强不均衡型、弱均衡型、弱不均衡型。事实上，单纯属于某种典型气质的人并不多，绝大多数人是各种气质互相混合、渗透，兼而有之的。

气质只是反映了人的心理性质，它本身并无好坏之分，每种气质也是有其有利的一面，也有不利的一面。任何气质的人既可能成为杰出的人才，也可能成为平庸之辈。

能力是完成行为使命所必需的个性心理特征，是依靠能否完成某种行为的效果进行评价的。影响行为效果的除能力外，还受思想水平、知识水平、技能熟练程度、所用时间和身体状况等因素的影响。能力既有先天的生理基础，又是在后天学习过程中形成的。能力包括一般能力和特殊能力。观察力、注意力、记忆力、想象力、思维能力等属于一般能力。特殊能力是指人在某些特定行为中必须具备的一些基本能力，如音乐家的音色分析和表达能力，演说家的语言掌握和表达能力，医师对疾病的诊断和治疗操作能力等。人要顺利完成某项任务，既需要一般能力，也需要特殊能力，二者实际上是相互联系、相互渗透的。一般能力的发展为特殊能力的发展奠定了基础；特殊能力的发展又促进着一般能力的发展。

（三）性格

性格是指个体在生活过程中所形成的对现实的稳固态度以及与之相适应的行为方式。性格是一个人精神面貌的集中表现，是一种与社会行为密切相关的人格特征。性格是稳定的，形成后难以改变，但也具有一定的可塑性。性格具有以下特征：

1. 性格的认知特征 表现在人的认知风格上，是人在认知活动中个人所偏爱使用的信息加工方式。

按照思考的速度，性格可分为冲动型与沉思型。冲动型性格反应快，因急于求成，往往精确性较差，他们在信息加工中多使用整体加工方式。沉思型性格反应慢，思考周全后才能做出反应，因而精确性强，他们多使用细节性的信息加工方式。

按照人的大脑半球优势，性格可分为同时型与继时型。左脑优势的个体信息加工是同时型的，其特点是在解决问题时采取宽视野方式，同时考虑多种假设，兼顾各种可能性，解决问题的方式是发散式的。右脑占优势的个体信息加工是继时型的，其特点是一步步地分析问题，每步只考虑一种假设，一步成立后再考虑第二步，一环一环地推出结果。

性格的认知特征主要表现在人的感知、记忆、思维和想象诸方面。

2. 性格的情绪特征　情绪对于人的行为有增力或减力，体现为情绪在人的生存上的适应性。人在紧张情绪发生时可以产生一系列有助于一个人充分调动体力的生理变化，以便应对紧急情况。

情绪可以巩固或改变一个人的认知和行为，良好的情绪可以使一个人感知觉敏锐，记忆力增强，思维灵活，有利于人的内在潜能的发挥。情绪通过表情可以起信息传递的功能，传递一个人的思想感情，不但可以加强语言的作用，提高语言的生动性，还可以发挥替代语言和超越语言的功能。

情绪可以对他人进行感染，改变群体的心理氛围。情绪的兴奋性提高或降低，都可和与他密切相关的人相呼应，情绪是引起人们心理互动的重要因素。情绪上的互动可以使人的关系更为接近，使人们更好地互相关注和帮助。行为医学研究情绪及驾驭和管理情绪的方法和机制，引导患者进行自我情绪管理，对于健康行为的培养具有重要作用。

3. 性格的意志特征　意志是个人对自己行为自觉调整的活动。性格的意志特征首先表现在对行为调整的自觉性上，意志坚强的人在这方面表现出很强的自觉性、独立性和目的性；性格鲁莽、不善思考的人则易表现为盲目和冲动，不能及时调整自身的行为。

性格的意志特征还表现为对行为调节的水平，性格越完善，调节的水平就越高、越及时、越有效。性格完善者自制力必然较强，能对行为进行控制，使行为表现适度，既不懒散，又不会出现过火行为。性格和意志的关系还体现在意志的坚韧性上，有无坚持的能力和人的性格是密切相关的。见异思迁的人对什么事都是浅尝辄止，不肯下苦功，稍有曲折，便会动摇；一个意志坚强的人则不怕困难和挫折，有向困难斗争的坚韧性，有恒心、有毅力。

4. 性格的态度特征　态度可以界定为人们对一定对象相对稳定、内化的心理反应倾向。态度是一种特殊的心理过程，是一种心理反应倾向。态度具有整合性，是对认知、情感和意志的整合，心理过程的这些因素在态度中是作为一个整体出现的。态度作为一种综合的心理过程，是通向行为的准备阶段，是连接一个人心理世界与其行为的中介，可以把态度视为潜在的行为。

态度总是指向并倾注于某个对象，对他人采取什么态度，往往会给对方造成心理压力。态度的好坏是连续的，因而是一元的，这种情况和人的性格的统一性是分不开的。态度是面向社会的，态度的主体也是社会的，这就决定了态度的本质上的社会性。

态度包括个体态度和群体态度。群体态度仍然体现在个体上，不过是指群体中多数成员或全体成员对某一事件所共同持有的态度。态度由认知、情感、意志、动机等因素组成。认知和情感是进行行为活动中情景规定的主要因素，认知主要体现在对态度对象的评价和判断上，如果态度对象对人的需要无意义或者人们无法发挥自己的能力时，态度是消极的、否定的。态度对象在有意义且能发挥自己能力的前提下，对这样的对象就会持积极、肯定的态度。

情绪与情感作为内心体验，随着认知的评价，对态度对象起着人际距离的调节作用，即喜欢和不喜欢、接近和疏远等。有了情绪与情感体验和认知评价，就会有意志活动参与其中，采取意志努力还是放弃努力。

动机是态度的内部力量,是引发行为的内在动力,也是对行为的一种准备状态。动机是对态度的发动,态度促进动机的形成,动机和态度一起形成行为的准备状态。

由此可以看出,对对象采取的态度和人的性格特征是分不开的。人的性格受先天遗传因素的影响,更主要的是受后天环境的影响,如家庭、学校和社会的影响等。了解人的性格对解释他们的行为,预见他们行为的特征、趋向和模式等,对采用何种有效的行为控制方法,使其行为沿着有益于健康的轨道发展,都是重要的。

第四节　人类行为的社会学基础

人的心理活动具有社会性,人的行为也是社会化的行为。人的行为受着种种社会因素的驱动和影响,对于这些影响,人有时是自觉地,有时是无意识地顺从社会规范去活动。

一、行为的社会化

人生活在社会中,生活在各种人际关系中,一生下来便处于社会化的过程中。人行为的社会化(socialization)主要是通过模仿和学习进行的,社会中的不断创新活动也是人们力图仿效的。所以,创新活动同样是人们的一种学习方式。

人们通过学习社会上的学习方式、思维方式、情感反应方式,在社会中存在的政治及法律观点、经济发展观点、道德文化观点的影响下,逐步形成自己的人生观和世界观,建立起自己的价值观念、经济观念、道德伦理观念和科学文化观念,逐步参与社会的经济生产、文化创造和科学技术研究活动,成为社会生活中参与社会创造行为的一员。

人的社会化主要以3种方式进行。一是自发地接受来自社会的潜移默化的影响,自发地接受社会、群体和他人的影响,逐步建立起自己的行为模式。二是自觉地接受来自社会有意识的培养和训练,其中尤以家庭和学校的影响最为显著。社会还会通过各种方式自觉地影响其成员,进行科学技术知识、价值观念和行为方式的培训。三是对某些危害社会的行为进行有效纠正和强迫改造,如对犯罪分子的判刑、囚禁等。这是针对少数人的,但对社会多数人也起着警示作用,使人们自觉地遵守法律,约束自身的行为。

二、社会化的内容

社会化是从心理和行为两个方面展开的,是在特定社会与文化环境中进行的。人的心理和行为的社会化进程是全方位的,涉及生活领域的所有方面,主要包括社会生活基本技能,社会生活各种行为规范,社会角色的塑造及其功能的发挥,社会经济、政治、文化活动的参与及应有的责任、权利和义务,人生观、世界观、价值观的构建及人生目的和基本行为的构建等。

(一)社会化的组织条件

人的社会化是在社会组织中进行的。在人的社会化进程中起重要作用的组织形式有家庭、学校、社会组织单位、社会人际关系,还有社会政治、经济和文化环境。

1. **家庭**　是人生下来首先接触到的组织,父母是婴儿的第一任教师。家庭从认知、情感和意志 3 个方面对儿童进行塑造和引导，其中既有有意的教诲，也有无形的影响。家庭影响将长期在人身上发挥作用，它塑造着儿童的性格和行为，使儿童的行为模式化，并为日后接受社会行为规则奠定基础。家庭的传统、信念、家庭处理人际关系的方式和礼仪形式，会对人的心理活动和行为方式发挥影响。家庭也影响着成年人的行为，家庭中各种不同成员的行为互动是在长期磨合中相互适应的，从而也影响着人们家庭之外的行为。

2. 学校 从小学启蒙教育到大学专业教育，学校在人的社会化进程中发挥着巨大的作用。学校教育处于人的一生可塑性最强的时期，这一时期人的精力旺盛，学习能力很强，处于人生观、世界观和价值观逐步形成阶段，处于学习各种科学技术知识打基础的阶段，是人的社会化最关键的阶段。学校教育关系到人才的培养、社会未来的发展、学生良好行为的形成、社会行为的进一步塑造。世界各国都非常重视学校教育，把教育视为强国之路、建国之本。学校教育对学生心理和行为的塑造将会影响学生的终生。

3. 社会组织单位 人的一生都生活在各种社会组织中，社会组织是由若干要素组成的有机整体，这些要素是组织目标、组织成员、制度规范、组织机构、权责体系和物质要素。

组织可以根据不同的标准分为不同的类型。根据有无正式的组织建构，可以将组织分为正式组织和非正式组织；根据组织规模大小，可以将组织分为小型组织、中型组织、大型组织和巨型组织；根据组织的性质，可以将组织分为政治组织、经济组织、文化组织和社会组织。

各种组织结构不同、组织严密程序不同、组织纪律不同、组织对成员的具体要求不同，因而组织功能也不相同。但不论何种组织，都是为了实现其特有功能而建立的。很显然，组织在塑造着其成员的心理和行为，使其心理和行为符合组织的要求。组织成员在组织中既可发挥主动性，又会受到一定的心理压力。这些可以成为一个人形成良好心理素质和行为的动力，也可能造成人的心理障碍和行为障碍。

加入社会组织是由社会需要和个人需要共同促成的。加入组织可以开拓人们的视野，锻炼人们的工作能力和组织能力。与志同道合的人一同工作，对人的社会化也有巨大的推动作用。

4. 社会人际关系 人际关系是在人们心理互动和行为互动基础上产生的，是靠组织力量、情感联系、社会规范等因素维系的，其中情感联系起着最主要的作用，对人的社会化影响也最大。从情感来说，人际关系可分为亲密关系和排斥关系两类。亲密关系对人的心理和行为会发生重大影响，是人的各种观念形成的重要助推器。

人际交往是人类的一种特殊需要、一种群体的需要、共同活动的需要。交往推动个体认知、情感和意志的发展，使人认识和体验群体行为规范。人们通过亲密关系，交换信息，表达情感，互相支持，可以取得协调和保健两种功能。人们建立亲密关系是其社会化过程中不可缺少的环节。

5. 社会政治、经济和文化环境 是人们社会化的宏观环境。这种环境既有硬件部分，如各种社会组织的物质建构及规章制度，也有软件部分，如各种社会心理表现及社会意识形态、社会的舆论环境等。这些是人们生在世上无法自动选择的，是人们遇到的现实存在。人们在社会过程中可以和社会环境发生各种方式的互动，但却无法废除它早已存在的客观事实。只有熟悉它，参与到它的活动之中，在一定组织和群体的支持下才有可能改变它。

社会的政治、经济、文化、风俗习惯、舆论不时地发生着影响，向人们心理活动和行为中渗透，而人们又以自己的方式进行鉴别和选择，构建自己特定的人格和行为模式，这就是社会化。

（二）社会化的心理机制

行为的社会化是主动的而非被迫的，是人们满足需要的一种形式。人的行为社会化有着内在的心理机制，是适应人的心理需要产生的。

1. **群居的需要**　人是群居的动物，一个人如得不到任何群体支持，就无法生存。社会整体及其各种群体都是分工合作、互相协调其行为的，都存在许多规范人行为的规章制度和制约人行为的潜规则。个人为了很好地融入群体，过有序的生活，就必须按照社会或群体的要求去行动。个人行为与社会的协调，促使人必须沿着社会化的道路向前迈进。

2. **观察与模仿**　是社会化的有效的方法，是社会化过程经常发生的现象，人们碰见不懂、不会或不知道该怎么行动的问题，总是看别人怎么做，再模仿去做，才不会闹出笑话。儿童在游戏中经常模仿大人的行为，在同伴间也互相模仿，逐步实现着社会化的过程。

3. **实践与试错**　人的行为社会化是依靠实践来实现的。看别人怎样行动，自己也怎样行动，久而久之，便成为习惯化的行为模式。在行动模仿中，有时会不像，有时还会出错，经过不断试行，不断纠错，新的行为方式就得到巩固，就不再是生硬的模仿。人们在不断试错中就会融入新的群体，与其原有的成员就不再有差别了。也就是说，人总是通过失误然后改正。过错困扰人的心灵，引起人的思虑，然后重新行动；观察别人的脸色，闻听别人的议论，才会更加警悟和通晓。说明过错是一笔宝贵的财富，人不能不在行为中犯错误，经过不断试错，人的行为就更合乎社会规范。

4. **认同机制**　一个人对他所敬重的人和感兴趣的事进行认同，从而努力去做，获得社会的认可和赞许。人会由此得到激励，继续努力去做，去按照这些原则改造自身的行为，从而实现与社会需要更好的结合，进一步得到社会的认可和激励，加强了人的社会化进程。

5. **奖惩机制**　从古到今，从中到外，社会管理和组织管理部门都依靠奖励和惩罚引导人们的行为，建立与社会、组织相协调，与社会运转、组织目标要求相一致的行为。喜欢表扬而厌恶惩罚是人们共同的心理特征。利用这一心理特征，把奖惩作为推动人的行为社会化的手段是一种重要的推动行为和社会化的心理机制。使社会和组织需要的行为受到表扬、激励，发扬内心向善的一面；使社会和组织不需要的行为遭到处罚、谴责，杜绝内心向恶的一面，借以巩固与社会相符的行为，警戒反社会行为，从而推进人的行为社会化。

三、语言行为与社会操作行为

语言行为与社会操作行为称为言和行。语言是把人的心理活动外化为物质符号而并非直接作用于客体的行为，从而可把言和行区别开来。

（一）语言行为

语言行为和人是符号动物的特点，是密切相关的。人自牙牙学语之后，一辈子不断说话，和不同的人进行信息沟通和交流，协调彼此的行为。在人的行为（特别是群体行为）中，不伴有语言的情况是罕见的，说明语言是社会生活和社会行为中极为重要的现象。

（二）语言的基本特点

人的语言是人的心理活动的外化或物质符号化。人用不同的发声形成特定的语言链，经过这一转化，使个人的心理活动成为他人可以理解的信息。语言在人类历史中又转化为文字符号，成为通过视觉可以感受并在人际中沟通的信息。语言具有以下几个基本特征：

1. **符号性** 语言是一种声音符号或视觉形体符号，从而把人们的心理活动转化为可以直接感受到的东西。语言以符号的形式表达人的认知、情感和意志，在人际间进行交流和沟通，就摆脱了对实物的依赖，使人们可以离开具体事物去谈论它，去把自己的感受、经验、想法传递给他人，从而形成了间接经验，能把知识传递下去，摆脱了时空的局限，使人类社会发展不再重复生物发展的模式，使人类的知识经过积累日益变得丰富起来。特别是文字符号的出现，使知识的传递由口口相传转化为依靠文字进行传播，这是语言符号的一个质变，也是它的了不起的功劳。

2. **指称性** 语言符号是约定俗成的，它和人们对它含义的理解并没有必然的联系。但是，人们约定俗成赋予它的含义，使每个符号、每个句子按照一定的规则指称特定的事物，仍然是一件非常重要的事。如果符号不指称事物，就会失去它在人际间传递信息的功能。符号的指称范围是非常广泛的，它的广泛性扩展了人们的思维空间，丰富了人们的想象力，使人们不但能和现象世界打交道，而且能抽象出事物的本质和规律。

3. **民族性** 语言符号具有地域特点和民族特点，每个民族乃至每个地域都有自己形成的语言符号，赋有特定的民族文化特色，从而对同一对象采用完全不同的符号来表达。各民族语言符号形成后，随着民族文化的发展而发展着，不断增加新的词汇。

4. **全民性** 语言是属于全民的，它可以为社会各阶级、各阶层、各行业所利用，本民族的任何人都可以利用它互相交流、沟通思想、沟通情感，利用语言协调彼此的行动，不存在社会各阶层之间的交流障碍。

5. **工具性** 语言是一种交流认知和情感的工具。民族语言指称的事物是民族成员都能理解和运用的，它成为人们共同使用的符号载体，各个阶层、各个专业、各个社会成员都要运用它，离开了它，各种知识就失去了载体，就失去了它所必须使用的工具。语言中的语言材料、语法规则、词汇以及句子的含义都是语言作为工具的基础。人们只有遵守语法规则，按照民族习惯使用语言，才能使语言有条理、可理解。无论对什么知识、观念叙述，都是必须遵守的。只有这样，才能使语言成为表达思维、有效交际的工具，这正是语言工具性的体现。

（三）语言的环境

人们进行语言交流会涉及语境问题。语境涉及表达和理解的条件，两个人对话、一篇文章都会涉及语境，如果不研究语境，就无法理解其真正的含义。语境可分为言内语境和言外语境。言内语境是语言交际过程中语言符号表达意义时所依赖的前言后语，或一篇文章的上下文。冷不丁地从其中抽出一句话就会离开语境，就不能准确了解这句话的含义，甚至会歪曲这句话的含义。在医务人员与患者交流过程中，一定要引导患者全面了解语境，不能孤立地从其中抽取一句话作为全部的含义。断章取义就是不顾语句在语境中的含义，脱离语境加以解释的结果。

准确地理解语言的含义还应当注意言外语境。言外语境指的是语言交流过程中语言表达意义时所依赖的各种主观和客观环境因素，这既是交流者所必须注意的，也是研究语言交流时所必须注意的。语境最主要的是认知语境。认知语境是随着语言交流过程不断发展的，在交流过程中语境不断地被构建，又被消解；再被构建，再次消解。语境在交流中的功能主要有确定话语的含义；判断用语是否恰当；提供推出意义的根据，即准确地推断话语中的言外之意。理解和把握言内语境和言外语境是重要的，只有这样，才能充分完成交流的功能。

（四）语言的功能

语言是用来传递信息的，是通过传递信息实现其各种功能的，如促进相互理解、下达指令、协调人们的活动、研究和解决难题等。要实现这些功能，就必须解决一系列与之相关的问题，如为什么说、说什么、对谁说、怎样说、说后的影响及后果等。

为什么说是指运用语言的目的，为什么要说这番话。说什么就是向对方传达那些让对方必须清楚的信息。表达信息应当准确、清楚、不包含矛盾，应当把话说实在、说明白，否则就实现不了交流的目的。对谁说是指说话要看对象。怎样说是强调说话的方式。说后的影响和后果是指语言交流后的反馈或语言过程的动态发展。

医疗服务的全过程都处于医患交流中，处于医患的语言互动中，因此，医务工作者必须研究语言在医疗服务工作中的地位和作用。语言在健康行为构建和医疗诊治活动中发挥着巨大作用，人的自我保健意识、保健知识和防病治病知识都是靠语言传递的；人们在求医行为、遵医行为和休养行为中都和医务人员有着充分的语言交流。人们很早就提出语言具有治疗作用和使用不当的致病作用，在心理咨询、心理治疗和行为疗法中，语言是不可缺少的中介。语言在与医疗活动相关的行为中同样发挥着巨大作用，患者与家属、亲朋好友之间的互动，由患有共同疾病患者组织起来的各种组织以及由医疗服务中不同认识引起的医患纠纷，都需用语言进行调节，根据不同性质的问题，采用不同的处理方法。语言使用恰当是缓和或化解矛盾的一个重要因素；反之，语言使用不当可能激化矛盾。医务人员为了做好医疗服务工作，必须结合医疗行为进行语言研究，提高与患者交流的艺术和水平。这也是行为医学必须关注的课题。

四、社会适应与心理压力

社会是一个复杂的巨系统，既存在着保障个人生存发展的必需因素，也存在着潜在的和现实的各种危险因素。人如何趋利避害，做出有效的反应，对每个人来说都是至关重要的。人对社会内各种变动性的因素选择适当的对策，以调整个人和社会的关系，称为社会适应。

（一）社会适应的内涵

广义的社会适应包括个体对社会现存生活方式、各种制度、各种行为准则等做出恰当的行为应答，以保证个体有效的生存和发展。人们通过思考和分析，面对各种与自身相关的社会因素，控制自己的行为，使之与社会要求相适应，是社会适应的主要内涵。

现代社会人们生活范围不断扩大，社会系统也日益复杂。各种职业和社会分工不断细化，科学技术日益尖端化，这些都影响着人们的思维方式和生活方式。一个人要想涉及社会所有的方面是根本不可能的，而只能与某些相关的社会侧面或社会因素进行互动。因此，可以认为，社会适应主要是指个人处理日常生活及其所在的与其生存和发展密切相关的社会环境中行为活动及选择的能力。社会适应主要体现在两个方面，一是保持和发挥个人思维和能力等方面的程序；二是个体履行其个人和社会责任的圆满程序。社会适应贯穿于人的终生，而且在人的生命的不同阶段有着不同的社会适应问题。

社会适应能力包括日常生活适应能力、社会认知适应能力、社会情感适应能力、社会人际关系适应能力、社会变迁适应能力、社会文化适应能力、社会职业适应能力等。

日常生活能力是指人们在每日生活中，为了照顾自己的衣、食、住、行，保持个人卫生和进行独立的社区活动所必需的一系列的基本活动。

社会认知适应能力是人们社会适应的基础能力。社会是一个复杂的运动着的体系，人们经常需要对社会中与自己相关的信息进行整合、加工，特别是当影响到个人生活，甚至生存的突发事件出现时，更应及时进行信息的整合、加工。人们是生活在各种社会群体之中的，就需要了解所在群体的结构、功能、发展趋势及对自身生活影响等。人们对社会的认知越清楚，就越容易对其行为做出选择。

社会情感适应能力对个人来说是十分重要的。个人的情感与社会主流情感的吻合程度，个人对与自身相关的因素所持的情感与态度，个人与社会及其社会职业亲和的态度，个人对引起负面情感的社会因素的解决方式等，都会影响人的社会适应能力。

社会人际关系是人与人之间在活动过程中直接的、心理上的关系或心理上的距离。人际关系反映了个人或群体寻求满足其社会需要的心理状态，因此，人际关系的变化与发展决定于双方社会需要满足的程度。

社会变迁适应能力是影响个人能否做出与时俱进的抉择的重要因素。社会不断变迁，思维和行为却跟不上，就会产生适应不良。

社会文化环境的改变和发展会引发社会文化适应能力的问题。社会文化包括许多内容，诸如道德环境、娱乐环境、舆论环境、学术环境、时尚环境、艺术环境等，这些常会导致人们心理上的顺应、抵触、冲突、振荡等各种认知和情感反应，处理得如何，也要靠人的心理调整和行为调适。

社会职业是人们谋生的重要场所，在市场经济条件下，人们面临着职业选择的压力，面临着对所担负工作是否胜任的问题，面临着竞争和失业的威胁，这些对一个人是无法回避的。一个人能否找到称心如意的工作，还是在现实逼迫下不得不从事不愿干的职业，在职业活动中如何发展，遇到不如意的事情应当如何调整等，都提出职业适应能力的问题。

涉及适应的问题很多。人的社会适应能力的测定涉及的变量较多，比较困难，但已编制有社会适应量表，如道尔编制的社会适应量表、美国智力低下协会设计的适应行为量表等。我国一些学者也在试行编制适应我国实际情况的社会适应量表，这种研究是很有价值的。

（二）社会适应不良与心理压力

人们的社会适应行为是在承受一定心理压力前提下开展的。适度的心理压力并不是坏事，它可以促人思考，促人奋发，促人将压力化为动力。但当心理压力过大时，就容易造成心理行为扭曲。

行为适应不良是一种与社会需求不相符合的行为,因此更容易形成心理压力,有时会成为极其强大的心理压力。任何个体都不可能时刻都与社会保持平衡,由于社会及人的心理活动的复杂性,二者经常会发生碰撞,引起心理冲突,使人很难做出行为抉择。当这种冲突出现时,人一般会调整自己的心理活动,采用不同的心理防御机制予以化解,以与社会保持平衡。如果个体长期不能化解这些刺激,不能在社会规范允许的范围内做出调整,与周围的一切格格不入,就会形成社会适应不良,从而形成不同的人格障碍。

五、社会因素与行为发展

社会文化教育、媒体和舆论、科学技术、政治及法律、道德等因素对于人的行为发展起着重要作用,对于改进人的行为方式、提高人的行为能力、改善人的行为素质、增强人的行为的自觉性和主动性等都发挥着巨大作用。

(一) 社会文化教育

从广义的文化概念考虑,人的社会性就是人的文明性、文化性。文化的实质是人化,是构建一个人性化的世界。文化因素对人的健康行为和疾病防治行为的影响是巨大的。文化教育不仅为医疗卫生服务创造了一支高水平的、专业素质非常高的医疗卫生服务队伍,指导着人们的预防活动和公共卫生建设活动,进行着疾病控制服务;造就了一支医疗服务的医护大军,日夜不停地进行着抢救重危病患者和临床治疗工作。文化教育还推动着健康教育的广泛开展,改善人们的生活方式,提高对生活中危险因素的辨别能力,引导人们矫正不良的生活行为,提高自我保健意识,培养人们高尚的兴趣和情操,以抵制和消除由于低级趣味造成的不良行为。

社会文化教育因素构建适合人类生存的文化环境,构建推动人们改善生理状况、优化心理氛围,更有利于人们心身健康发展的宏观和微观的文化环境。一般来说,人们的文化教育水平越高,越有利于构建理性的生活态度。受过良好教育的社会群体有较强的自我保护意识,有较强的抵御和预防疾病的能力,易于建立起健康的、品位较高的生活方式。他们在处理人际关系时一般也愿意采用温和与温情的方式,尽量减少人际关系的紧张和冲突,使人际关系处于比较轻松而和谐的状态。中国传统文化中的优秀部分强调天人合一、人与自然的和谐发展,对于医学和人的健康行为的发展也有重要意义。

(二) 媒体和舆论

舆论历来是评价人们行为和影响人们行为的重要因素之一,对人们的日常生活和认知发展都有较大的影响。现代电子信息技术的发展使媒体活动深入到人生活的各个领域,特别是以图像为主并能实时传达各种信息的电视技术、方便人们信息传递的网络通信技术,对人们的生活日益发生着更为重要的影响,人们常把大量的时间花在收看媒体传递的各种信息上。可以说,人对外界的信息在很大程度上是从媒体传播行为中得到的。因此,有的人说,人接受的外部世界不是外部世界本身,而是媒体信息技术制造出来的拷贝世界。这种说法当然是一种夸张,但不能否认媒体信息技术对人们的生活方式和行为方式的巨大影响。

媒体对人们健康的影响也是巨大的，且不说有的人长时间地盯着电视可能会对健康带来某些负面影响，只说媒体关于健康知识的传播，关于各种防病和治病信息的传递，以及远程医疗的开展，对人们防病和治病行为的影响就是巨大的。另外，某些个别媒体由于受到利益驱动，播送虚假的医药广告，甚至采用影视手段使一些虚假行为形象化、感人化，又会对人们的求医行为产生严重的误导，从而起着危害健康的作用。如何通过社会管理的行为有效地解决这些问题，是不容忽视的。

（三）科学技术

科学技术是推动社会经济发展极为重要的力量，经济发展是改善人们生活条件和医疗卫生服务条件的基本要素。科学技术有利于推动人的认知发展，推动人的科学世界观的建立，也有利于人们构建正确的健康观。科学技术的发展推动了各种高科技诊疗手段的发展，推动了新药的研究和开发，使临床诊治手段变得更为先进和准确，提高了对疾病的诊断水平和治疗水平。先进的科学技术使得脏器移植、基因疗法等一系列新的方法应运而生，使一些过去难治的疾病有了新的治疗手段。

高新技术在医疗上的广泛使用也产生了某些负面效应，如过分依赖高新技术手段和过度使用高新技术手段，提高了医疗成本，医疗资源遭到浪费。国内及国外均有资料表明，临床误诊率并没有因高新技术的采用而显著降低。在药物方面，许多新药不断被临床采用，提高了对疾病的治疗能力，但也由此产生了药物滥用的问题、误治问题，产生了新的行为医学问题。高新技术和新的药物的出现使医疗保健费用上涨，低收入的家庭和人群并未由此得到很大的益处，影响着医疗保健的公平性。高技术的推广和使用还使医患关系受到影响，加之生物医学模式的长期影响，也是一个应当注意的问题。不能把这些问题的出现归咎于新技术的运用，而是要在应用新技术时设法消除这些负面影响。

（四）道德

道德是人的行为准则，是社会评价人的行为善恶的标准，人们也常自觉或不自觉地用道德观念审视自身的行为。道德作为一种评价人们行为的标准，它用荣辱、是非、善恶、正义与邪恶、诚实与虚伪等道德概念进行评估，从而让人们衡量自己的行为，调节与他人的关系。

道德涉及各种社会关系，国家与个人的关系、公私关系、民族关系、群体关系、家庭关系、邻里关系等都是与人们的行为直接联系的。人们在处理这些关系时必然要涉及他人，涉及不同的群体，涉及国家和民族的利益，如何协调这些利益，以保证合法、合理的利益得到保障，使非法、不合理的利益受到谴责，使坚持非法和不合理的利益的行为遭到社会舆论的唾弃是非常重要的。

医学道德是医务人员应该奉行的职业道德，是医师处理医患关系和医务人员内部关系的行为规范总和。医学道德的基础是利他主义，这是由医学职业的社会本质决定的。一个人当他投身于医学事业时，不管他的主观动机如何，他必须从事治病救人的工作，他必须专心致志地做好这件工作，把为患者治好病奉为至高无上的原则。他决不能实施任何侵犯患者权利的行为，必须以患者为中心，以保护患者的生存权和生命为主要活动内容。他决不能做任何伤害患者的事情，必须尊重患者的自决权。

（五）政治及法律

政治及法律活动是任何一个国家都十分重视的活动。法律是由国家制定的并由国家以强制力量保证实施的一种行为规范。国家公民在他的行为活动中必须遵守法律规定，不允许任何违法行为发生。一旦违法，便会受到法律的制裁。法律是严肃的，对任何人都不讲情面。法律通过它所规定的权利和义务，通过国家制定的各种条文调节人们的行为，从而用以保障社会秩序，使社会能够有序地运转。

法律是保障人民健康的重要武器，法律通过各种保护健康的条文保障了人们衣、食、住、行的安全，保障了社会公共卫生环境的建构，保障了各种预防行为顺利开展，保障了患者享受医疗服务的权利，保障了对突发事件造成的健康损害的应急处理。法律打击危害人们生命财产安全的刑事犯罪活动，坚决取缔赌博、吸毒、卖淫等严重危害人们健康的行为。如果没有政治和法律的保证，不要说保障人民健康了，人们连正常生活也无法维持，更谈不上过健康、愉悦的生活了。

在政治及法律思想指导下形成的各种法律、社会规范、制度和行为规则是人们进行健康生活的基础保证条件。在现代快节奏的社会生活环境中，存在着各种危害健康的可能因素，也存在着调节人们行为以防止受到侵害的各种预防方法。如杜绝交通事故，保护自然环境，调解各种民事纠纷，化解和缓和人民内部矛盾、正确处理医疗事故、纠正不良医学行为等，都具有保障人们身心健康的作用。尊重人们法定的权利，政治上和法律上促使实现社会公正、公平、公开的原则，发扬社会主义的民主，保障人们的各种自由权利，是促使人们心情愉悦地生活、保障人们身心健康的重要条件。尽管这些规定具有更广阔的政治和社会含义，它在健康行为和促进人们身心健康方面的作用是不能忽视的。至于利用法律手段推动卫生保健事业发展就更是直接推动人的身心健康发展。

（六）宗教

宗教是统治人们的那些自然力量和社会力量在人们头脑中虚幻的反映，是对神灵的信仰，是相信神灵能够支配人们命运的社会意识形态并由此建立起来的宗教组织体系。宗教是由信仰、教义、宗教仪式、戒律、宗教活动规范和宗教组织构成的特定的社会组织及信仰形式。不同的宗教具有不同的教义和活动方式。

宗教是影响某些人们日常生活、行为的一种重要力量。虔诚的信徒非常忠诚于宗教信仰，严格按照宗教的教义和规定规范自己的行为，他们忠诚地履行宗教的戒律，积极参加宗教活动，誓为宗教而献身。但有时宗教会对健康产生负面影响，特别是当人们患有疾病时不去求医，而是求神拜佛，企图依靠神灵挽回自己的健康时，宗教对人们健康产生的危害。世界上的医学源头都来自祭司和巫，巫是原始的宗教。后来，医学摆脱了巫的束缚，从巫中分离出来，是一大进步。

宗教对人的健康有积极的一面。任何宗教都是主张惩恶扬善的，宗教的许多戒律都是围绕着修身养性、提高道德情操建立起来的。宗教提倡做善事，而且几乎所有宗教都利用医学作为它们行使慈善行为的一种措施，中国较早的西医医院许多都是由教会建立的。宗教组织或宗教徒规劝人们要遵守道德，履行善事，认为只有这样才能得到神灵的赞许和保佑。宗教的戒律对教徒有很大的约束力，是依靠教徒自律来实行的，这些戒律有助于人们良好行为的形成，客观上有利于健康。宗教提倡人们要互相关怀，并给人们提供精神上的寄托。当人们在生活中遭受不幸时，教徒会从神灵那里寻求安慰，而且互相以神灵相慰藉，对于保持心灵的安静是有帮助的。

但宗教又具有精神麻痹作用，使人们逆来顺受，安于命运，易于陷入消极状态。总之，宗教对人们健康的影响是复杂的，既不能简单地肯定，也不能简单地否定。

（七）文学及艺术

文学及艺术对人们的行为具有强烈的塑造作用。文学及艺术是通过形象思维反映世界，能以唤起强烈感情的形式引起人们的思想共鸣，为人们提供学习榜样，提供可供参考的行为模式。在人的一生中，没有受过文学及艺术影响的是罕见的，人都有他们崇拜的英雄形象，有他们欣赏美的情趣，有他们娱乐享受的方式，这些都以接受文学及艺术的影响为主，是别的思想意识形式及其影响下的活动方式无法代替的。

文学及艺术作品源于生活又高于生活，它通过典型化和浓缩化的方式把现实生活中的事物凝聚起来，把故事讲得娓娓动听，把现实中最美的一刻捕捉下来，从而为人们提供强烈的美的感受。它们或用精练的语言表现生活事件；或用幽默的形式画出夸张的图画；或用优美的旋律谱写动听的歌曲，不但给人以美的感受，而且会陶冶人们的情操，提高人们的心理素养和行为素养，而且有可能成为行为治疗的一种手段。

文学及艺术作品常会谈及健康和疾病的问题，谈及患病过程的感受及心理活动过程，谈及灾难降临一刻的情感波动，甚至会谈及疾病治疗的问题。《三国演义》中关羽刮骨疗毒的故事固然属于艺术上的夸张，但却会鼓舞人们对待病痛时的乐观精神和勇气。

（八）哲学

哲学是研究世界观、人生观和价值观的学问。世界观包含本体论、认识论和方法论；人生观涉及对于人生的根本态度及人生的目的等；价值观涉及人生的价值取向及追求等。一个人的世界观、人生观和价值观决定着他对世界和人生的根本看法和根本态度，渗透到他的所有认识和所有活动之中，因而也必然渗透到他的所有行为之中。

一个人的人生观和他本人宣称的理想、观点和主张可能一致，也可能不一致，甚至会完全相反。在后一种情况下，他所说的只是为了掩盖他的真实思想，而把自己的世界观深深隐藏起来。我们观察一个人的世界观和人生观，不在乎听他说什么，而在于观察他想什么、做什么、追求什么，如何对待他面临的问题，如何对待面临的人和事。通过这些，才可以看到支配他的全部活动的一根线，看到他持有的世界观和人生观。世界观和人的行为虽然不直接联系，但可以通过一个人的言行折射出来。人的世界观、价值观、人生观是决定人的行为的一种根本原则，是会影响到人的健康行为、疾病行为以及一切涉及医学领域的行为的。

世界观、人生观和价值观和人们的医学观、医学技术观、医学行为观以及医德观联系密切，因此，哲学与医学也具有密切的联系。哲学不能代替医学，但它可对医学产生影响，对医学的发展和医学的理论建构以至技术建构发生影响。反过来，医学也影响着哲学，特别是医学中的生理学、解剖学、心理学、社会学、伦理学等，都会影响人们的哲学思考。一个医务人员、一个卫生管理人员乃至一个患者，都不可能不进行哲学思考，都不可能不从哲学层面进行反思。用正确的哲学观点指导人的思维和行为，促使人们从哲学层面反思自身的思维和行为，应该是建立对事物保持理性态度的基础。抱着理性态度对待面临的一切问题，又是保持身心健康、身心平衡，建立良好的人际关系的前提。

（张瑞彬）

思考题

1. 人类行为发育有哪些特征？
2. 人类行为的神经生物学基础和心理学基础包括哪些内容？
3. 社会因素对人类行为以及行为的发展有什么影响？

第三章 人类的本能行为

第一节 摄食行为

摄食行为（feeding behavior）是指机体为了个体生存、保障身体各器官的功能和从事各种活动的能量需要所进行的寻食、进食、消化、吸收等各种有关活动；也是个体搜寻食物、捕捉食物和对食物进行加工处理，以满足自己或同种个体对食物需要的行为。随着人脑发育的进一步完善，人的摄食行为除了是一种本能和最基本的动机之外，人类摄食行为受到高级大脑认知活动的控制，与动物的摄食行为区别极大，如定时进食、烹调、使用工具等。同时，由于人类有摄食的共同需要，要满足此种需要，就应与他人合作，只有与他人合作，才可使摄食的需要得到满足。

一、生理机制

1. **脑内控制摄食的系统** 产生于20世纪50年代的"双中枢论"（dual-center theory）认为，下丘脑含有控制饥和饱的两个中枢。一个称为饥饿中枢或摄食中枢，位于外侧下丘脑（LH），促进摄食。动物实验证明，电刺激该区域，动物出现觅食、摄食，且食量大增；如果损毁双侧丘脑下部外侧区，动物即拒食、拒饮，甚至死于饥渴。另一个称为饱中枢，位于下丘脑膜内侧区（VMH），抑制摄食。电刺激该区域，处于饥饿状态的动物立即停止摄食；如果损坏双侧丘脑下部腹内侧核，则动物摄食大增，引起肥胖。临床也发现，丘脑下部腹内侧区病变时可产生肥胖症。摄食中枢的功能是发动觅食、进食、消化和吸收；而饱中枢的功能是停止摄食行为。这两个中枢间存在着交互抵制的现象，并主要受血糖水平调节。饥饿时，血糖水平降低，饱中枢放电减弱而摄食中枢兴奋加强，动物开始摄食；饱时，血糖水平升高，饱中枢兴奋而摄食中枢抑制，动物停止摄食。

对饱中枢的精细研究表明，具有这种生理功能的脑结构并不是下丘脑腹内侧核，下丘脑室旁核的轴突在脑神经垂体附近形成的突触和迷走神经运动背核间形成的突触联系对"饱"感的调节具有更重要作用。除下丘脑腹内侧区和室旁核之外，下丘脑穹窿柱周围区也具有饱效应。

2. **摄食行为的发动** 19世纪末和20世纪初的生理学研究认为，饿的感觉是胃的某种情况引起的。有人认为是胃液分泌增加，或者是胃液分泌的减少。有研究显示是胃的活动增加，也有资料表明是胃的活动减少。当研究者们能用新的技术记录脑电活动和进行局部损毁手术时，人们就把摄食行为发动原因的研究从食管转移到脑。从20世纪40年代开始，控制摄食的脑过程和脑路线成了研究的主要课题，直到20世纪70年代和80年代，才把外周活动的研究和脑过程的研究结合起来。现在对摄食行为的控制系统的认识包括有味觉和口味的变化、胃的活动和胃液的分泌、血液中物质监视及脑区之间的兴奋和抑制的相互作用。

（1）对食物的感知：能提高摄食的动机，而动机的提高又能加强食物的刺激性。在众多引起食欲的感觉中，以味觉和嗅觉的作用最强。

味觉由分布于舌表面的味蕾感知，经舌神经和舌咽神经传入中枢而产生味觉。味觉可分为甜、咸、酸、苦4种。对各种味觉敏感的味蕾存在于舌缘，对甜味敏感的味蕾位于舌尖，对苦味敏感的味蕾则位于舌根。味觉是一种适应较快的感觉，即随着刺激时间的延长，其敏感度下降。适应快慢的顺序为苦味、甜味、酸味、咸味，即咸味适应最慢。

嗅觉感受器位于鼻上区及鼻中隔后上部，接受气味的刺激投射到大脑皮质。嗅觉在大脑皮质的投射区随着动物进化而缩小，在高等动物只有边缘叶的前底部区域与嗅觉有关，包括梨状区皮质的前部、杏仁核的一部分等。嗅觉也是适应很快的感觉，同一嗅觉持续存在则不再感觉到。

食物的色和形引起的视觉、食物的硬度和弹性引起舌的触觉、食物的温度引起的温觉和冷觉、欣悦的谈话或音乐引起的听觉等也在某种程度上影响食欲。

（2）胃的活动：生理学先驱坎农认为，胃部活动是饥饿感的唯一基础。为了检验这个假设，坎农的一名学生沃什伯恩训练自己吞食一个连在橡胶试管上的没有膨胀的气球。试管的另一端连在记录空气压力变化的一个设备上。然后坎农对这个气球打气。当这名学生的胃收缩时，空气就从气球里出来，使记录笔发生偏转。沃什伯恩饥饿痉挛的记录与他的胃严重收缩时间相关，但与他的胃膨胀的时间无关。坎农认为，沃什伯恩已证明胃部痉挛就是饥饿产生的原因。尽管坎农和沃什伯恩的方法很有独创性，但是后来的研究表明，胃部收缩并不是饥饿的必要条件。把糖注射到血液里，能阻止胃的收缩，但不能消除一个腹中空空的动物的饥饿感。胃被完全切除的患者仍有饱、饥的感觉，对没有胃的老鼠施以食物的奖励仍然使其学会走迷宫。因此，尽管胃部的运动对人们饥饿的产生起着重要的作用，但是这些感觉不能完全解释身体是如何察觉需要食物以及引起摄食行为的。

（3）食物储备的内部监视过程：许多研究者提出，身体能监视它的食物储备情况。一种看法是食物供应低于一定的值就能触发摄食系统。他们提出，有各种食物储备的指示信号，其中最重要的是葡萄糖的利用和脂肪的供应情况，其指示物可能是像游离脂肪酸这样的一些副产物。

脑的能量来源主要是葡萄糖，虽然在葡萄糖不足的情况下脑也能利用酮体，但不能完全代替葡萄糖。早期的科学家认为脑能直接监视葡萄糖的供应情况，注射葡萄糖可使VMH的1/3的神经元兴奋和LH的1/6的神经元兴奋，而同时使LH的1/3的神经元抑制。胰岛素可以抑制VMH的神经元的活动，但能使它们对注射葡萄糖的兴奋反应加强。脑内其他区域的神经元对葡萄糖的反应都不受胰岛素的这种易化作用的影响，而VMH细胞的这种反应或可说明它们能够直接监视全身的葡萄糖的利用情况。从另一方面来看，游离脂肪能使LH兴奋而VMH抑制，也可说明同样的问题，因为血液中出现了游离脂肪酸时，提示脂肪开始被分解利用，可能是葡萄糖供应紧张了。由此推测，葡萄糖的缺乏或游离脂肪酸的出现是发动摄食行为的信号。

20 世纪 50 年代初期有人认为下丘脑的细胞所监视的不是血内葡萄糖的绝对水平，而是它的利用率。如果以颈动脉和颈静脉血中的葡萄糖含量之差（A-V）来估计葡萄糖的利用情况，A-V 的葡萄糖含量之差小可能是准备吃食的主要信号之一。当然，身体中的葡萄糖受体不一定都在脑中，当血中葡萄糖的含量下降时，肝的葡萄糖受体细胞放电最快，这种信号传到脑中也是发动摄食行为的重要因素。

3. **停止摄食行为的外周信息**　一般认为，胃的饱胀是停止吃食的信号。但是，信号不仅发自胃的机械感受器，也发自胃的化学感觉器，而且胃也不是整个胃肠道中唯一发送饱信号的部分。当食物从胃进入十二指肠时，引起十二指肠黏膜分泌缩胆囊素（CCK），这种刺激与饱感有关。CCK 可以作为胆囊和十二指肠的激素，也可以作为大脑皮质的神经递质来抑制摄食。同时，口腔的感觉也是一种能提供过饱信号的外周来源。高热量和高蛋白质的食物比低热量和低蛋白质的食物更易产生饱食感，这种与食物类型相联系的感觉可能是身体调节进食的一种方式。

二、摄食行为异常

1. **肥胖**　随着人们生活水平的提高，肥胖已经成为人类面临的重大问题。肥胖问题在我国也越来越受到重视。人和动物在内、外因素调节下，摄取食物而获得能量，通过活动又消耗能量。当摄入体内的能量过多，超过活动所消耗的能量时，就会引起肥胖。WHO 定义体重指数（BMI）为：体重/身高平方（kg/m^2）。BMI 的中国标准：18.5～23.9 为健康者和正常；24.0～27.9 为超重；28～39.9 为肥胖；≥40.0 为病态肥胖。肥胖易导致糖尿病、心血管疾病、睡眠呼吸暂停综合征等。

2. **神经性厌食症**　部分原因与心理因素有关。这些人对食物的兴趣并没有全部丧失，他们的问题并不是对食物没有味觉，而是对肥胖的过度恐惧。这类患者多是 10～20 岁的少女或少妇，男性极少发生，病情严重者可导致死亡，要使患者恢复正常，常需 4～5 年时间。

3. **异嗜症**　在食物成分比较完善的情况下，随着能量的摄取与消耗，人和动物一般能保持正常的食欲。如果食物中缺乏某种特殊营养物质，则可能导致食欲异常，这时动物不吃通常的食物，而使其寻求行为持续下去，直到满足其所缺的成分为止，这种特殊的行为即为"异嗜"。

三、文化、社会因素对摄食行为模式的影响

行为模式是指行为的规律性和特征。人类摄食行为模式主要包括食物习惯、进食方式、食品贮藏、食品选择和食物偏爱等。人类食物习惯为杂食、熟食，不同于草食或肉食动物。进食方式已能定时三餐制，讲究烹调技术，使用碗、碟、盘等餐具。随文化不同，进食时或用手抓，或用筷子，或用刀叉。食品种类受季节影响，为了在任何时候保持食物的丰富，便要储存食物。贮藏的方式很多，如晒干、盐腌、烟熏、风干、冷藏、醋渍、糖渍、腊制等。食品选择与家族习惯、食品外观及气味和质量、营养需要、特殊职业需要、个体年龄、文化传统和心理需要有关。食物偏爱有种族差异，如哺乳动物普遍对甜味物质绝对偏爱。同时，个体摄食行为模式也受文化、社会、心理因素的影响。

1. **文化因素对摄食行为模式的影响**　人类摄食行为受到文化的深刻影响，或者其本身就是一种文化的体现。不同文化背景的人群，其摄食行为可有很大的不同，如有用筷子作为进餐工

具的，也有用刀、叉或手进餐的。在同一文化背景下，由于亚文化结构的不同，其摄食习惯也有很大的差异。例如，我国形成了鲁菜、粤菜、川菜和淮扬菜四大菜系。鲁菜以海鲜、味咸为特色，随着文化的发展，可使某些摄食习惯被改、废除或提高。例如，生食的习惯由于容易致病，有的地方已经废除；但另一些地方由于加强了检疫，以致出现返归"生食"现象。

由于某些食物或药物被人们认为有某种特殊的意义，因此在不同的文化环境中派生出对食物的不同态度。如"口忌"和"滋补"等，口忌即对某种食物的禁忌。口忌观念的形成对人类健康有很大影响。例如，产妇的口忌在中国和外国、在农村和城市、在南方和北方都是不同的。产妇对某些食品、某些烹调方法的口忌大多是地区传统口忌的延续，是历史的产物，其内容有些也是不科学的。因此，对口忌应用科学的方法进行研究，以促进人民健康。滋补观念也是历史文化的产物。滋补即认为某种食品或药品对人体某种功能有特殊的营养或促进作用，常食有健身、延年、益寿的作用。例如，鱼翅、燕窝、海参、甲鱼、银耳被认为乃高级滋补品，有滋阴补肾的特殊功效。这些观念的出现标志了人类摄食行为已超越了生存目的范围。

不同职业、社会劳动需要会影响人的摄食行为。重体力劳动者、运动员、文娱工作者等，由于工作环境的差异、劳动条件的限制及工作性质的不同，所需热量、营养成分、特殊食品要求、摄食行为模式等均有不同。如在高温下对水分的需求增加，航海中需增加维生素C等。于是特殊的饮食要求成为某些人群的特征之一。

2. 社会因素对摄食行为模式的影响　社会因素对摄食行为的影响是明显的。如社会对食品的观念，时尚认为高胆固醇食物是肥胖症、冠状动脉粥样硬化性心脏病（冠心病）的祸首，那么低脂食物便会应运而生。为了追求"味鲜"，餐馆活鱼、活虾生食便作为时尚的标志。不同社会地位的人进餐的方式、食品种类、烹调方法都有很大差异，听音乐、表演、侍者一道道上菜而品尝有之，手抓食物而求生存者亦有之。在现代社会中，人们为了追求新异和刺激、应对紧张、交际而产生一种社会心理，即满足心理需要的摄食欲求，超过了满足生理需求和生活需要的摄食欲求，这种情况被称为超价值观。在超价值观时尚的影响下，人们宴会可以只喝酒或饮料而基本不进饭食。滋补观念导致药膳的出现，进而中药广泛用于调味，甚至发展成为专门的药膳餐厅。这也是社会观念影响人摄食行为的例证。

3. 心理因素对摄食行为模式的影响　心理因素对摄食行为产生巨大影响。例如，人们应对紧张的办法，通常采取多食行为，以取得心理平衡。实验观察也证明紧张强度与进食量相关。珍妮特波立维与彼得哈曼把摄食行为分为限制性饮食和不限制性饮食。限制性饮食者总是对他们要吃的食物量加以限制，他们会长期节制饮食，总是为食物而焦虑。尽管肥胖者更容易有这种思想和行为，但任何体型的人都可以成为限制性饮食者。研究者指出，当限制性饮食者解除限制时，也就是说，当生活环境使得他们取消对食物的限制时，他们就会放纵自己，暴饮暴食高热量的食物。特别是当限制性饮食者对其能力灰心失望或尊严受到伤害时，解除饮食限制的情况常会发生。

另外，人们对于自己体型的评价也会影响摄食行为。健康意识的增强、对肥胖的恐惧及社会角色的改变导致对减肥带有强迫性的追求。社会歧视的研究发现，人们对肥胖者存在3种普遍的偏见：①懒惰；②不够精明；③与非超重的人比较少成为朋友。这种观念认为，超重者缺乏意志力且自我放纵，因此许多人（特别是女性）往往试图重塑体型来达到个人或社会的理想标准。

第二节 睡眠行为

睡眠（sleep）是人类的一种生物本能，是人类生命过程的重要组成部分。人类约有1/3的时间是在睡眠中度过的。通过睡眠，可使身体细胞（特别是神经细胞）避免过度的耗损，使已经疲劳的细胞得以恢复正常的生理功能。睡眠状态下，人体储存能量，以备白天身体各组织及器官活动需要的合成代谢和分解代谢，睡眠是人体精力及体力的恢复过程。睡眠和觉醒的交替与昼夜节律相一致，这种昼夜节律的变化是人体生物钟体系的重要功能之一。

一、睡眠的概念

睡眠一直是众多学科（尤其是生理学、心理学等学科）关注的问题。最初法国学者认为，睡眠是由于身体内部的需要，使感觉活动和运动性活动暂时停止，给予适当刺激就能使其立即觉醒的状态。后来由于人们认识了脑电活动，因此认为睡眠是由于脑的功能活动而引起的动物生理性活动低下，给予适当刺激可使之达到完全清醒的状态。目前人们普遍认为，睡眠是有机体生理活动的必要过程，是受觉醒中枢主动调节的一种周期性的可逆的静息现象。这种静息现象可描述为：①不受主观意志控制的运动；②对刺激的反应减弱；③可逆。

睡眠是一种普遍现象。无论是人还是动物，在每天24小时中都会有睡眠。在睡眠时间分布上，各种动物有着很大的差异。人类睡眠有其独有的特征：①睡眠多在一定地点（床上）进行，而且要更换衣服，成为隐私行为的一部分。②睡眠时间是有个体差异的，一般成人的睡眠时间为5～9小时，平均7.5小时。③睡眠时间随年龄增长而缩短。新生儿每天睡眠12～22小时（平均16小时）；6个月后，平均为13小时；随着婴儿的成长，白天睡眠的时间逐渐减少，儿童期每天睡眠时间平均为9～10小时；青年人每天睡眠时间一般为6～8小时；老年人每天睡眠时间平均为5～7小时。

人类对睡眠的需要量也存在很大的个体差异。一般来讲，每个人每天所需要的睡眠时间平均是8小时，有的人可能4～6小时就够了，健康人中大约有10%属于这种情况，有15%的人睡眠超过8小时。每个人具体需要的睡眠时间还取决于习惯和机体状态等方面的因素。同一个人的不同时期，由于生理状态的变化，所需的睡眠时间也会有所增减。例如，女性的月经期睡眠时间可能会多一些，孕妇常需要每日超过10小时的睡眠。重体力劳动或体育运动后睡眠时间一般延长，过度的脑力劳动却常使人睡眠减少。人究竟需要多少睡眠时间，不可一概而论。不能以睡眠时间长短来评判一个人是否有充足的睡眠。

按照每个人所需睡眠时间的长短，可将其分为3种类型。①长睡眠型：睡眠时间每夜超过9小时；②中睡眠型：每夜所需睡眠时间大约7.5小时；③短睡眠型：每夜睡眠时间少于6小时。中睡眠型的人占绝大多数，而长睡眠型和短睡眠型者仅占极少数。

二、睡眠节律与生物钟

通过对整个睡眠过程的仔细观察，根据人在睡眠过程中的脑电图（EEG）、肌电图（EMG），人在一昼夜中的行为活动表现为睡眠与觉醒状态相互交替的节律称为睡眠觉醒节律。根据眼动电图（EOG）的变化特征，发现睡眠具有两种不同的状态：一种是慢波睡眠（SWS），脑电波呈现同步化慢波的时相；另一种是快速眼动（REM）睡眠，脑电波呈现去同步化快波的时相。

1. 慢波睡眠 或称同步睡眠、非快动眼睡眠，人们在刚刚入睡后大都属于慢波睡眠，没有快速的眼球运动，全身肌肉张力下降，但仍保持一定张力。按脑电图变化特点，可将慢波睡眠区分为4个时期，这4个时期代表着睡眠由浅入深的过程。S1期：呈现低振幅的脑电波，频率快慢混合，以4～7次/秒的θ波为主。这一时期人对外界刺激仍有反应，有不少奇异体验及躯体麻木、颤动和沉浮等，头脑中还有片段的思维活动，醒后仍可回忆。S2期：呈现低振幅的脑电波，中间常呈现短串的12～14次/秒的梭形波和一些复合波。这一时期人对外界刺激已无反应，属无可回忆的精神活动。S3期：常呈现短暂高振幅、频率为1～2次/秒的δ波，这一时期人已进入较深的睡眠状态。S4期：脑电波也是呈现出高振幅且以δ波为主，此期属于深睡眠，睡眠很深。这4个时期持续30～50分钟。在慢波睡眠期间，肌肉松弛，但躯体运动并不消失，有的人每5分钟就有一次姿势调整，一般人平均每20分钟有一次大的姿势调节活动。慢波睡眠期间以副交感神经活动占优势，心率减慢，血压下降，胃肠蠕动增加。生长激素在S4期分泌明显增加，可能与生长和体力恢复有关。

2. 快速眼动睡眠 又称快波睡眠，是睡眠过程中周期性出现的一种激动状态，其脑电图与觉醒时相似，呈现低振幅的去同步化快波，也称异相睡眠。此期较慢波睡眠更为深沉，又称深睡眠。这种类型的睡眠伴随着眼球的水平快速移动。此期眼电活动显著增强，肌张力进一步下降，肌肉完全松弛，肌电明显减弱，交感神经活动增强，使心率加快、血压上升、呼吸加快而不规则、胃肠运动停止、脑血管扩张、脑血流量较慢波睡眠时增加20%～50%，外生殖器血流量增加，皮肤温度降低，脑的温度又回升到觉醒时的水平。如在快速眼动睡眠期被唤醒，并询问是否做梦时，74%～95%的人都会报告他（她）正在做梦，并能记起梦境的内容，因此此期又可称为做梦睡眠。

3. 睡眠节律 人在一昼夜中的行为活动表现为睡眠与觉醒状态相互交替的节律，称为睡眠节律，也称睡眠觉醒节律。

人在入睡之后，首先进入慢波睡眠，再转入快速眼动睡眠，然后两种睡眠时相进行交替和循环，直至觉醒。正常成年人夜间睡眠8小时的大致情况是：开始为睡眠的潜伏期，接着进入慢波睡眠期，迅速由S1期依次进入S4期并持续一段时间。在入睡后60～90分钟内出现第一次REM睡眠；之后，进入下一个慢波睡眠（SWS）睡眠，从而形成SWS-REM。一夜中典型的睡眠节律从一次REM睡眠到下一次REM睡眠的间隔时间平均周期为90分钟，一夜要经过5～7次这样周期节律的交替，但又不是简单的重复。入睡后第一次出现的REM睡眠持续时间比较短（5～10分钟），在以后各周期中逐渐延长（可达30分钟）。相反，SWS的S3和S4期在睡眠的前1/3部分占有优势，但在睡眠的后1/3（即早晨的睡眠中）往往完全缺如。正是由于清晨的几小时睡眠中S3和S4期少，而REM睡眠时间较长这一特点，人们才更频繁地从清晨的睡梦中醒来。

睡眠是深、浅睡眠交替出现的。在SWS 4期和REM睡眠期，大脑细胞完全休息，使精力得到充分恢复，生长激素分泌达到高峰，免疫物质产生最多。因此，决定睡眠质量主要在于SWS 4期睡眠和REM睡眠所占总睡眠时间的比例。剥夺睡眠后，恢复睡眠必须增加SWS 4期睡眠和 REM 睡眠来作为"补偿"。临床上，对失眠的药物治疗的原理也主要是改变 SWS 4 期睡眠和 REM 睡眠在睡眠过程中所占的比例。

在正常情况下，在睡眠觉醒周期中不仅 SWS 和 REM 睡眠相互交替，而且 SWS 和觉醒之间也可以相互交替进行。然而，REM 睡眠和觉醒之间不能双向交替，即 REM 睡眠可以进入觉醒状态，而觉醒不能直接进入 REM 睡眠。

4. **生物钟**　是中枢神经系统内一种主动的、节律性的过程，这一节律独立于自然界的昼夜交替。大量研究证明，机体的生理功能在一天的不同时刻确实是有差异的，期间有多种节律性变动。昼夜节律的形成主要是受到外界地球物理环境周期性变化的影响，即外因性节律的调节。

在人和其他哺乳类动物，这种节律是通过遗传而获得的。下丘脑的视交叉上核（SCN）是高等动物的生物钟所在部位。视交叉上核具有对于光照周期的敏感性，产生与明暗变化同步的节律。组织学研究证明，视交叉上核中有来自中缝核的纤维投射。核内有密集的树突突触将细胞紧密连接，因此使它们倾向于进行同步活动。哺乳动物的视交叉上核是内源性生物节律的起搏点，其功能受到光照的调节，而与外界环境的 24 小时昼夜变化保持同步。

松果体分泌的褪黑素对生物钟和昼夜节律也产生重要影响，褪黑素分泌的节律性主要受到光线的调节。外源性给予褪黑素可能重新设定人体的生物钟，影响许多生理、生化过程及觉醒与睡眠周期。褪黑素对于睡眠的诱导作用更甚于对体温、皮质激素昼夜节律的影响，临床上常使用褪黑素来调整睡眠节律失调性睡眠障碍。

三、睡眠剥夺对健康的影响

1. **睡眠剥夺对行为的影响**　睡眠剥夺（sleep deprivation）的实验研究为睡眠功能的认识提供了许多科学证据。睡眠剥夺方式有全睡眠剥夺、部分睡眠剥夺和选择性睡眠剥夺。全睡眠剥夺是在较长的时间内不允许被试者睡眠；部分睡眠剥夺是每晚只允许被试者上半夜睡眠，在下半夜将其唤醒；选择性睡眠剥夺是剥夺快速眼动睡眠，即每当出现 REM 时立即唤醒被试者。

睡眠剥夺对人的心理造成的危害依据人的性格不同表现出很大的差异，有的人会产生明显的"睡眠剥夺精神病"，有的人仅仅表现为无法克制的睡意，其精神活动仍基本正常。整体来说，剥夺睡眠，尤其是剥夺快速眼动睡眠，可能对人的心理活动产生多种有害的影响，包括焦虑、激动、易怒、不友好、注意力分散、记忆力降低、思维迟钝、退缩、动作笨拙、疲乏、调整人际关系的能力降低等。

睡眠剥夺不仅引起心理活动障碍，而且对生理活动也有重要影响，长时间的睡眠剥夺会导致死亡。有研究报道，幼年的狗被剥夺睡眠 4～6 天，成年的狗被剥夺睡眠 13 天，即可引起死亡。较长时间的睡眠剥夺还可引起肌张力降低，动物甚至不能保持正常的姿态，体温也会下降；短期的睡眠剥夺则可引起中枢神经系统兴奋性增高。

人类具有惊人的恢复能力。即使 200 多个小时的觉醒，只要一次足够的睡眠（12～24 小时），就可以得到明显恢复。连续几天快速眼动睡眠剥夺可导致快速眼动睡眠的潜伏期缩短，次数增加，在随后睡眠恢复的夜晚出现快速眼动睡眠的补偿性现象。当快速眼动睡眠得到补偿之后，被试者的情绪状态也恢复正常。

2. **睡眠剥夺对生理的影响**　睡眠剥夺时的生理变化包括神经系统（包括 EEG 变化）、自主神经系统、免疫系统、生化和分子生物学等5个方面的变化。

睡眠剥夺期间相关的行为变化很明显，但神经系统检查的阳性结果较少，且很快恢复。长时间的睡眠剥夺（200小时或更长时间）时，可出现轻微的眼球和手的震颤、间断性言语不清和上睑下垂等，部分受试者会出现角膜反射迟钝、咽反射活跃、腱反射活跃及对疼痛的第三性增加等症状和体征，所有这些改变在恢复睡眠后立即消失。睡眠剥夺时EEG特征性表现为α波随睡眠剥夺时间延长呈线性减少。睡眠剥夺时出现作业错误通常与脑电图的波有关。睡眠剥夺期间，当受试者讲话或完全清醒时，就会出现δ波。

自主神经系统的变化较轻。个别会出现收缩压、舒张压、手指的脉搏容积、心率和呼吸频率等变化，但绝大多数可使受试者对缺氧和高碳酸血症的反应下降。

在免疫功能方面，在睡眠剥夺期间和睡眠恢复时血液中自然杀伤细胞活性下降。

分子生物学方面表现为在睡眠剥夺期间与清醒期间有着不同的基因表达。在清醒或睡眠剥夺期间已发现有44个基因上调，睡眠期间有10个基因上调。不同行为情况下基因表达有着明显不同，这可能会影响细胞基础功能，如RNA和蛋白质合成、神经可塑性、神经传递和代谢等。

第三节 性 行 为

一、概述

（一）人类性行为的概念及特征

性行为（sexual behavior）是一种自然的心理过程，也是一种带有明显本能色彩的行为。动物界中任何有雌、雄之分的动物都有性行为。一般认为，性行为有广义和狭义之分。广义的性行为是指所有以达到性满足为目的的行为，或者说任何能够引起性高潮的行为都是性行为。根据这一定义，异性之间的爱抚、自我刺激（手淫）、恋物症等都包括在性行为这一术语之内。狭义的性行为仅指男女两性生殖器之间的接触，即性交。

人类性行为的生理过程与其他动物（尤其与高等动物）性行为进行比较，在生物学方面是很相似的，但人类性行为是受种种社会规范、风俗习惯、道德标准、法律制约的行为，制约因素比动物复杂得多。动物性激素在血中含量达到一定水平，或电刺激脑下部灰结节性交中枢即可产生性行为，说明动物性行为主要由生理刺激引起。人则不同，血中性激素水平超过阈值数倍并不一定出现性行为。

人类性行为具有以下3个特征：第一个特征是性行为受社会、心理、意识支配。第二个特征是性行为的压抑性，由于各种紧张、生活经济困难、焦虑、妊娠性畏惧、居室紧张、传统道德约束、节欲、养生等心理因素而使性行为受压抑。第三个特征是心理的专一性，受社会道德、法律制约，性爱是专一的、自私的，以保持家庭的幸福与美满。因此对人类性行为的理解要从生物、心理和社会文化多个方面进行综合考察。

（二）性行为的分类

根据各自不同的目的和理论，性行为有不同的分类。按性满足程度可将性行为分为目标性性行为、过程性性行为及边缘性性行为。

1. **目标性性行为** 指生物学上以"性交目的性"规则的性行为。其行为方式多种多样，如性交时双方均达到性高潮，即为完全的目标性性行为；若仅一方有性高潮，则为不完全目标性性行为。

2. **过程性性行为** 指性交前的调情行为，如性交前爱抚和其他调情动作，这些动作的目的在于激发性欲，准备性交；性交后还有一些温柔的语言和动作作为尾声，使性欲逐渐消退，这些都属于过程性性行为。过程性性行为可提高性生活质量。

3. **边缘性性行为** 是指介于性行为与非性行为之间的模棱两可的行为。日常生活中，由于性吸引，受到一定程度的性意识驱动，但不会即时指向目标性性行为。如两性相悦时的"眉目传情""款款情话""暗送秋波"等，商场或社交场合男女身体接触交往中的"异性效应"，均属于边缘性性行为。两性交往中，如握手时的抚摩意念，较长的对视时内心可出现性感触动，都是边缘性性行为的表现。

根据性行为目的的不同，可以将性行为分为生殖性性行为和非生殖性性行为；从医学的角度，可以把人类的性行为划分为正常性行为和异常性行为；从社会和法律的角度，可以将性行为划分为合法性行为和越轨性行为。这些分类从不同的角度提示了人类性行为某个方面的特性，对正确理解性行为的本质具有重要意义。

二、生理机制

（一）性行为的神经机制

动物的性行为主要由性激素和低位神经中枢调控，而人类的性行为则在性激素和低位神经中枢调控的基础上，扩展为整个大脑的功能，与社会因素和心理因素都有密切的关系。

1. **脊髓反射** 有些性反应的基本通路在脊髓中枢之中，如果切断脊髓与脑的连接，仍然有某些反射性的性反应。例如，雄性的阴茎勃起和射精，在腰部以上横断脊髓的任何动物中都能实现。人类也有这种现象，腰部脊髓由于外伤或病理原因而被截断的男性，当他们的性器官受到直接刺激时，阴茎仍然能够勃起并射精。但是，此时没有身体正常情况下伴随这种反应所产生的感觉。

2. **与性行为有关的脑中枢** 性交的某些反射成分虽然是在脊髓水平上完成的，但是性的吸引和性欲的行为表现在脊髓动物中需许多部位的参与。正是由于脑的介入，使得兴奋的唤起不再单独依赖于对性器官的直接刺激，而是扩大到外界因素的嗅、视、听和内部环境的刺激。在许多脊髓动物中，视前区被证明在雄性的性行为中有着极为重要的作用。动物研究的结果表明，下丘脑腹内侧核以及视前区后方等都与雌鼠性行为有关。边缘系统和大脑皮质，特别是额叶皮质和杏仁核在控制性行为中也有着重要的作用。

3. **性行为的神经传导通路** 对雄性动物进行的研究发现，与性行为有关的感受器与神经传导通路主要有以下3条。

（1）生殖器局部感受器及其传入神经：阴茎龟头的局部刺激是引起性欲的最重要刺激。阴茎周围的会阴部、阴囊的刺激，以及尿道、膀胱、前列腺、精囊、睾丸、输精管的充盈刺激也都能引起性欲。除分布于阴茎的传入神经外，分布于会阴部、阴囊、尿道、膀胱、前列腺、精囊、睾丸、输精管等处的传入神经也参与性感信息的传入。

（2）嗅觉传入路：异性气味的刺激由嗅觉感受器，经由大脑皮质嗅区，最后传入后脑性中枢。气味可以互相激发性欲，因而嗅觉传入路也是一条重要的性感传入路。

（3）视觉传入路：以副性征为主，视觉刺激经视觉传入路传到大脑新皮质，经新皮质分析综合后，将信息再送到下丘脑性中枢，这是一条调控性行为的重要性感传入路。

一般认为，雌性动物阴蒂的神经支配与雄性动物的阴茎背神经具有类似的功能，其传出性作用使阴蒂勃起，其传入性作用与性感、性欲及性高潮的引起有关。用性未成熟的动物作实验证明，只有预告给予性激素后，再刺激性器官，信息才能到达脑。如果不给性激素，即使刺激性器官，信息也传不到脑的性感部位。可见，神经系统的性功能是以性激素的作用为基础的。只有性激素作用于神经系统后，神经系统才具有性欲、性冲动和进行性行为的功能。

（二）性行为的生理反应

性反应是指从性刺激起或从性唤起到性高潮，再回到原初生理水平的机体生理反应，又称为性反应周期。性反应周期可以分为4个连续的时相，即兴奋期、平台期、性高潮期和恢复期。兴奋期是指性欲发动，肉体或精神由于受到外界性刺激与内部性冲动联合作用而进入紧张状态。男性表现为阴茎勃起，女性表现为阴道润滑。持续时间从几分钟到数小时不等。然后进入平台期，平台期是兴奋后到性高潮前性紧张稳定发展的阶段，持续时间约半分钟到几分钟，与平台期相比没有典型的生理变化，只是兴奋的持续或加剧。接着进入性反应周期的顶峰阶段——性高潮期，一般只持续3～15秒，此期男女双方把先前形成的肌肉紧张通过不随意肌的痉挛加以释放，同时体验一种难以言表的快感。最后进入一个持续0～15分钟的恢复期，如果没有达到性高潮，则恢复期可以持续达1天，甚至更久。

男性的性反应周期一般都呈上述从兴奋期到恢复期四期的典型程序，虽然各期的持续时间不同，但反应强度方面差异不大。女性的性反应周期有3种典型的模式，即性高潮到来快（可以没有平台期）的模式、有两次或多次性高潮的模式和性高潮不明显的模式。另外，男性在性高潮之后，一般在射精之后有一个绝对不应期，在此期间男性的阴茎不能充分勃起。这段时间的长短因人而异，可以从几分钟到几小时。

在性反应周期中，男、女两性均伴有明显的躯体改变，其主要变化是血管充血和肌肉紧张。血管充血表现为男性和女性外生殖器充血、胀大，皮肤出现性红晕，血压升高。肌肉紧张表现为呼吸急促，心率增快，两性盆底和生殖器的肌肉先呈紧张状态，然后在性高潮期出现不随意的节律性收缩。人类两性反应过程和强度均受两人之间的感情、当时情绪状态、身体健康状态、性刺激的效果等许多因素的影响。

三、心理基础

1. **性欲和性唤起** 性欲是指由大脑特定部位兴奋而产生的一种性的欲望，促使一个人寻找或接受性的体验和特殊感知觉。性欲可由幻想、意念、性刺激而引起，条件允许可产生性行为；条件不允许则被压抑。性唤起是指由性刺激引起的性生理反应（阴茎勃起或阴道充血）和认知反应所产生的希望进行性活动并得到性满足的一种状态。一般在性高潮后即消失。

2. **性动机** 指推动个体投入性活动并导向性高潮、性满足的心理性动力，它是由性需要（性欲望）、性刺激引起的。威诺克将性动机分为6个维度。①性别识别：男、女对自己性别角色的认知。②目标选择：个体性活动所指向的性对象。③性唤起：性兴奋的生理及心理反应水平。④性唤起能力：个体特有的由性刺激引起的性兴奋达到性高潮的速率。⑤性活动：性的外显行为。⑥性满足：由性活动导致的强化、奖励或"愉快"。

3. **性满足与性和谐** 性交后达到性高潮不是性满足。性高潮是生理过程，性刺激引起心灵上和情感上的享受才是性满足，它只发生在最相爱的情侣之中。性交只是性爱的手段和内容，不是目的，性爱的目的是性满足。性和谐是指在正常性活动中两性双方相互配合，以达到双方性满足的协作模式。性和谐的基础是双方的性需要和爱情深厚。如果只有一方有性需要，又没有爱情基础，是不会产生性和谐的。

四、性行为功能

性行为最基本的作用在于保证种族的延续。在许多低等动物中，这甚至是性行为唯一的功能。动物在进化序列中位置越高，性行为就越复杂，发挥的作用就越多。作为人类来说，除了生殖功能以外，性行为还具有其他的功能，如取乐、解闷、巩固配偶关系和调节社会关系等。各种功能相互联系，又各有区别，人们的每一次性行为都可能同时具有好几种功能。

1. **生育功能** 繁衍后代是人和动物性行为最基本的功能。在现代社会中，尽管生育功能仍然是人类性行为的主要功能之一，但已不再是性行为的主要目的。人类种族灭绝的威胁已不存在，相反，性行为的生育功能带来了人口过多的危机。因此，世界许多国家和地区鼓励对生育进行节制，人类不得不采取措施来避孕，以控制人口的数量。

2. **满足生理需要** 性行为的出现与个体的生理需要有着密切的关系，性行为的生理需要取决于体内性激素的水平。除人类以外，绝大多数动物的性欲有周期性表现。雌性动物尤其如此，它们只有在发情期才进行性行为。人类男女两性都没有明显的发情期，正常状态下的成人性欲总是保持在一定的水平上。人类的性欲除了与生理需要有关外，还与其心理需要有关，异性的存在和色情刺激都可以激起性的欲望。

3. **维系和巩固配偶关系** 性行为能够使异性（也可是同性）个体之间结成配偶关系。当一对未婚配偶的感情发展到一定程度时，性行为会加强他们的感情关系。性行为可以维系、巩固和强化配偶关系。夫妻性活动不和谐或因种种原因性活动较少，则离婚会增加。

4. **满足心理需要、维护心理健康** 除了娱情功能外，在厌烦、单调、不安、无聊时，人们需要排解这些负性情绪；另外，在面临一些外界干扰、危险、应激情景时，人们也会产生焦躁、紧张不安的情绪，需要通过某种行为使自己平静下来。性行为既是一种排解方式，又是一味

"镇静药"，可以达到满足心理需要、维护心理健康的目的。

5. **商业功能** 通过提供性关系以获取钱财的违法行为称为卖淫；以钱财换取性活动的机会称为嫖娼。有三种可能的情况：①女性卖淫，男性嫖娼。②男性卖淫，女性嫖娼。③男性之间或女性之间以同性形式卖淫和嫖娼。

第四节 自我防御行为与其他本能行为

一、自我防御

（一）自我防御行为

人类对危及生命的损伤刺激通过生理反应以避开，对动机受损产生的挫折、心理冲突而导致的心理不平衡，通过应对、防御机制以摆脱心理紧张并取得心理平衡和心身安全感，此类活动均称为自我防御行为（ego denfense behavior）。

自我防御行为广泛地见于低等动物至人类，它是保障动物个体和种属生存和繁衍所必需的本能行为。动物生活的环境中有各种影响其生存的理化因素，存在着不同的动物及植物。为了生存下去并得以繁殖后代，动物演化出许多技能以抵御不良理化因素和其他个体的侵害。防御的对象常为同种或其他的动物个体（如求偶时雄性动物抵御其他雄性个体的攻击，猎物抵抗捕食者的攻击等）。

对抗捕食者的防御机制分为本能防御机制和次生防御机制。前者指避免捕食者近身的行为，包括隐伏生活、隐藏生活和展示警戒色；后者是遇敌后使得自己得以脱身的行为，包括退、逃遁、恐吓、假死和分散攻击者注意力。种内的防御行为类似次生防御行为。

人类在面对攻击时的许多防御行为与动物相似，在战争中，士兵们会穿着迷彩服以达到隐蔽的作用。当人类感觉受到攻击而又无法战胜对方时，也会采用妥协、逃跑和分散对方注意力的方法来保护自身和种族的安全。但是人类与动物不单纯是生物种属进化阶梯上的差别，理性思维、社会规则、道德规范、文化等都影响人类的防御行为。因此，虽然人和动物一样，对危及生命安全和引起疼痛的任何刺激都会出现回避反应，但是人类的防御行为表现更为复杂。

（二）心理防御机制

心理防御机制是人应对内、外紧张性刺激，维护心身康宁的一种潜意识手段，可分为积极的心理防御机制和消极的心理防御机制。

（1）积极的心理防御机制：这种防御机制不但能有效地满足自己的欲望，解除现实的困难，也能被社会所接受，具有积极意义，包括升华、合理化、幽默等。

1）升华：指将不易实现的冲动或欲望转换为社会所认可的、比较崇高的目标和方向。

2）合理化：指个体遇到挫折时，找一些被自我和社会接受的理由来解释。

3）幽默：指个体遇到尴尬处境时，用诙谐的语言和行为来应对，使自己摆脱困境，维持心理上的稳定。

（2）消极的心理防御机制：这类防御机制虽然暂时可使个体免受心理冲击，但长期使用却不利于问题的解决，或因压力的缓解而自足，或出现退缩，包括否认、投射、压抑、退行等。

1）否认：是最原始、简单的心理防御方法，指为减轻心理压力，对某种痛苦的现实无意识地加以否认，有暂时缓解焦虑的作用。

2）投射：是指把自己内心存在的不为社会所接受的欲望、品质归咎于自身之外的其他原因或归咎于他人。

3）压抑：是指把不能被意识接受的思想、观念及个人欲望和冲动融入潜意识中的心理防御作用。

4）退行：是指以不符合自己年龄特点的幼稚行为来应对紧张的情境，以引起他人的同情或注意，来减轻自己的焦虑。

5）转移：指将对某一对象或事物的不良情绪反应转移到其他比较安全、可以接受的对象上加以发泄。

6）反向：指人们在潜意识出现某种不愿为别人所知的欲望时，却用与欲望相反方向的行为方式表达出来。

7）认同：指个体的需要得不到满足，产生挫败感时，将自己比拟为其他成功人士或幻想中的强者，从心理上体验其成熟感，从而减少因挫败感产生的焦虑。

二、攻击行为

（一）概念

攻击行为（aggressive behavior）是指伤害或试图伤害另一个体的心理、躯体状态或破坏目标的行为，它包括暴力行为。暴力行为一般仅指直接伤害另一个人的躯体或某一物体的严重破坏性攻击行为。

攻击行为是生物体的本能，对于个体生存和种族保存有着重要的意义。人本身就有一种内在的攻击倾向，随着生理和心理的发展，这种内在的攻击倾向可能会指向一些有意义的目标，向这个方向发展的"攻击性"会变成人心理的积极成分。反之，如果这种内在倾向朝一些不正当、不被社会所赞同的目标发展，如伤害他人，这种攻击性就是有害的。

（二）发生机制

个体攻击行为的发生机制有两种观点。一种认为，人类的攻击行为主要是生物性的、内源性的，来源于个体与种族保存的本能，其主要理由是攻击行为普遍见于整个动物界。另一种认为，人类的攻击行为主要是社会性的，即与外部环境因素有关，是来源于后天习得的行为方式。

动物行为学观点认为，攻击行为是人类与其他动物的先天本能，其主要目的一是保护族群与领土，对外抵御入侵者；二是种族内部争夺食物、水、配偶与生存空间，淘汰劣者，使种族个体不过分拥挤。人类与动物相比，由于掌握了利用工具实施攻击的技巧，所以其破坏性更大。

攻击行为有生物医学的基础。一些生理学家试图寻找大脑的"攻击行为中枢"，虽无肯定的结论，但认为脑部的颞叶及掌握人类情绪、动机、攻击欲念主要部位的边缘体系，如果受到各类脑伤害、炎症或肿瘤，失去对行为的控制，导致暴力行为的发生。此外，轻微的脑功能失常会引发不能适应的行为，扰乱个人的生活方式；严重的情况则会导致反社会行为发生。而患有注意力缺乏、过度活跃症的患者极易分心，无法保持安静，呈现不安、过度活跃，并伴随着低自尊、学习困难与反社会行为。有些研究还指出，脑电波基本上反映出大脑皮质神经细胞的活动，脑电波的异常可能与人的某些偏差行为有关。

犯罪的人脑电波速度过快，超乎寻常。与脑电波的异常有关的偏差行为包括不良的冲动控制、社会适应差、敌意、脾气暴躁等，成人若具有较低的脑电波，将呈现出刻薄、易怒、不守法和冲动性行为等。精神病患者若有脑电波异常现象，则可能呈现攻击性和间歇性的愤怒。

雄激素在攻击行为中的作用也得到越来越多的证明，男性（尤其是年轻男性）攻击行为多于女性，服用雌激素可以控制冲动性的性犯罪。月经期、围绝经期等内分泌变化剧烈的时候，妇女常出现明显的攻击意向等。生物学研究对了解和处理某些具有病理基础的攻击行为无疑是十分重要的。但是绝大多数有攻击行为的人，用现有的检验技术并未能发现有肯定的生物学病变。

精神分析理论把人类的本能划分为生的本能和死的本能两大类。弗洛伊德认为性本能和生存本能虽然目的不同，但它们都表现为生存、发展和爱的一种本能力量，最后都指向生命的生长和增进，称为生的本能。与此对立的死的本能则代表着人类生命中潜伏着的一种破坏性、攻击性、自毁性的驱力，其目标在于破坏、分解或毁灭。死的本能主要表现在两个方面：一是其能量向外投放，表现为破坏性、攻击性、侵略性、争吵、斗殴、战争等；二是其能量向内投放，具体表现为自责、自罪、自我惩罚、自残、自杀等。弗洛伊德认为，任何形式攻击行为的发生都是攻击能量积蓄过程而又缺少适当途径释放的后果。他认为，人类的心理结构就像一个固定体积的容器，如果攻击能量积蓄过量，超出可控制的水平，而又无适当的途径发泄，就会发泄出来，指向机体内部就表现为自残、自杀，指向机体外部就表现为攻击行为。

人格心理学认为，不同的个性特征发生攻击行为的可能性不同。有显著性差异的个性特征有多疑与固执、缺少同情心与社会责任感、情绪不稳定、易紧张、喜寻找刺激但易受挫折、缺乏自信与自尊、应对现实能力与人际交往能力差。他们实施攻击行为时并不感到良心上的不安，而自认为在按照他们自己的行为方式行事。

（三）分类

1. **领域之争** 领域可以属于单个个体，也可能属于家庭或一个群体。这样的领域是不容侵犯的。进入这个领地之内必须得到领主的允许，否则将引起打斗。在人类社会中也有形式各样的"领域"。最基本的有国家所属的领土、领海和领空，个人或家庭所属的住所等。通常也用各种各样的记号来标识，如界碑、地图上的分界线等。不同国家的人未经允许不得进入别国的领土、领海和领空。个人不能随便进入他人（特别是陌生人）的领域，否则将引起争吵，甚至被驱逐。

生活在某一领域内的动物从该领域获得生存所必需的生活必需品、食物或栖息场所，随着领域内动物成员的增加，生活资源会变得短缺起来。这时动物便会向同种或异种动物的其他领域进犯，或者同一领域内的成员互相攻击。凶猛的肉食动物一般不捕食同类，也不食用同类动物的尸体，但在食物极短缺时却不一定如此。

动物中的许多种类，如火烈鸟、鸥、梭鱼和大多数食肉动物拥有类似的"个体距离"。如果其他动物侵入这个距离，便导致攻击行为。人们经常可以看到候鸟总是间隔整齐地蹲在电线杆上歇脚，这是"个体距离"现象最典型的表现。人类社会中存在所谓"个人空间"现象，即个人拥有不容别人随便接近的一定空间，如果个人空间受到侵犯，人们就会感到自己受到了威胁，因而紧张不安。不同文化中个体要求的个人空间大小不同，但是任何人或多或少都会守着一定大小的空间，只有最亲密的人才能互相接近。

2. **地位之争**　在任何一群有组织的哺乳动物中，无论它们如何合作，总是存在着争夺社会主宰权的斗争。由于每个成年的个体都参与了这个斗争，所以或高或低，总是能够在动物社会群体中占有一定的社会地位。社会地位的排列主要是通过同种个体之间相互竞争、相互攻击而做出的，胜者为王、败者为寇是社会性动物中的一种普遍的现象。身材硕大、健康、强壮的动物个体通过击败对手获得较高的社会地位之后，便可在群体内享受食物、性行为、领地等多方面的特权，可以对等级较低的个体实施控制和惩罚。

人类与动物相比，除了生存、安全和性的需要外，还有对尊严、荣誉、爱和自我实现的需要，因此人类社会中更是广泛地存在着地位之争的现象。古代帝王所拥有的至高无上的地位以及随之而来的权力、尊严、财富、美女，有多少人为了争夺王位而不惜以生命为代价。现今社会，小到工作单位中为争夺领导地位的明争暗斗，大到企业之间的商业之战，以及国家之间的战争，都是人类社会地位之争的表现。

同种攻击的致死和损伤性格斗与种间攻击行为相比较较为少见，有人认为在动物界，人类是发生同种间攻击最频繁、最严重的一种。许多动物实际缺乏严重伤害竞争者的武器，而另外一些动物则不使用自己最强的攻击能力去伤害同类中的竞争者，他们往往以仪式化格斗或威胁等方式来达到攻击的目的。

（1）仪式化格斗：是威胁对方以保持领域和个体距离的行为，在一定程度上充当了实际打斗行为的功能，但不能完全取代打斗行为。尤其是在领地建立或地位排定之后，仍可发生打斗行为。但是这些打斗行为并不是真正地为了杀死或损伤对方，而仅仅是为了驱赶或取代竞争者，在拥有致死性武器的动物中尤其如此。这类打斗行为常有一连串的固定动作，按一定的格式进行，多少与京剧舞台上的武打相类似，因此被称为"仪式化行为"。

（2）威胁和显示行为：常见的有两种情况。一种是做出一副准备战斗的样子，如挺起尾巴、毛发竖立、双眼圆睁、大声嚎叫；另一种是展示自己的攻击武器，如牙齿、爪、角等。威胁和显示行为的实际目的并不在于真正地向对方攻击，相互之间也没有躯体的接触，而是试图吓走挑战者，不战而胜。而后者则通常确定被对方的怒颜所慑服。这种行为通常见于同种或同群动物内领域之争、地位之争。

人类则更多地以语言的形式来威胁别人，其生物学意义在于这类行为避免了同种之间的不必要的肉体伤害。

三、利他行为

（一）概念

利他行为（altruism）是一种不期望任何酬赏和回报、出于自觉和自愿帮助他人的行为。一种行为是否是利他行为,需依据助人者的意图进行判断。如助人者助人之后没有留下任何自己相关的信息,不给被助者任何回报的机会,也没有告诉任何其他人,即为利他行为。

利他行为是人类社会中高尚的行为,是值得全社会提倡和发扬的。利他行为虽各有不同,但都具有以下共同特征:①利他行为的目的是有益于他人的,而不是为了自己的私利;②利他行为是一种自觉、自愿的行为,不是迫于外界的压力而做出的;③利他行为不求任何回报,是一种真正的无私奉献;④利他行为具有自我牺牲的特点,它需要个人付出一定的代价,但是个人并不会计较。利他者往往不仅是勇于奉献,而且是乐于奉献,帮助他人可以使他们获得心理上的满足感。

(二)影响因素

利他行为受到助人者的特征、情境因素、受助者的特征等几个方面因素的影响。

1. 助人者的特征

(1)认知因素:助人者的观点和道德判断水平在很大程度上决定助人者的利他行为。

(2)移情:是一个人设身处地为他人着想、识别并体验他人情绪和情感的心理过程。一般认为,移情是助人行为的重要动机和源泉,是利他行为的一个重要中介因素。当个体能够设身处地以他人的立场去体会当事人的需要和痛苦时,他就能够将心比心地产生助人行为。因此,移情能力强的人更容易去帮助他人。

(3)情绪状态:人的情绪状态也是影响利他行为的重要因素。处于良好心境的人比心情不好的人更倾向于帮助他人,是因为愉快的心情使人们更注意人生的光明面,更具有同情心,更注意别人的优点,把人往好的方面想,帮助他人的动机更强一些。其次,做好事可以延长好心情,形成一个良性循环。好心情可以增加人的自我注意,使人们更有可能按照自己的理想形象来表现自己。

(4)性别与年龄:在涉及教养的情境下,女性比男性更有可能做出利他行为。但是在知觉到危险的情境下,男性比女性更有可能提供帮助。利他行为是随着年龄的增长而不断增长的。儿童随着年龄的增长,通过接受社会规范的教育,其行为逐渐受到社会规范的约束,懂得了帮助他人是社会赞许的行为,自我中心倾向逐步减弱,更多地表现出利他行为。

(5)人格特征:个人的品质因素是产生利他行为的最重要的个人因素。社会心理学研究表明,社会责任感与利他行为呈正相关关系。社会上涌现的许多见义勇为的英雄人物,在特殊情境中能面对死亡的威胁挺身而出,正是高尚品德、高度的社会责任感使然。个人的价值观和个性特点是影响一个人是否愿意做出利他行为的一个重要原因。例如,在一些西方国家,信仰宗教的学生比不信仰宗教的学生更乐意从事公益活动。另外,富有同情心、具有社会正义感的人帮助别人的可能性比较大。

2. 情境因素 即使最具有利他行为倾向的人在某些情境中也不会去帮助人,所以情境因素对人们的利他行为有着很重要的影响。一般认为,利他行为是人和情境两者的性质共同决定的。助人者在提供利他行为之前必须首先观察情境,即助人者必须考虑助人的客观效果。同样的个体在不同的情境中会做出完全不同的行为。

(1)旁观者效应:即现场旁观者的数量会影响人们的利他行为。当旁观者的数量增加时,任何一个旁观者提供帮助的可能性会减少，即使他们采取反应，反应的时间也会延长。心理学家的解释是，利他行为的责任在旁观者中间扩散，旁观者越多，每个人所感受到的责任就越少，提供帮助的可能性也就越小，这就是所谓的"责任扩散现象"，旁观者起到了责任分散的作用。

（2）物理环境：天气条件对人们的利他行为起着很重要的作用，人们在阳光明媚、气温适中的天气条件下更愿意帮助他人。一些研究指出，城市越小、人口密度越小，利他行为就越多。此外，噪声也会导致助人行为的减少。

（3）时间压力与事件的紧急性：有时人们觉得自己过于匆忙了，以至没有足够的时间去帮助他人。一般认为，在时间充分的情况下，利他行为明显增加，而时间匆忙会减少利他行为的发生。在多重因素作用的情况下，人们会主动权衡各种因素的成本和收益，最终做出采取何种行动的决定。随着紧急程度的增加，人们的利他行为也会增加。

3. 受助者的特征

（1）年龄：一般来说，在社会生活中，老年人和儿童得到帮助的机会比较多，这不仅因为他们在体质和独立能力等方面是弱势群体，还在于人类社会具有尊老爱幼的共同规范，社会鼓励和赞许人们对老年人和儿童进行帮助的行为。

（2）性别：大部分研究发现，在紧急情境下，女性比男性获得救助的概率要高一些。在一般情境中，女性遇到自身无法解决的困难时都要比男性更容易获得帮助。其主要原因一方面是女性与男性相比是弱者，社会存在着帮助弱者的传统规范；另一方面是对女性的帮助大多数是男性提供，这种帮助带有不自觉的或潜意识的性吸引，这表现在富有魅力的漂亮女性在各种情境中更容易得到帮助。

（3）仪表与服饰：人们普遍愿意帮助衣着比较整洁、行为举止符合当时社会风俗的求助者，如果一个人穿了奇装异服，招摇过市，当他发生困难时，较难获得别人的帮助与同情。人们往往会认为他自作自受，因为帮助这种人不会获得精神上的自我安慰。

（刘传新）

思 考 题

1. 何为摄食行为？摄食行为受哪些因素的影响？
2. 生物钟理论在睡眠行为中的意义是什么？
3. 人类性行为的概念及特征是什么？
4. 如何理解防御行为？常见的防御行为有哪些表现？

第四章 健康行为

第一节 概 述

随着工业化、城镇化、人口老龄化发展，生态环境、生活行为方式的改变，慢性非传染性疾病（以下简称慢性病）已成为居民的主要死亡原因和疾病负担。心脑血管疾病、癌症、慢性呼吸系统疾病、糖尿病等慢性病导致的负担占总疾病医疗负担的70%以上，成为制约健康预期寿命提高的重要因素。同时，肝炎、结核病、获得性免疫缺陷综合征（艾滋病）等重大传染病防控形势仍然严峻，精神卫生、职业健康、地方病等问题不容忽视，重大安全生产事故和交通事故时有发生。《"健康中国2030"规划纲要》是今后10年推进健康中国建设的行动纲领。《"健康中国2030"规划纲要》强调，推进健康中国建设，要坚持预防为主，推行健康文明的生活方式，营造绿色安全的健康环境，减少疾病发生。

一、健康的概念

健康（health）是指一个人在身体、精神和社会等方面都处于良好的状态。传统的健康观是"无病即健康"，现代人的健康观是整体健康，根据世界卫生组织给出的解释：健康不仅是指一个人身体没有出现疾病或虚弱现象，还是指一个人生理上、心理上和社会上的完好状态。现代人的健康内容包括躯体健康、心理健康、社会适应、道德健康等。

世界卫生组织提出了衡量健康的一些具体指标。

（1）精力充沛，能从容不迫地应对日常生活和工作；

（2）处事乐观，态度积极，乐于承担任务而不挑剔；

（3）善于休息，睡眠良好；

（4）应变能力强，能适应各种环境的各种变化；

（5）对一般感冒和传染病有一定抵抗力；

（6）体重适当，体型匀称，头、臂、臀比例协调；

（7）眼睛明亮，反应敏锐，眼睑不发炎；

（8）牙齿清洁，无缺损，无疼痛，齿龈颜色正常，无出血；

（9）头发光泽，无头屑；

（10）肌肉、皮肤富有弹性，走路轻松；

（11）即使身体患病了，内心也会坚强，保持好心情，对生活充满希望。

世界卫生组织提出的健康定义和衡量指标反映了医学模式从生物医学模式向生物-心理-社会医学模式的转变，是人类健康观的重大发展，对以促进健康为基本目的的医学研究和发展具有重要指导意义。

二、健康行为的概念

健康行为（health behavior）是指人们为了增强体质和维持身心健康而进行的各种活动，简言之，就是一切有利于健康的行为。从行为科学的观点看，健康行为就是指按照保健要求进行活动，为了预防疾病或维护自身的健康所表现出来的一切行为。健康行为可分为团体健康行为和个人健康行为。团体健康行为是社会群体、团体作为行为主体而采取的旨在保证公众健康的活动；个体健康行为是每一个体可采取的旨在保证自身健康的活动。

就每个人来说，可以将其健康行为分成外显健康行为和内在健康行为。外显健康行为，如饮食的定时、定量，充足的睡眠时间，适当的体育锻炼，不吸烟、不酗酒，体重适中等；内在健康行为可表述为情绪愉快、关系和谐、人格统一、自知之明、适应环境、健康投资等。各种疾病的发生及发展最终都可找到行为、心理因素的相关性，通过改变人的不良行为和不良生活习惯，养成健康习惯来预防疾病的发生。

各国疾病控制大致经历了3个阶段：第一阶段为控制传染病传播，方法是消灭病原体，改进环境和水源卫生；第二阶段为个人卫生阶段，即通过预防接种各种疫苗和产前保健、婴幼儿生长发育检查、增强个体免疫力等来预防传染病和其他疾病发生；第三阶段是通过改变人的不良行为和不良生活习惯，养成健康习惯，预防疾病的发生。

人类的行为与生活方式与大多数慢性非传染性疾病关系极为密切，改善行为可有效控制这些疾病的发生和发展。感染性疾病、意外伤害和职业危害的预防及控制也与行为密切相关。美国通过30年的努力使心血管疾病的病死率下降50%，其中2/3是通过改善行为与生活方式而取得的。1992年国际心脏保健会议提出的维多利亚心脏保健宣言指出，健康的四大基石是合理膳食、适量运动、戒烟和限制饮酒、心理平衡。说明行为与生活方式对健康的影响具有重要的意义。

三、健康促进行为

健康促进行为（health promotion behavior）是指运用行政的或组织的手段，广泛协调社会各相关部门以及社区、家庭和个人，使其履行各自对健康的责任，共同维护和促进健康的一种社会行为和社会战略。关于健康促进的确切定义，目前最受公认的是《渥太华宪章》："健康促进是促使人们维护和改善他们自身健康的过程"。世界卫生组织前总干事布伦特兰在2000年的第五届全球健康促进大会上做了更为清晰的解释："健康促进就是要使人们尽一切可能让他们的精神和身体保持在最优状态，宗旨是使人们知道如何保持健康，在健康的生活方式下生活，并有能力做出健康的选择。"

（一）基本特征

1. **有利性** 这种行为有益于自己、他人和全社会，如不吸烟、不酗酒。

2. **规律性** 这种行为表现有恒常的规律，如定时、定量进餐。

3. **和谐性** 个体的行为表现有鲜明的个性（如选择运动项目），又能根据整体环境随时调整自身行为。

4. **一致性** 行为本身与内心的心理情绪是一致的，没有冲突或表里不一表现。

5. **适宜性** 行为强度受理性控制，无明显冲动表现，其强度对健康是有利的。

（二）分类

1. **基本健康行为** 指日常生活中一系列有益于健康的基本行为，如合理营养、平衡膳食、适当的身体活动、积极的休息与适量睡眠等。

2. **戒除不良嗜好** 不良嗜好指对健康有危害的个人偏好，如吸烟、酗酒与滥用药物等。

3. **预警行为** 指对可能发生的危害健康的事件预先采取预防措施，以及能在事故发生后正确处置的行为，如驾车使用安全带，溺水、车祸、火灾等意外事故发生后的自救和他救行为。

4. **避免环境危害行为** 这里的环境危害是广义的，包括人们生活和工作的自然环境与心理社会环境中对健康有害的各种因素。此外，避开不利于健康的环境也可以采取积极或消极两类方式，如离开被二手烟污染的环境、在污染环境中工作时穿戴防护用具属于消极避免环境危害的行为，而采取措施减轻环境污染、积极应对那些引起人们心理应激的紧张生活事件等则属于积极避免环境危害行为。

5. **合理利用卫生服务** 指有效、合理地利用现有卫生保健服务，以实现三级预防，维护自身健康的行为，包括定期体检、预防接种、患病后及时就诊、遵从医嘱、配合治疗、积极康复等。

（三）基本措施

1. **普及健康知识** 把提升健康素养作为增进全民健康的前提，根据不同人群特点，有针对性地加强健康教育，让健康知识和技能成为全民普遍具备的素质。

2. **参与健康行动** 倡导每个人是自己健康第一责任人的理念，激发个体热爱健康、追求健康的热情，养成符合自身和家庭特点的健康生活方式。

3. **提供健康服务** 推动健康服务供给侧结构性改革，完善防治策略、制度安排和保障政策，加强医疗保障政策与公共卫生政策衔接，提供系统和连续的预防、治疗、康复、健康促进一体化服务，提升健康服务的公平性、可及性、有效性，实现早诊、早治、早康复。

4. **延长健康寿命** 强化跨部门协作，鼓励和引导单位、社区、家庭、居民个人行动起来，对主要健康问题及影响因素采取有效干预，形成政府积极主导、社会广泛参与、个人自主自律的良好局面，持续提高健康预期寿命。

第二节 影响健康行为的因素

世界卫生组织将影响健康的因素总结为生活方式占60%，遗传因素占15%，社会因素占10%，医疗因素占8%，环境因素占7%。

一、生物因素

生物因素主要是指各种病原微生物（细菌、病毒、支原体、立克次体、螺旋体、真菌等）和寄生虫（原虫、蠕虫）等。生物因素的致病作用、范围、程度与其侵入机体的部位有密切关系。它们在机体中的一定部位生长繁殖，一方面对机体造成机械性损伤；另一方面，通过其代谢产物干扰、破坏人体组织和细胞的正常代谢，或引起变态反应，而对组织和器官造成损害，或产生生理功能障碍，引起组织和细胞的损伤等。自然疫源性疾病的病原体就是不依靠人群而在自然界野生动物中繁殖传播的。目前由于预防医学、基础医学及临床医学的进展，抗生素的应用，细菌、病毒、寄生虫等引起的传染病不再是主要的致死性疾病，这些威胁人类生存的传染病有的已经被消灭，有的得到了有效的控制，当然也有新的传染病在发生，但总的来说，某些非传染性疾病的威胁却更严重了。当今，心血管疾病、脑血管疾病以及肿瘤已在人类死亡原因顺位中占据领先的位置，但是导致这些疾病的原因不是某一病原体或细菌，而主要是生活中的一些不良习惯。这不仅是个人和家庭问题，而且是一个社会问题。

二、心理因素

人的心理因素主要有积极心理因素与消极心理因素两种，它们是相互排斥的。医学临床实践和科学研究证明，消极的情绪（如焦虑、怨恨、悲伤、恐惧、愤怒等）可以使人体各系统功能失调，可以导致失眠、心动过速、血压升高、食欲减退、月经失调等疾病。积极的情绪能经得起胜利和失败的考验。要切实达到发展积极心理因素的目的，就离不开自我调控。世界卫生组织根据流行病学的研究以及现代医学、行为医学、医学心理学、健康学的研究进展，提出影响人类健康的主要因素是心理行为因素，并提出保护人类健康，预防现代疾病发生的战略是行为卫生。

三、环境因素

人类赖以生存的外界条件称为人类生存环境。人类生存环境复杂多变，是由自然环境和社会环境相互作用而形成的。人们的活动都是在一定的环境内进行的，受环境条件和变化的影响。因此，人类健康和医学行为必然受到环境因素的影响。

人类生存环境是不断变化的，人体也在不断地调节自己的行为，以保持对环境的适应。如果环境改变超越了人类正常的生理调节范围，就可引起人体某些功能、结构发生异常反应，导致疾病，甚至死亡。人体对环境的适应能力可因年龄、健康状况不同而有很大差别。所以，健康的体魄是保持机体与外界环境平衡的必要条件。采取适当的医学行为抵制有害环境因素，保证人类健康是行为医学需要解决的问题之一。

（一）自然环境与健康

人类的自然环境系统由多种因素构成，有的因素是天然形成的，有的因素是由人类活动所造成的。一般来说，自然环境因素包括生物因素、化学因素和物理因素。天然形成的水、空气、土壤、适宜的阳光和微气候等因素都对健康有影响。如由于地理及地质原因，有些地区的水或土壤中某些元素含量过多或过少，使当地居民体内某些微量元素过多或过少，便会造成地方病；由于工农业生产和人群聚集等活动对自然环境施加影响而形成的物理、化学以及部分生物因素，必然作用于人体，直接或间接地影响着人类健康。

（二）社会环境与健康

社会环境对人的健康有重要的影响。社会环境包括政治、经济、文化和教育等因素。疾病的发生和转化直接或间接地受社会因素的影响和制约，而且健康与社会发展的双向作用已被不少国家和地区的实践所证实。人类生活在社会环境中，社会因素对人体有着巨大的影响与制约作用。一方面，社会环境是人们最大的信息来源；另一方面，人们总是根据社会获得的信息来源来调整自身的心理状态和生理功能，调节自己的行为，使之适应社会。人们的适应行为一旦失败时，就会在心理上造成不良影响，形成心理上的巨大压力。过重或持久的压力可以造成机体的内环境稳态平衡失调，导致多种疾病的发生。

1. 经济与健康　一方面，经济的发展能为大众健康提供物质基础；另一方面，人的健康对生产力的发展和经济的繁荣又起着决定性的作用。在一般情况下，人均国民生产总值高的国家科学技术水平高，劳动条件、营养状况较好，文化生活丰富，医疗保健和公共设施较完善，有利于改善人群健康状况，提高人群健康水平。

2. 文化与健康　文化指人类创造的一切财富，可归纳为物质文化与精神文化两类。行为医学研究文化与健康的相互作用主要是从精神文化的概念出发。文化与健康的影响是相互的、多层面的，它影响着人们的价值取向、生活态度、处理人际关系的方式等，从而对健康发挥着广泛的影响。文化因素对健康行为的影响是显著的，人的行为受信念、价值取向和对现实利益的态度支配。人们在保健行为上怎样做和做什么，是无法摆脱文化因素影响的。文化因素与健康的关系可从多方面考虑。

（1）文化因素与健康：人的疾病不能摆脱生物及理化因素的影响，从这个方面看，要减少疾病、增进健康，既离不开个人的努力，也离不开采取必要的社会措施；移风易俗，改造不卫生的习惯，是消除各种疾病最有效的手段之一。可见，防治疾病必须有文化因素的参与。与疾病斗争，实际上是人和社会同疾病的斗争，是文明人和文明社会同疾病的斗争。离开了文化，就从根本上解除了同疾病斗争的武器。

（2）传统文化因素：传统文化是历史沿袭下来的民族文化，是相对于外来文化而言的。中国的传统文化以人生为主题，是一种修养文化，在这种文化的基础上，形成了以养性为主的养生方法和以天人合一为指导思想的中医理论体系，对中国人民的医疗保健起到了巨大的促进作用。但我国的文化又存在糟粕，如重男轻女，提倡"不孝有三，无后为大"等观念，对人口素质的提高起着不利的作用。它倡导的"身体发肤受之父母，不可损伤"阻碍了解剖学的发展。其中还夹杂有求神问卜等，这些糟粕至今仍以不同形式出现，成为损害人们健康不容忽视的因素。

（3）文化环境因素：文化环境是指由一定的物质文化和精神文化所形成的文化氛围，是直接影响人们心理和生理状况的宏观环境和微观环境，也可以说是不同层次的文化圈，它们之间相互渗透和影响。人们生活在熟悉的文化氛围中，有着轻松和亲切感，如果得到认同、理解和尊重，就会保持心理上的稳定；否则就会产生孤独、压抑的心境。文化氛围如果是友好的，对人们的身心健康会有很大的益处，反之就会起到消极的作用。

（4）社会文化迁移和文化矛盾：社会文化迁移是指人的社会环境的变动，如职业变更、居址迁移、地位变化等。社会文化矛盾是指人的能力与其社会地位的矛盾。由于这两者的影响，会使许多疾病的发生率上升。美国的行为医学家赛姆等研究发现，凡在农村长大，后来迁居到城市做白领工作的人，比仍留在农村做蓝领工作或在城市里长大做白领工作的人的冠心病发生率高3倍以上，且这种危险不可能由饮食习惯、吸烟、家族史、高血压等传统因素来解释。

3. **都市化与健康**　现代工业的发展，使科学技术密集和都市化进程加快，带来人口集中、城市噪声、人口频繁流动等问题，有些已成为"城市公害"，不仅影响经济和生活，对人健康的影响也日益明显。都市化的发展致使人们的生活环境发生很大的变化，使人们更多地受到社会政治、经济、文化、教育的影响。都市化的社会环境对人们生活方式及健康的影响主要有以下几方面。

（1）生活节奏改变：以往乡村田园式的生活方式被城市高效率、快节奏的生活方式取代。人们重视时间效率，在单位工作有任务定额，回家又要操持家务，参与社会经济活动，加上必要的社会应酬，使生活日程饱满，生活节奏加快，致使人整日处于高度精神紧张状态。长此以往，有些人就会产生心理问题或患心身疾病。

（2）生活质量改变：随着城市生活质量的不断提高，人们的消费观念也逐渐发生变化，导致生活方式发生改变。如家用电器的普及为人们带来欢乐、享受的同时，亦增加了烦恼；交通运输发达，以车代步，走路减少；空调改善居室小气候，却对自然环境造成了污染；食品精细化使某些营养素丧失，消化功能减弱。出现了诸如电视病、空调综合征、化妆品皮炎等新型疾病。

（3）人口高度集中：随着都市化的进程，大量人口涌入城市，使人口密度增高，产生了诸多问题，如住房紧张、交通拥挤、乘车难以及社会化生活服务设施不足等。

（4）人口流动：都市化的结果导致城市流动人口迅速增加，走亲访友、旅游、出差、经商、打工及集市贸易等活动增加。一些隐匿行为带来的社会问题更难治理，如卖淫、嫖娼、吸毒等，由此产生的健康问题很难控制。随着人口流动增加以及由此而导致的传染病发病率的增加，如"红眼病"、肝炎、传染性皮肤病等，给城市居民健康带来威胁。

（5）都市噪声：凡是干扰人们休息、学习和工作的声音，即人们不需要的声音，称为噪声。一般认为，50分贝以下为安静，50分贝以上可影响人的脑力劳动，80分贝会使人烦躁不安，90分贝会使人听力下降，100分贝以上可明显致聋。噪声来源主要有工业性噪声、交通性噪声、生活性噪声、音乐性噪声等。长期受噪声侵扰会引起人们耳鸣、头痛、失眠、听力下降等，称为"噪声综合征"，继之还会对人体各器官功能造成损害。

（6）交通事故：都市化倾向、人口集中和人口流动的增加，人们快节奏的生活，推动了交通运输的迅速发展；车水马龙，加速了各地区之间的物资交流，丰富了人们的物质生活。但是，交通拥挤、车辆穿梭，也使车祸成为世界性的突出问题。美国居民的死因谱中车祸排在脑血管疾病、心血管疾病及肿瘤之后，居第四位。

4. **科学技术与健康**　科学技术是人类把握世界的重要方式，是推动历史前进的动力。科学技术的发展改善了人们的工作环境和生活环境，改变了人们的生活方式，提高了人们的生活信心，从而对个体和群体的身心健康发生着重大的影响。随着科学技术的进步，物质生产向前推进，改善了人们的物质生活条件，也产生了许多新的健康需求。随着科学技术的发展，人们加强了对自然环境的干预，但是这种干预常具有两重性，在改善人们生活条件的同时，也会带来有害的后果，造成新的健康问题。科学技术的发展不仅能给人类健康发展提供更有效的保障，同时也会带来一些问题。高新技术在医院的广泛应用使得医务人员过分地依赖高新技术，迷信先进仪器设备，而忽视了应有的基本功训练和临床思维。并且，在某种程度上，医院之间的竞争也过多地依靠现代化设备，忽视了医师的医学诊疗技术和主观能动作用。另外，由于医药科学技术的发展，许多新药接连不断地进入临床试验或应用，导致人体健康受到不同程度的影响，甚至误治，这也是新的医学行为问题。高科技诊疗技术和昂贵新药的使用使医疗保健费用上涨，造成许多低收入的家庭或人群无法承受，这也是不良医学行为带来并急需解决的社会问题。

总之，影响健康的环境因素不仅包括物理、化学和生物等自然环境因素，还包括社会环境因素。环境污染已成为不容忽视的健康危险因素，与环境污染相关的心血管疾病、呼吸系统疾病和恶性肿瘤等问题日益凸显。我国每年因伤害死亡人数约68万人，约占死亡总人数的7%。目前最常见的伤害主要有道路交通事故伤害、跌倒、自杀、溺水、中毒等，其所导致的死亡占全部伤害死亡的84%左右。

人类目前的所有健康问题都与环境有关。其中，人口数量上升、环境污染和贫困加剧是当今世界人类面临的最严重的威胁生存和健康的三大基础因素。其他如居住区的地理位置、生态环境、住房条件、基础卫生设施、就业、邻居和睦程度等都不同程度地影响着人们的健康。社会环境涉及政治制度、经济水平、文化教育、人口状况、科技发展等诸多方面，所以说良好的社会环境是健康的根本保证。需要继续发挥爱国卫生运动的组织优势，全社会动员，把健康融入城乡规划、建设、治理的全过程，建立国家环境与健康风险评估制度，推进健康城市和健康村镇建设，打造健康环境。到2030年，居民饮用水水质达标情况持续改善；居民环境与健康素养水平达到25%及以上；大力推进城乡生活垃圾分类处理，重点城市基本建成生活垃圾分类处理系统。

四、生活方式

生活方式是个人生活习惯行为的总和。世界范围内的慢性病呈现井喷式上升趋势，正如世界卫生组织所称，其中80%由于不良的生活方式引起。如高盐、高糖、高脂等不健康饮食是引起肥胖、心脑血管疾病、糖尿病及其他代谢性疾病和肿瘤的危险因素。2016年全球疾病负担研究结果显示，饮食因素导致的疾病负担占15.9%，已成为影响人群健康的重要危险因素。日常行为的吸烟、酗酒、滥用药物（吸毒）、不洁性行为和求医瞒病行为、求医恐惧行为、治疗期间自暴自弃行为以及患病后的悲观绝望或求神拜佛的迷信行为等都会危害健康。

第三节 健康行为的表现

健康行为应概括为人的身、心、社会方面均健康时的外在表现。比如，躯体健康的人行为反应灵敏，活动精力充沛；心理健康的人情绪活动有较强的自我控制力，思维及言语符合理性，精神面貌正常；社会健康的人其行为符合社会规范；健康行为要求不影响自己、他人乃至整个社会的健康。比如一个基本符合身、心、社会健康的人，其诸方面的行为都在常态水平及正向方向上；能及时、准确地感受外界条件的改变，正确地调整自己的行为。人处于不断变化的自然、社会环境，不同的情况下要以相应的行为对外界条件发生反应。

一、健康饮食

健康饮食是指膳食要符合个体生长发育和生理状态等特点，含有人体所需要的各种营养成分，且含量适当，不缺乏，也不过多，全面满足身体的需要；能维持人的正常生理功能，促进生长发育和健康，这种膳食也称为"平衡膳食"。

近年来，我国居民营养健康状况明显改善，但仍面临营养不足与过剩并存、营养相关疾病多发等问题。2012 年的调查显示，我国居民人均每日食盐摄入量为 10.5 g（世界卫生组织推荐值为 6 g）；居民家庭人均每日食用油摄入量为 42.1 g（《中国居民膳食指南》，以下简称《膳食指南》）推荐标准为每日 25～30 g；居民膳食脂肪提供能量比例达到 32.9%（《膳食指南》推荐值上限为 30.0%）。

目前我国人均每日添加糖（主要为蔗糖即"白糖""红糖"等）摄入量约为 30 g，其中儿童、青少年摄入量多的问题值得高度关注。2014 年的调查显示，3～17 岁常喝饮料的儿童、青少年，仅从饮料中摄入的添加糖提供的能量就超过总能量的 5%，城市儿童远高于农村儿童，且呈上升趋势（世界卫生组织推荐人均每日添加糖摄入低于总能量的 10%，并鼓励控制到 5% 以下或不超过 25 g）。

与此同时，2010—2012 年，我国成人营养不良率为 6%；2013 年，5 岁以下儿童生长迟缓率为 8.1%，孕妇、儿童、老年人群贫血率仍较高，钙、铁、维生素 A、维生素 D 等微量营养素缺乏依然存在，膳食纤维摄入明显不足。合理膳食以及减少每日食用油、盐、糖摄入量，有助于降低肥胖、糖尿病、高血压、脑卒中、冠心病等疾病的患病风险。提倡人均每日食盐摄入量不高于 6 g，成人人均每日食用油摄入量不高于 25～30 g，人均每日添加糖摄入量不高于 25 g，蔬菜和水果每日摄入量不低于 500 g，每日摄入食物种类不少于 12 种，每周不少于 25 种；成年人应维持健康体重，将体重指数（BMI）控制在 18.5～24 kg/m²；成人男性腰围小于 85 cm，女性小于 80 cm。

1. 一般人群 根据个人特点合理搭配食物。每日的膳食包括谷薯类、蔬菜水果类、畜禽鱼蛋奶类、大豆坚果类等，平均每日摄入 12 种以上食物，每周 25 种以上。不能生吃的食材要做熟后食用，生吃蔬菜和水果等食品要洗净。生、熟食品要分开存放和加工。日常用餐时宜细嚼慢咽，保持心情平和，食不过量，但也要注意避免因过度节食影响必要营养素的摄入。少吃肥肉、烟熏和腌制肉制品，少吃高盐和油炸食品，控制添加糖的摄入量。足量饮水，成年人一般每日饮水 7～8 杯（1500～1700 ml），提倡饮用白开水或茶水，少喝含糖饮料；少年儿童、孕妇、乳母不应饮酒。

2. 超重、肥胖的成年人群 减少能量摄入，增加新鲜蔬菜和水果在膳食中的比例，适当选择一些富含优质蛋白质（如瘦肉、鱼、蛋白和豆类）的食物。避免吃油腻食物和油炸食品，少吃零食和甜食，不喝或少喝含糖饮料。进食应有规律，不要漏餐，不暴饮暴食，吃七八分饱即可。

3. **贫血、消瘦等营养不良人群** 建议在合理膳食的基础上适当增加瘦肉类、奶蛋类、大豆和豆制品的摄入，保持膳食的多样性，满足身体对蛋白质、钙、铁、维生素 A、维生素 D、维生素 B_{12}、叶酸等营养素的需求；增加含铁食物的摄入或者在医师指导下补充铁剂来纠正贫血。

4. **孕产妇和家有婴幼儿的人群** 学习并了解孕期妇女膳食、哺乳期妇女膳食和婴幼儿喂养等相关知识，特别关注生命早期1000天（从怀孕开始到婴儿出生后2周岁）的营养。孕妇常吃含铁丰富的食物，增加富含优质蛋白质及维生素 A 的动物性食物和海产品，选用碘盐，确保怀孕期间铁、碘、叶酸等的足量摄入。尽量纯母乳喂养6个月，为6~24个月的婴幼儿合理添加辅食。

5. **家庭** 提倡按需购买食物，合理储存；选择新鲜、干净、当季的食物，采取适宜的烹调方式；按需备餐，小份食物；选购食品看标签；在外点餐根据人数确定数量，集体用餐时采取分餐制或吃简餐、份饭；倡导在家吃饭，与家人一起分享食物和享受亲情，传承和发扬我国优良饮食文化。

二、生活行为的规律性

（一）8种健康生活方式与行为分析

1. **刷牙时间** 饭后3分钟是漱口、刷牙的最佳时间。这时候口腔内的食物残渣开始分解，产生的酸性物质容易腐蚀牙釉质，使牙齿受到损害。夜晚刷牙比清晨刷牙好。因为白天吃食物，有的食物会堵塞在牙缝隙中，如果睡前不刷牙，食物经过一夜发酵腐烂，细菌大量繁殖，产生的乳酸会严重腐蚀牙体和牙龈，引起龋齿（即虫牙）或牙周炎，所以夜晚需要刷牙。

2. **喝牛奶时间** 牛奶含有丰富的钙。睡觉前饮用牛奶可补偿夜间血钙的低落状态，保护骨骼。同时，牛奶有催眠的作用。早晨喝一杯牛奶可以补充一上午的蛋白质及能量等，让早餐更营养、健康。但最好不要只喝牛奶，以免优质蛋白被充当直接能量消耗掉，所以吃点面包等含糖类的食品是有必要的。

3. **吃水果时间** 吃水果的最佳时间是饭前1小时。水果属于生食，最好吃生食后再吃熟食。

4. **喝茶时间** 喝茶的最佳时间是用餐后1小时。饭后立即喝热茶并不是很科学。因为茶中的鞣酸可与食物中的铁结合，变成不溶性的铁盐，干扰人体对铁的吸收。

5. **散步时间** 饭后45分钟至1个小时，散步20分钟，热量消耗最大。此时散步，效果会更好。注意，最好不要刚吃完饭就立刻散步。

6. **洗澡时间** 每天晚上睡觉前冲一个温水澡，能使全身的肌肉放松，减轻疲劳，也能减轻压力。

7. **睡眠时间** 午睡最好在中午11时到下午13时之间，对心脏有好处。饭后半个小时就可以上床小睡一会儿，睡眠时间以半个小时到40分钟为最好。晚上则以22时至23时上床为佳，因为人的深睡时间在0时至凌晨3时，而人在睡后一个半小时就能进入深睡状态。

8. **锻炼时间** 傍晚锻炼最为有益，因人类的体力发挥或身体的适应能力都以下午或接近黄昏时分为最佳。此时，人的味觉、视觉、听觉等感觉最敏感，全身协调能力最强，尤其是心率与血压都较平稳，最适宜锻炼。

（二）预防失眠的 10 个健康生活方式与行为

1. **睡前勿猛吃猛喝**　在睡觉前大约 2 个小时吃少量的晚餐，不要喝过多的水，因为晚上不断上厕所排尿会影响睡眠质量。晚上不要吃辛辣及富含油脂的食物，因为这些食物会影响睡眠。

2. **坚持有规律的作息时间**　周末不要睡得过晚。如果周六睡得晚，周日起得晚，周日晚上可能就会失眠。

3. **保持室温稍凉**　卧室温度稍低有助于睡眠。

4. **保持安静**　关掉电视和收音机，因为安静对提高睡眠质量是非常有益的。

5. **大睡要放在晚间**　白天的睡眠时间严格控制在 1 个小时以内，且不能在下午 15 时后还睡觉。

6. **舒适的床**　舒适的床能提供一个良好的睡眠空间。

7. **睡前远离咖啡和尼古丁**　在睡前 6 小时停止喝咖啡。

8. **选择锻炼时间**　下午锻炼是帮助睡眠的最佳时间，而有规律的身体锻炼能提高夜间睡眠的质量。

9. **睡前洗澡**　睡觉之前洗一个温水澡有助于放松全身肌肉，促进睡眠。

10. **不要依赖催眠药**　在服用催眠药之前一定要咨询医师，建议服用催眠药疗程不要超过 4 周。

三、运动和锻炼

运动有利于锻炼和增强人体各系统、各器官的功能；能增加肺活量，改善呼吸系统的功能；能促进肌肉发育，推迟骨关节、肌肉的老年性变化；能提高思维和反应能力，使神经系统处于良好状态；能改善消化系统功能，减轻体重，控制肥胖。

运动的原则主要包括：①必须根据年龄、性别、健康状况等特点选择适宜的锻炼项目，合理掌握运动量；②要采取循序渐进的锻炼方法，技术上由易到难，运动强度由小到大，逐步提高，逐步适应，不可操之过急；③要持之以恒，体育运动必须在长期的、不间断的锻炼以后才能获得应有的效果。

运动中的注意事项：①运动前要做准备活动，使机体从相对安静状态逐步过渡到活动状态；②运动后要做整理活动，在剧烈运动后应做深呼吸和整理活动，促进血液回流，并使其他系统和器官由剧烈活动状态恢复到正常状态；③运动前要注意检查运动场地或器械设备，避免由于场地、设备的问题而发生伤害事故；④饭后不宜马上进行剧烈运动，一般要在饭后 1 小时以后再锻炼，以免影响消化功能；⑤剧烈运动致大量出汗后不宜大量饮水，一时饮水过多，水分进入血液中，使循环血量骤增，会加重心脏负担，加速疲劳，还会造成胃肠不适，应当少量多次地补水。

运动方法很多，可以分为需要运动器具与不需要运动器具两大类。需要器具的运动有各种球类、投掷运动、器械体操、划船、赛车、赛马等；不需要器具的运动有散步、跑步、徒手体操、气功及各种拳术等。

现代运动生理学研究表明，人体体力的最高点和最低点受机体"生物钟"的控制，一般在傍晚达到高峰。比如，人体新陈代谢率在下午16时到17时会达到高峰，身体的柔韧性、灵活性也达到最佳状态；心脏搏动和血压的调节在下午17时到18时之间最平衡，而身体嗅觉、触觉、视觉等也在下午17时到19时之间最敏感。因此，综合来看，一天中锻炼的最佳时间是傍晚。

室外健身不是越早越好，冬季室外健身适宜在日出后进行。据了解，冬季日出前的地面温度较低，清晨空气中释放出的一氧化碳、二氧化碳等污染物的含量较高。另外，汽车排放尾气中的氮氧化物、碳氢化物、铅等有害污染物质也聚于地面，人们若早起锻炼，就会吸入很多的烟尘和有毒气体。如果长期在这种环境下锻炼，人们可能会出现乏力、头晕、咽喉炎等，危害身体健康。

四、兴趣与心理健康

兴趣爱好是一种带意识特点的心理倾向，也是接受外来信息、探索未知世界的内在动力。它使人对某些事物优先给予注意，并带有自发的、积极的情绪色彩。兴趣爱好是价值观的初级形式，它也是人们用来评价事物好坏的一个内心尺度，但是这个内心尺度稳定性较差，人们往往也不一定是意识到用这个尺度来评价事物的。爱因斯坦曾经说过：兴趣爱好是最好的老师。的确，兴趣爱好是人们认识和从事活动的巨大动力，它使人的智力得到快速发展，眼界得到开阔，并使人善于适应环境，对生活充满热情。可见，兴趣爱好对人格的形成和发展起着巨大作用。

心理健康是指心理的各个方面及活动过程处于一种良好或正常的状态。心理健康的理想状态是保持性格完美、智力正常、认知正确、情感适当、意志合理、态度积极、行为恰当和适应良好的状态。

受遗传和环境的双重影响，尤其是幼年时期的原生家庭的养育方式，对人们心理健康的发展影响甚大。心理健康的人在社交、生产、生活上能与其他人保持较好的沟通或配合，能良好地处理生活中发生的各种情况。

兴趣爱好主要分为音乐艺术、体育运动、电脑游戏、读书学习四大类。科学家们认为，当人处在优美悦耳的音乐环境中，可以改善神经系统、心血管系统、内分泌系统和消化系统的功能，促使人体分泌一种有利于健康的活性物质。优美的音乐能提高大脑皮质的兴奋性、改善人的情绪、振奋人的精神，同时有助于缓解心理社会因素造成的紧张、焦虑、忧郁等不良心理状态。音乐欣赏将帮助人们探索和发现内在的自我及对他人的了解，从而达到心理调节的效果。

马斯洛关于心理健康的标准：①有适度的安全感，有自尊心，对自我的成就有价值感；②适度地自我批评，不过分夸耀自己，也不过分苛责自己；③在日常生活中具有适度的主动性，不为环境所左右；④理智、现实、客观，与现实有良好的接触，能容忍生活中挫折的打击，无过度的幻想；⑤适度地接受个人的需要，并具有满足此种需要的能力；⑥有自知之明，了解自己的动机和目的，能对自己的能力做出客观的估计；⑦能保持人格的完整与和谐，个人的价值观能适应社会的标准，对自己的工作能集中注意力；⑧有切合实际的生活目标；⑨具有从经验中学习的能力，能适应环境的需要改变自己；⑩有良好的人际关系，有爱人的能力和被爱的能力。在不违背社会标准的前提下，能保持自己的个性，既不过分阿谀，也不过分寻求社会赞许，有个人独立的意见，有判断是非的标准。

五、其他

其实癌症和其他疾病一样，也是可以预防的。癌症是不治之症的偏见使人们步入误区，认为得了癌症主要由遗传因素决定，病因不清，无法预防，患者失去与疾病抗争的勇气，医学研究也偏重于治疗方面。研究证实，后天环境因素作用于机体存在的易感遗传基因是导致癌症发生的关键因素。遗传基因无法改变，但后天因素是可以避免、可以改变的，如果针对某个癌症进行预防，把一些明确的有致癌因素的生活习惯改掉，完全可以降低癌症的发病率。

远离癌症的健康生活方式第一层次：培养良好的生活方式，挡住致癌物质进入体内。这是目前最节约卫生资源和最有效的预防癌症举措。①远离烟酒：烟草是癌症发生最重要的独立因素。在全部癌症患者中，有1/3以上与吸烟有关，吸烟越多，烟龄越早，癌症的发病率也越高。吸烟和饮酒对致癌还有协同作用。②养成良好的饮食习惯：饮食要科学，荤素搭配，少吃腌制、熏制、油炸及含硝酸盐类等食品，如火腿、熏肠、熏鱼、午餐肉、炸土豆片等；少吃高脂肪、高胆固醇食物，如动物内脏、蛋黄、奶油、人造奶油、黄油、猪油。多吃具有抗癌、防癌作用的食品，并提倡生食，如西红柿、深绿色蔬菜、十字花科蔬菜、大豆制品、柑橘类水果、麦芽与麦片、葱、姜、蒜、酸奶等。

远离癌症的健康生活方式第二层次：对那些具有某种癌症的背景性疾病或癌前状态患者进行早期治疗，阻断其演变过程。冰冻三尺，非一日之寒。癌症的出现不是一朝一夕的事，而是一个由量变到质变的过程。在演变过程中，有一个将成未成的阶段，就是癌前病变期。这些疾病本身不是癌，但演变为癌症的概率比较高，如果能及时、有效地进行治疗，阻断其演变过程，就可以大幅度降低一些癌症的发病率。

远离癌症的健康生活方式第三层次：提高健康意识，定期体检，力争早发现、早治疗。肿瘤的表现在很多时候没有临床特异性，很多患者等到发现后就已经进入了中、晚期，失去了最佳治疗时机。要增强自我保健意识，定期进行体检，有利于早期发现癌症。临床实践证明，很多癌症早期发现并积极、有效地进行正规治疗，预后较好，有的癌症可临床治愈。

（郑菊贤）

思考题

1. 怎样理解健康行为的概念？
2. 健康促进行为的定义、基本特征以及分类都有哪些方面？
3. 健康促进行为的基本措施是什么？
4. 影响健康行为的因素有哪些？
5. 健康行为有哪些表现？

第五章

不良行为与高危行为

广义上，不良行为可解释为偏离生活和社会行为规范，对个人、家庭和社会造成不良影响的行为。根据行为主体，不良行为可分为个体不良行为和群体不良行为。个体不良行为有不吃早餐、熬夜、缺乏运动等；群体不良行为有企业不良行为、传销行为、暴力团体行为等。根据与人类健康的关系，不良行为可分为健康相关不良行为和健康无关不良行为。本章涉及的不良行为是健康相关不良行为，即指对个体、家庭或社会人群健康有直接或间接、明显或潜在危害作用的行为。其行为特征主要为：①不良行为是后天习得的，故又被称为"自我创造的危险因素"，个体在后天的生活环境中通过模仿、同伴的趋同性或诱导学习等途径获得，如吸烟行为、吸毒行为；②不良行为对健康的危害具有潜袭性，即不良行为对健康的影响具有一定作用强度和持续时间，世界卫生组织指出：个人的健康60%取决于生活方式，是疾病发生的主要原因；③不良行为具有可塑性，根据人类行为的生理和社会特点，不良行为的出现有一定规律可循，为了避免不良行为对个体和群体健康的危害，研究产生这些不良行为的规律，可有目的地对其进行预防和矫正。

高危行为是可以确定对健康或生命有明显或直接伤害的不良行为，如卖淫、嫖娼、吸毒、暴力等行为。高危行为的存在与社会制度、区域文化以及家庭教育等有密不可分的关联，对其进行的预防干预在很大程度上是一个社会问题，需要行政、司法、教育、社区等多部门参与。

第一节 不良生活方式与嗜好

生活方式（lifestyle）是指人们在社会生活资源供给、个人文化、价值选择等相互作用中形成的，以满足自身生活需要为目的的生活模式，包括生活式样和活动方式。根据对健康的影响，人们将生活方式分为有益健康的生活方式和危害健康的生活方式（不良生活方式）。

嗜好是人们对某一生活式样或活动方式的偏好。机体处于自己偏好的活动中时，体内多巴胺分泌会增加，情绪上会有欣快感和幸福感。有利于健康的嗜好可以起到延年益寿的作用，如唱歌、书法、茶艺等；有害健康的嗜好称为不良嗜好，对健康会产生直接、间接或潜在的危害作用，如吸烟、酗酒等。

一、生活不规律

（一）机体的昼夜节律

机体的昼夜节律是指每天 24 小时"光"和"暗"周期变化对生命活动的影响。在长期的生物进化过程中，从原核生物、植物、无脊椎动物、脊椎动物，到最高级的人类，都能够感受到光照周期的信息（昼夜变化和日夜长短变化），适应自然环境的周期性变化。2017 年诺贝尔生理学或医学奖获得者美国遗传学家杰弗里·霍尔、迈克尔·罗斯巴什、迈克尔·杨通过在果蝇身体中的实验发现了由 period、timeless 和 doubletime 三种基因形成的一个反馈机制，调节线粒体内膜上的蛋白质转运体（TIM）和蛋白质功效比值（PER），控制昼夜节律。

《黄帝内经》主张"天地合一""与天地相应，与四时相符""人与天地相参"，根据人体阴阳辨证理论，总结了四季、十二时辰经络图，详细论证了机体代谢的昼夜节律。

（二）生活不规律的行为表现及危害

1. 睡眠不规律　睡眠是生命过程中的重要生理现象，也是人类基本行为的重要组成部分，其节律是在顺应天地日月循环中自然形成的。若睡眠行为与生物钟节律不匹配，人们就感到不舒服，比如长途飞行之后需要"倒时差"。

（1）睡眠不规律的行为表现：一种行为表现是延迟睡眠，导致睡眠不足，即"熬夜"。这种熬夜行为通常是零点以后睡觉，影响第二天的学习和工作；另一种行为表现是无固定的睡眠节律或昼夜颠倒。有人认为："补觉"可以弥补晚睡觉带来的机体不适或亏损，因此没有固定的睡眠时间点，困了才睡。如网瘾的青少年、演职人员等，日常生活中经常出现彻夜不眠和长睡不醒两个极端的睡眠行为。

（2）睡眠不规律的健康危害：①影响机体的生长及生化合成过程。在夜间睡眠中，人体释放生长激素，可促进细胞的增生和物质合成，有利于机体的生长和修复。例如，美国国家统计局的一项研究得出结论，经常睡眠不足的人寿命比正常人至少缩短 10 年；英国一项研究表明，上夜班会使人患心脏病的危险增加 3 倍。②影响脑功能。卧位有利于大脑供血及脑组织的代谢；夜间睡眠时脑功能处于旺盛阶段，使得机体的精力得以恢复。经常熬夜的人会出头昏脑涨、注意力不集中、记忆力减退、乏力等亚健康状态。③影响机体免疫力。有研究发现，凡是在凌晨 3 时起床的人，第二天血液中有保护作用的免疫细胞减少 1/3，会增加各种疾病和各种癌症的发病危险。有研究显示，经常熬夜的人患癌症的概率增加，其中经常熬夜的女性警察、记者、医务工作者患乳腺癌的概率比不熬夜的人高，患癌瘤的年龄也会提前。④导致机体内分泌失调。熬夜的人群长期处于应激状态，一昼夜体内各种激素水平较平均水平高 50%，尤其是过多分泌肾上腺素和去甲肾上腺素，会导致性欲降低。⑤导致消化功能紊乱。早晨如果不起床，大肠得不到充分的活动，排便无法完成，粪便长时间滞留在肠腔内会形成毒素；人体胃酸腐蚀胃黏膜，增加患胃炎及胃溃疡等消化性溃疡的风险。⑥导致心理和精神出现亚健康状态。

2. 饮食不规律　摄食行为是生物的基本行为，是生物维护个体生存与健康的第一要素。

（1）饮食不规律的行为表现：有的人时而暴饮暴食，时而忍饥挨饿。暴饮暴食往往发生在亲朋好友聚会、过生日、野餐等场合；忍饥挨饿则多半是因为睡懒觉，错过了早餐时间，或夜间活动（或看书）时间过久。有的人（特别是儿童）零食不离口，缺乏饮食规律。

（2）饮食不规律的危害：饮食不规律导致胃肠道功能失调。消化道平滑肌的特点：①兴奋性较低、收缩较慢；②具有一定的紧张度；③具有自动节律性、较大的伸展性；④对牵张、温度和化学刺激比较敏感。暴饮暴食会导致胃肠平滑肌强制性收缩，出现胃肠痉挛的绞痛和呕吐，如若伴随激素和消化液分泌的剧增，会出现急腹症，如急性胰腺炎、急性胆囊炎及急性胃肠炎等。忍饥挨饿导致胃肠黏膜受损和由于低血糖引起机体脂肪动员产生酮酸，即酮症酸中毒，对机体造成伤害。

饮食不规律会导致肥胖症和营养不良症。暴饮暴食使机体长期进食高热量的食物，引起机体脂肪积累，尤其是伴有饮酒行为的暴饮暴食会引发脂肪肝及向心性肥胖，使慢性疾病发病的风险增高和发病年龄提前。忍饥挨饿引发机体营养缺乏，尤其是维生素和微量元素的缺乏。而锌和B族维生素的缺乏将进一步加重食欲减退，导致机体营养不良症。

3. 饮水不规律 水是生命之源，人体体内绝大部分是水，成人体内水占体重的70%。机体内的水处于动态循环中，每日必须由外界摄入足量的水分，才能保证机体生理及生化代谢过程得以进行。一昼夜的机体代谢过程，缓慢逐步失水量大约为2500 ml，需要机体从外界少量多次补充。

常见的饮水不规律表现为：一是口渴时牛饮行为。一次大量饮水，水会迅速进入血液，由于血容量增加，肾小球滤过率增加，尿量增加，非但没有补充到细胞内组织液缺的水，还会由于尿量的增加导致电解质的流失。二是只有饮食中携带的水，如汤、粥、水果、蔬菜等，很少或极少饮水。当人感到口渴时，机体已经出现缺水1%～3%，老年人感到口渴时，缺水的程度更加严重（表5-1）。因此不是口渴才喝水，而是需要每日规律饮水。

表5-1 机体失水量与症状

失水量	表现
1%～3%	口渴
5%	体温不能维持，体温升高
10%	机体代谢障碍，全身乏力
20%	死亡

4. 乱用保健食品和滋补食品 保健品是保健食品的通俗说法，也称功能食品，是食品的一个种类，具有一般食品的共性，能调节人体的功能，适用于特定人群食用，但不以治疗疾病为目的。保健食品是中国大陆的一般称呼，在国外和我国港澳台地区一般称之为膳食补充剂。目前，我国保健食品可分为传统滋补品和膳食营养补充剂两大类。膳食补充剂可分为运动营养、体重管理、维生素及补充剂类。维生素及补充剂类占比最多，运动营养类产品近年来增速最快。

目前我国保健食品规模已超过2000亿元，是仅次于美国的第二大保健食品市场。人均年消费金额相比美国214美元和日本148美元，中国人均消费金额2017年为26美元。

所以未来中国的保健食品市场会有较大的发展势头。正确引导保健食品的使用理念是居民健康教育的重要内容之一。

盲目从众是目前我国居民保健食品的使用模式。保健食品因不以治疗为目的，属于食品范

畴，使用时缺乏医务人员的指导。商业推销人员为了经济利益，夸大保健食品的生理作用，使居民盲目相信保健食品是"人人皆宜的强壮剂"。乱用保健食品行为表现为以下方面。

（1）不分年龄阶段使用保健食品：如给儿童使用东阿阿胶、蜂王浆等补品。

（2）将保健食品代替药品：如用胎盘素治疗老年慢性疾病，用冬虫夏草、燕窝之类的中药保健食品替代肿瘤治疗药物。

（3）使用维生素及营养素替代均衡饮食行为：如某些职业人员由于工作时间不固定，饮食不规律，或为了保持体型节食，过分依赖保健食品，用保健食品替代食物，用保健食品行为替代均衡饮食行为。

（4）滥用滋补药：中医理论中的"虚而补之"有其特定的含义，滋补药主要是调整或提高某些生理功能，需不需要补、补什么，要因人而异，并不能简单地理解为物质的补充。也就是说，补药并不是人人皆宜的强壮剂，乱用补药有时会对健康带来损害。

5. 偏食与不均衡膳食行为 机体从食物中摄取7类50多种营养素。不均衡膳食是指膳食配比不能满足机体营养素的需求，导致机体某种营养素的不足、缺乏或者某种营养素过剩。其中不均衡膳食的行为表现之一是偏食。

偏食是指带有一定个人偏好的倾向性摄食行为。如有些儿童喜欢甜食、冷饮，不喜欢吃蔬菜等。成人的偏食行为之一是"素食主义"。不吃肉类会使人体优质蛋白质和脂溶性维生素的来源受到限制；成人偏食行为的另一种表现为"肉食主义"。偏爱吃肉类会导致"三高"的发生，导致慢性疾病的发病风险增高及发病年龄提前。

因此，偏食的不良饮食习惯对机体的直接影响是使人体营养素摄取失衡，由于机体营养失衡，导致人体代谢紊乱而引起亚健康或疾病的发生。

6. 过度精细加工食物与全食物 膳食中的纤维素被营养学家称之为"被遗忘的营养素"。膳食纤维是植物中的纤维素、木质素、果胶等不被人体消化酶分解的多糖成分，主要的功能是促进胃肠蠕动、有利于粪便排泄，但会影响人体对食物的消化、吸收以及口感。人们为了食物的消化率和口感，会对入口的食物进行不同程度的加工处理，除去膳食中"纤维"成分，但若加工过于精细，就使得食物变得不完整，丢失食物的营养成分。

全食物是相对于精细加工的食物而言，是指天然生长、没有经过过多加工的食物。有的食物全部可食，不需要加工处理，如部分水果、蔬菜、薯类等。有的食物需要去除不可食部分，如粮谷类（表5-2），这类食物经过过多的碾磨、提取或烹饪等过程，就不属于全食物了。如糙米与精白米，糙米是全食物，精白米不是；水果与鲜榨果汁，水果是全食物，鲜榨果汁不是。

表5-2 粮谷类食物不同部位的食物功能

部位	成分	食物功能
稻壳	粗纤维、结合矿物质	无用，影响利用
果皮和种皮	较多纤维素、脂肪、蛋白质	膳食纤维
糊粉层	丰富的脂肪、蛋白质和维生素	必需脂肪酸和维生素B_1、维生素B_2、维生素E的供给
胚乳	大量淀粉，少量蛋白质和脂肪	主要供给机体热量
胚芽	较多脂肪，蛋白质、B组维生素等	必需脂肪酸和维生素B_1、维生素B_2、维生素E的供给

长期食用过于精细食物的危害：①营养失衡。B族维生素是人群第一缺乏的营养素，与食物加工过细有一定关联。偏好精细食物，会导致"隐性饥饿"，即营养素摄入不均衡，尤其是由精粉烘焙出的各种膨化食品、糕点、方便快餐食品，不仅丢失了大量的营养成分，还会由于高温对食物的处理产生出有害物质，如长期食用，机体由于单一营养素的摄入问题而出现营养素失衡带来的代谢紊乱。如维生素B_1缺乏造成的糖代谢障碍引起的脚气病，维生素B_2缺乏造成的电子链传递障碍引起的黏膜炎症等。②咀嚼功能退化。因为精细食物使牙齿的运动量大大减少，不利于对牙体、牙周组织的生理刺激，导致牙齿和颌骨出现"功能性退缩"，从而降低了牙齿的抗龋能力。③结肠癌的发生。一般较粗的食物含膳食纤维较多，会刺激肠的蠕动，加速粪便从肠腔排出，减少粪便中致癌因子与肠道接触的机会，有利于防止便秘和消化道肿瘤，特别是结肠癌的发生。

7. 高盐饮食习惯与味觉的形成 人们从孩子添加辅食时，按照自己的饮食口味训练孩子的饮食偏好，饮食的口味带有明显的家庭和地域特点，所以长期的生活传承决定了家族的疾病谱。

高盐饮食习惯可导致高血压和脑卒中等疾病的发生。中国膳食指南推荐每人每日食盐的摄入量为6 g。中国是世界摄入食盐多的国家之一，中国的脑卒中发病率在世界上也是排名前列。

8. 快餐、外卖与食品安全 大数据时代，人们的生活越来越便利，足不出户、宅在家里的"懒人"通常的饮食行为是食用外卖食品。快餐多是营养素不均衡、热量较高的膳食供给，会导致代谢异常；我国目前对快餐、外卖的监督尚不健全，存在食品安全的隐患。

二、缺乏运动

静坐式生活方式是指人在工作、做家务、交通及休闲时，不进行或很少进行体力活动。通俗地讲，就是指现代人普遍患有的"懒病"。

1. 静坐式生活方式的原因 科技的高速发展，工作、家务越来越多地植入了人工智能元素，智能家居的扫地机器人、洗碗机、洗衣机等，减少了家务劳动中的体力活动量。例如在过去100 m^2的拖地家务劳动相当于3000 m的走步运动量；传统交通的步行、骑行随着私家车大量增加而大大减少；随着大数据时代的到来，休闲时的逛街购物变成网店浏览。因此，科技现代化给人们带来便利的同时，也会使人们养成与健康相关的"懒病"。

2. 缺乏运动的危害 缺乏运动可使体能下降。1995年美国"健康与服务部"对"体能"的定义为：人们所具有的或获得的与其完成体力活动有关的一组身体要素，包括身体成分、肌肉力量、心肺功能和柔韧性。体能的检测指标见表5-3。

表5-3 体能的检测指标

项目	检测指标
身体成分	体脂、皮褶厚度、体重指数、腰围、腰臀比等
肌肉力量	握力、背脊力、引体向上等
心肺功能	规定距离或规定时间跑步、登台阶测试、肺活量
柔韧性	坐位体前屈

体能下降表现为：①机体脂肪比例增加，大多会呈现向心性肥胖体型。②肌肉萎缩，肌肉力量降低，关节活动范围变小，柔韧性降低，反应能力降低。③心肺功能减退。静坐式生活方式时，机体始终处于一种低耗氧耗能状态，心肺的应激能力会降低。

缺乏运动可致"亚健康状态"，有一些人身体上感觉有种种不适，但到医院进行检查却未能发现器质性病变，医学上也没有很好的办法来治疗，这种无器质性改变的一些功能性改变状态，被称为"亚健康状态"（又称"第三状态"或"灰色状态"），它是人体处于健康和疾病之间的过渡阶段。长期运动不足会引发或加重肥胖症、冠心病、心肌梗死、高血压、神经官能症、腰痛症等一系列疾病。缺乏运动已成为第四大死亡风险因素，仅次于高血压、烟草使用和高血糖。

三、吸烟、酗酒与赌博

吸烟、酗酒及赌博均属不良嗜好或成瘾行为。成瘾行为是指人强烈地、强迫地连续或周期性求得使用某种有害物质的行为，是一种明明知道有害于健康，但由于克服不了精神体验或神经体验，不得不连续使用某种有害物质的行为。

成瘾行为的特点：①超量使用，达到需要控制的程度；②需要不断增加剂量，以达到所期望的生理效应和心理效应；③强烈的心理依赖和生理依赖；④戒断症状；⑤造成个人、家庭及社会危害。

按成瘾原，成瘾行为可分为：①物质成瘾，如吸烟、酗酒、吸毒等；②行为成瘾，如赌博、网瘾等。

（一）吸烟行为

1. 吸烟行为的历史和现状 吸烟行为是全世界范围内人数最多的一种不良嗜好。烟草使用最早可以追溯到公元前6000年南美的印第安人吸食行为。1492年哥伦布一次偶然的航海经历，发现了印第安人的吸烟行为，并将烟草植物带到了欧洲。人类早期的吸烟主要是由于烟草的药用功能，即将烟草视为能治疗头痛等病症的良药而使用。烟草的迅速发展和普及，使其脱离了药用范畴，成为一种社会嗜好品，吸烟者的队伍也日益庞大。2013年全球烟草使用监测数据显示，全人群吸烟率为21%（男性为36%，女性为7%）。全世界约有11亿多人吸烟。吸烟者的主要动机是交际、提神、镇静、解除疲劳、满足烟瘾等。

中国明朝万历年间，在广东沿海地区开始种植烟草。目前中国已经成为世界最大的烟草消费国。2015年中国成人（15岁以上的中国城乡常住人口）烟草调查报告显示，我国人群吸烟率为27.7%（其中男性为52.1%，女性为2.7%），与2010年比较没有显著性变化，但由于人口数量的增加，根据当前吸烟率推算中国吸烟人数比2010年增加了1500万人，已经达到3.16亿人，约占全世界吸烟者总数的1/3，其中主要为男性。吸烟者每日的平均吸烟量为15.2支，与2010年相比增加1支。二手烟暴露率，室内工作场所由60.6%下降到54.3%、政府大楼由54.9%下降到38.1%，医疗机构由36.8%下降到26.9%，中小学（室内外）由34.6%下降到17.2%，餐馆由87.6%下降到76.3%，但仍有7.24亿人遭受二手烟的危害，公众对各类公共场所全面禁烟有高度的支持率。

中国每年超过100万人死于烟草导致的相关疾病，但公众对吸烟行为危害的知晓率并没有提高，如知晓吸烟导致肺癌（80%）、卒中（31%）、心肌梗死（42.6%）及勃起功能障碍（19.7%）。因此，中国烟草控制形势依然严峻。

2. 烟草制品的类型及成瘾机制 烟草制品是指以烟叶为原料，经过一定的工艺制作成烟丝、卷烟等供吸烟者吸食的成品。根据使用时是否产生烟雾，可分为有烟型和无烟型。近几年出现的电子烟不是烟草制品，是供戒烟者使用的含尼古丁、丙二醇及甘油等成分的加热喷雾装置，不会产生二手烟的危害，但对使用者的健康仍会有危害。

3. 烟草中的有害物质及其危害 全球每年因烟草死亡人数为600多万，死因位居第一。烟草燃烧可产生多种化学成分，其中对人体健康有害的物质达100种以上。烟雾中主要有害物质及其危害见表5-4。

表5-4 烟雾中主要有害物质及其危害

种类	特性	危害
尼古丁	有机碱、脂溶性、易挥发、吸附性强	成瘾物质、口烟臭、消化功能减退、心血管疾病风险增加、机体毒性
一氧化碳	与血红蛋白结合能力强	机体血红蛋白运送氧的能力降低、动脉硬化风险增加
颗粒物	重金属等有害物质载体	PM2.5可直接吸入肺内，也可长时间悬浮于人们活动的环境中，形成二手、三手烟雾，有促癌作用
多环芳香烃类	烟雾的焦油	致癌作用

4. 吸烟行为的公共危害 主要是指二手烟和三手烟对非吸烟人群健康的危害。烟草燃烧过程产生2种烟雾：①主流烟，指吸烟者通过烟卷及烟嘴吸入的烟雾；②支流烟，指吸烟者烟卷引燃产生的烟雾。支流烟和吸烟者吸烟时呼出的气流统称为二手烟。三手烟是指烟雾残留于吸烟者衣物、头发以及周围环境（如墙壁、地毯、窗帘等物体）的有害物质，如PM2.5、尼古丁、多环芳香烃等，是室内环境污染的来源之一。全球每年大约有89万非吸烟者死于二手烟的危害。

5. 吸烟行为的预防与矫正

（1）人群控制策略：2003年5月第56届世界卫生大会通过《烟草控制框架公约》（下文简称《公约》）。《公约》包括11部分38个条款，对烟草及其制品的成分、包装、广告及监测等方面做出相应规定。世界卫生组织在《公约》基础上，从接受烟草使用的角度提出了6项烟草控制政策，即MPOWER战略：M（monitor）代表监测烟草使用与预防政策；P（protect）代表保护人们免受吸烟危害；O（offer）代表提供戒烟帮助；W（warn）代表警示烟草危害；E（enforce）代表禁止烟草的广告、促销和赞助；R（raise）代表提高烟草税收。

我国于2003年11月签约，成为《公约》第77个签约国，并于2005年8月人大常委会表决通过，2006年1月生效。作为全球最大的烟草生产和消费国，《公约》的签署利国利民，也是对全球卫生与烟草控制的承诺。我国于2009年和2015年两次提高了卷烟消费税，向世界卫生组织推荐的"75%"迈进了一大步。2015年4月年修订的《广告法》明确禁止各种场所或者搭借其他途径的烟草广告。同时，《公约》生效后，各个地方相继开展推广无烟场所活动，起到一定的吸烟行为的制约及烟草有害的宣传作用。

（2）个人干预策略

1）健康教育：目标是使人们了解和认识吸烟对个人、家庭及社会健康的危害，引导未吸烟者永不吸烟、已吸烟者主动戒烟。大众媒体是一种成本低、效果好的健康教育途径，世界卫生组织提倡和开展的世界无烟日活动也是很好的教育途径。

2）治疗矫正：对于已经吸烟成瘾的人，对其进行治疗矫正，即在医疗保健人员的帮助和指导下实现戒烟。可分如下5步进行：第一步，增强戒烟动机。即采取措施让吸烟者对吸烟的危害有一个深刻的认识。第二步，了解自己的吸烟情况。如通过记录的方法，使吸烟者对自己每日吸烟的数量、场所、时间、什么心境下吸烟等吸烟规律有一个清楚的了解。第三步，制订计划、明确目标。如多长时间内实现戒烟，在这个时间内的每日、每周减少吸烟的数量，为达到戒烟目标的具体治疗措施以及家人支持和监督办法等。第四步，实施行动，改变吸烟行为。第五步，保持戒烟成果，使不吸烟行为得以巩固。吸烟行为疗法矫正手段包括使用戒断剂（戒烟药物的统称）、采用催眠术、系统脱敏、厌恶疗法等。值得指出的是，尽管上述方法可以帮助吸烟者戒烟，但戒烟更重要的是吸烟者个人的决心和毅力。

3）医师在戒烟过程中的责任：控烟是一项全社会参与的健康工程，医师应是控烟行动的中坚力量。因为医师这一职业有健康行为指导的权威性，戒烟成功的人多数的动机是身患疾病时的求医行为，医师的医嘱非常有效。因此，人群的戒烟干预应是临床医师一项常规化工作，贯穿于诊疗的全过程。

（二）酗酒行为

1. 饮酒行为及分类　饮酒习俗在人类历史长河中源远流长。自从有了农耕，人类便开始酿酒，饮酒。在现代社会，饮酒已经形成了一种世界性的文化现象，在人们生活和社会交往中占有重要地位。饮酒行为可分为社交饮酒、酗酒和酒依赖。

（1）社交饮酒：是为了制造某种气氛，或受特殊气氛的影响而自动或被动饮酒。

（2）酗酒：又称酒滥用或过度饮酒，大多数由社交饮酒发展而来，醉酒和急性酒精中毒往往是该行为的结果。这种饮酒行为方式会给个人和社会带来诸多不利影响，如不能履行工作、学习或家庭中的责任；引发社会和人际间问题（如争吵、斗殴、车祸、杀人、自杀）；造成身体、精神损害，甚至危及人身安全等。

（3）酒依赖：是由长期过度饮酒造成的以神经及精神紊乱和行为障碍为特征的饮酒行为。有酒依赖的人嗜酒如命，对酒有强烈的渴求心理，饮酒成为生活中必不可少的事情，大多数人有"晨饮"的行为特点。这种饮酒行为不仅会产生与酗酒类似的不良后果，而且会造成机体生理和心理的病理性变化。

2. 酒的有害成分及其危害　酒中含有醇类、醛类、酯类和重金属等。

（1）醇类：乙醇又称酒精，能在胃和消化道上部被直接吸收，吸收的速度与酒中乙醇浓度呈正相关，与胃内其他食物的含量呈负相关。

甲醇对人体有剧毒，急性中毒表现有恶心、胃痛、呼吸困难、昏迷等症状；慢性中毒表现有头晕、头痛、视力减退、视野缩小、耳鸣等。甲醇对视网膜和视神经产生不可逆性损害，严重者可导致失明。甲醇在人体内有积蓄作用，不易排出体外，在人体内氧化成甲醛和甲酸，对人体产生更大危害。

（2）醛类：甲醛比甲醇的毒性大30倍，乙醛的毒性是乙醇的10倍，糖醛的毒性则相当于乙醇的83倍。醛类物质中毒可引起恶心、呕吐、腹泻，甚至昏迷。

（3）酯类：人体酯类摄入过多会引起肝、脑、肾水肿。

（4）重金属：铅是有毒的重金属，饮酒发生慢性铅中毒的事故较多，表现为头痛、头晕、记忆力减退、四肢无力、贫血等。

3. 酗酒行为对健康的影响

（1）酗酒对神经系统的影响：①急性酒精中毒；②与戒酒综合征有关的行为异常，如震颤、谵妄等；③与长期饮酒和酒依赖有关的异常，包括中枢神经病变、外周神经病变及自主神经病变等。

慢性酒精性痴呆缓慢起病，表现为患者的认知能力呈进行性衰退，学习、利用新知识和解决问题的能力明显受损。晚期患者常不注意仪表和社会行为规范，并有易激怒、情绪不稳等情况。饮酒相关性痴呆患者占各种痴呆患者的7%左右。

小脑特异性病理改变表现为小脑皮质的神经细胞变性，且多局限于小脑蚓部的前部和上部；发生多发性神经炎，开始时通常先有感觉症状，如轻度感觉异常，症状渐次加重，表现为麻木感、灼热感。

神经髓鞘发生变性，使神经传导速度下降，甚至轴突也发生变性，使动作电位降低，呈对称分布，从远端向近端逐渐发展。酗酒者的感觉、运动及自主神经系统均被累及。

长期酗酒可引起迷走神经变性，造成酗酒者中枢性睡眠呼吸暂停或呼吸障碍、性功能障碍。

（2）饮酒相关的人格改变：发生机制尚不明确，但现在大多数人认为此种人格改变为器质性，与额叶功能障碍有关。

（3）消化系统病变、营养和代谢并发症：临床上见到的70%～80%食管癌患者都有长期饮酒史；国外的研究还表明，30%～60%的胰腺炎发病与饮酒有关；酒对胃黏膜有直接毒性作用，长期大量饮酒促进胃酸分泌，不仅会诱发慢性胃炎和消化道溃疡，还使癌变率明显提高；酒精通过肝分解和处理产生中间产物乙醛，导致肝细胞"脂肪变性－肝纤维化－肝硬化"。

酗酒者由于进食量减少、食物构成不均衡，合并食物的消化、吸收及利用率降低及机体对营养物质的需求增加、组织对营养物质的储备不足等因素，会出现营养不良和代谢并发症。

（4）心血管系统病变：有关饮酒与高血压的关系一直意见不一。直到1977年，有人对84 000人进行健康普查时才发现，中、重度饮酒者的血压均比不饮酒者高。长期饮酒还可引起心肌内小动脉血管壁水肿、血管周围纤维化、血管硬化及内皮下细胞破坏。这些变化可导致心肌缺血，出现饮酒相关性心脏病，如心肌炎、心律失常、冠心病等。饮酒还可抑制血小板的生成，使不少酗酒者初期易出血，后期容易形成血栓。

（5）其他系统病变：酗酒者中发生肺炎、肺脓肿、肺结核的比例均高于一般人群；急性酒中毒时，往往发生呕吐且此时反射减弱，呕吐物有可能被吸入气管、支气管中，发生吸入性肺炎。乙醇对红细胞的生成有抑制作用，对白细胞也有直接的毒性作用，乙醇可对睾丸、卵巢产生直接的毒性，且可通过对下丘脑、腺垂体的作用，对男性和女性的性功能产生相对持久的影响。

4. 酗酒行为形成的原因及干预

（1）酗酒行为形成的原因

1）生物学原因：一些研究认为，对乙醇的敏感性似存在一定种族差异，主要为遗传因素的作用。

2）心理学原因：酗酒与人的情绪及性格特征有关。如在喜庆或社交场合，为了获得欣快的感觉；在生活中各种不良事件造成不良心境（如痛苦、压力、忧伤、内疚、抑郁、愤怒等）时，企图用酒精的作用来缓解。

3）行为学原因：酗酒是后天获得的行为。几千年的"酒文化"深刻地影响着人们的行为，很多人正是在其影响或误导下开始饮酒，直至成为酗酒者。

（2）酗酒行为的预防与矫正

1）价格、税收手段：即通过税收方式使酒保持较高的价格，以达到减少饮酒者人数和减低人均饮酒量。国外的一些调查数据表明，随着酒价格的提高，酒的总消耗量和相关负面影响明显降低。

2）供给限制：即通过对酒的供给进行控制，以减少重度和中度饮酒者的饮酒量。供给限制的方式有很多，如禁酒令制度、定量配给、规定酒的准卖时间、限制售酒地点、限制销售点数量等。例如20世纪初美国的禁酒令制度使得肝硬化病死率下降。

3）法律约束：在购买酒和饮酒方面规定有年龄限制、对驾驶员规定较低的血液乙醇含量的限制、禁止媒体做酒的广告宣传等。目前，很多国家在购买酒和饮酒方面都规定有年龄限制。

4）健康教育：健康教育的内容不仅应包括过度饮酒所造成的不良后果，以提高人们对饮酒危害的认识，增强人们不发生这种不良行为或已有酗酒行为者及时改变这种不良行为的自觉性，同时也应包括适度饮酒以及饮酒正确方法的教育。

5）干预治疗：戒酒方法有心理治疗方法和其他戒酒方法。戒酒的心理治疗方法如同戒烟，可采用认知疗法、脱敏疗法或厌恶疗法等。

（三）赌博行为

赌博成为一种嗜好无法自控，甚至演变为成瘾行为，会对个人健康、家庭生活和社会秩序产生严重的危害。

1. 赌博的危害

（1）嗜赌导致情绪变化无常：赢钱时会激动、兴奋，输钱时则愤怒、心痛；赌博时会因害怕治安部门抓而提心吊胆，债台高筑时又会面临无穷烦恼。上述极端不平衡的情绪状态又往往相互交织在一起。如果长期处于这些不良情绪状态中，就会导致心理上的许多问题。

（2）赌博导致生活节律紊乱：赌博成瘾往往通宵达旦，可以几天不睡不吃，一心在赌桌上。长此以往，会导致消化系统受到严重的损害，如胃及十二指肠溃疡，甚至诱发癌症。由于赌博时人长期处于一种固定的体位姿势，缺乏必要的身体活动，颈椎一侧软组织长时间处于相对紧张状态，会出现头晕、视物模糊、肢体麻木、反应迟钝等症状；另一侧则处于相对牵拉状态，由于颈椎两侧肌肉和韧带张力失去平衡，久而久之易导致一侧颈椎骨质增生而发生颈椎病。在赌博的过程中，久坐不动致使腰肌负荷过重，臀大肌及坐骨神经等持续受压，而引起腰酸腿痛及坐骨神经痛等症；久坐不动还容易导致便秘、痔疮。在赌博过程中，人的整个神经系统一直处于高度紧张状态，体内儿茶酚胺类物质过度释放，易引起血压升高、动脉粥样硬化、心律失常和神经衰弱等。

（3）赌博危害社会秩序：赌博还会危害社会秩序，影响生产、工作和学习，造成家庭不和，甚至酿成家庭悲剧。

2. 行为干预

（1）社会环境治理：一方面，通过各种法律和行政等手段进行社会环境治理；另一方面，加强社会主义精神文明建设，开展丰富多彩的健康文明的文体活动。

（2）干预治疗

1）替代法：培养其他可取代赌博的嗜好。家庭、单位、社会应为其创造一个好的环境，设法不让其本人与其他赌博者相接触，并引导他们经常参加有益心身健康的文体娱乐活动，使其赌博心理逐渐淡化，从而缓解和根治病理性赌博。

2）限制法：制订一个限额，无论是正在赢钱或输钱，只要赌款达到所定的限额，便立即停止赌博或控制现金的流转，如制订每日从银行账户提款的数量、开立一个需要两人签署的联名账户、安排电子付款或通知银行限制信用卡贷款等。

3）心理干预：赌瘾是一种行为失控的心理疾病，需要治疗和戒除，必要时应给予药物来控制冲动行为。

第二节　药物成瘾行为

一、概述

药物成瘾不仅涉及医学，还涉及法律、社会和心理等学科。各学科根据自己对问题的解释而使用不同的术语。本节从行为医学的角度介绍几个常见的基本概念。

（一）成瘾药物

这里所指的药物并非我们平时所讲的"用于预防、治疗、诊断疾病，有目的地调节人的生理功能，具有一定适应证、用法和用量的化学物质"，是指能够影响心境、情绪、行为和意识状态，有致依赖作用的化学物质。人们使用这些物质的目的是获得或保持某些特殊的心理、生理状态。

（二）成瘾行为

成瘾行为（addiction behavior）指个体不可自制地、渴求从事某种活动或滥用某种物质，明知会对自己或已经给自己带来了各种不良后果，仍然无法控制使用的行为。其形成的始动行为是"药物滥用行为"。对于"药物滥用"，《心理障碍诊断与统计手册》第四版（DSM-Ⅳ）中解释：滥用是指一种不良生活方式，由于反复使用药物，导致了明显的不良后果，如不能完成重要的工作、学业且损害了躯体健康，导致法律上的问题等，个体没有明显的耐受性增加或戒断

症状。反之，就是"依赖状态"。

DSM-Ⅳ将"依赖状态"定义为："一组认知、行为和生理症候群，表明个体尽管明白使用成瘾物质会带来明显的问题，但还在继续使用，自我用药结果导致了耐受性增加、戒断症状和冲动性觅药行为。"依赖分为躯体依赖和心理依赖。躯体依赖也称生理依赖，是由于反复用药所造成的一种适应状态，表现为耐受性增加和停药或减药戒断症状。心理依赖又称精神依赖，药物使用使人产生一种愉快、满足的或欣快的感觉，驱使使用者为满足这种感觉反复使用药物，从而表现出对药物的渴求状态。

（三）耐受性与戒断综合征

耐受性（tolerance）指药物使用者必须增加使用剂量方能获得所需的效果，或以原来的剂量使用达不到使用者所追求的效果。药物耐受性是可逆的，停止用药后耐受性将逐渐消失，机体对药物的反应又恢复到原来的敏感程度。

戒断综合征（withdraw syndrome）指停止使用药物或减少使用药物所出现的特殊心理、生理症候群。不同的药物所致的戒断症状及其药理特性不同，一般戒断症状表现为与药物的急性激动作用相反。

二、成瘾药物的分类

主要根据成瘾药物的药理特性，将之分为以下种类：

1. **中枢神经系统抑制剂** 能抑制中枢神经系统，如巴比妥类、乙醇等。
2. **中枢神经系统兴奋剂** 能兴奋中枢神经系统，如咖啡因、苯丙胺、可卡因等。
3. **大麻** 是世界上最古老、最有名的致幻剂，适量吸入或食用可使人产生欣快感，增加剂量可使人进入梦幻，陷入深沉而爽快的睡眠之中，主要成分为四氢大麻酚。
4. **致幻剂** 能改变意识状态或感知觉，如麦角二乙酰胺、仙人掌毒素等。
5. **阿片类药物** 包括天然、人工合成或半合成的阿片类物质，如海洛因、吗啡、鸦片、美沙酮、二氢埃托啡、哌替啶、丁丙诺啡等。
6. **挥发性溶剂** 如丙酮、苯环利定。

三、常见成瘾药物及其特点

（一）阿片类药物

阿片类药物是指任何天然的或合成的、对机体产生类似吗啡效应的一类药物。阿片类药物滥用是世界范围内的公共卫生和社会问题。我国饱受阿片之苦长达一个多世纪。根据公安部门公布的数据，目前海洛因仍是我国消费的主流毒品，全国现有海洛因吸食人员70万，占吸毒人员总数的78.3%。其中35岁以下青少年、农民和无业闲散人员分别占69.3%、30%和51.7%。

1. **阿片类药物对机体的作用** 天然的阿片类药物都具有镇痛效果，合成、半合成的同类药物及体内的脑啡肽可产生相同的作用。阿片类药物的镇痛与改变情绪的强度与躯体、精神依赖性的程度有关。人体在静脉注入海洛因后几秒内即可产生极为强烈的欣快感，在几分钟后逐渐消退，然后进入一种无忧无虑的宁静状态。

2. 阿片类药物依赖的成瘾性与戒断现象　阿片类药物长期使用后会产生药理上的耐受性，在减少或终止用药时产生断药或戒断综合征。短效作用的阿片类药物（如海洛因、哌替啶）在断药12~24小时后戒断现象出现，72小时后戒断现象逐渐减轻。长效作用的阿片类药物（如美沙酮）的戒断现象发生在停药后的48~72小时，持续1~2周。但成瘾者在断药后躯体症状逐渐消失的同时，会遗留有若干不可捉摸的心理症状，如失眠、焦虑、体力不支、心境恶劣等戒断症状，又称"心魔"。

戒断综合征包括5个方面：①自主神经系统活动增加，如流涕、流泪、瞳孔散大、脉搏和呼吸加快、血压升高、双手微颤等；②各种表现形式的精神运动激动，如焦虑、不安、惊恐、激越或自残、难以入睡或易惊醒、失眠；③强烈渴求用药与觅药；④广泛性疼痛，肌肉、骨骼、关节、背部和腹部疼痛等。

（二）大麻

大麻属一年生草本植物。20世纪60年代已在世界范围内出现大麻滥用。

1. 大麻对机体的作用

（1）情绪和心境的变化：①焦虑期，抽吸大麻后1~2分钟可出现短暂的、莫名其妙而又模糊不清的焦虑和烦躁；②爽朗期，数分钟后感到特别安定、惬意、轻松、愉快，感觉一切都很美好，充满幸福感，待人接物爽朗热情，侃侃而谈，很想找人做体贴的倾诉，以分享他的愉快；③陶醉期，慢慢地转入恬静自得，愿意独自沉浸在销魂状态。

（2）感知觉的变化：依赖者感到周围事物绚丽多彩，五光十色，对音乐的鉴赏能力增强，触觉、味觉与嗅觉均可被强化，最突出的是对时间感受的变化，感到时间过得缓慢，几分钟如同几小时。空间知觉也发生改变，如觉得周围事物变近、变大，犹如从望远镜中观察事物一般。

（3）思维与联想：在感知觉改变的同时，出现不寻常的联想和思维程序，浮想联翩、观念飘忽不定。记忆广度缩小，注意力涣散，计算能力差，有时连一句话也说不全，只能意会，不能言传。严重者出现偏执意念，幻想与现实交织在一起，概念模糊，甚至导致精神崩溃。

（4）精神运动功能的变化：主要表现为动作反应迟缓，协调运动性操作不佳。

2. 大麻依赖的成瘾性与戒断现象　大麻产生的躯体依赖性远不如阿片类、巴比妥类、酒精那么严重，即便产生躯体依赖性，戒断反应也比较轻微。最主要的戒断现象是心理精神上的，心境莫名其妙变差，做什么事都不能专注，心里总是有事，但是又说不出有什么事，这属于中度以上抑郁症。另外，戒断现象是睡眠障碍，表现为越想让自己睡越睡不着，这样的恶性循环基本无法自我控制，正常的作息时间会严重被打乱，该吃饭的时候吃不下。另外，还有的戒断现象表现为眼睛红，像红眼病一样，某些人还会出现眼睛肿。

（三）苯丙胺类药

苯丙胺类兴奋剂（ATS）指苯丙胺及其同类化合物，包括苯丙胺（安非他明）、甲基苯丙胺（冰毒）、3,4-亚甲二氧基甲基安非他命（摇头丸）、麻黄碱、芬氟拉明、盐酸哌甲酯（利他林）、匹莫林、伪麻黄碱。目前ATS在医疗上主要用于减肥、注意缺陷多动障碍（儿童多动症）

和发作性睡病。

1. 苯丙胺类药对机体的作用

（1）ATS具有强烈的中枢神经兴奋作用和致欣快作用，致欣快作用主要与影响多巴胺释放、阻止多巴胺重吸收有关。

（2）觉醒增加、支气管扩张、心率加快、血压升高、胃肠蠕动降低、口干、食欲降低等。

（3）长期使用可出现分裂样精神障碍、躁狂、抑郁状态及人格和现实解体症状、焦虑状态、认知功能损害，还可出现明显的暴力、伤害和杀人倾向。ATS的急性中毒临床表现为中枢神经系统和交感神经系统兴奋。轻度中毒表现为瞳孔扩大、血压升高、脉搏加快、出汗、口渴、呼吸困难、震颤、反射亢进、头痛、兴奋、躁动等；中度中毒出现精神错乱、谵妄、幻听、幻视、被害妄想等精神症状；重度中毒时出现心律失常、痉挛、循环衰竭、出血或凝血、高热、胸痛、昏迷，甚至死亡。

2. 苯丙胺类药依赖的成瘾性与戒断现象

使用ATS，特别是静脉使用后，使用者很快出现思维活跃、精力充沛、能力感增强，可体验到难以言表的快感，即所谓腾云驾雾感或全身电流传导般的快感，数小时后使用者出现全身乏力、精神压抑、倦怠、沮丧而进入所谓的苯丙胺沮丧期。这种正性和负性体验使吸毒者陷入反复使用的恶性循环中，是使人形成精神依赖的重要原因之一。一般认为，ATS较难产生躯体依赖，而更易产生心理依赖。

四、成瘾药物的危害

（一）毁灭自己

成瘾物质可引起成瘾，从精神亢奋状态到极为严重的抑郁、沮丧，使人有一种"超脱世俗、隔绝现实"的境界。对机体主要的危害如下：①机体生理损害。药物成瘾可导致心率加快、血液循环加快、眼充血、口干、血压升高等。长期吸毒可导致心脏病发病率上升，已有疾病加重，影响生育能力，产生性功能障碍等。②心理损害。由于吸毒成瘾后对麻醉品有强烈的依赖性，致使吸毒者人格改变，往往摧垮人的意志，使精神状态不稳定，使人丧失了人生精神支柱。吸毒者感兴趣和关心的只是毒品和陶醉，其他一切事物都是没有意义的。③耐受性和依赖性。吸毒有极强的耐受性与依赖性，复吸率一般在95%以上。一旦戒除，会产生难以摆脱的躯体依赖和心理依赖。如哈欠不止、流涕、流泪、恶心、呕吐、腹绞痛、全身骨和肌肉酸痛，以及肌肉抽动、软弱无力、失眠、焦虑、易怒、烦躁不安、心搏加快、血压上升等躯体戒断症状，并伴有严重心理渴求的心理戒断症状。

（二）毁灭家庭

吸毒成瘾，就会倾家荡产，债台高筑。吸毒者大多数会变得自私，对家庭漠不关心，为了购买毒品，往往把家里的钱用尽，甚至遗弃老年人，导致妻离子散。

（三）危害社会

吸毒行为可引发各种违法犯罪活动，破坏社会安定。贩毒、吸毒行为也会给经济造成严重损害，使社会风气恶化。许多国家把贩毒、吸毒行为看成严重的社会问题和政治问题。吸毒行为还会促使艾滋病、乙肝、肺结核、性病等传染病的流行。吸毒者采用静脉、肌内、皮下注射毒品，共用注射器不消毒，妇女吸毒者靠卖淫支持，就会成为这些传染病的重要传播因素之一。

五、药物成瘾的行为干预

（一）社会干预

1. **制定相应的法律禁毒和打击走私贩毒**　《中华人民共和国刑法》第357条规定："本法所称的毒品，是指鸦片、海洛因、甲基苯丙胺（冰毒）、吗啡、大麻、可卡因以及国家规定管制的其他能够使人形成瘾癖的麻醉药品和精神药品"。我国法律规定：一切涉毒行为均是非法的。

2. **开展健康教育**　使人们认识到药物成瘾的危害性，远离毒品。我国规定将"戒毒教育"引进到大、中、小学课堂，对青少年加强相关教育。

3. **消除成瘾倾向的本质是搞好心理卫生**　社会学家沃夫指出："治疗吸毒成瘾最佳的方法是使其不成瘾"，创造和谐的人际环境，减少和消除痛苦、烦恼和忧虑的情绪是预防吸毒的有效措施。

（二）戒断法

对吸毒成瘾者可使用直接戒断法，强制或使其自愿地戒断毒品，此法适宜于中度毒瘾患者。而严重毒瘾患者采用此法时，戒断反应过于强烈，有时会危及生命。对严重毒瘾患者可采用以下方法。

1. **逐步减量法**　在医疗监护下，逐步减少毒品的用量，直至最后戒除，此法成功的关键是严防患者私下加服毒品。

2. **药物替代法**　对先前服用成瘾性毒品的患者，可用药理作用相似但成瘾性小、使用方便、价格便宜的药物逐步替代和减量。目前应用较多的是用美沙酮替代吗啡或海洛因，通过逐步减量法再戒断美沙酮。

3. **心理治疗**　药物成瘾后，吸毒者出现人格改变，表现为道德沦丧、无家庭及社会责任心、情绪不稳等。对其戒除毒瘾辅以心理治疗，使其端正对自己、对社会的认识态度，调整好人际关系。这样可以帮助他们树立戒毒决心，重新建立对生活的信心和勇气。

需要指出的是，单独使用某种方法效果并不理想，复发率比较高。只有综合运用上述方法并持之以恒，才能收到比较明显的效果。

第三节　暴力攻击及破坏

人类在先天进化与后天成长过程中，受内、外因素影响，攻击倾向作为一种人格特点或行为反应方式被保留下来，成为某些个体发生攻击行为的基础。当受到外源性刺激因素影响（如受挫折）时，生理性的警醒水平升高，当警醒水平超过个体的自我意识最佳控制范围或因某种原因（如醉酒状态、精神病理状态等）个体控制力下降时，个体易采取习得性行为——暴力攻击反应方式，即表现为暴力攻击和破坏。

暴力攻击及破坏指伤害或试图伤害另一个体的心理、躯体状态或破坏其他目标（如物体）的行为。在现实生活中具体表现为家庭暴力、学校暴力、街头暴力、竞赛场暴力等。一般地说，暴力攻击行为以人身、财产为侵害目标，采取暴力手段实施，对被害人的身心健康和生命财产安全造成极大的损害。

一、暴力攻击行为产生的原因

从宏观上来看，文化、种族、社会和自然环境均可影响攻击行为。将勇猛好斗视为优良品质的文化环境中攻击行为发生率最高；同一文化不同的社会阶层、不同家庭环境中攻击行为的发生率也不同；自然环境中的噪声、气温、人口密度等因素也与攻击行为的发生有关系。

从微观上看，个体攻击行为的产生原因有两种观点：一种观点认为人类的攻击行为是生物性的、内源性的，来源于个体与种族保存的本能，即遗传素质。其主要理由是攻击行为普遍见于整个动物界；另一种观点则认为人类的攻击行为主要是社会性的，即与外部环境有关，是来源于后天习得的行为方式。其主要依据是社会中的大多数人并不出现严重的攻击行为，尤其是暴力行为。因此，加强教育，尤其是道德内化、心理治疗可以防止暴力行为的发生。

二、有关暴力攻击行为的学说

（一）动物行为学说

动物行为学说的主要代表人物洛伦兹认为，攻击行为是人类与其他动物的先天本能，其主要目的一是保护族群与领土，对外抵御入侵者；二是种族内争夺食物、水、配偶与生存空间，淘汰劣者，使种族个体不过分拥挤。人类与动物相比，由于掌握了利用工具实施攻击的技巧，所以其破坏性更大。但这一观点并未被广大学者成功地应用于人类研究中。

（二）生物医学学说

攻击行为有其生物医学基础。一些生理学家通过动物实验定位大脑的"攻击行为中枢"，有的人认为攻击行为与边缘系统，尤其是下丘脑、杏仁核、隔核等有关，通常以情绪反应为先兆。

（三）心理学学说

弗洛伊德认为，任何形式的攻击行为的发生都是攻击能量蓄积过量而又缺乏适当途径的后果。人类的心理结构就像一个固定体积的容器，如果攻击能量持续过量，超出可控制的水平而无适当的途径发泄，就会暴发出来，指向机体内部就表现为自残、自杀；指向外部就会表现为攻击行为。可建立或提供多种适合的升华渠道疏泄这些能量，如通过一些行为（如踢足球或参加各种娱乐活动）或替代性行为（如观看高危体育运动）来疏泄。

（四）挫折－攻击假说

挫折－攻击假说是由美国社会心理学多拉德为代表的耶鲁学派于1939年提出的理论。攻击行为是个体需要受到挫折的直接结果。其特点是：①当挫折情景强度超过个体控制水平时，攻击行为就会发生，攻击行为的强度与挫折程度成正比；②攻击行为与个体对挫折的主观体验有关，愈是非意料中的、与个体需要紧密相连的挫折，愈易引起攻击行为；③攻击行为可因预感失败和遭受惩罚而受到抑制；④攻击行为强烈指向挫折的直接动因，若针对直接动因的攻击受阻，则可能引起攻击目标的转换或攻击方式的改变；⑤实施攻击后，伴随有明显的心理宣泄感。

（五）社会学习理论

班杜拉的社会学习理论认为，大多数攻击行为是通过模仿而获得的，通过各种形式的社会因素强化而巩固。这个社会习得过程开始于童年早期，模仿对象包括家庭成员，父母是子女青少年早期的强有力模仿物；同伴，同一群体中成员，如青少年犯罪多为团伙犯罪；大众媒体，电影、电视、游戏中大量的凶杀及打斗人物等。

三、暴力攻击行为的表现形式

攻击与自我防御广泛地见于从低等动物到人类的整个动物界。没有人会否认攻击行为在个体生存和种族保存上的重要意义。人类的攻击行为表现为多样性，从大规模的战争到日常生活中的争吵。有两类性质不同的攻击行为需要明确区分：①种族或个体生存受到威胁，或社会秩序、个体荣誉、尊严及正当权益受到损害，发生防御性或惩戒性攻击行为，这对于种族、个体的生存与繁衍，维护良好的社会秩序具有积极意义。②为社会道德或法律制度所禁戒的侵犯性攻击行为，在客观上导致物品毁坏、躯体伤害和心灵痛苦，如大多数暴力或违法犯罪行为。本节所讨论的仅限于后一类人类的攻击行为。

美国社会心理学家巴斯根据暴力攻击行为的表现方式，将攻击行为分为主动攻击与被动攻击；根据暴力攻击行为的目的性，将攻击行为分为敌意情绪型攻击行为和手段型攻击行为。他认为，敌意情绪型攻击行为其目的往往是伤害对方，多见于直接报复他人的暴力行为，其行为特点是伴有一种强烈的、失控的愤怒情绪，大多数源于受到某种挫折，如受辱、受到攻击或某种失败而产生的愤怒情绪。手段型攻击行为其目的往往是获取或与他人竞争某种物质或地位，其行为特点表现为伤害他人不是目的，不伴有愤怒的情绪，常见于抢劫、盗窃及各种白领阶层犯罪。

四、暴力攻击行为的干预

社会控制包括刑事惩罚与广义的社会制裁（如法律、道德、纪律等），仍然是控制人类攻击行为最有效的手段。教育、疏导、感化等方法也有积极的效果，通过医学介入减少或消除不适当的攻击行为尚缺乏系统、有效的方法。

（一）刑事惩罚

刑事惩罚的目的是通过惩罚减少重复犯罪的可能性，即通过惩罚的威慑作用使个体害怕惩罚，而使攻击行为不发生。

惩罚的强度一定要超过攻击行为中得到的快乐与回报，而且要尽量使受罚者意识到惩罚的

公平性与意义，否则不但可能无效，反而可以产生报复行为。惩罚应尽早实施，且保持一定的持续性，这样才能使受罚者体会到被惩罚的意义。延迟性的偶尔的惩处往往收不到效果。

（二）道德内化

有人认为外在的惩罚影响人的心理发育，一个人囚禁时间越长，越可能以后重新犯罪。囚犯之间相互学习不良的行为方式，形成一个亚文化群体，危害性更大，惩罚也可能产生相反的效果。班杜拉提出：一个人的行为完全由外在奖励与惩罚来决定是不对的。人的行为不应该像一个风标，随时受外界环境的变化而改变，大多数人的行为是有规律的，很大部分决定于个体的信念、价值观与道德准则系统。这种内化机制应是最有力的控制行为的手段。因此，要改变一个人的攻击性倾向，需要重建个体的价值系统、生活态度和信念，改变处理人际冲突的方法等。

（三）心理治疗与行为方式重建

行为方式重建的理论依据是不管惩罚的严重程度如何，如果被惩罚者知道在受到惩罚后面临同样的激发情景，采用那些新的行为反应方式最理想、回报最大，那么原有的攻击行为方式就易改变。

行为方式重建的基本步骤：①精确评估靶行为与激发情境的关系以及行为发生的时间、地点、原因以及表现等。②寻找强化靶行为与激发情境之间联系的突破点，使两者最终脱钩。③建立新的行为反应方式，采用各种行为疗法及生活技能的训练等，包括训练受试者如何建立人际交流关系、如何应对挫折、如何控制自己的情绪、如何做出自己的决定、如何正确地评估自己的行为等。④评价效果，因人而异地修正治疗方案。

（四）医学干预

通过医学介入，消除或减少不适当的攻击行为，目前多应用于精神病患者或人格障碍患者。

1. **急性期控制**　对有严重攻击行为者，尤其是精神病患者，短期应急可采用隔离和约束的方法。必要时配合强镇静药注射，使其迅速入睡。

2. **药物控制**　可作为一种较长期的治疗手段来控制攻击和暴力行为。如有焦虑、激越而可能出现攻击行为的神经症患者，可予以镇静药；因情感躁狂发生攻击者，可予以锂盐和强镇静药；精神病患者的攻击行为可用氯丙嗪、氟哌啶醇；对颞叶癫痫患者的攻击行为，用抗癫痫药苯妥英钠、卡马西平等有良好的疗效。

3. **手术控制**　现代一些生理学者试图在动物大脑内置入一种特殊装置。如日本外科医师对有攻击行为、不可控制行为的个体应用杏仁核手术方法，结果发现68%的患者攻击行为与暴力行为显著性减少。

攻击行为是人类常见的一种不良行为，其发生机制既有个体的生物学、心理学原因，也有社会环境的影响。目前主要依靠社会控制手段控制它的发生，但对于攻击行为的机制，寻找预测与防治攻击行为的有效方法是现代医务人员的责任之一。

（贺红梅）

思考题

1. 什么是不良生活方式？它有哪些表现？怎样进行行为干预？
2. 成瘾药物如何分类？特点是什么？
3. 药物成瘾行为怎样干预和治疗？
4. 暴力攻击行为产生的原因和学说有哪些？
5. 暴力攻击行为的表现形式和干预方式有哪些？

第六章 自杀行为

第一节 概述

一、自杀的概念

在全球范围内，自杀都是一个重要的公共卫生问题、精神卫生问题和复杂的社会问题。自杀（suicide）是一种有意地杀死自己的行为。根据自杀的结果，一般可将自杀分为自杀意念、自杀未遂和自杀成功3种形态。自杀意念（suicidal ideation）指存在自杀想法，但未付诸行动；有自杀举动，但未导致死亡者，称自杀未遂（attempted suicide）；有自杀行为，并导致死亡者，称自杀成功。

二、自杀的流行病学

自杀是全球的一大悲剧。2003年9月10日是世界卫生组织和国际自杀预防协会共同确定的全球第一个"预防自杀日"。从全球范围看，自杀在众多死因排序中高居第13位。自杀率是自杀死亡率的简称，是指1年内某一特定人群中自杀死亡的发生情况，一般用每十万人口每年自杀死亡数表示。根据WHO的统计数字，2000年全球约100万人自杀死亡，自杀未遂者则为此数字的10~20倍。这意味着平均每40秒就有一人自杀身亡，每3秒就有一人企图自杀。男性自杀率较高的国家有立陶宛、俄罗斯联邦、拉脱维亚和爱沙尼亚等；女性自杀率较高的国家包括斯里兰卡、中国、匈牙利和爱沙尼亚等；部分非洲和拉丁美洲国家自杀率很低，如秘鲁、埃及等。

在20世纪80~90年代和21世纪初，我国一直被划入全球高自杀率国家。2012年的标准是：自杀率高于15.0/10万为高自杀率国家，（10.0~14.9）/10万为中等自杀率国家，（5.0~9.9）/10万为低自杀率国家，低于5.0/10万为极低自杀率国家。但随着时间的推移，我国的自杀率已明显降低，已成为WHO划分的低自杀率国家。2002年以来，我国城市人群、农村人群、男性以及女性人群的自杀率均呈现下降趋势。其中，城市居民的自杀率下降幅度高于农村居民，女性自杀率的下降幅度高于男性。农村和城市的育龄妇女自杀率呈明显下降趋势，近年来均已低于同年龄同地区男性的自杀率。2012年至2015年的平均年自杀率为6.75/10万，农村高于城市，男性高于女性，老年人群高于年轻人群。

三、自杀类型及心理过程

（一）自杀类型

在《自杀论》一书中，法国社会学家迪尔凯姆从社会与个人的关系上解释自杀的原因。他把自杀划分为利己型自杀、利他型自杀、失范型自杀和宿命型自杀4种类型。

1. **利己型自杀** 产生于极度的个人主义者，他需要一种高于自我的生活目标和意义。西方近代个人主义的发展使个人与家庭、宗教和社会相脱离，从而使一些人感到生活空虚并失去目标。迪尔凯姆指出，利己型自杀多发生于基督教教徒、自由职业者、未婚者或离婚者。

2. **利他型自杀** 产生于过分地屈从于一种社会目标和意义，过密地结合在社会中，以致个人失去了自主。迪尔凯姆以欧洲军队为例说明利他型自杀。在军队里，士兵被训练得不看重自己的价值，使他们感到被一种"社会价值"所扼杀，失去了自我，失去了生活的乐趣，因而军人的自杀率高于普通百姓。

3. **失范型自杀** 由社会混乱所导致。在混乱中，社会成员的行为失去了规范，增添了痛苦。迪尔凯姆认为，欲望与满足欲望的手段之间的不平衡是一切生物痛苦的根源。当社会发生动乱和变迁时，人们失去了种种秩序和规范，欲望与手段不协调，行为混乱而无节制，遂造成种种痛苦，导致自杀率升高。迪尔凯姆把工商业者在经济危机中的自杀现象视为此种类型的例证。

4. **宿命型自杀** 是由于社会控制过度造成的，个人失去了任何希望。迪尔凯姆认为这种类型的自杀在现代社会并不常见，他没有对此做详细的讨论。

（二）心理过程

自杀者一般都是在现实生活中遭遇了较大的应激性事件，如失恋、失业、亲人故去或者是饱受躯体或者精神疾病的折磨，从而产生出自杀的念头。如果问题能够解决，自杀的念头则会慢慢消失。如果问题持续存在，无法获得解决或问题加重，自杀意愿则会加强，进而慢慢演化成具体的自杀计划，如开始考虑何时、何地以及选择何种方式结束自己的生命。在实施自杀前，通常会在语言或行为上表现出一些明显的迹象，这应该引起周围人的注意，对于预防自杀、减少悲剧的发生极其重要。自杀者一般经历以下心理过程。

1. **心理反应性情绪障碍** 在应激因素作用下，如失恋、丧偶、离婚、丧亲、夫妻冲突、家庭矛盾、经济窘迫、人际关系紧张、权威丧失等，个体应激反应强烈，而其心理防御机制不完善，则易出现情绪障碍，如焦虑、抑郁、愤怒、绝望等。

2. **自杀意念形成** 应激因素持续存在或者加重，个体的心理防御体系崩溃，加之没有良好的社会支持系统。个体则会萌生解脱痛苦和绝望的想法，产生"一死了之"的念头和想法，即自杀意念。

3. **自杀救助与预演** 心理失衡，心理问题得不到疏解，自杀意念进一步坚定，个体将自杀视为唯一的解决办法，死与生不断搏斗，向外界"呼救"，以及准备和预演自杀计划。

4. **自杀行为发生** 情绪反应发生转折，给人以危机已过的感觉，暗地里却立下遗嘱，处理心爱的物品，选择自杀地点与工具，直至自杀行为发生。

自杀的心理发展经历了一个连续过程，适时进行危机干预介入，可以在很大程度上阻止自杀行为的发生。

第二节 影响自杀的因素

一、自杀的心理因素

自杀脆弱性是指在社会化的过程中，焦虑控制的自我调节机制发育不全，容易为无法忍受的痛苦情感所压倒，从而寻求外部支持。当作为心理支持的人、物、信仰和信念丧失或不能利用时，个体便会出现精神崩溃。如果缺乏及时的心理或药物治疗，便会加剧自杀危机，导致自杀行为的发生。

形成自杀脆弱性的内部根源是绝望。绝望是个体心理平衡被彻底打破的表现，是由抑郁到自杀意图的中间环节。有自杀行为的人多数存在有抑郁、轻度或重度情感性疾患。自杀脆弱性的外部根源在于社会支持的丧失。社会支持包括亲属关系、爱情关系、朋友关系、宗教关系、民族关系、同乡关系、同学关系、上下级关系和同事关系。这些关系中渗透着温情、道义和利害等成分。当利害因素超越了温情或道义因素时，人与人的关系便演化为赤裸裸的金钱关系或你死我活的关系。社会支持的渠道闭塞，就只剩下一个自我因素，即自信心。当自信心也消失时，自杀危机便最后形成。

根据社会心理学的理论，个体心理水平包括社会联系和自我。社会联系差，与人疏远的人在突遭挫折时容易选择自杀。离婚和守寡者的自杀率最高，而已婚者自杀率最低。与正常人相比，自杀者大多来自破裂的家庭，与父母的关系疏远。少年自杀者经常受到其父母的责骂和体罚，孩子感到与父母疏远。自我的强度包括自尊和自我评价。自杀未遂者经常以否定态度评价自己，对别人则给予肯定的评价，容易产生焦虑、抑郁、愤怒等负性情绪。另外，自尊心低的儿童往往有较高的自杀观念，容易发生自杀行为。

从认知心理学的角度，自杀者和非自杀者在心理控制方面有很大差别。自杀者一般有比较强的受外在控制意念，认为任何事情都是由命运和外在力量控制的，他自己无法控制事件的发展与结果。

现实中可以看到，面对同样的困境，遭遇相同的变故，有的人能从容应对，坦然面对，有的人却走上了自杀的道路。这说明自杀和个人的心理素质关系密切。根据应对理论，人在危机处境中可以使用自己拥有的各种资源克服面临的困难，以维持心理平衡。如果个人心理素质不好，如自尊心过强、对挫折的忍耐程度差、适应能力差、有比较多的消极认知、心胸不够开阔、未树立正确的人生观、缺乏精神支柱等，则往往在面对困难时缺乏解决问题的方法和策略，从而一时冲动而导致自杀。

二、自杀的社会因素

社会生态是指人与社会环境在特定时空的组合。社会生态是自杀的重要致病因子，但不是唯一的致病因子。社会生态因素包括社会整合力、社会信息负荷、社会角色冲突、社会生活事件、社会生活节奏、婚姻家庭制度、社会隔离以及城市化等。社会整合力包括社会的价值导向或道德导向等。若社会的价值导向是革命英雄主义或殉道精神时，利他性自杀必然增多；若社会流行拜金主义或个人主义时，因攀比、落第、失宠而自杀就会增加。

角色冲突最容易导致自杀意念的产生与自杀行为的发生。角色是指社会结构中处于同类社会地位、具有共同行为模式的人群。一个人往往承担多种社会角色，当社会角色内部或不同社会角色发生冲突时，都会引起剧烈的内心冲突。角色冲突可能出现于两种情况，一是社会对个体的角色期待暧昧不清或发生错误；二是个体对角色认知发生错误。

经济快速发展、竞争激烈同样也是自杀的重要影响因素。随着科学技术、工业的发展，人们的生活节奏加快，人际关系进一步复杂化，这就是当代世界自杀率提高的历史背景，同时是社会进步的负面产物。生活节奏加快，生活事件相应增多。生活事件常是许多问题或疾病的前奏。一些重大生活事件，如配偶死亡、夫妻不和、夫妻分居、司法纠纷等，有时可能成为直接的自杀致病因子，不过还要考虑具体的社会政治环境和家庭环境以及应激的强度。

人口老龄化也是重要的自杀致病因子。老龄人口由于疾病谱宽，慢性疾病多，有特殊的老年疾病；老年人赡养缺乏应有的社会支持等因素。在不同的历史时期，都有一部分老年人由于不堪疾病之苦或缺乏应有的社会和家庭照顾而被迫地、病态地或自愿地自杀。

家庭转型和夫妻关系的越轨行为无疑也是自杀致病因素之一。中国传统的家庭形式是几代同堂的大家庭。随着时代的发展，家庭形式向核心家庭转化，同时也动摇了夫妻牢固关系，如夫妻分居、离婚、家庭解体等都会对人产生强烈的情绪反应和显著的生理应激，导致轻生而自杀。

三、自杀与精神障碍

自杀者与精神疾病存在密切关联。迈尔斯总结了149篇研究文献，发现在影响个体自杀的疾病中，内源性抑郁占15%、神经症性抑郁占15%、精神分裂症占10%、鸦片类成瘾占10%或更多。还有研究发现，抑郁症患者的自杀率是普通人群的26倍，15%的抑郁症患者最终死于自杀；男性酗酒者自杀率比一般男性人群高75倍，7%的酒瘾者在出院后5年中死于自杀；大约有10%精神分裂症患者死于自杀；此外，吸毒、人格障碍和神经症患者的自杀率都比一般人群的自杀率高得多。自杀未遂人群中，35%～79%被诊断为抑郁症或者人格障碍，西尔弗等报道80%的自杀未遂者在自杀时可以诊断为抑郁症。

我国有学者调查研究发现，100例自杀就诊者中只有10例符合精神疾病的诊断标准。因此，把自杀的原因主要归结为精神疾病肯定是有失偏颇的，需要进一步研究，以明确自杀和精神疾病之间的联系。

第三节　自杀者的心理行为特点、常见自杀方式与高危人群

一、自杀者的心理特征

在自杀者死亡前的数个月甚至数年内，均预先表现出一些与自杀行为相关的心理特征，如

焦虑、抑郁、冲动、矛盾心理、偏执、绝望等。这些心理特征均可作为预防自杀的重要指标。

1. **焦虑** 是自杀者最为常见的心理特征。焦虑可以是由自杀者本身躯体或者是心理精神疾病所引起，也可能由其所遭遇和面临的应激性事件引发，或者是自身的性格特点所致。单纯的焦虑本身并不是致死的原因，焦虑是机体在面临应激时所引发的一种应对性的生理和心理反应。但如果焦虑程度过强，持续时间过长，就会造成机体内在稳态的失衡，如体内神经、内分泌、免疫系统的紊乱，导致与自杀密切相关的抑郁、绝望情绪的出现或者加重，最终导致自杀行为的发生。

2. **抑郁** 是与自杀行为最密切、最直接的心理因素。抑郁是在应激过程中个体出现自责，然后发展为愤怒，这种愤怒指向了自我而不是外界，最终导致自杀的发生。自杀也是错误学习的结果，例如有家族自杀史的人自杀的概率显著增加，这是由于他们从自杀家族成员中学习到的一种错误的解决问题的方式所致。自杀也与不适应的思维方式有关，如自杀者认为自杀是唯一和最后的解决问题的方式。

3. **冲动** 冲动自杀是指本身并没有身心疾病，而是在遭遇一些负面事件后出现悲观、压抑、躁狂等情绪后无限放大，最后采取了极端的自杀行为来发泄和解脱。冲动自杀在青少年和女性自杀群体中比例较高。青少年处于生理和心理的发育期，情绪波动性较大，容易受外界的影响，冲动性较强。在遇到挫折和打击时，缺乏成熟的心理调节能力，容易冲动、感情用事而采取不理智的行为。女性较男性而言，耐受挫折能力较弱，而且女性情绪易受生理周期和体内激素变化的影响，在经受刺激后容易发生冲动性自杀行为。

4. **矛盾心理** 大多数自杀者的心理是矛盾的。既想通过自杀来结束痛苦，获得解脱，同时也希望通过自杀行为引起他人同情或改变他人对待自己的态度与情感，将自杀作为影响、说服、操纵、支配他人行为的一种手段。

5. **偏执** 很多自杀未遂者在回忆自杀当时的情景时，认为自己的心理完全被绝望、愤怒等负性情绪所控制，无法做到理性思维。对于别人的安慰、劝说无动于衷，固执地认为只有一死了之才是解决问题的唯一办法。

6. **绝望** 在经历应激性事件后，当事人的心理变得更加敏感、脆弱，由失望慢慢地变得情绪低落、抑郁，最终陷入完全的无助和绝望中。对未来不再抱有希望，也不认为别人能帮助自己解决问题，最终采取自杀行为以获得解脱。

二、自杀者的行为特征与常见自杀方式

（一）自杀者的行为特征

自杀者通常在采取自杀行动之前表现出一些语言和行为上的异常。这些行为特征可以帮我们更好地判断当事人是否有自杀的意愿或是采取行动的可能。

1. **语言方面** 他们常说"活不下去""不想活了""如果我不在了，问题就解决了"之类的话语。这些可能是一些人在遇到问题时常见的口头语，但也可看成是采取自杀行动的先兆。如果问题持续无法得到解决，他们的心理痛苦加剧，甚至是绝望，一时的玩笑话就可能变为现实。如果在谈论中开始涉及一些自杀的方法，甚至是详细的自杀计划时，就需要重视了。比如，"哪

种自杀方法不痛苦""再过几天,一切就都解脱了"等。这些带有暗示性的语言表明他们已经开始在内心计划实施自杀行动了。

2. **行为方面** 自杀者通常会做出一些反常的举动,当时可能没有引起别人的注意,但事后发现,这其实是自杀者在向这个世界告别。比如在社交软件上留言,暗示自己要离开这个世界了;也可能会把自己心爱的东西托付给别人,比如宠物、收藏品等,叮嘱别人要好好珍惜、保存;通过手机或短信向自己的亲人和朋友告别,或者是写遗书或类似的文字;穿一些特别的衣服,或者做一些特别的事情,如突然爱穿红色或者很另类的衣服,或者做一些之前没有做过的事情。

(二)常见自杀方式

自杀的方式很多,常见的有服毒、自缢、绝食、吞异物、坠楼、溺水、触电和割腕等。采用何种方式结束生命与企图自杀者所生活的国家、地区和环境密切相关。在美国,约2/3自杀者选择枪击。在其他国家自缢死亡很普遍,接下来是坠楼和溺死;而在中国农村,自杀方式主要以喝农药为主;城市以服用催眠药、自缢、一氧化碳中毒、坠楼、溺水为主。

自杀的后果是致死还是非致死,在很大程度上取决于所选择的自杀方式。男性和女性在自杀方式上有明显差异,这也导致了他们的自杀后果存在很大的差异。女性较多采用服毒、吞异物等较温和的方式,而男性多采用自缢、坠楼、使用武器等较剧烈的方式,因此男性自杀的死亡率较女性为高。

至少一半以上的自杀未遂者再次实施自杀行为时会更换其他自杀方式,首次自杀未遂者倾向于使用致命性更高的方式实施再次自杀行为。因此,对于自杀未遂者的预防和治疗是降低自杀死亡率的重要环节。

三、自杀行为的高危群体

(一)年龄

一般来说,自杀率随着年龄的增长而增高,尤其是女性更明显。老年人的自杀率明显高于青年人,尤其是在农村地区。老年人受到慢性病以及躯体失能困扰,经济上相对比较困难,且随着家庭结构的变化,独居、寡居老年人越来越多,这些因素都会导致老年人群自杀风险升高。

(二)性别

在国外,自杀常见于男性,大约为女性的3倍,尤其在青年人和老年人中差异最大。但在中国农村地区,20~24岁年龄组的女性自杀率明显高于男性。农村女性高自杀率与农村地区受传统文化影响、女性在农村社会地位较低、受教育水平低下、经济条件较差、农药等毒物易于获得、难以发现自杀的预兆、医疗设施有限、医护人员缺乏等因素有关。

(三)社会阶层

不同社会阶层自杀率也不相同。社会底层自杀率最高,其次为社会高阶层,自杀率最低者

为介于两者的中产阶层，如技术工人。大学生自杀率亦较高，大学生的自杀与其学习及就业压力大、自我期望值较高、缺乏耐受挫折的能力等因素有关。国外的有关研究显示，内科医师的自杀率是同年龄普通人的 2～3 倍，如美国女性内科医师的自杀率为 41/10 万，而普通人群仅为 12/10 万。另外，从事音乐、司法、律师、保险业人员的自杀率亦较高。这些人群高自杀率与其所从事的职业压力密切相关。

（四）婚姻状况与生活环境

自杀在单身、独居、离婚或丧偶者中常见。近年来研究表明，丧偶对老年人来说是一个重要的危险因子。在一项婚姻状况和男性自杀的研究中发现，丧偶对成年人影响最大，而离婚对老年人的危险性最大。这种危险部分是因为独居，而独居又是与自杀密切相关的危险因子。城市和农村的自杀率差异较大，一般认为，自杀在许多国家以城市多见。但我国却比较特殊，农村地区的自杀率平均高于城市地区约 3 倍，在农村 55～79 岁自杀死亡人数最多。因此，农村地区应作为现在和未来自杀预防工作的重点。

（五）精神障碍、行为异常、内科及外科疾病

患内、外科疾病和精神疾病是所有自杀危险因素中最重要的因素。抑郁症在自杀者中是最常见的精神障碍，占自杀人群的 60%～70%。在所有抑郁症患者中，约 15% 的患者最终自杀死亡。与自杀有关的另外一些精神科诊断为酒精依赖、药物滥用、人格障碍以及精神分裂症等。

（六）自伤

自伤亦称蓄意自伤，是指故意对自己身体造成伤害的行为。它不同于自杀，有时作为自杀企图或自杀未遂的表现形式之一。最常见的自伤方式为过量服药（如镇静药）和割腕，青年女性多见。自伤的严重程度多种多样，严重者可以致残，甚至死亡。这些患者中相当一部分人存在明显的心理问题或潜在的精神障碍，如人格障碍、情感障碍、神经症或精神分裂症等。

蓄意自伤的典型表现是在青春期后反复发生致死性较低的躯体自伤。形式多种多样，包括切开皮肤、割腕、咬伤、剜眼、割耳、割舌、使皮肤溃烂、弄残生殖器等。在心理上亦可表现为反复出现突如其来的伤害自己的冲动，主观上不能控制；有一种自身不能忍受而又无能为力感；逐渐加重的焦虑、激动和愤怒；由于认知过程的局限而使患者对行动的选择和处境的未来认识狭隘；自伤之后有心理上松弛与解脱之感；可伴有抑郁心境，但一般无自杀意念。

第四节 自 杀 干 预

一、自杀行为风险评估

大多数的自杀者对他人谈起过与自杀有关的想法。他们的表现不仅仅是在一个人面前暴露，而是不止一次和不止一种形式的流露，最常见的是直接将自杀观念讲出来。据报道，约 40% 的自杀者曾有明确的表白，约有 1/3 的自杀者有一次或多次的自杀企图，而且多为女性。自杀观念

可以持续数年或只是最近才出现。对于精神障碍患者，医师必须询问患者是否有自我伤害想法的存在。如果存在，则必须进一步对其临床状态及其他危险因素进行评估。

评估自杀的危险性及预测个体是否属于自杀的高危人群，有以下指标。

1. **自杀意愿** 是指一种持续性存在的想结束自己生命的心理活动。在自杀风险评估中，首先要评估个体的自杀意愿是否强烈。国外学者编制了评估自杀意愿的自我评定工具，可以用于自杀风险评估，如自杀意念量表、成人自杀意念量表、自杀可能性量表、多重态度自杀倾向量表、准自杀行为量表等。

2. **自杀计划** 是在自杀意愿的基础上进一步发展的心理和行为活动。如果个人制订自杀计划，自杀的风险就会进一步加大。在评估自杀计划时，要注意以下内容：①自杀计划的周密性；②自杀的方式是否容易实现，个体对自杀工具的了解程度和选择性，自杀方法的致命性；③自杀场所的选择，选择不容易被人发现的地点，自杀的危险性就大，如果自杀计划选择在公共场所或其他有可能被人发现的地方，自杀者的获救机会就比较大，自杀意愿的强度相对也低一些；④自杀时间的选择，选择夜深人静时自杀的人，自杀的意愿就很强，自杀死亡的危险性就高。

3. **自杀动机** 是导致个体自杀的心理活动，在一定程度上也反映了自杀意愿的强烈程度。如果个人自杀的动机是个人指向的，即个体对生活完全失去兴趣，悲观厌世，企图通过自杀逃避困境或实现自己人格完整等。这种动机的产生没有多少内心冲突，死亡的意愿比较强烈，自杀成功的可能性也比较大。如果个体的自杀动机是指向外部的，即个体企图通过自杀行为去影响、说服、操纵、改变、支配、报复某个人和某些人或某个社会，自杀意愿的强烈程度就相对低一些，自杀死亡的危险性也相对较小。

4. **未来安排** 如果自杀者对身后事都进行了周密安排，有遗嘱或遗书，开始和亲人、朋友告别，要警惕他们的自杀危险性。这些安排说明个体不是一时冲动产生自杀意愿，而是经过理性思考，危险性比较高，自杀死亡的可能性也比较大。

5. **自杀未遂或自我伤害** 如果个体近期内有过自杀未遂或自我伤害的行为，其再次自杀的可能性就相当大。如果个体发生了自杀未遂行为，要从以下几个方面进行评估：①了解自杀未遂的原因和自杀的目的；②了解自杀意愿的强烈程度，为了达到目的采取了什么步骤，已经进行到什么阶段；③当前是否有自杀危险，是否会进一步发生自杀行为；④是否有精神疾病的存在，许多自杀未遂者有精神症状，其中有一部分存在抑郁症或其他精神疾病，需要专科医师的诊断和评估；⑤确定什么样的帮助对自杀未遂者最合适，也最容易被他们所接受。许多患者愿意接受咨询或其他帮助，但也有一部分自杀未遂者拒绝接受任何帮助，其中相当一部分存在精神疾病，可能需要强迫治疗。有一些国家将所有自杀未遂者都列入国家自杀研究规划，均需住院，以便进行评定。

对自杀未遂者要区别评估，比如癔症患者往往描述非常凄惨的自杀情景，但他们之中很少有人真正愿意自杀；相反，抑郁症患者可能否认自己有严重的自杀意愿，但他们往往在预谋周密的自杀计划，最后固执地选择死亡。

二、自杀行为干预

危机干预是近年来国内外常用于自杀者和企图自杀者的一种有效的干预方法，即强调干预的时间紧迫性和干预的效果，尽可能在短时间内帮助患者恢复已失去平衡的心理状态，肯定其优点（长处），确定其已采用过的有效应对技巧，寻找可能的社会支持系统以及明确治疗目标。

首先让自杀者认识到自杀不过是一种解决问题的方法而已，并非目的。绝大多数企图自杀者是因为面临生活逆境不能解决时才选择自杀的，是希望"一了百了"。但是如果有解决目前困境或危机的其他方法，就可以避免自杀。因此，围绕这一改变认知的前提，可以采取的方法有交谈，以疏泄被压抑的情感；认识和理解危机发展的过程及诱因的关系；学习问题解决技巧和应对方式；帮助患者建立新的社交关系，尤其是人际交往。另外，注意强化他们新习得的应对技巧及问题解决技术，同时鼓励他们积极面对现实和注意发挥社会支持系统的作用。

1. 危机的概念　每个人在其一生中都会遇到困难或挫折。一旦这种困难或挫折不能自己处理或解决时，则会发生心理失衡，便成为危机。危机是指个体面临突然或重大生活逆境（如亲人死亡、婚姻破裂或天灾人祸等）时，既不能回避，又无法用通常方法来解决时所出现的心理失衡状态。换句话说，它是指个体运用通常的应对方式或机制仍不能处理目前所遇到的外界或内部应激时所出现的一种反应。

一般来说，危机须符合下列3项标准：存在具有重大心理影响的事件；引起急性情绪扰乱或认知、躯体和行为等方面的改变，但又不符合任何精神病的诊断；当事人或患者用平常解决问题的手段暂时不能应对或应对无效。

危机干预是一个短程帮助的过程，是对处于困境或遭受挫折的人予以关怀和帮助的一种方式。一般来说，危机包含危险和机遇两层含义。如果它严重威胁到一个人的生活或家庭，往往会产生自杀或精神崩溃的可能，这种危机就是危险。如果一个人在危机阶段及时得到有效的干预或帮助，则不仅会防止危机的进一步发展，而且还可以帮助其学会新的应对技巧，使心理平衡恢复到（甚至超过）危机前的水平。因此，可以说危机是一种机遇或转折点。

2. 危机干预技术　危机干预的最低治疗目标是在心理上帮助当事者解决危机，使其功能至少恢复到危机前水平；最高目标是提高当事者的心理平衡能力，使其高于危机前的平衡状态。因此，围绕这一目标，在危机干预过程中，可根据当事者的情况和救助者的擅长，采取相应的心理治疗方法，其中包括短程动力学治疗、认知疗法、行为疗法等，并围绕以下技术开展治疗。

（1）沟通和建立良好关系的技术：如果不能与危机当事者建立良好的沟通和合作关系，则干预及有关处理的策略就较难执行和贯彻，就不会起到干预的最佳效果。因此，建立和保持双方的良好沟通和相互信任，有利于当事者恢复自信和减少对社会的绝望，保持心理稳定和有条不紊的生活，改善人际关系。其重点包括以下几项：避免矛盾的信息交流，如工作人员口头上对当事者表示关切和理解，但在态度和举止上却不给予专心的关注或体贴；避免给予过多的保证，尤其是"夸海口"，因为一个人的能力是有限的；避免应用专业性或技术性难懂的语言，多用通俗易懂的语言交谈；具备必要的自信，利用可能的机会改善患者的自我感知。

（2）给予精神支持：这类技术旨在尽可能地解决目前的危机，使当事人的情绪得以稳定，可以应用暗示、保证、疏泄、环境改变、镇静药等方法。如果有必要，可考虑短期的住院治疗。有关指导、解释、说服主要应集中在放弃自杀观念上，而不是对自杀原因的反复评价和解释。同时，在干预过程中，不应带有明显的教育目的和语气，教育应是危机解除和康复过程中的工作重点。

（3）干预技术：亦称解决问题的技术。危机干预的主要目标之一是让当事者学会应对困难和挫折的一般性方法。这不但有助于使其渡过当前的难关，而且也有利于其以后的适应。干预的基本策略为：主动倾听并热情关注，给予心理上的支持；提供疏泄机会，鼓励当事者将自己的内心情感表达出来；解释危机的发展过程，使当事者理解目前的境遇，理解他人的情感，树立自信；给予希望和保持乐观的态度和心境；培养兴趣，鼓励积极参与有关的社交活动；注意发挥社会支持系统的作用，多与家人、亲友、同事接触和联系，减少孤独和隔离。

危机干预工作人员实际上是起到一根拐杖的作用，即帮助和支持那些心理失衡者，一旦他们能学会自我解决和处理问题的技能，就应该让他们扔掉拐杖，独立地面对生活。

三、自杀行为疗法

自杀行为的治疗主要是针对企图自杀者和自杀未遂者的治疗，尤其是当自杀是由个体所患躯体及精神疾病引起时，更应该把重点放在疾病的治疗上。如果造成自杀的原因是由躯体疾病所致，如心脑血管疾病、肿瘤等。这些疾病不仅本身可引起患者的痛苦和造成死亡，还可导致劳动力丧失、功能活动受限。另外，长期患病加重了患者的经济负担，增加了家庭人际关系冲突，从而增加了患者的绝望情绪，增大了自杀危险性。因此，针对这类躯体疾病患者，应将治疗重点放在机体原发疾病的治疗上。下文所涉及的治疗措施主要是侧重于抑郁症、双相情感障碍、人格障碍、精神分裂症、物质滥用等精神疾病，同时存在有自杀企图或自杀未遂行为的患者。治疗应遵循全面性、综合性、系统性和个体化治疗的原则，从躯体治疗与心理治疗等方面进行。

（一）药物治疗

1. **抗抑郁药**　抑郁症的自杀死亡率虽然因不同的研究而有所不同，但一般能够认同的是，抑郁症的自杀死亡率大约为15%。另外，在全部自杀中，抑郁障碍大概占50%。使用抗抑郁药治疗自杀还存在争议，有研究称使用抗抑郁药治疗可能增加自杀的潜在风险性。2003年美国食品药品监督管理局（FDA）发布了有关抗抑郁药可能增加患者自杀风险的公开报道。报道称，帕罗西汀有可能增加儿科抑郁障碍患者的自杀风险。此后，FDA陆续发布了5个有关抗抑郁药可能增加儿童抑郁障碍患者自杀风险的安全警告。氟西汀是唯一一种被FDA批准的可以用于儿童和青少年患者的选择性5-羟色胺再摄取抑制药（SSRI）。抗抑郁药的保护性在65岁及以上的抑郁障碍患者中更加明显。因此，在使用抗抑郁药治疗时，应该注意抗抑郁药对不同人群的安全效应。同时应该严格注意抗抑郁药的初始剂量，应随病情变化而进行相应的剂量调整，还要密切观察药物剂量与患者自杀意念和自杀行为变化之间的关系。

2. **锂盐**　被称为情感稳定剂。20世纪40年代，凯德首次用锂盐治疗躁狂症取得成功。因为锂盐能快速、有效地控制躁狂和双相情感障碍患者的情绪，在临床上得到了广泛应用。锂盐能有效地减少单相抑郁障碍和双相情感障碍患者中与自杀有关的死亡率，同时也能显著减少复发性抑郁障碍患者的自杀死亡率。因此，对于单纯使用抗抑郁药疗效不好的患者，以及反复自杀的患者，可以考虑将锂盐作为一种辅助治疗。此外，连续的锂盐治疗能显著减少患者自杀风险，锂盐处方量的增加也和自杀死亡率的减少呈正相关。应用锂盐治疗有自杀风险的患者时，要注意避免过量服用锂盐的风险，同时限制锂盐的分发量和控制给药途径。对于肾功能不全的患者，使用锂盐治疗时要考虑降低药物浓度。

3. **抗精神病药** 抗精神病药是主要用于治疗精神分裂症和有精神病性症状的精神障碍的一类药物。抗精神病药分为典型抗精神病药（如氯丙嗪、氟哌啶醇等）和非典型抗精神病药（如氯氮平、利培酮、奥氮平、喹硫平等）两种。对于抗精神病药的作用机制，目前认为，几乎所有的抗精神病药都能阻断脑内多巴胺受体（尤其是多巴胺 D2 受体）而发挥作用。另外，抗精神病药对 5- 羟色胺受体、肾上腺素能受体、胆碱能受体和组胺受体也具有一定的阻断作用。大多数精神分裂症患者的自杀事件发生在疾病首发的前 10 年，50% 发生在前 2 年。处于高自杀风险的患者大多在出院后的前几周或几个月内出现自杀情况。有研究提示，使用抗精神病药可降低自杀风险。对有自杀未遂史、高自杀风险以及使用其他抗精神病药治疗后仍存在症状的精神分裂症患者可使用氯氮平。与其他抗精神病药相比，服用氯氮平的患者自杀行为的总体风险较低。在使用氯氮平时，应确保患者不存在氯氮平禁忌证，同时要符合各项监测要求。

4. **抗焦虑药** 焦虑是自杀的一个重要风险因素，降低焦虑在一定程度上可以减少自杀的风险。氯硝西泮、苯二氮䓬类能够快速起效的抗焦虑药可作为预防和治疗自杀的候选药物。该类药物具有一定的副作用，如长期使用会出现耐受性和依赖性。另外，过量服用该类药物也是导致自杀的一种因素。因此，在使用该类药物时，一定要考虑到药物的毒性反应及副作用和导致自杀的风险，避免过量使用和长期用药。

5. **其他药物** 美沙酮和盐酸纳洛酮可治疗用于过量服用阿片类物质引起的死亡。一旦出现故意或者意外过量服用阿片类药物时，可以通过肌注、静脉给药以及鼻腔给予纳洛酮，以减少死亡风险。

（二）心理治疗

1. **认知行为疗法** 是通过改变思维、信念和行为的方法来改变不良认知，达到消除不良情绪和行为的短程心理治疗方法。认知行为疗法的理论基础不是单一的，而是包括认知理论、行为学习理论、情绪加工理论和人际关系理论等。认知行为疗法在早期主要用于抑郁症的治疗，疗效明确。后经过多年的临床实践，证明认知行为疗法可以在更广泛范围内应用，包括焦虑症、强迫症、进食障碍以及自杀患者的心理干预。认知行为疗法包括很多具体的技术，如识别自动思维、认知重建、放松训练、角色扮演、认知作业、理解接纳以及正念训练等。认知行为疗法的核心目的是让患者改变自身的认识误区，即认识到自杀并不是解决问题的唯一方法。另外，认知行为疗法可帮助患者识别与自杀意念相关的自动思维、想象以及激发自杀的核心信念。同时，认知行为疗法可以提高患者解决问题的能力，帮助患者减少或者消除不合理的思维方式，提高其控制冲动的能力，以及改变患者焦虑、抑郁、绝望等不良情绪体验。研究表明，认知行为疗法是减少自杀率的最为有效的心理治疗方法。

2. **团体心理疗法** 也称小组心理疗法、集体心理疗法，亦称团体疗法，是指将患者组织在一起，以团体的形式进行心理治疗的方法。治疗方式一般为由 1～2 名治疗者主持，一个小组一般由 6～10 名有相同或不同问题的成员组成，每周治疗一次或数次，每次 1.5～2 小时，治疗次数视治疗对象的问题而定，最少 10 次，最多持续 1 年以上。治疗期间，小组成员在无拘无束的情境中坦率交流感受和想法，通过相互影响，改善自己不良的人际关系和行为。团体心理疗法对抑郁症患者的自杀冲动抑制作用显著。

第六章　自杀行为

团体心理疗法取得疗效的机制在于参与者会从更加接近现实的模拟环境中学习生存技巧，适应环境，并在活动中找到自我对照的样本，有助于其深刻反思，发现问题，解决问题，对于过去产生的错误自杀观念和行为会有较深的理解和认知。影响团体心理疗法的关键在于治疗人员的现场操作水平和自身发挥的稳定性，家属对疾病认知的程度和关注度，以及患者人格方面是否有缺陷等。

（三）电休克疗法

电休克疗法是以一定量的电流通过大脑，引起意识丧失和痉挛发作，从而达到治疗目的的一种方法。电休克疗法可以快速缓解重型抑郁障碍、双相型情感障碍、精神分裂症和创伤后应激障碍患者的自杀症状。尤其是当自杀意识强烈，且存在若治疗延迟可能危及生命时，电休克疗法更是首选的治疗手段。对于有自杀风险的患者，要尽早、尽快考虑电休克疗法，而不是按照习惯将其作为最后的治疗手段。尽管电休克疗法可以快速缓解自杀意念，但尚无证据证明短期的电休克疗法会对自杀率有远期效应。电休克疗法的适应证包括药物和心理治疗无效的患者、病情严重危及患者生命及需要快速起效的治疗方案。

目前的电休克疗法技术尽管比以前有了很大的改良，减少了头痛、恶心、呕吐、呼吸暂停、关节脱位、骨折等并发症。但在应用过程中仍存在一些禁忌证，如颅内占位性病变、脑血管疾病、中枢神经系统炎症、外伤、心血管疾病、老年人、儿童及孕妇等。现在的电休克疗法并非完全没有风险和副作用。其副作用包括记忆丧失和短暂性思维混乱。因此，电休克疗法应该在专业机构由具有丰富经验的专家指导进行。在治疗前，需要对患者进行风险评估，注意减低某些疾病对电休克疗法的危险性，尽量纠正躯体代偿功能，注意麻醉药、肌肉松弛药等药物剂量个体化，以及掌握通电时间、刺激电量等。

四、自杀行为预防

从宏观层面来看，影响自杀率的主要因素是社会、经济和文化因素。因此自杀的预防也应着重从社会稳定和经济发展的角度采取相应措施。具体到个案来看，自杀者总是存在某些医学或心理上的问题，或者说，宏观的因素总要通过个体的反应才能导致自杀行为的出现。因此，提高社区人群的心理健康水平是预防自杀的重要手段。自杀预防可分为三级预防。

一级预防：是指预防个体自杀倾向的发展，主要措施有管理好农药、毒药、危险药品和其他危险物品，监控有自杀可能的高危人群，积极治疗自杀高危人群的精神疾病或躯体疾病，广泛宣传心理卫生知识，提高人群应对困难的技巧。

二级预防：主要是指对处于自杀边缘的个体进行危机干预。通过心理热线咨询或面对面咨询服务帮助有轻生念头的人摆脱困境，打消自杀念头。

三级预防：主要是指采取措施预防曾经有过自杀未遂的人再次发生自杀。

自杀的综合预防是一项社会系统工程，主要有以下对策。

1. 社会安定，经济发展　国内外研究结果显示，战争、饥荒、瘟疫、灾害、经济萧条、投机市场、政治迫害、经济困难等均可导致自杀率上升。在市场经济条件下，证券、期货市场由于风险大，也会导致一些经济收入丰厚者不堪市场的冲击，而走向自杀之途。

2. **教育改革，提高素质** 沉重的学业负担与压力、片面追求升学率、重智轻德、重知识轻能力、重生理轻心理等，均可导致自杀人数增加。因此，改革教育模式、培养具有良好心理素质的综合素质人才，对预防自杀有重要意义。

3. **婚姻稳定，家庭和谐** 婚姻、家庭的不稳定与不和谐往往是自杀的导火线。保持婚姻、家庭的和谐与稳定是降低社会自杀率的重要防范对策。

4. **心理卫生，防患于未然** 受过重大心理挫折、情绪障碍（尤其是抑郁症）和有自杀意念者，个性特征表现为极端不稳定型者是自杀高危人群。建立心理档案，加强心理卫生教育，积极开展心理咨询与心理治疗，防患于未然，可以有效地防范自杀。

5. **加强危险器具的控制与管理** 控制枪支弹药的买卖、煤气的无害化以及加强农药和毒药及危险药品的管理。尤其是在我国农村地区，对农药和杀鼠剂的生产、销售、使用和储存环节加强管理和控制，可有效降低自杀的发生率。

6. **高危人群的筛检** 采用心理评定量表，将人群中有自杀意念者、心理障碍者以及有绝望感者筛查出来，作为自杀的高危人群，重点加以防范。对他们进行诸如心理咨询、心理治疗、危机干预以及加强心理卫生指导，避免发生自杀行为。针对农村老年人群，国家和政府应加强对他们的关怀和支持力度，降低老年人群的贫困率，加强老年人群的健康保障体系，以及推行针对老年人群自杀预防的项目，这些策略可作为我国未来开展老年人群自杀预防工作的依据。

7. **建立危机干预机构** 危机干预机构可采用电话、书信、面谈、探访、专题讲座、科普宣传等服务形式开展预防和干预工作。对自杀高危人群所发生的自杀危机，应及时发现，及早施行干预措施。

8. **管控媒体宣传** 严格规范并监督媒体对社会负面事件（尤其是自杀事件）的报道。有研究表明，媒体对自杀事件的报道和宣传可以增加高危人群的模仿行为，从而在一段时间内提高自杀率。无论是新闻、影视还是书刊等媒体，应尽量减少对自杀事件的报道和宣传，尤其是避免对自杀现场、自杀方式等进行详细描述。

9. **及时抢救，防止复发** 对自杀未遂者，应及时将其送到医院抢救，切忌采取歧视态度。根据前瞻性研究结果，自杀者再次自杀占10%~15%。再次发生自杀的预警因素主要有：①过去有反复自杀史；②过去有精神病史；③反社会型人格障碍；④有酒精或药物滥用史；⑤陷于绝望的困难未能解决；⑥自杀计划周密；⑦自杀手段暴烈。对于自杀死亡案件，应加强调查研究，特别要调查其社会原因，并缜密地进行善后处置。

（刘德祥）

思考题

1. 自杀产生的心理过程及分类是什么？
2. 影响自杀的因素有哪些？
3. 自杀行为有哪些高危人群？
4. 对自杀行为怎样进行干预？

第七章 人格障碍与偏离行为

第一节 概 述

一、人格与人格障碍

人格（personality）是构成一个人的思想、情感及行为的特有模式，这些独特模式包含了一个人区别于他人的稳定而统一的心理品质。每个人都有自己的人格，令其独一无二，不同于他人。例如，有的人很外向；有的人则很内敛；有的人很自信，有的人则很自卑。这些特质表现出持续的、稳定的模式，其中包含个体如何思考、如何与他人相处、如何与自我相处。

人格障碍（personality disorder）指人格发展的畸形与偏离状态，表现为固定、持久的适应不良行为，明显地影响职业和社交能力。患者虽然无智能障碍，但适应不良的行为模式难以矫正，仅少数患者在成年后程度上可有改善。人格障碍通常开始于童年期或青少年期，并长期、持续发展至成年或终生。如果人格偏离正常系由躯体疾病（如脑病、脑外伤、慢性酒精中毒等）所致，或继发于各种精神障碍，应称为人格改变。

人格障碍形成的原因迄今尚未明确，一般认为它是在大脑先天性缺陷基础上遭受环境有害因素的影响而形成的。只有患者已经年满18岁，才可考虑人格障碍的诊断。

二、人格障碍患病率

与其他精神疾病相比，人格障碍的流行病学描述甚少，在北美和西欧进行的横断面社区调查显示，人格障碍的患病率为4%~15%。一项覆盖五大洲七个国家的研究结果发现，人格障碍的患病率为6.1%，其中在欧洲患病率最低，美洲最高。在一般社区中，人格障碍无性别差异，也没有种族差异。城市地区的患病率高于农村地区。

三、人格障碍对健康的影响

人格障碍对人的健康、工作、学习和人际关系造成很多不利的影响。

首先，存在人格障碍的个体容易罹患心血管疾病和呼吸系统疾病，而且治疗后出现心脏-心理共病问题，且容易复发。例如，以焦虑倾向为主要特征的人格障碍的心脏病患者，在植入支架后可能获得完全缓解；然而，如果这个结果不能充分地向患者解释，就存在这样一种危险，患者可能会过于关注可能的复发，以致因为害怕复发而完全无法生活。因此，医护人员在临床工作中要特别注意人格障碍。如果忽视了人格，可能会给予不适当的治疗，急性疾病可能会变成慢性疾病，重要的风险可能会被忽视。

其次，存在人格障碍的个体往往存在不健康的生活方式，吸烟、酗酒和药物滥用的发生率很高，这导致他们患病的概率增加。另有数据显示，存在人格障碍的人有更高的发病率和死亡率，死亡率高的原因可能与人格障碍患者自杀和他杀发生率高有关，心血管和呼吸系统疾病病死率的增加表明其他因素也很重要。

人际关系困难是人格障碍的核心问题，不良的人际关系会导致他们在工作、学习和家庭关系中矛盾频发，总是伴随种种困扰。在医疗和卫生保健环境中，也容易因沟通不畅导致误解和冲突。他们经常对自己和公众构成风险，需要更专业的处理。

第二节　人格障碍的常见类型

不同的诊断标准对人格障碍的分类不尽相同。《国际疾病分类》ICD-11将人格障碍分为轻度、中度、重度，美国《精神疾病诊断与统计手册》（DSM-5）将人格障碍分为11类，《中国精神障碍分类及诊断标准》（CCMD-3）将人格障碍分为9类。现根据CCMD-3的分型，将常见人格障碍的临床表现描述如下。

一、偏执型人格障碍

偏执型人格障碍（paranoid personality disorder）以猜疑和偏执为主要特征。

1. **敏感多疑，广泛猜忌**　常将别人无意的或友好的行为误解为敌意或轻蔑而产生歪曲体验；对人际关系反应过度，常将他人看似平常的行为看成嘲讽和威胁；常无端怀疑配偶的忠诚。

2. **过分自负**　自我评价过高，惯于把失败归咎于别人，不从自身寻找主观原因。

3. **容忍力差**　对批评或挫折过分敏感，对侮辱和伤害不能宽容，长期耿耿于怀。

4. **嫉妒心强**　有强烈的自尊心，看问题主观、片面，工作和学习上往往言过其实。在失败的时候时常迁怒于别人而原谅自己，往往认为自己成了别人阴谋的牺牲品。因此，这种人容易产生偏执观念。

5. **无端自卑**　很容易感到自己被轻视。

二、分裂样人格障碍

分裂样人格障碍（schizoid personality disorder）以观念、外表和行为奇特以及人际关系明显缺陷及情感冷淡为主要特征。

1. **关联观念**　毫无道理地将与自己无关的事情联系起来而感到不安。

2. **过度的社会焦虑**　如有陌生人时表现出极度不安。

3. **奇异的信念和想法**　如对第六感官或心灵感应等奇异功能特别着迷。

4. **奇怪的外貌和言语**　如服饰奇特，不修边幅；言语怪异，用词不妥或繁简失当，表达不清，但并非由于文化程度或智能障碍等因素引起。

5. **缺乏温情** 情绪冷淡，缺乏亲切感，不能表达对他人的温暖、体贴以及愤怒，缺乏亲密、信任的人际关系。

6. **行为怪僻** 过分沉湎于幻想，孤僻自处。

7. **表情淡漠** 缺乏强烈或主动的情感体验，对赞扬或批评无动于衷，没有愉快的情感体验。

三、反社会型人格障碍

反社会型人格障碍（antisocial personality disorder）是一种以行为不符合社会规范为主要特点的人格障碍。

1. 18岁前有品行障碍的证据

（1）经常逃学或被学校开除，因行为不轨不止一次被停学，被公安机关拘留，反复说谎（不是为了躲避体罚）。

（2）习惯性吸烟、喝酒，反复偷窃，多次参与破坏公共财产活动，反复挑起或参与斗殴，反复违反家规或校规。

（3）过早有性活动，虐待动物或弱小同伴等。

2. 18岁之后习性不改，经常有不符合社会规范的行为

（1）不能维持持久的工作或学习，多次变换工作。

（2）易激惹，并有攻击行为，如反复斗殴或攻击别人。

（3）经常不承担经济义务，如拖欠债务、不抚养小孩或不赡养父母。

（4）行为无计划或有冲动性，如进行事先无安排的、无目的的旅行。

（5）不尊重事实，如经常撒谎，使用化名，欺骗他人以获得个人利益或快乐。

（6）对自己或他人的安全漠不关心，缺乏同情心；不能维持长久的夫妻关系；危害别人时无内疚感。

四、冲动型人格障碍

冲动型人格障碍（impulsive personality disorder）是一种以行为和情绪具有明显冲动性为主要特征的人格障碍，又称为暴发型或攻击型人格障碍。

1. 情绪急躁易怒，存在无法自控的冲动和驱动力。

2. 性格上常表现出向外攻击、鲁莽和盲动性。

3. 冲动的动机形成可以是有意识的，亦可以是无意识的。

4. 行动反复无常，可以是有计划的，亦可以是无计划的。行动之前有强烈的紧张感，行动之后体验到愉快、满足或放松感，无真正的悔恨、自责或罪恶感。

5. 心理发育不健全和不成熟，经常导致心理不平衡。

6. 容易产生不良行为和犯罪的倾向。

五、表演型人格障碍

表演型人格障碍（histrionic personality disorder）又称癔症型人格障碍，以过分感情用事或夸张言行吸引他人注意为主要特征。

1. 表情夸张,像演戏一样,装腔作势,情感体验肤浅。
2. 暗示性高,很容易受他人的影响。
3. 以自我为中心,强求别人符合他的需要或意志,不如意就给别人难堪或产生强烈不满。
4. 经常渴望表扬和同情,感情易受伤害。
5. 寻求刺激,积极参加各种社交活动。
6. 需要别人经常注意,为了引起他人注意,不惜哗众取宠,危言耸听,或者在外貌和行为方面表现得过分吸引异性。
7. 情感反应强烈、易变,完全按个人的情感判断好坏。
8. 说话夸大其词,掺杂幻想情节,具体的真实细节难于核对。

六、强迫型人格障碍

强迫型人格障碍（compulsive personality disorder）是一种以要求严格和完美为主要特点的人格障碍。

1. 做任何事情都要求完美无缺、按部就班。
2. 不合理地坚持别人也要严格地按照他的方式做事,否则心里很不痛快,对别人做事很不放心。
3. 犹豫不决,常推迟或避免做出决定。
4. 常有不安全感,反复考虑计划是否得当,反复核对、检查,唯恐疏忽和差错。
5. 拘泥细节,甚至生活中的小细节也要"程序化",不遵守一定的规矩就感到不安或要重做。
6. 完成一件工作之后常缺乏愉快和满足的体验,相反容易悔恨和内疚。
7. 对自己要求严格,过分沉溺于职责、义务与道德规范,无业余爱好,拘谨、吝啬,缺少友谊往来。

七、焦虑-回避型人格障碍

回避型人格又称逃避型人格,其最大特点是行为退缩、心理自卑,面对挑战多采取回避态度或无力应对。

1. 很容易因他人的批评或不赞同而受到伤害。
2. 除了至亲之外,没有好朋友或知心人（或仅有一个）。
3. 除非确信受欢迎,一般总是不愿卷入他人事务之中。
4. 行为退缩,对需要人际交往的社会活动或工作总是尽量逃避。
5. 心理自卑,在社交场合总是缄默无语,怕惹人笑话,怕回答不出问题。
6. 敏感、羞涩,害怕在别人面前露出窘态。
7. 在做那些普通的但不在自己常规之中的事时,总是夸大潜在的困难、危险或可能的冒险。

焦虑-回避型人格障碍（anxious-avoidant personality disorder）的行为退缩性与分裂样人格障碍的行为退缩性不同：前者并不安于或欣赏自己的孤独,不与人来往并非出于自己的心愿,他们行为的退缩源于心理的自卑。想与人来往,又怕被拒绝、嫌弃；想得到别人的关心与体贴,又因害羞而不敢亲近。

八、依赖型人格障碍

依赖型人格障碍（dependent personality disorder）是日常生活中较常见的人格障碍。

1. 在没有从他人处得到大量的建议和保证之前，对日常事物不能做出决策。
2. 无助感，让别人为自己做大多数的重要决定，如在何处生活，该选择什么职业等。
3. 被遗弃感。明知他人错了，也随声附和，因为害怕被别人遗弃。
4. 独立性，很难单独展开计划或做事。
5. 过度容忍，为讨好他人，甘愿做低下的或自己不愿做的事。
6. 独处时有不适和无助感，或竭尽全力逃避孤独。
7. 当亲密的关系中止时，感到无助或崩溃。
8. 经常被遭人遗弃的念头所折磨。
9. 很容易因未得到赞许或遭到批评而受到伤害。

九、其他或待分类的人格障碍

其他或待分类的人格障碍包括被动-攻击型人格障碍、抑郁型人格障碍和自恋型人格障碍等。

第三节　人格障碍的干预

人格障碍的干预方法包括社会心理治疗和药物治疗。

人格障碍来自遗传因素以及个人与社会发展之间的复杂的相互作用过程，而且主要表现存在于个人和社会的关系，所以社会心理治疗是人格障碍干预的首选方法。社会心理治疗范围从行为疗法（通过解决问题和心理教育）、认知疗法到传统的精神分析治疗。

药物不能改善人格结构，但在出现异常应激和情绪反应时，少量用药仍有帮助。对情绪不稳定者，可给予低剂量抗精神病药，如奋乃静、氯丙嗪等；对有冲动和攻击行为者，给予碳酸锂，亦可酌情使用其他心境稳定剂；对有焦虑表现者，给予少量苯二氮䓬或者其他抗焦虑药。但一般不主张长期应用，因为药物对人格障碍的远期效果难以确定。

一、心理治疗

人格障碍一旦形成，不易矫正，故应贯彻预防原则，从幼儿开始教育，强调培养青少年的健康人格是一个不容忽视的重要问题。

人格障碍者一般不会主动求医，常是在和环境及社会发生冲突而感到痛苦或出现情绪、睡眠方面的症状时非常"无奈"地到医院就诊。医师与患者通过深入接触，与他们建立良好的关系，帮助其认识个性缺陷之所在，鼓励他们改变自己的行为模式，并对其出现的积极变化予以鼓励和强化。

人格障碍治疗的目的之一就是帮助患者建立良好的行为模式，矫正不良习惯。直接改变患者的行为相当困难，但可以让患者尽可能避免暴露在诱发不良行为的处境之中。如攻击性强的人并非在任何场合都出现攻击行为，羞涩扭怩的人并不是在任何地方都怕羞。找到激发异常行为的场合或因素对于处理和预防有重要意义。如强迫型人格具有"完美主义"倾向，可以让其从事紧张程度不高、责任比较宽松的工作。此外，要避免不成功的暗示，提供更多的发展正常人格的机会。

1. **咨询** 解惑咨询可能有助于患者应对那些导致异常行为或痛苦情感的应激情景。将当前的困扰与过去的经历相结合的咨询，应选择性地应用于人格障碍。这种方法最有可能帮助那些缺乏自信、有人际交往障碍或不能确定生活目标的年轻人。重要的是极力启发他们通过审视自己的态度和情绪去解决他们的问题。解惑咨询通常较非指导疗法更有助于改善人格障碍，特别是对边缘型人格和反社会人格者。

2. **支持性心理治疗** 心理支持常对人格障碍者有帮助，对某些人格障碍患者，经过数月的心理支持治疗，即可取得一定的有效进展。而对反社会型人格障碍患者，支持治疗可能需要数年之久。支持可由医师、社会工作者、精神科护士或监督官员进行。对于最初不愿接受治疗的反社会行为者，监管程序可能是有用的外来控制。

3. **动力性心理治疗** 人格障碍的精神动力性治疗与其他形式的精神动力性治疗在侧重点上略有差异。针对人格障碍的精神动力性心理治疗更具有指导性，很少强调对既往事件的重建，而更注重如何与人交往，应对外在困难和处理个人内在感受的方式。移情和反移情的分析对于澄清存在于人际关系中的问题至关重要。

4. **认知疗法** 思维和信念模式是人格障碍的特征，也是情感和行为问题的原因。治疗师试图以常规的认知疗法技术改变人格障碍者的认知。尽管有人认为这一治疗方法疗效甚好，但还不曾有对照试验对其疗效进行评估。认知分析治疗是将认知疗法和分析性心理治疗的技术结合起来。有人将这一治疗用于边缘型人格障碍，然而还未经过临床试验确定其价值。

二、教育和训练

人格障碍（特别是反社会型人格障碍）患者往往有一些程度不等的危害社会的行为。将其收容于工读学校、劳动教养机构，对其行为矫正有一定帮助。正常人格随年龄的增长会有一定的变化，有些人格障碍随年龄的增长也可能逐步缓和。如反社会型人格障碍在中年以后尽管仍存在人际关系冲突，但攻击行为大大减少，通过积极引导，可进一步朝好的方向转化。

多数学者指出，惩罚对这类人是无效的，需要多方面（特别是卫生部门和教育系统）紧密配合，对他们提供长期而稳定的服务和管理。以精神科医师为媒介组织各种服务措施。丹麦有处理此类人的特殊中心，由全日制工作的管理人员主持日常工作，并经常与精神病福利官员、社会治安部官员、职业介绍所官员等取得密切联系。管理人员根据不同情况召开会议，请部分有关人员参加。这类中心不仅起矫正诊室和整顿中心的作用，而且提供全日门诊咨询服务，给这类人以持续的关照和支持。在这些特殊中心，管理人员与寄宿舍、监护车间、日间医院、工业复员部门、综合医院、急诊室等机构密切配合，实践证明，这种做法对慢性人格障碍患者是有益的。

三、药物治疗

药物对人格障碍的某些表现可能有一定效果。目前精神药理学研究认为，抗精神病药、单氨氧化酶抑制药（MAOI）、锂盐、卡马西平、苯二氮䓬类药物、抗癫痫药、β受体阻断药、5-羟色胺（5-HT）类药物等对人格障碍有疗效。其中研究最多的是分裂型人格障碍及边缘型人格障碍的药物治疗。抗精神病药对分裂型人格障碍有效，主要对患者的精神病性症状、抑郁、焦虑、人格解体及社会隔离等症状有改善作用。

人格障碍的精神生物脆弱性包括认知、情感、冲动控制和焦虑调节4个方面，从而与不同类型的人格障碍相连。药物治疗可针对这些方面开展。

（1）认知/知觉障碍与古怪组（偏执型、分裂样、分裂型）相连：氯丙嗪、甲硫哒嗪、氟哌啶醇、匹莫齐特（哌迷清）、哌嗪类等抗精神病药曾用于这一组人格障碍病例。人格障碍患者在应激影响下可发生急性精神病，此时亦可使用抗精神病药。

（2）情感不稳定是边缘型、冲动型人格障碍的主要特征：碳酸锂、丙戊酸钠、卡马西平、苯妥英等心绪稳定剂可改善症状。冲动与5-羟色胺水平低有关，而且这些情绪不稳定人格障碍患者常伴发抑郁，抗抑郁药可发挥有益影响，特别是选择性5-羟色胺再摄取抑制药（SSRI），如氟西汀、舍曲林。

（3）冲动/攻击型、边缘型、反社会型、冲动型人格障碍患者有较高的冲动性和攻击性，用选择性5-羟色胺再摄取抑制药、碳酸锂、卡马西平等药物治疗有效。对冲动型人格障碍伴有脑电图改变者，可试用苯妥英（苯妥英钠）或卡马西平，并可合用普萘洛尔。反社会型人格障碍患者出现兴奋、躁动时，可给予抗精神病药。

（4）焦虑、强迫型：焦虑型（回避型）人格障碍患者伴有明显焦虑，可用抗焦虑药改善之。既往曾用氯氮䓬（利眠宁）、地西泮（安定）、奥沙西泮（去甲羟安定）等治疗此类人格障碍，目前多采用阿普唑仑。

（5）强迫型、表演型、依赖型人格障碍：可试用胰岛素低血糖治疗。

（6）偏执型人格障碍：如考虑与双相情感性精神障碍有关，可给予碳酸锂治疗。

（7）其他：电休克疗法仅限于改善人格障碍患者伴发的焦虑和抑郁。对兴奋、激动者，可给予吩噻嗪类药物。精神外科已为日益发展的药物治疗和精神治疗所取代。

四、预后

人格障碍被定义为终身的持久状态，故可预料很少会有变化。目前几乎没有关于其结局的可靠依据。

临床印象提示人格障碍者可逐渐、缓慢地产生细微的改善，尤其见于具有攻击和反社会行为者。如果以被捕或与其他社会管理部门的接触次数作为评判标准，发现约有1/3在成年早期有持续反社会人格者以后会有所改善。不过他们在人际关系方面多少仍存在一些问题，这表现在对妻子和邻居的敌意，以及存在较高的自杀率。

对边缘型人格障碍的结局研究结果各异。有研究发现，在20余岁这一年龄段，符合诊断标准的人到中年时仅有1/4仍符合同样的诊断，尽管大多数此时符合另一型（包括表演型、回避型和强迫型）人格障碍的诊断。持续符合原诊断者通常伴有物质滥用或犯罪记录。另一项研究发现，大约60%的边缘型人格障碍者随访仍符合这一诊断。

总体而言，人格障碍治疗效果有限，预后欠佳，因此在幼年时期培养健全的人格尤为重要。

（刘惠军）

思 考 题

1. 人格障碍的诊断有年龄要求吗？为什么？
2. 目前常用的精神障碍分类标准有哪几种？
3. 固执、猜疑是哪种类型人格障碍的特点？
4. 人格障碍一般怎样进行干预和治疗？

第八章 性行为障碍

第一节 性功能障碍

性功能是一个复杂的生理过程。正常性功能的维持依赖人体多系统的协作，涉及神经系统、心血管系统、内分泌系统和生殖系统的协调一致。除此之外，还须具有良好的精神状态和健康的心理。当上述系统或精神、心理方面发生异常变化时，将会影响正常性生活的进行，表现出性功能障碍。性功能障碍（sexual dysfuction）是性行为和性感觉的障碍，常表现为性心理和生理反应的异常或缺失，是多种不同症状的总称。

一、性功能障碍的病因

性功能障碍可以由多种多样的身体原因引起，大致可以分成生物因素、心理因素和文化因素。

1. **生物因素** 性功能障碍可由健康状况、激素水平、年龄、躯体疾病（包括慢性病、神经系统疾患、内分泌疾病、生殖器官病变）等多种原因引起。药物（例如抗高血压药和抗精神病药）、乙醇、尼古丁及毒品对性功能也有影响。

2. **心理因素** 心理因素对性功能的影响比较突出，包括错误的性观念、过去性经历的影响、环境因素、人际关系紧张、筋疲力尽状态和各种外界因素所造成的负性情绪等。

3. **文化因素** 由于某些宗教和文化背景的影响，有的人对性生活存在偏见（如认为"一滴精十滴血"），认为性交会损耗元气，主观上要放弃或减少性活动，容易造成性压抑。

二、性功能障碍的类型

性功能障碍总体上可分为功能性性功能障碍和器质性性功能障碍两大类。男性性功能障碍包括性欲障碍、勃起功能障碍、性交障碍和射精障碍。女性性功能障碍包括性欲障碍、性唤起障碍、性高潮障碍、性交疼痛等。

1. **性欲障碍** 包括性厌恶、性欲低下、性欲亢进。
2. **勃起功能障碍** 是指阴茎勃起的持续时间或强度在性行为中不能达到令人满意的程度（尽管有正常的性欲）。
3. **性交障碍** 临床表现为性交昏厥、性交失语、性交癔症、性交猝死、性交恐惧等。

4. **射精障碍** 不是指性腺功能低下和由此引起的生育能力障碍，而是指无器质性疾病的健康男性射精过程的障碍，包括不射精、射精迟滞、逆行射精、射精无力、早泄和痛性射精等。其中不射精症是指阴茎能正常勃起和性交，但是不能射出精液，或是在其他情况下可射出精液，而在阴道内不射精。逆行射精是阴茎能勃起和进行性交活动，并随着性高潮而射精，但精液未能射出尿道口外而逆行经膀胱颈反流入膀胱。

5. **性唤起障碍** 指持续性或反复发生不能获得和维持足够的性兴奋，表现为主观性兴奋、性器官及身体其他部位性反应的缺失，包括阴道的润滑、阴蒂及阴唇的感觉及阴道平滑肌舒张等作用的减退。

6. **性高潮障碍** 指经过充分的性刺激和性唤起后，仍然发生持续性或反复的达到性高潮困难、延迟或缺如。

7. **性交疼痛** 包括性交痛（反复或持续性性交时阴道疼痛）、阴道痉挛（反复或持续性阴道外1/3平滑肌不自主痉挛性收缩，干扰阴茎的插入）、非接触式性交痛（由非直接性交活动引发的反复发作或持续性生殖器疼痛）。

上述症状可以单独出现，亦可同时出现，称为混合性性功能障碍。在《中国精神障碍分类及诊断标准》（CCMD-3）中，将非器质性性功能障碍分为性欲减退、阳痿、冷阴、性高潮障碍、早泄、阴道痉挛、性交疼痛等7种临床类型，给出了诊断标准。

三、心理行为干预及药物治疗

治疗性功能障碍患者需要采取综合方法。对患有器质性疾病的患者，要积极治疗原发病；对药物引起者，需停用药物。

1. **性知识教育** 多数性功能障碍的患者可能存在性知识缺乏或认识不当，必要的教育是治疗性功能障碍的基础。加强性知识指导、消除对性问题的顾虑和恐惧、纠正错误性观念及性交方法，可以使夫妻性生活协调。

2. **心理治疗** 各种心理治疗方法都可能有效，如精神分析、认知疗法、催眠疗法、夫妻交流训练等，要根据患者的情况及存在问题的特点选择合适的心理治疗方法。性功能障碍治疗的前提是建立恰当的治疗关系，消除患者的顾虑，取得患者及其配偶的充分配合。婚姻疗法和夫妻交流训练有可靠的疗效。

夫妻交流训练是通过性感集中训练，使患者逐渐适应、熟悉性行为过程，提高患者对性反应的自身感觉，充分享受性交的快感，减轻对性交的焦虑和恐惧。在治疗过程中，对方应避免对患者性体验、性自尊心和性幻想的不良刺激，避免有害的性引诱活动。耻骨、尾骨肌训练对于在分娩后有盆底肌肉松弛现象或耻骨、尾骨肌不发达的女性特别有效。

3. **药物治疗** 使用原则是仅在症状严重，配合心理治疗或患者的确存在一些需要处理的问题时才使用。不应让患者寄全部希望于药物，否则既抑制了患者自身的调节能力，同时也会因为药物的不良反应出现其他问题。药物的种类包括增强性功能、神经调节药、小剂量抗抑郁药和抗焦虑药等。

治疗勃起功能障碍首选磷酸二酯酶Ⅴ型（PDE5）抑制药，如西地那非、伐地那非、他达拉非等。早泄可选用选择性5-羟色胺再摄取抑制药。口服左旋多巴、麻黄碱等有促进射精作用。

三环类抗抑郁药是治疗性恐惧症和抑郁的首选药物。雌激素替代治疗可增加阴蒂的敏感性和性欲，减轻性交疼痛。有焦虑情绪或抑郁症等心理疾病时，应进行相应的药物治疗。

第二节　性心理障碍

一、性心理障碍的概念

性心理障碍（psychosexual disorder）是指性冲动障碍和性对象的歪曲，即寻求性欲满足的对象与性行为的方式与常人不同，违反社会习俗而获得性欲满足的行为，又称性偏离、性倒错、性变态。

性心理障碍由于其行为违反社会习俗，常引起法律问题。对其责任问题看法尚不一致，但认为性心理障碍是性行为偏离正常，并非精神病性障碍，因此一般认为不能完全免除其责任能力。另外，可能存在生物化学或心理因素，引起性心理发展偏离正常，采用适当的医疗措施和心理治疗对矫正性行为偏离正常可能是有益的。

二、性心理障碍的形成因素

性心理障碍的原因和形成机制比较复杂。不同类型的性偏离既有共性又有个性，一般认为是生理学、心理学和社会学多方面因素综合作用的结果。

以弗洛伊德为代表的心理动力学说认为，人的性欲自出生起到青春期性成熟，要经过口欲期、肛欲期、性器期及潜伏期几个阶段。发展中的性力（里比多）可能以部分冲动形式停滞在早期发展的任一阶段，这种现象称为固着。有时虽然性力发育到性成熟阶段，但由于客观现实的阻拦或其他原因，使增高了的性兴奋无法得到宣泄和满足，只好另寻途径，无意识退行到已经过时的固着点，寻找已经放弃的对象，以过去的幼儿方式求得宣泄和满足，称其为退行。性力的退行和固着，如果不引起自我的干预和制止，就可能以幼年的方式直接宣泄出来，以达到非常态的性满足，即性变态。变态的性心理和性行为是儿童时期性行为的重现，总是带有儿童性生活的特点。例如，无羞耻感、喜欢裸体并向异性同伴出示性器官，窥视同性或异性儿童的阴部等。

在儿童和青少年社会化过程中，如缺乏良好的性教育，使他们对性的认知、信念、态度和行为产生异常，这在性偏离的发生及发展中有重要作用。具体来说，儿童期不良的性刺激或性经验（如看见他人做爱、异性洗澡、男扮女装或女扮男装、当作异性来教养等），青春期前的性诱惑（如看淫秽物品、录像等）和性教育不当产生的性偏好和性偏见（如对性的卑劣感、罪恶感、恐惧感），青春期异性恋的受挫（如失恋、夫妻不和、性生活不协调、遭到异性强暴及侮辱和捉弄等），都有可能导致性变态的发生。同性恋的起因最常见而且案例最多的就是父母把孩子当作异性来养育，使孩子从外表和心理都形成了模仿异性的习惯，长大后成为同性恋者，有的还会产生易性症、恋物症等。

三、性心理障碍常见类型

《中国精神障碍分类及诊断标准》（CCMD-3）将性心理障碍分为3种类型：性身份障碍（易性症）、性偏好障碍（恋物症、异装症、露阴症、窥淫症、摩擦症、性施虐与性受虐症、混合型性偏好障碍）、性指向障碍（同性恋、双性恋）。

（一）性身份障碍

易性症是一种性别认同障碍。表现为对自己的性别身份不满和否定，患者不仅在装扮上刻意变成异性，而且还强烈地谋求在解剖及生理结构上也转换成异性。所以这类人经常要求进行性别改变手术或通过服用激素改变性别外貌特征。

囿于伦理因素，手术改变性别在过去长时期是被拒绝的，如今对此有了肯定的评价，尤其因为手术技术的精细和手术效果的改善。一些人术后各方面效果令人满意，也有一部分人术后效果不很理想。

（二）性偏好障碍

1. **恋物症** 其特征是以接触异性穿戴或佩带物品的方式引起性兴奋。患者大多是成年男子。他们通过抚弄、嗅、咬异性物品而获得性的满足，这些物品大多直接接触异性体表或明显地与性有关，如乳罩、内裤、内衣、头巾、丝袜、发夹、别针等。

恋物症者大多数性功能低下，对性生活胆怯。他们为了获得异性物品，不惜采取偷盗手段，以致触犯刑律，遭到逮捕或惩罚，但过后又会重犯。为此，他们往往感到痛苦，对这类恋物症者宜采用心理治疗方法或行为疗法，帮助他们树立信心，多数仍然可能纠正。

2. **异装症** 是以反复穿着异性服装而得到性满足为特征的变态心理，在性心理障碍中所占比例较高。异装症男、女均可发生，以男性多见。多数研究者认为，幼年家庭环境的影响起着重要作用，即与儿童早期受到不良性诱感或不良性经验有关。异装症者大多数在儿童或少年期开始，有的只穿异性的内衣，或在夜深人静时穿着异性装束，并化异性妆饰。重者整日异性装扮，以此感到舒适、快感。其穿戴异性服饰主要是为了获得性兴奋，当这种行为受抑制时，可引起明显的不安情绪。患者并不要求改变自身性别的解剖及生理特征。

3. **露阴症** 是以显露自己的生殖器而求得性欲满足为特征的性变态，几乎仅见于男性。表现为常出没于昏暗的街道角落、厕所附近、公园僻静处或田野小径上，每遇到女性则迅速显露其生殖器，或进行手淫，从对方的惊叫、逃跑或厌恶反应中获得性满足。通常并无进一步的侵犯行为。但由于对社会风尚造成危害，常受到严厉惩罚。

4. **窥淫症** 是以偷看别人的性活动或异性裸露的身体为取得性兴奋快感的一种性变态，几乎仅见于男性。大多数窥淫症男性比较胆小，性生活能力不足，也不采用暴力来满足自己性欲要求。除了偏爱有关性的电影镜头或裸体女性形象外，常冒被捕的危险，不择手段去偷看女性洗浴或排便，多伴有手淫。虽经严厉惩戒，但恶习难改。

5. **摩擦症** 男性患者在拥挤场合或乘对方不备之际，伺机以身体某一部分（常为阴茎）摩擦和触摸女性身体的某一部分，以达到性兴奋的目的。患者没有与所摩擦对象性交的要求，没有暴露自己生殖器的愿望。

6. **性施虐与性受虐症** 性施虐指在异性或配偶身上造成痛楚或屈辱以获得性欲满足的性变态。施虐程度不一，从轻微疼痛到严重的伤害。具体方式有鞭打、捆绑、脚踢、手拧、针刺、刀割等。有时与性的暴力犯罪难以区别。只有施虐为情欲所必需的，才称为性施虐。性施虐可导致强奸犯罪，但并不是每个强奸犯都有性施虐。

性受虐症的表现与性施虐相反，以乐意接受异性施加的痛楚或屈辱而获得性欲满足为特征。其受虐程度从轻度凌辱到严厉的鞭打不一。有时性施虐与性受虐症联系在一起，有些这类性变态者经常交替充当这两种角色。

7. **其他性偏好障碍**

（1）恋兽症：指与动物反复发生性行为以取得性满足。

（2）恋尸症：指与异性尸体发生性行为以取得性满足。

（3）自虐症：指用针刺阴茎或乳头，或将物体插入尿道或直肠，或用自我窒息等办法取得性满足。

（4）恋污物症：指以嗅、舔衣服或身体上的污物（尿、粪、汗等）以取得性满足。

（5）恋残体症：指喜与肢体残缺人发生性行为以取得性满足的行为。

（三）性指向障碍

性指向障碍指起源于各种性发育和性定向的障碍。目前，国际上学者普遍认为，单纯的性取向问题不能被视为一种障碍。但某些人的性发育和性定向可伴发心理问题，如个人不希望如此或犹豫不决，为此感到焦虑、抑郁及内心痛苦，有的试图寻求治疗加以改变等。这是《中国精神障碍分类及诊断标准》（CCMD-3）纳入同性恋和双性恋的主要原因。

以同性为满足性欲的对象，称为同性恋，可见于各种年龄，但以未婚青少年多见。男性多于女性。

同性恋的双方中，男性被动型（扮演女性角色）和女性主动型（扮演男性角色）在心理方面常有较多异性特征，有些研究发现在体质上常也有异性特征，这种人被称为素质性同性恋者，可能有体质上或内分泌变异的基础。男性主动型与女性被动型，他们参与同性恋活动可能只是暂时的感情联系或由于性欲较强之故，称为境遇性同性恋。

有些同性恋者智力超过一般水平，对艺术、音乐饶有兴趣，在某些方面取得一定成就，社会适应良好。但如果他们面对社会压力或他们的同性恋关系不能维持时，可能产生严重的焦虑或抑郁反应，甚至可能消极自杀，在这种情况下，医学帮助可能是有用的。近年研究证实，同性恋者是艾滋病的易感人群，更引起了医学工作者的注意。如果同性恋者为自己的同性恋行为而苦恼，希望使自己成为异性恋者，医学帮助也有一定价值。

四、性心理障碍的诊断

性心理障碍的诊断主要依据病史、生活经历和临床表现，排除性激素及染色体畸变继发的器质性障碍。性心理障碍的共同特点主要包括：

1. 表现为性对象选择或性行为方式的明显异常，这种行为较固定和不易纠正，且不是境遇性的。

2. 行为的后果对个人及社会可能带来危害，但不能自我控制。

3. 性心理障碍患者本人具有对行为的辨认能力，自知行为不符合一般社会规范，迫于法律及舆论的压力，可出现回避行为。

4. 除了单一的性心理障碍所表现的变态行为外，一般社会适应良好，无突出的人格障碍。

五、性心理障碍的治疗

性心理障碍尚无确切有效的、系统成熟的治疗方法。从 20 世纪初至今，不少学者先后试用以下一些方法，在部分病例中获得成功。

1. **药物及手术疗法** 阉割手术治疗露阴症、恋童症等，据称有 20% 的人得到改善。此法现已废弃。

2. **激素对抗治疗** 使用女性激素或人工合成的抗睾丸素制剂，能降低男性激素的生理效应，用以治疗露阴症等，有一定疗效。但其不良反应为易产生抑郁状态。

3. **药物治疗** 选用具有脑垂体性腺系统抑制效应的抗精神病药，如用以治疗露阴症等取得初步成效，有待深入研究。

4. **心理疗法** 性心理障碍与性行为异常者多不主动就医，很少有强烈和持久的治疗愿望，心理干预比较困难。心理治疗只对具有强烈治疗愿望者才能有较好的效果。常用的方法为行为疗法中的厌恶疗法，即让患者想象性变态渴求体验场景，当性兴奋达到高潮时给予诸如电击等痛苦的或不愉快的刺激，两者紧密结合，反复多次之后形成厌恶条件反射，即当患者一想到某种性变态场景，同时就体验到恶性刺激的痛苦，从而戒除或避免出现异常性行为。

值得注意的是，在各种性心理障碍或性行为异常的心理治疗过程中，医患双方应遵循以下一些原则：①医患双方要取得共识，互相鼓励，建立信心；②消除不良情绪因素，从改变认知入手，逐渐矫正行为模式，恢复自然的性功能；③夫妻共同治疗；④注意性活动以外的其他因素的影响；⑤为患者保密。

（李小龙）

思 考 题

1. 性功能障碍的原因有哪些？
2. 性功能障碍的分类以及行为表现是什么？
3. 性功能障碍怎样进行治疗？

第九章 儿童、青少年行为医学

儿童是一个国家和民族的未来，在2019年7月颁布的《健康中国行动（2019—2030年）》中，妇幼健康促进行动、中小学健康促进行动和合理膳食行动都和儿童和青少年的教育和保护息息相关。随着社会经济和城市化的快速发展，使儿童和青少年的健康成长面临许多问题和挑战，许多成人的不良行为和与行为有关的身心疾病在儿童期就开始出现了。因此，进行儿童和青少年时期行为医学知识的探索和研究，加强他们的教育和保护工作，是提高个人健康素养和促进人群健康的需要。

第一节 儿童及青少年不同年龄阶段发育特点

儿童期（childhood）是人一生中生长发育最旺盛的时期，也是发育关键期。每个人在儿童期各个年龄阶段都有其显著的形态生理特征，任何超越或落后儿童年龄阶段的教育内容和教养方法都可能阻碍儿童的身心发育，影响儿童的身心健康。

一、儿童、青少年生长发育的一般规律

生长发育是遗传和环境因素共同作用的结果。儿童在受遗传和环境因素的影响下向一定的方向发展，致个体间存在差异，表现为生长和发育有早有晚，速度有快有慢。尽管每个儿童的生长发育都有其特殊性，却又遵循着多学科理论共同认同的基本规律。

（一）生长发育的连续性和阶段性

1. **生长发育的连续性** 生长发育是一个动态的连续过程，这个过程是量的积累，伴随功能的成熟。群体儿童、青少年在正常环境下，整个生长过程按照遗传潜能决定的方向、速度和目标发育，呈现出一种生长轨迹现象，该轨迹有动态的、复杂的调控系统，其中遗传基因起着关键的控制作用，它尽力使正在生长中的个体在群体中保持有限的上下波动幅度。一旦出现疾病、内分泌障碍、营养不良等，就会出现明显的生长发育迟滞；而一旦这些阻碍因素被克服，儿童会立即表现出向原有生长轨道靠近和发展的倾向。有人把这种在阻碍生长的因素被克服后表现出的加速生长并恢复到正常轨迹的现象，称为赶上生长（catch up growth）。患儿能否出现赶上生长，能否使生长恢复到原有正常轨迹，取决于致病的原因、疾病的持续时间和严重程度。如果

病变涉及中枢神经系统和重要的内分泌腺，或病变较严重，或体内的代谢平衡长期得不到恢复，就不能出现赶上生长。这种倾向很强烈，年龄越小越明显，生长的加速幅度越大。这种追赶性生长也是生长发育连续性的重要表现。

2. **生长发育的阶段性**　生长发育不只是量的增加，还有质的变化，因而形成不同的发育阶段。前一阶段的发育为后一阶段奠定基础，任何阶段的发育出现障碍都将对后一阶段产生不良影响。按生长发育特点和不同发育阶段的主要任务，儿童期分为胎儿期、婴儿期（0～1岁）、幼儿期（1～3岁）、学龄前期（3～6岁）、学龄期（6岁至青春期开始）、青春期（10～19岁）、青年期（15～24岁）。各年龄期依上阶段顺序发展，没有明显界限，存在个体差异。

皮亚杰将儿童、青少年的认知发育分为感觉运动阶段（出生至2岁）、前运算阶段（2～7岁）、具体运算阶段（7～11岁）、形式运算阶段（11岁以上）。

现代生态学发现，动物的特有遗传特征会在出生后的某个特定时期以一种行为方式表现出来，并影响今后行为。一旦超过该关键期，该行为就不会出现。而且若在关键期到来之前或到来时进行教育和训练，则行为出现的收效最大。基于此，人类生长发育研究发现，人有许多遗传潜力，但若不及时提供丰富的环境刺激，这些潜能就不会表露，即人类的语言、运动、社会行为的生长发育都有发育关键期，早期教育和训练非常重要。

因此，在儿童身心发育方面能观察到很多关键期。如2～3岁是语言发育的关键期，6岁以前是社会化行为的关键期。进入学龄期后，许多身体素质有明显的快速增长期。错过或超越这些关键期，都难以追求身体素质的提高。许多重要的器官和组织都有关键生长期，若此时的正常发育受到干扰，常会造成永久性缺陷或功能障碍。换言之，如不能抓紧时机治疗，这些器官和组织即使出现赶上生长，也往往是不完全的。例如，青春发育早期是长骨组织的关键生长期，若各种阻碍生长的因素作用于该阶段，就会使骨细胞的形成数量减少，从而使骨骼生长过程受阻。若该阶段不采取积极治疗措施，则随着骨的干骺愈合过程，长骨将丧失继续生长的机会，儿童的体型就无法达到其遗传潜力所赋予的水平。

（二）生长发育的程序性和时间性

1. **生长发育的程序性**　儿童生长发育过程按一定程序，由上到下，由近到远，由粗到细，由低级到高级，由简单到复杂。如出生后动作-运动发育规律是先抬头，后抬胸，再会坐、立、行（从上到下）；从臂到手，从腿到足的活动（由近到远）；从全掌抓握到手指拾取（由粗到细）；先画直线后画圈、图形（由简单到复杂）。此外，认识事物的过程由低级到高级，是先会看、听、感觉事物，逐渐发展到有记忆、思维、分析、判断。

2. **生长发育的时间性**　以上各类生长发育指标不仅呈现人类生长发育过程的程序特征，还在遗传、环境等因素共同作用下，在儿童、青少年的身心发育表现中存在显著的个体差异。同性别-年龄群体中，个体的发育水平、发育速度、达到某发育成熟度的年龄都不同。然而，生长发育的程序性和时间性是相互协调的，多数的发育指标在群体中呈现正态分布和集中趋势，在一定程度上反映了群体中个体生长发育指标的平均水平。

(三)生长发育的不同步性和可塑性

在生物遗传因素和环境因素的共同作用下,不同组织、器官和系统的生长发育并不平衡,但整体平衡。

1. 生长模式 对于各器官和系统所形成的生长模式,1927年学者斯卡蒙通过描述人体各器官、系统随年龄发生变化的发育曲线,归纳为一般型、神经系统型、淋巴系统型、生殖系统型、子宫型5类。其后人们还发现子宫、肾上腺等器官不同于上述分类,目前形成5类生长模式。

(1)一般型:各种身体发育指标,呼吸、消化、排泄、骨骼肌肉等系统,主动脉、肺动脉、脾、血量等发育特征都表现为婴幼儿期增长快,学龄前期、学龄期增长平稳,青春期又加快,青春后期增长幅度减慢,逐步停止。

(2)神经系统型:中枢神经系统(脑、脊髓等)、视觉和听觉器官、颅骨等只有一个生长突增期,其快速增长的时间为从出生前的胎儿期直至学龄前期。由于神经系统的优先发育,出生时大脑重量已达成人脑重量的25%,6岁左右脑重量约1200 g,达成人脑重量的90%。

(3)淋巴系统型:胸腺、淋巴结、扁桃体等淋巴器官在出生后头10年生长迅速,12岁左右达成人的200%,青春期达到高峰。以后逐渐衰退,成年时仅相当于高峰时的一半。

(4)生殖系统型:除子宫外的生殖器官,在出生后至青春期前几乎没有发展,呈停滞状态;青春期开始后迅速加快生长,并通过分泌性激素促进机体全面发育和成熟。

(5)子宫型:子宫、肾上腺发育在出生时较大,其后迅速变小,青春期开始前才恢复到出生时的大小,其后迅速增大。

2. 生长发育多样性 表现为体格、体能、认知发育的个体差异。整个生长期内,个体的生长速度是不均衡的,有时快,有时慢。因此,生长发育速度曲线呈波浪式。从胎儿到成人,先后出现两次生长突增高峰:第一次发生在胎儿4个月至出生后1年;第二次发生在青春发育初期,女性比男性早1~2年出现。身长在整个孕期(胎儿期)平均增长50 cm。其中胎儿4~6个月期间的增长量占胎儿期身长总增长量的50%,是一生中生长最快的阶段;体重在整个胎儿期平均增长3000 g,在孕晚期的增长量占胎儿总增长量的70%。

出生后2年内是儿童的第一个生长突增期,第1年身长增长得最快,1~6个月时每个月平均增长2.5 cm,7~12个月时每个月平均增长1.5 cm,周岁时比出生时增长25 cm,大约是出生时身长的1.5倍。2岁后至青春期前,生长速度减慢并保持相对稳定,平均每年身高增长4~5 cm,体重增长1.5~2 kg,直到青春期开始。青春期开始后生长速度再次加快,身高一般每年增长5~7 cm,处在身高突增高峰时一年可增长10~12 cm,男性增幅更大。体重年增长值一般为4~5 kg,高峰时每年可达8~10 kg。青春期突增后生长速度再次减慢,女性在17~18岁、男性在20~22岁身高停止增长。男性突增期增幅较大,生长持续时间较长,进入成年时绝大多数形态指标的值高于女性。

3. 生长发育可塑性 生长发育的每个阶段都有高度可塑性,生长发育的可塑性与年龄、环境和干预的敏感期关系密切。可塑性表现在生长发育的方方面面,如移民儿童的高度适应性、早产儿的追赶性生长、神经可塑性。一般认为,年龄越小、干预处在敏感期以及环境支持因素丰富,儿童发育可塑性就越大。但这不是否定大年龄就没有可塑性,只是变化潜能与机会小一些。

二、儿童各器官和系统的生理特点

基于上述儿童、青少年生长发育的一般规律,从胎儿到成人,先后出现两次生长突增高峰。儿童从出生后经历第一个生长高峰,其生长发育主要是体格生长、与体格生长有关的其他系统以及体能的发育。

(一)体格生长

体格生长常用的形态指标有体重、身高(长)、坐高(顶臀长)、头围、胸围、上臂围、皮下脂肪等。在第一个生长高峰中,主要是体重和身长在出生后第1年(尤其前3个月)增加很快,第2年以后生长速度逐渐减慢。

1. 体重的增长　体重为各器官、系统、体液的总重量,其中骨骼、肌肉、内脏、体脂、体液为主要成分。因体脂与体液变化较大,体重在体格生长指标中最易波动,但体重易于准确测量,是最易获得的反映儿童生长与营养状况的指标。

新生儿出生体重与胎次、胎龄、性别及宫内营养状况有关。我国2015年九市城区调查结果显示,平均男婴出生体重为 3.38 ± 0.40 kg,女婴为 3.26 ± 0.40 kg,与世界卫生组织(WHO)的参考值相近(男3.3 kg,女3.2 kg)。随着年龄的增加,儿童体重的增长速度逐渐减慢。

据我国1975—2015年5次调查(每10年1次调查)资料显示,正常足月婴儿生后第1个月体重增加可达1~1.7 kg,生后3~4个月体重约等于出生时体重的2倍;第1年内婴儿前3个月体重的增加值约等于后9个月内体重的增加值,即1岁时婴儿体重约为出生时的3倍(10 kg),是生后体重增长最快的时期,系第一个生长高峰;生后第2年体重增加2.5~3.5 kg;2岁至青春期体重增长速度减慢,年增长值约为2 kg。儿童体重的增长为非等速的增加,进行评价时,应以个体儿童自己体重的变化为依据。

2. 身高的增长　身高(长)指头部、脊柱与下肢长度的总和。身高的增长规律与体重相似,年龄越小,增长越快,也出现婴儿期和青春期两个生长高峰。出生时身长平均为50 cm,生后第1年身长增长最快,约为25 cm;前3个月身长增长11~13 cm,约等于后9个月的增长值,1岁时身长约为75 cm;第2年身长增长速度减慢,为10~12 cm,即2岁时身长约为87 cm;2岁以后身长每年增长6~7 cm。2岁以后每年身长增长低于5 cm,生长速度下降。身高的增长受遗传、内分泌、宫内生长水平的影响较明显,短期的疾病与营养波动不易影响身高的生长。

坐高(顶臀长)是头顶到坐骨结节的长度。3岁以下儿童仰卧位测量的值称为顶臀长。坐高增长代表头颅与脊柱的生长。

3. 头围的增长　经眉弓上缘、枕骨结节左右对称环绕头一周的长度为头围。头围的增长与脑和颅骨有关。胎儿期脑生长居全身各系统的领先地位,故出生时头围相对大,平均为33~34 cm,与体重、身长增长相似,第1年前3个月头围的增长约等于后9个月头围的增长值(6 cm),即1岁时头围约为46 cm;生后第2年头围增长速度减慢,约为2 cm,2岁时头围约为48 cm;2~15岁头围仅增加6~7 cm。头围的测量在2岁以内最有价值。

4. 胸围的增长　平乳头下缘经肩胛角下缘平绕胸一周为胸围。胸围代表肺与胸廓的生长。

出生时胸围约为 32 cm，1 岁左右胸围约等于头围。1 岁至青春前期胸围应大于头围（约为头围 + 年龄 –1 cm）。

5. 上臂围的增长 经剑峰与鹰嘴连线中点绕臂一周即为上臂围。上臂围代表肌肉、骨骼、皮下脂肪和皮肤的生长。1 岁以内上臂围增长迅速，1～5 岁增长缓慢（1～2 cm）。因此，有学者认为在无条件测量体重和身高的场合，可用测量左上臂围来筛查 1～5 岁小儿营养状况：大于 13.5 cm 为营养良好，12.5～13.5 cm 为营养中等，小于 12.5 cm 为营养不良。

6. 身体比例与匀称性 在儿童学龄期和青春期，发育遵循"向心律"，即身体各部的形态发育顺序是下肢先于上肢，四肢早于躯干，呈现自下而上、自肢体远端向中心躯干的规律性变化。身体的比例与匀称性评价的常用指标有头与身长的比例、身高的体重（W/H）、身高胸围指数（胸围/身高）、年龄的体重指数（BMI/age）、坐高与身高的比例等。

从生长速度看，胎儿期头颅生长速度最快，婴儿期躯干增长速度最快，2～6 岁期间下肢增长速度超过头颅和躯干，伴随着肢体、躯体的线性增长，儿童身体比例不断变化，由胎儿 2 个月时特大的头颅（占全身 4/8）、较长的躯干（占全身 3/8）、短小的下肢（占全身 1/8）发展到 6 岁时较为匀称的比例（头占 1/8，躯干占 4/8，下肢占 3/8）。因此，以头与身长的比例看身体比例的变化，头长占身长的比例在新生儿为 1/4，到成人后为 1/8。而身体匀称性以坐高与身高的比例表示，由出生时的 0.67 下降到 14 岁时的 0.53。

（二）与体格生长有关的其他系统以及体能的发育

1. 骨骼 主要是头颅、脊柱和长骨的发育。

（1）头颅：除头围外，还可根据骨缝闭合、前囟大小、前囟与后囟闭合时间来评价颅骨的生长发育情况。出生时后囟很小或已闭合，最迟 6～8 周龄闭合。前囟出生时为 1～2 cm，以后随颅骨生长而增大，6 月龄左右逐渐骨化而变小，最迟于 2 岁闭合。

（2）脊柱：脊柱的增长反映脊椎骨的生长。生后第 1 年脊柱生长快于四肢，以后四肢生长快于脊柱。出生时脊柱无弯曲，仅呈轻微后凸。3 个月左右抬头动作的出现使颈椎前凸；6 个月后能坐，出现胸椎后凸；1 岁左右开始行走，出现腰椎前凸。这样的脊椎自然弯曲至 6～7 岁才为韧带所固定。注意小儿坐、立、行的姿势，选择适宜的桌椅，对保证儿童脊柱正常形态很重要。

（3）长骨：是从胎儿到成人期逐渐完成的。长骨的生长主要由长骨干骺端的软骨骨化，骨膜下成骨，使长骨增长、增粗，当骨骺与骨干融合后，长骨停止生长。随着年龄的增加，长骨干骺端的软骨次级骨化中心按一定顺序及骨解剖部位有规律地出现。骨化中心的出现可反映长骨的生长及成熟程度。用 X 线检查测定不同年龄儿童长骨干骺端骨化中心的出现时间、数目、形态的变化，并将其标准化，即为骨龄。通过 X 线骨片判断长骨的生长，从出生时无骨化中心，1～9 岁腕部骨化中心的数目大约为其岁数加 1，至 10 岁时出全（共 10 个）。手的骨骺愈合由远及近，顺序为指骨末端→中端→近端→掌骨→腕骨→桡骨、尺骨近端。

2. 牙齿 牙齿的生长与骨骼有一定关系，但因胚胎来源不完全相同，牙齿与骨骼的生长不完全平行。人一生有乳牙（共 20 个）和恒牙（共 28～32 个）两副牙齿。出生后 4～10 个月乳牙开始萌出，13 个月后未萌出者为乳牙萌出延迟。乳牙萌出顺序一般为下颌先于上颌、自前向后,大多于3岁前出齐。乳牙萌出时间及顺序个体差异较大,与遗传、内分泌、食物性状有关。6岁左右萌出第一颗恒牙;6~12岁阶段乳牙逐个被同位恒牙替换;12岁萌出第二恒磨牙;约在18岁以后萌出第三恒磨牙(智齿),也有终生第三恒磨牙不萌出者。第一恒磨牙萌出较早,常被家长忽视,更应注意保护。

3. **内分泌系统** 是人体重要的调节系统之一,它与神经系统、免疫系统相互调节并共同作用,维持人体生理功能的完整和稳定。人体内分泌器官主要包括垂体、甲状腺、甲状旁腺、肾上腺、胰腺、性腺(卵巢、睾丸)等。此外,下丘脑虽不是传统的内分泌器官,但具有重要的内分泌功能,并且与垂体在结构及功能方面密切相关,共同构成下丘脑-垂体神经内分泌系统。从胚胎形成直至青春期,整个机体处于不断生长、发育和成熟的阶段,内分泌系统本身也在不断的发育和成熟中,而内分泌系统的功能与胎儿器官的形成、分化与成熟以及儿童和青少年的生长发育、生理功能、免疫机制等密切相关。

4. **动作-运动发育** 在婴幼儿期,基于粗大动作遵循"头尾发展规律",即粗大动作按抬头、翻身、坐、爬、站、走、跑、跳的发育程序进行。所以儿童会走路前必须先经过抬头、转头、翻身、直坐、爬行、站立等发育阶段。同时,粗大动作和精细动作遵循近侧发展规律,即近躯干的四肢肌肉先发育,手的精细动作后发育。从手部动作发育看,新生儿上肢只会无意识地乱动;4~5个月上肢挥动,此时取物动作是全手一把抓握;8个月能用拇指和其余手指抓物;12个月左右能用拇指和示指指尖捏细小物品;2岁左右会用勺子吃饭;手部高级精细动作(如写字、画图等)到6~7岁基本发育完善。

三、青少年各器官和系统的生理特点

青少年是从青春期开始至青年期开始的儿童,即青春期(puberty)是由儿童发育到成人的一段过渡时期。这一时期是一个人的生殖能力从无到有的过渡阶段,中心问题是性的发育。同时,这一时期也是决定个体体质和智力水平的关键时期。这段时期,在个体神经、内分泌系统剧烈变化的影响下,骨骼、肌肉和内脏等生长加速,性器官及第二性征生长发育。因此,身体外形的变化(身高增长、体重增加和第二性征)、身体功能的健全和生殖器官趋于成熟是青春期生理发育的三大变化。

1. **年龄范围与分期** 青春期的年龄范围很难确定。因为青春期开始的年龄因人而异,并且青春期各形态和功能的指标、发育速度和结束年龄也存在个体差异。1980年,WHO鉴于多数国家的情况,将青春期的年龄范围规定为10~20岁。女性的青春期开始和结束年龄比男性早2年左右。在世界范围内,青少年性发育的总趋势是逐渐提前。我国女性20世纪60年代初潮年龄为14.43岁,20世纪80年代为13.04岁。这一趋势提示我们青春期性教育时间须相应提前。青春期可划分为早、中、晚三期,每期持续2~3年。青春早期的主要表现是生长突增,出现身高的突增高峰,性器官和第二性征开始发育,一般约持续2年;青春中期则以性器官和第二性征的迅速发育为特征,出现月经初潮(女)或首次遗精(男);青春晚期性腺发育已接近成熟,第二性征发育近似成人,体格的生长发育缓慢并逐渐停止。还有学者将青春期划分为青春前期和青春后期。青春前期指10~14岁的身高生长发育突增阶段;青春后期则指15~19岁身高生长减缓而性腺发育接近成熟的阶段。

2. **内分泌变化** 内分泌系统由内分泌腺和散在分布的内分泌细胞组成，是体内重要的调节系统。在神经系统主导下，内分泌腺或内分泌细胞分泌激素，参与调节人体各种生理过程，如新陈代谢、生殖、生长发育、维持内环境稳定等。特别是青春期，各种与生长发育有关的激素不仅保证了人体各个器官与组织的生长发育及成熟过程的有序进行，促进生殖器官和细胞的发育，还可调节中枢神经系统与自主神经系统的功能，从而影响人的学习、记忆与行为。

3. **形态发育** 进入青春期后，在神经内分泌系统统一调控下，男性和女性身体迅速生长发育，出现了人体生长发育的第二个突增阶段。随着生殖系统发育和第二性征出现，使男、女两性在身体形态方面的差别更为显著。

（1）身高生长突增：一般女性从9~10岁开始，男性从11~12岁开始，身高突增两三年，然后又逐渐缓慢。女性青少年的青春期身高生长突增起始年龄比男性早。突增的幅度也不一样，男性每年可增长7~9 cm，最多可达10~12 cm，在整个青春期身高平均增加28 cm；女性每年增长5~7 cm，最多可达9~10 cm，整个青春期约增长25 cm。男性的青春发育开始年龄比女性晚，加之突增幅度大，因此到成年时男性的平均身高一般比女性高10 cm左右。此外，青春期男、女的生长曲线出现两次交叉现象，成熟类型出现早、中（平均）、晚3种，身体比例也发生较大变化。女性到19~23岁，男性到23~26岁身高定型。

（2）体重、体成分变化波动较大：体重是组成人体各部分总重量的指标，主要反映人体骨骼、肌肉、脂肪组织和内脏器官在量方面的变化，其稳定性不如身高，突增高峰也不如身高明显，波动幅度较大。体重增长持续时间较长，而且在到达成年期之后体重仍可继续增加。体成分是指在人体总重量中，不同身体成分的构成比例，通常包括蛋白质、脂肪、糖类、水和无机盐等5种化学成分。青春期男性与女性的身体成分总量都在增加，但不同成分增加的数量、比例以及在身体各部位的分布等都表现出明显的差异。

（3）围度和宽度：胸围、肩宽、盆宽、上臂围、小腿围等形态发育指标都有各自的突增阶段，但存在性别差异。男性的肩宽突增幅度较大，女性则以盆宽的突增更为明显。胸围的变化和肩宽相类似。总的来看，因男性生长期较长，突增幅度较大，故多数指标的发育水平均超过女性，最终形成身材较高大、肌肉发达、上体宽的体格特征；女性则形成身材相对矮、体脂丰满、下体宽的体格特征。

4. **功能发育** 进入青春期，男性及女性的呼吸、循环、消化、新陈代谢、造血、免疫、运动等各种器官和组织也迅速增强，成为人体功能的发育高峰。形态发育与功能发育相互促进，使身体的发育渐趋成熟。

（1）脑和神经的发育：进入青春期，人脑的重量和容积上的变化已不大，主要是内部结构和功能不断分化、完善，以及脑神经纤维增生、增长、增粗和分支。脑细胞逐渐达到成年人所具有的水平。

（2）心脏和肺的发育：心脏在人的一生中有两个时期是突飞猛进的，一是出生后2周以内，心脏重量为初生时的3倍；二是青春期，此时心脏的重量增加10倍。肺的结构和功能在进入青春期后日趋完善，肺泡数目增多，弹性增强，肺的容积增加。

（3）防御能力的增强：青春期，人体制造免疫球蛋白的能力、数量和种类都大大增加。免疫球蛋白（即抗体）G、A到16岁时显著增加，这时淋巴组织逐渐退化，机体的防御能力由免疫球蛋白所代替，这一时期患病率、死亡率较低。

（4）肌肉力量的变化：青春期男性及女性肌肉的发展用握力衡量，可达到20～40 kg，奠定了青少年承受力所能及的各项体育锻炼和体力劳动的基础。

（5）运动能力的发展：运动能力指人体运动中掌握和有效地完成专门动作的能力，反映了人体运动系统在大脑皮质主导下活动的协调性。运动能力一般以肌力（包括握力、背肌力、肌耐力等）为代表，青春期男性和女性都有一个明显的突增阶段，突增开始年龄女性是10～11岁，男性是12～13岁，男性的突增幅度明显超过女性。

5. 性发育 是青春期最重要的表现之一，包括生殖器官的形态、生殖功能和第二性征发育。性征是指区别男、女性别特征的一些人体标志，有第一性征和第二性征。第一性征指上述男、女性的各种生殖器官。第二性征相对于第一性征而言，是指男、女性别的一些附属特征，如乳房、阴毛、腋毛。它是评价青少年发育水平及进入青春期不同阶段的重要指标。青春期男性和女性的性发育过程各有其规律与特点。

（1）男性性发育：睾丸作为男性性发育的第一个信号，最先发育，1年以后阴茎开始发育。与此同时，出现身高突增，身高突增高峰后1年肌力开始突增。睾丸的功能是产生精子与性激素。精子离开睾丸后，在附睾内停留21天左右，获得营养，进一步发育成熟，然后与精囊液、前列腺液等混合成精液。一旦溢出，即出现遗精现象。遗精是青春期后健康男性都有的正常生理现象，首次遗精发生于12～18岁。随后是第二性征发育，主要表现在阴毛、腋毛、胡须、发型等毛发改变上，此外还有变声、喉结出现等。

（2）女性性发育：青春期前女性生殖器官发育都很缓慢，进入青春期后，在卵泡刺激素、促黄体生成素及雄激素的作用下，内、外生殖器迅速发育。卵巢迅速发育长大，在卵巢形态发育的同时，其功能日臻完善，卵巢的主要功能是排卵与分泌性激素。受雌激素影响，子宫很快发育，子宫体明显长大。子宫受雌激素及孕激素的共同影响，子宫内膜呈周期性改变而月经来潮。阴道变长、变宽，黏液腺发育，有分泌物排出，阴道分泌物由孩童期的碱性转变成酸性，有利于抵抗病菌的侵袭。外生殖器生长发育，阴阜逐渐隆起，大阴唇肥厚，小阴唇增大，有色素沉着及阴毛出现，且色素逐渐加深。随着性器官发育，出现了月经初潮（第一次月经）。但月经初潮并不意味着性成熟。卵巢在月经初潮后继续发育，大多数女性在初潮后的1～3年或更长的时期才开始排卵，或者说才能有规律地排卵，到达那个时期，女性才有规则的月经周期并且有生育能力。但有部分女性在月经初潮后很快有排卵的月经周期。月经来潮后，女性的身体形态、功能水平及第二性征发育都明显超过同龄月经未来潮女性。绝大多数女性的月经初潮出现在身高突增高峰后的1年左右；月经来潮后，身高、体重的生长开始减速，身高平均增加5～7 cm。女性乳房的发育出现于青春期前期，是进入青春期的第一个信号，随后顺序出现阴毛、腋毛。各项第二性征指标发育的年龄、顺序和幅度有明显的个体差异。乳房的发育多在10岁半至11岁开始，但也可早至8岁就开始发育，或晚到13岁才开始发育。乳房的发育分为5期。阴毛多在乳房开始发育以后就逐渐发育。阴毛的发育分为5期。腋毛一般在阴毛开始出现后半年至1年才开始发育，也有更晚才出现的。

第二节　儿童及青少年不同年龄阶段的心理行为特点

心理是人的心理活动和个性特征的总称。心理发展是个体从产生到死亡期间持续的、有规律的心理变化过程。在儿童成长过程中，神经心理的正常发育与体格生长具有同等重要的意义。儿童的心理行为一直处于不断发育之中，从胎儿到成人是一个连续的过程，每一个年龄阶段都有一定的心理行为发育指标。心理是脑的功能，儿童心理行为的心理发展包括动作、言语、认知、情绪、人格和社会适应性等方面。这些方面的发展相互影响、相互促进，同时又受各年龄期生理发展水平和社会生活环境的影响和制约。

一、婴幼儿的心理行为特点

（一）大脑的发育

儿童出生时大脑在结构上已接近成人，脑重量350～400 g，约为成人脑重量的25%，此时体重只是成人的5%。生后第1年内脑重量增长最快，6个月时已达700～800 g，12个月时达800～900 g。神经细胞发展，层次扩展，神经元密度下降且相互分化，突触装置日趋复杂化，轴突变长，并向皮质深入。这种脑形态的发展为脑功能的发展提供了物质基础，促进了整个心理的发展。小儿到24个月时，脑重量增加到1050～1150 g，大脑及其各部分的相对大小和比例已基本类似于成人。幼儿期大脑继续迅速发展，6岁时的脑重量已接近成人。儿童早期的大脑及其功能具有两大特性：一是具有较大的可塑性。早期经验的剥夺将导致中枢神经系统发育停滞，甚至萎缩，形成永久性损害。二是良好的修复性。如果一侧脑半球受损，另一侧会自动出现代偿功能。儿童5岁前，任何一侧脑半球的损伤都不会导致永久性的语言功能损害，语言中枢一侧脑半球可移向另一侧脑半球。这些说明早期诊断和干预对及时修复中枢神经系统的受损功能具有重要意义。此外，小脑在1岁内发育很快，3岁时小脑已基本与成人相同，能维持身体的平衡性和准确性。

（二）心理发育

1. **婴儿期**　婴儿的认知发展大致处于感知运动阶段。这个阶段的儿童只有动作性智力活动，没有表象的和运算的智力活动。

（1）动作发育：①粗大运动包括抬头、抬肩、翻身、坐、爬行、站立、行走（12个月）、跳（2岁）等；②精细动作包括视线跟随、手握物、手指动作等；③言语从牙牙学语到有明确含义的语言发展；④社会性包括表情、微笑、啼哭、认人等。婴儿期的心理活动基本上是初步的、幼稚的。有目的的记忆、思维和行为活动往往要在2岁后才开始形成。

（2）气质：婴儿出生后最早表现出来的一种较为明显而稳定的个性特征是气质。一般将婴儿气质类型划分为4种：①容易型，约占40%。吃、喝、睡等生理功能有规律，节奏明显，易适应环境，情绪愉快而稳定，易接受新事物和陌生人；②困难型，约占10%，表现为哭闹无常、烦躁易怒、不易安抚，饮食、睡眠等生理活动缺乏规律；③迟缓型，约占15%，表现为活动水平低，行为反应强度弱，情绪消极，对外界环境和事物适应较慢；④混合交叉型，约占35%，伴有以上几种类型的某些特征。气质类型及其发展特征在小儿社会化发展过程中具有重要的地位和作用，对了解和预测婴儿的个性发展及其与社会的相互作用具有重要的意义。

2. 幼儿期　幼儿期心理发展的水平在很大程度上取决于动作和言语的发展。动作的发展不是孤立的，而是有赖于感知觉、体格和生理功能的发展，反过来又影响着幼儿的智力、情绪和个性发展。因此，对动作发展程度的测量常被用来对小儿进行心理筛查和诊断，评价心理发展水平。

（1）语言：幼儿期是完整的口头言语发展的关键期，也是连贯性言语逐步发展的阶段。语言的发展是先理解，后表达；先学发音，后用词法、句法；在理解的基础上逐步学会使用名词、动词、形容词及副词，表达性言语相继发展。自1岁半至2岁，幼儿掌握的词汇量迅速增加，3岁增加更快，5~6岁时增速减慢。一般来说，3岁时约能听懂8000个单词，使用300~500个词，能说出自己名字，指出3种以上的颜色，说出3~4个词的句子；4岁时会使用更多的形容词和副词，懂得代词的含义，能简单叙述不久前发生的事，说出许多实物的用途，读100以内的数；6岁时说话流利，句法正确。

（2）记忆：幼儿的记忆以无意识记忆、形象记忆和机械记忆为主。记忆的持久性发展快，但精确性尚差，记忆的策略初步形成，记忆容量随年龄而增长。思维开始摆脱动作的束缚，言语在思维发展中的作用日益增强，在动作前已学会思考，并且思考开始超越时空的限制，行为具备一定的目的性和预见性。幼儿的思维还不能离开实物及其表象，对事物的概括往往是非本质性的。认知理论将小儿2~6岁、7岁阶段称为前运算阶段，符号功能的出现使其开始从具体动作中摆脱出来，能凭借象征化格式在脑中进行"表象性思维"。常从其感知觉、记忆、言语、概念、判断、推理等方面评价幼儿的认知发展。

（3）社会性认识：幼儿的社会性认识受自我中心限制，尽管能区分自己与他人，但仍认为他人对世界的看法和自己相同；随着社会交往经验的增多，小儿逐渐认识到他人不仅有与自己不同的思维和情感，而且在相同情况下可能有不同的反应，从而开始理解他人行动的目的性。

（4）情绪：在幼儿初期，情绪的分化基本完成。在整个幼儿时期，情绪体验已相当丰富。但幼儿因内抑制能力较差，情绪往往不稳定，缺少控制力，常表现得较强烈和高涨。幼儿期的情绪动因和表现方式与成人不同。这一时期，各种社会情感（如道德感、理智感和美感等）已开始发展，且日益加深和丰富。

（5）个性：儿童气质类型的先天差异在社会化过程中进一步扩大，初步形成独特的个性心理特征，在兴趣、爱好和能力方面表现出明显的个性差异，形成对己、对人、对事物的较稳定的态度。在教育和环境影响下，幼儿的自我意识，如自我评价、自我概念、自我体验和自我控制等逐步形成和发展。此期形成的个性心理特征及其倾向性具有可塑性，将在今后的社会化过程中发生变化。

二、学龄期儿童的心理行为特点

（一）大脑的发育

儿童到7~8岁时，大脑的质变加速进行，神经突触分支变得更多、更密，大量神经环路形成。大脑额叶迅速增长，皮质内抑制和分析综合能力提高，为学习和记忆的发展创造了条件。儿童运动的准确性与协调性得到发展，行为变得更有意识。此时对语言和文字的反应尚未完善，对直观形象事物的模仿能力强，而对抽象观念的思维能力差。

（二）心理发育

儿童在6岁后进入学校学习。学习活动逐步取代游戏，成为儿童的主要活动形式，并对儿童心理产生重大影响。学龄期为具体运算阶段，儿童已能逐渐超出知觉限制，形成守恒概念和可逆性，并能进行具体运算。至11、12岁起进入形式运算阶段，此时思维活动已超出具体的、感知的事物，使形式从内容中解放出来，凭借演绎推理、规律的归纳和因素的分解来解决抽象的问题。并且，他们的注意力、观察力、记忆力全面发展。

1. **注意力和观察力**　表现为有意注意时间开始延长，观察力提高，具有强烈的好奇心。

2. **记忆力**　学龄期儿童的思维发展出现重大转折，逐步从具体形象过渡到以抽象逻辑思维为主的形式，但仍带有较大的具体性。如低年级小学生虽能熟练演算加减乘除，但对诸如货币的价值理解就很肤浅。从具体形象向抽象逻辑思维的过渡过程中存在明显的"关键年龄"，相当于小学四五年级（10~11岁）。低年级小学生对不形象、不够具体的概念很难记忆，但机械记忆能力却在飞速发展，通常10岁时达到一生的最高峰。并且，记忆正由机械记忆向理解记忆过渡，已能对抽象的词汇和具体形象的图画表现出同样良好的记忆；模仿性想象仍占主导地位，但在绘画、手工、游戏中都有大量创造性想象力的迸发。另外，低年级小学生极具模仿能力，其想象力的发展也以模仿性想象为主。成人的言行对其行为塑造起关键作用，而教师是他们崇拜的对象，故教师的言谈举止更有楷模作用。

3. **社会性认识**　社会化的丰富性促使儿童进一步加深对自我、对他人的认识和了解，使其个性和社会性有了新的发展。学龄期儿童的自我意识处于客观化阶段，不仅逐渐摆脱了对外部控制的依赖，而且能发展内化的行为准则来监督、调节、控制自己的行为，开始从只认识自己的表面行为转向对自己内部品质的更深入评价。

4. **情绪**　高年级小学生的一些高级情感，如责任感、义务感、正义感、集体荣誉感、社会道德感等开始落实到行为表现，且远比低年级时深刻。他们不再只是简单地"爱好人，恨坏人"，而且能把这种情感从亲人、班级扩大到国家和人民。但是，在社会化过程中可因各种消极不良因素的影响，使小学生的诸如骄傲、自满、专横、懒散、嫉妒、幸灾乐祸等不健康情绪有所滋长。

三、青少年的心理行为特点

（一）大脑的发育

儿童的大脑随年龄增长而发展，大脑各功能区的成熟程序是：枕叶→颞叶→顶叶→额叶。从学龄期至青春期（9~16岁）大脑皮质内部结构和功能趋于复杂化，突出表现为联络神经元功能加强，联络纤维数量大增。大脑的发育在这一过程进行得越完善，大脑皮质越趋成熟，15岁时达到成人水平。联想、分析、概括、判断、推理能力较学龄期也增强。此后发育速度变慢。

（二）心理发育

1. 认识活动提高 认识活动包括感觉、知觉、记忆、思维和想象等，认识能力就是智力。该阶段青少年智力随着年龄的增大、年级的增高而发展。初中阶段是智力发展的重要时期，感知活动已相当精确和概括，理解性记忆已取代机械记忆而占主导地位，抽象逻辑思维能力的发展更加迅速，能正确掌握概念，并进行判断和推理。思维的独立性和批判性虽还不够稳定和全面，但在某些问题上的创造性思维和独特的见解有时比成人更敏锐和深刻。高中阶段认知水平较前出现飞跃。他们的智力已接近成熟，学习时已能独立思考，自行对学习材料进行逻辑加工，学习态度则更加自觉、刻苦和主动，具体社会意义的学习动机已在学习中起主要作用。高中生的智力活动已带有明显的随意性，能把注意力集中和稳定在那些并无直接兴趣、较抽象、枯燥和困难的学习任务上，并能在复杂的学习活动中分配自己的注意力。观察能力有时比一般成人更加精细、深刻和全面；学习动机更加深远，学习兴趣明显分化，学习中能采用按系统、意义、分类进行归纳和对各学科做交叉综合性记忆的方法，从而抓住教学内容的重点和中心环节。他们的抽象逻辑思维已具备充分的假设性、预计性及内省性。形式逻辑思维处于优势并进入成熟期，辩证逻辑思维也迅速发展。

2. 自我意识发展 自我意识指个体对自己的认识和评价。青春期是生理和心理发生巨变和自我意识迅速发展的时期，是独立性和依赖性、自觉性和幼稚性错综复杂的矛盾时期。自我意识的出现和增强是青春期心理发展的基本特点之一。青春期自我意识的发展具有以下特点。

（1）成人感和独立意向的发展："成人感"是指青春期的青少年伴随自我意识和评价能力的发展，意识到自己的知识和技能在明显增长与提高，从而感到自己已不是儿童而是成人了的这种心理现象。随着成人感的出现，青少年表现出一种渴望独立，逐步摆脱依赖性的心理，开始用自己的思维方式去观察、分析客观世界，思考问题。对人、对事、对己都有自己的看法，要求自己的事自己做主。对各种新鲜事物反应快，不再依附、盲从成人的指导，总想亲身体验，勇于求新。这是很宝贵的积极的心理品质。但是，这种最初的独立性又有消极的一面，由于知识、经验、经历、阅历短浅，出现看待问题的片面性、幼稚性和冲动性。

（2）自我的分化：自我有两种，一种是有知觉能力、思维能力和行为能力的自我，即主观自我；另一种是可作为客观观察对象的自我，即客观自我。两种自我由最初的混沌状态开始渐渐分化。青春期青少年开始认识自己的同时，试图按照自己的愿望塑造自己、统一自己，这是青春期个性重组的表现。因此，主观自我里面包含着理想化的自我。这种自我可以是现实的，也可以是一种幻想。临床心理学认为，若客观自我与理想自我间的距离过远，可能是心理不健康的表现。有的青少年会沉溺于自我观察和自我陶醉中，使自己脱离现实，陷于孤立，乃至怀疑自己的不真实性，导致人格解体。

（3）自我意识的强度和深度不断增加：青少年强烈渴望自己了解自己。他们常会照镜子，研究自己的相貌和体态，注意自己的服饰与仪表，很在乎别人对自己的看法与评价。当青少年们聚集在一起时，往往把自己看成是一个被别人观察的对象，而较少把自己看成是一个观察别人的人。因此，他们倾向于把思想集中在自我感情上，易夸大自己的情绪和感受，认为自己的情感体验是独一无二的。有时，他们以为自然界和社会的有些法则只对别人发生作用，对自己是个例外。这种想法可能会促使少年去冒险。在自我意识发展的过程中，还出现了强烈的自尊心。自尊心是积极向上的情感体验，是一种体验到作为人的尊严的内心感受，也是心理成熟的重要标志。伴随着自我意识的形成和发展，这一时期的青少年对周围人对自己的评价很敏感，自尊心强，对成人依然把他们当小孩尤其反感，对父母和教师往往故意表现出反抗情绪和疏远意图。

（4）自我评价逐渐趋于成熟：自我评价指对自己能力和行为的自我评价，是个体自我调节的重要机制。青少年自我评价的发展表现在3个方面，一是评价的独立性日益增强；二是自我评价逐渐从片面性向全面性发展；三是对自己的评价已从过去只关注自己的身体特征和具体行为，向个性品质方面转化。

3. 性意识的发展 性意识是指人对性生理变化、性别特征和性别差异以及两性交往关系的内心体验。性意识是性生理发育产生的一种自然本能的意识。青春期性心理的特征以性意识的产生和发展为核心，其基础是性生理的成熟。正常的青少年对其自身形态的变化不仅敏感，而且重视，这种生理发育的自然本能导致对自身与异性性生理发育的关注，从而影响人的心理活动，促使性意识的萌发和发展。在青春期性意识的发展过程中，会出现以下主要表现。

（1）性兴趣的产生：随着青春期生理发育的到来，中学生由于性成熟而出现对性知识的兴趣和渴求，渴望了解性知识。这是人的心理活动的本能反应，也是青少年性意识的必然产物。这种要求是自然的、正常的、健康的。

（2）对异性的爱慕：进入青春期的青少年，随着性意识的发展，而自感成熟了。他们开始意识到两性的差别，从对异性的好奇逐渐转化到一种朦胧的对异性的眷恋、向往和接近倾向。性意识有力地激荡和改变着青少年的心理内容和结构，而社会环境和生活条件又制约和影响着他们的心理水平和行为方式。所以此时的心理行为表现表面上男、女之间界限分明，内心却都怀着对异性的神秘感，渴望并想象去接近对方；表面上互相回避和疏远，实际上却在敏锐地注意着对方的举止言行和身体变化；表面上在异性面前拘谨、羞涩，实际上常用爱美、出风头、冒险行为甚至恶作剧来招引异性对自己的注意。男性同学和女性同学彼此向往是青春期性心理发展的正常表露。

（3）性梦幻：由于性意识的发展，不少青春期的青少年在心中为自己将来的爱情生活暗暗塑造了一个意中人的形象，企求着有朝一日能遇见这个意中人。这种幻想的心理活动又称性梦幻/性幻想/"白日梦"。值得重视的是，有的青少年如果想入非非，把幻想代替事实，沉湎于这种情爱的梦幻之中而影响正常的学习、工作和生活，就可能出现心理异常甚至疾病。

（4）性冲动的出现：青春期由于性功能趋向成熟，出现性欲望和性冲动是正常现象。以手淫的方式获得性冲动的满足称为自慰行为。手淫是解决性冲动的一种方式，但它不是无耻的行为，更不是道德败坏。只是需要注意：由于频繁手淫、卫生不洁，使生殖器出现红、肿、痒、臭等炎症，甚至导致性器官发育不良，能影响青少年的健康。

4. 心理发展的矛盾性特点 青春期生理发育迅猛，心理发展往往暂时不能适应这种急剧变化，从而使身心发展处在非平衡状态，引起种种心理活动的矛盾。

（1）生理变化对心理活动的冲击：成人感使得青少年希望尽早摆脱童年期的一切，寻找到新的行为准则，获得一种全新的社会评价。并且因性的日趋成熟，产生正常的性欲和性冲动，

但又无法公开表现这些愿望和情绪。在这些生理及心理的内驱力作用下，他们会体会到一种强烈的冲击和压抑，产生各种困惑和烦恼。

（2）心理成人感与幼稚性的矛盾：青少年时期的心理活动水平常呈现半成熟、半幼稚性，主要表现为：①反抗与依赖。强烈的独立意识使青少年不愿服从父母及老师的要求，常处于一种与成人相抵触的情绪状态，但他们在内心上并没有完全摆脱对父母的依赖，生活中还需要成人多方面的帮助与支持。②闭锁性与开放性。儿童进入青春期后，渐渐闭锁起自己的内心，不愿向他人吐露自己的心声，同时又感到孤独和寂寞，希望得到他人的关心和理解。③勇敢与怯懦。心理上常有独到的想法，行为上常有勇敢的举止，甚至有鲁莽、冒失的冲动，但有时又十分羞怯、退缩，在公众场合表现扭捏、拘谨和不够坦然。④高傲和自卑。容易凭一时感觉对自己下结论，对自信程度把握不当，易高估或低估自己；对挫折耐受力较差，可因偶然的失利和挫折产生极度的自卑。⑤否定童年又眷恋童年。成人意识使青春期少年力图从各个方面否定自己的童年，但又留恋童年时那种无忧无虑的心态和简单明了的情绪宣泄方式。尤其遇到失利或挫折时，希望得到幼年时能得到的那些关照、谅解和保护。

（3）易出现心理及行为偏差：青春期青少年身心发展不平衡，会出现许多心理矛盾、压力和心理冲突。若这些问题不能得到顺利解决，就有可能在情绪、性格特征和日常行为等方面出现各种问题，甚至出现较严重的行为偏离和精神疾病。

第三节　儿童、青少年常见的行为障碍

儿童、青少年行为障碍很多，有些属于适应不良行为，有些属于精神病范畴。随着年龄的增长，部分儿童和青少年的症状会逐渐缓解或消失，但有些行为障碍若治疗和干预不及时或治疗效果欠佳，则会妨碍儿童身心的正常发展并影响学习，出现学习障碍和睡眠障碍等，并且儿童、青少年期的症状可能持续到成人期，影响成年期的社会适应能力，导致成年期物质滥用、人格障碍等问题。近年调查资料表明，我国儿童、青少年的行为问题检出率为 8.3%～12.9%。儿童期发育和行为问题常见，主要有注意缺陷多动障碍、退缩行为、过度焦虑、强迫行为、恐惧症、遗尿症、夜惊等；而青春期则更多出现心理及情绪问题。

一、品行障碍

品行障碍（conduct disorder）是适应性障碍的一种。适应性障碍是指个体对某些应激性生活事件不能适应而产生的超出常态的反应性情绪障碍或适应不良行为，导致社会功能的损害，持续时间相对较短，随着应激性生活事件的消除或个体适应能力的改善而恢复。一般认为，儿童与老年人发生适应性障碍的机会较多。青少年最常见的应激性生活事件是父母感情不和或离婚、移民、迁居远方、学习环境的改变（如从农村中学升入城市大学）等。青少年适应性障碍以品行障碍为主，侵犯他人的权益或行为与其年龄要求不符，如逃学、偷窃、说谎、斗殴、酗酒、破坏公物等。儿童可表现为退化，如尿床、幼稚言语或吸吮拇指等。症状表现不一定与应激原的性质相一致，症状的严重程度也不一定与应激原的强度相一致。症状的表现及严重程度主要取决于患者的病前个性特征。

（一）儿童退缩行为

退缩（withdrawing）是常见的儿童期发育过程中的问题，这类问题在学龄前儿童中颇为多见，一般年龄增大后自行消失。

1. 病因及临床表现　儿童退缩行为的原因可能与儿童素质、父母态度、教育及环境有关。不良家庭环境、父母的怪癖行为、不正常的家庭关系，使孩子长期缺乏安全感，或适应能力差而逐渐逃避现实，形成退缩。实际上，这是一种与环境适应不良的表现。

有此行为的儿童的心理特点多倾向于内向。他们的感情细腻、脆弱，对陌生环境易敏感，生怕他人讨厌自己。他们经常有一种不安全感和多愁善感的情调。有退缩行为的儿童一般很难适应新的环境，常不愿到陌生的环境中去，平时表现为孤独、胆小、害怕。他们从不主动与其他儿童交往，很少交朋友，沉默寡言，宁愿一个人在家中，也不愿主动参加到儿童的欢乐游戏中去。即使在家中，看见来了客人，也要赶快躲藏起来，不愿见生人。但在他们熟悉的环境中，与自己熟悉的人在一起，他们还是能高兴地交谈与玩耍，无任何精神异常的表现。

这种行为问题多见于5～7岁的儿童。当他们较小时，父母除发现他们性格安静，不大愿意与其他小伙伴在一起玩耍外，常不能发现他们的问题，而当他们要进入幼儿园或上小学时，问题才会明显暴露出来，表现为紧张、害怕、拒绝上学，但当他们逐渐熟悉新环境后，症状会逐渐减轻。

2. 防治　儿童退缩行为的防治重点在于教育与改善环境。从小培养儿童与小朋友一起游戏，培养开朗的性格，对儿童不可溺爱，也不可粗暴、冷漠。对于已有退缩行为者，父母及老师应耐心地逐步引导，与儿童建立信任而亲密的关系，鼓励他们逐渐参加集体活动。行为疗法（如系统脱敏疗法、行为模拟法）大多有效。对于伴有精神障碍者，也可配合药物治疗。但对绝大多数儿童来说不需服药，通过心理疏导、教育、行为疗法即可治愈。

（二）咬指甲症

咬指甲症（nail biting）在儿童中颇为多见。婴幼儿吸吮手指多被视为正常现象，婴儿在3～4个月后的生理上有吸吮要求，常自吮手指（尤其是拇指）以自慰。这种行为常发生在饥饿时和睡前，多随年龄增长而消失。认为异常的病症多起于3～6岁，可持续至青年期，男、女均可发生。一般父母很少因儿童咬指甲来求医。

1. 病因及临床表现　咬指甲症的病因常为心因性，与家庭不和、心情矛盾、精神过度紧张有关，也可能是由于教育不良，使此种行为习惯化。儿童到2～3岁时，活动范围逐渐扩大，饥饿时有进食要求，以往的吸吮手指行为则消失。但是之后随着年龄增长，仍有吸吮手指、衣服及咬指甲行为时，则应视为不正常。表现为好咬指甲，有的儿童还表现为咬指甲周围的表皮和（或）足趾，程度轻重不一，多数不十分严重。少数可十分严重，每个指甲均被咬伤。有些儿童常在情绪紧张时出现咬指甲的行为。此种不良习惯行为可把不洁物或寄生虫卵带入口中，造成甲沟炎、手指皮肤增厚。长期吮手指可影响牙齿、牙龈及下颌发育，致下颌隆凸、牙齿排列不齐。有的还伴有其他行为问题，如多动、睡眠不安、抽动、吮吸手指及挖鼻孔等。

2. 防治　本症预后良好。随着年龄增长，可以自愈。在防治方面，改善造成紧张的心理因素，一般可以自愈。防治方法应从培养良好的卫生习惯入手，以游戏或有趣的事转移注意力，鼓励与小朋友交往，切勿打骂、讽刺，以避免其产生自卑心理。对于吸吮手指习惯顽固者，可于手指上涂黄连苦味剂，以厌恶疗法矫正。

二、情绪障碍

情绪障碍症（dysthymic disorder）是指发生在儿童及青少年时期，以焦虑、强迫、恐怖、抑郁为主要临床表现的一组心理疾病。一般很小的诱因就会引发疾病，甚至出现不可挽回的破坏性局面和损失。情绪障碍症过去称为儿童神经官能症或儿童神经症。现在由于儿童生理、心理发育及年龄特点，其临床表现与成人的神经症有较明显的区别，倾向使用情绪障碍症一词，最常见的情绪障碍症为儿童强迫症。

1. 儿童强迫症的病因 强迫症的发病原因来自个体和外界，病前常有儿童严肃、拘谨、胆小、呆板、好思考，家庭里父母胆小怕事、过分谨慎、缺乏自信心、缺乏兴趣和爱好、对孩子过分苛求等。而突然的严重心理创伤、疾病或长期心理应激也可成为本症的发病诱因。

2. 儿童强迫症的临床表现 儿童强迫症包括强迫观念和强迫行为，两者可以单独或同时出现。强迫观念常见的有强迫怀疑、强迫回忆、强迫对立观念、强迫性穷思竭虑；强迫行为常见的有强迫洗涤、强迫意向动作、强迫仪式动作等。一般在儿童2岁、7～8岁和青少年期是出现一些强迫症状的高峰。但强迫行为对儿童的正常生活不造成任何干扰，也没有任何情绪反应，且随着年龄增长而自行消失，不能视为病态。与成人期强迫症状相比，儿童强迫症有以下几个特点。

（1）强迫观念和行为结合：两者常联合出现，如患儿手触及陌生人或其他认为脏的东西时，就害怕细菌传染，而随之不可克服地重复洗手；又如脑中平时出现"好孩子"这个词时，他们就连续声称自己是好孩子。儿童出现强迫性疑虑时，就进行重复核对，如担心门锁未锁上、火未熄掉、作业计算有误等，就一遍又一遍地核对。

（2）强迫行为占优势：强迫观念和强迫行为相比之下，儿童强迫症以强迫行为占优势。较常见的有洗手、触或刮某一斑点、物品有条理地排列、计算门窗或电线杆数、用足尖走路等奇特姿势、嗅或辨味，以及睡前仪式动作等。

（3）强迫观念的内容简单：大多数是个别词或句子、数字，或其他一些琐碎的事。如为强迫性回忆而穷思竭虑，其内容较幼稚和简单，如重复回忆某一些儿童故事，或不停地盘问为什么"云是白色的""天是蓝色的"等。而那些见于成人的深奥理论等问题则极少见。

（4）要求成人参与：成人对强迫观念常隐而不宣，除亲人外，难以发现；而儿童则要求大人参加他们的仪式动作。

3. 儿童强迫症的防治 本症预后有个体差异。病期短、症状不固定、不系统的儿童，预后良好；病期长、症状系统且顽固、有素质倾向者，则预后较差。在防治方面，重点在于教育与心理行为治疗。从小注意孩子性格的培养，不要给予过分苛刻的要求，对于预防本症的发生有一定的帮助。对于有强迫症的患儿，要给予心理上的支持，分析发病的原因，帮助患儿建立克服病态的信心。要鼓励患儿多参加集体及文体活动，对于有心因性障碍者，要尽力克服精神上的诱因。

在治疗期间，还要注意对患儿父母的帮助，要让父母合作并参与治疗，使父母正确对待患儿的病态，既不要过分焦虑、过多地担心，也不要采取强迫的手段横加制止或任意体罚。因为这类态度均会使患儿症状加剧。心理行为治疗主要采用冲击治疗与暴露疗法，同时也可配合使用操作性处理法、正性强化法，也可配合药物治疗。生物反馈和松弛训练对减轻焦虑和自主神经功能紊乱，改善睡眠有好处，对强迫症治疗可起较好的辅助作用。

三、儿童发育行为障碍

儿童发育行为障碍也称儿童发育行为疾病，是儿童发育行为门诊最常见的疾病之一。目前儿童发育行为障碍包括注意缺陷多动障碍、抽动障碍、功能性遗尿症、自闭症、智力低下等。很多家长对儿童发育行为疾病不了解，使本病不能很好地被控制，对于患儿将来的学习、工作、生活都是很不利的。

（一）注意缺陷多动障碍

注意缺陷多动障碍（attention deficit hyperkinetic disorder，ADHD）又称儿童多动症，是一类常见的儿童行为问题，是指发生于儿童期，表现为与同龄儿童相比具有明显而持续的注意力不集中、活动过度、行为冲动为主要特征的一组综合征，继发伴随学业损害、同伴关系、家庭关系、社会适应功能的异常，是儿童期最常见的行为障碍之一。国外报道ADHD的患病率为3%~5%，国内报道14岁以下儿童的患病率为7%~9%，半数患儿4岁以内起病，男、女比例为（4~6）:1。1/3以上患儿伴有学习困难及心理异常。

1. **病因** 本病的病因和发病机制尚不明确，目前认为是多种因素相互作用所致，与遗传因素、中枢神经递质代谢缺陷、脑损伤与脑发育异常（如语言发育迟缓、言语功能异常、口吃、功能性遗尿或遗粪等问题）、生化代谢异常、免疫学异常相关。同时，环境、社会和家庭因素的持续存在是诱发和促进注意缺陷多动障碍的关键。不良的社会风气和同伴影响、家庭经济困难、住房拥挤、家庭不和睦、父母关系不和或离异、教养方式不当、过分溺爱或放纵、父母性格不良、母亲抑郁症、父母有反社会行为或物质依赖、家庭成员对儿童的身体或心理虐待、儿童的需求不受重视、童年与父母分离、教师教育方法不当等因素均可促使注意缺陷多动障碍的发生以及持续存在。

2. **临床表现** 注意缺陷多动障碍以多动、注意力不集中、参与事件的能力差但智力基本正常为基本特点。ADHD大多起病于6岁前，一般在3~4岁（更确切地说是父母觉察到儿童与其他孩子不同的年龄），其临床表现多种多样，可在不同年龄阶段、不同环境有不同的表现。这类儿童主要有以下临床表现。

（1）注意障碍：患儿在听课、做作业或其他活动时表现出与其年龄不相称的注意力不集中、注意缺乏持久性，容易因外界刺激而分心，或常不断地从一种活动转向另一种活动。

（2）活动过度：患儿表现为与儿童年龄或所处场合不相称的活动过多、小动作过多和语言过多。

（3）冲动控制能力差：患儿表现为耐心差，不能等待，遇事易冲动，抗挫折能力差。在集体活动或比赛中不能遵守游戏规则，不能静等按顺序轮流进行活动或游戏，总是插队抢先，被老师认为不守纪律或不遵守规则。

（4）学习困难：约半数患儿伴有学习困难，多发生在3～4年级以后。一般来说，学习成绩的高低与儿童智力水平的高低、认知水平、是否合并学习障碍、学习目的与兴趣以及家庭环境等因素均有关。另外，ADHD患儿的成绩往往具有很大波动性，家长与老师管得严一些，他们的成绩就上升；放松管理后，成绩则可能一落千丈。

（5）品行问题：部分患儿常伴有违抗性、攻击性或反社会行为，ADHD与品行障碍的同病率高达30%～58%。

（6）社交问题：约半数以上患儿有社交问题。他们常感到孤独，没有朋友。

（7）情绪问题：较多见，常表现为焦虑不安、容易发脾气、不高兴等，常伴有自我评价低、自信心不足、自卑感强等。

（8）感知觉发育异常：部分患儿的精细动作、协调运动、空间位置觉等发育异常，例如翻掌、对指运动、系鞋带和扣纽扣等不灵便。

3. **防治**　对学龄前儿童，主要是教育及行为疗法，很少需要服药。但当问题十分严重，对家庭造成严重干扰时，才考虑配合少量药物治疗。学龄儿童由于需要尽快地帮助他们在课堂上集中注意力，因此，除教育外，也常配合药物治疗。对注意缺陷多动障碍患儿常用的心理和行为疗法有支持性心理治疗（包括行为疗法、认知行为疗法、社交技能训练、游戏疗法、家庭疗法等）、精神分析治疗、集体治疗、对父母心理治疗等。单一采用某种方法往往效果不佳，因此需多种心理治疗同时应用，加上教育、药物治疗，可取得良好效果。

4. **预后**　ADHD患儿的主要症状一般在小学3～4年级最为突出，学习成绩下降明显，到青少年后期，部分患儿多动的症状减少或消失，但有些症状（如注意缺陷、冲动行为等）则可持续至成年期。7～14岁常是多动等行为问题最严重的时期，到青年期以后，绝大多数儿童多动的症状减轻或消失。但所有不安静、易激怒、冲动、易分心、注意力难于集中、学习成绩差、自尊心低、抑郁等症状可以持续数年，甚至持续至成年。约1/4患儿发生过反社会行为，如好斗、偷盗、破坏、纵火、行凶伤人等。有相当一部分儿童成人后有环境适应不良现象。有人认为这类患儿成人后精神病的发病率较一般人群高。约有1/4的患儿以后仍能考上大学，并能胜任较复杂的工作。

（二）抽动障碍

抽动障碍（tic disorders）又称儿童抽动症，是发生在儿童时期的一种肌肉抽动性疾病，其发生率为1%～7%，多见于学龄前及学龄期儿童，男性多于女性，男女比例约为3∶1。

1. **病因**　精神刺激或躯体疾病可诱发本症。常见心理因素为突然惊吓或慢性焦虑，而常见的躯体因素则为上呼吸道感染、急性扁桃体炎或扁桃体切除术及其他急性病。

2. **临床表现**　本病是指同一组随意肌快速、突然、频繁、自主地、无目的地抽动。如眨眼、牵嘴、耸肩等，以头面部，特别是眨眼最常见。儿童表现为动作单调、刻板、重复、不能控制，频率随情绪紧张而增强，注意力分散时减轻，入睡时完全消失。本病在数月内可自愈，或经治疗而痊愈，部分可迁延数年。

3. **防治**　对于轻症病例，仅需向家长及患儿解释清楚，此症并不可怕，可以自然好转，则可消除由于父母过分关注所造成的强化影响,使患儿及家长均不把注意力集中于"抽动",使之自然消退。一般数月后症状会消失。对于因躯体疾病而诱发者,应积极治疗躯体疾病。

应详细分析患儿病前的心理因素,找出可能的精神矛盾或紧张因素,属于客观上可以解决的,应予以解决;属于无法解决的因素,则应给予支持性心理治疗,帮助患儿分析精神诱因,找出正确对待的办法。可指导患儿以松弛技术及采用操作性处理的方法进行行为治疗,疗效较好。在给患儿进行心理治疗的同时,也要给患儿父母正确的指导及必要的心理治疗。对于伴有严重焦虑情绪的儿童,可加用地西泮(安定)或氯氮䓬(利眠宁)等抗焦虑药,也可采用针灸治疗或埋皮肤针,有时可取得较好的疗效。

(三)功能性遗尿症

遗尿症(enuresis)可分为原发性和继发性两类。原发性遗尿症即从小到大一直尿床;继发性遗尿症又称为功能性遗尿症,是指患儿在5岁以前曾有一段时期已不尿床(至少应有半年),在5岁以后,出现在夜间入睡后和/或白天不能自己控制排尿,因而尿湿床单、被褥和裤子。功能性遗尿症在儿童中发病率颇高,多发生于6~7岁,男性明显多于女性,男女之比约为2:1。

1. 病因与临床表现 功能性遗尿症的病因可能与以下因素相关:①婴幼儿时排尿习惯训练不当,没有给儿童进行及时的排尿训练,如儿童使用一次性纸尿裤的时间过长,没有半夜叫患儿排尿的习惯,以致不能让患儿养成自己控制排尿的习惯,这样患儿就不容易形成膀胱充盈后起床排尿的条件反射。②婴幼儿时强烈的精神刺激,如意外灾害、家庭破裂、母爱剥夺等。③心理障碍,包括抑郁、注意缺陷多动障碍、习惯性抽动或其他不良习惯的儿童,常伴有遗尿症状。遗尿症者的人格特征为孤僻、缺乏信心、较温顺等。④睡眠紊乱,睡眠深而不易被唤醒。遗尿症状的消失常是逐渐减少遗尿的次数,最后才完全消失。很少有突然而愈者。不少儿童在一般情况下已能不再遗尿,但当过分疲乏、患有躯体疾病或天气过冷时,偶尔又可出现遗尿。

2. 防治 儿童1~2岁时是训练排尿习惯的最好时期,要及早训练强化。对遗尿症者,要先排除躯体及精神因素,了解患儿可能存在的心理矛盾及可能导致遗尿的精神因素,并将其消除。然后以训练为主。功能性遗尿者可选用以下方法。

(1)一般训练:因训练方法不当所致的轻症遗尿症的治疗,以及其他遗尿症的辅助性治疗可用此法。主要方法:①夜间唤醒患儿,逐步培养晚间自行起床如厕的习惯;②进餐后控制茶水、汤类、牛奶等液体的摄入量,以减少入睡后的尿量,减少尿床次数;③白天控制训练,训练儿童控制自己排尿,即当出现尿意时,主动控制不去如厕,开始仅推迟1~2分钟,逐渐延长至推迟半小时以上,这样经过一段时间的训练,患儿控制排尿的能力逐渐增强,有些患儿在夜间也可以控制排尿,而不再尿床。

(2)行为疗法:目前行为疗法被认为是最有效、安全的治疗方法。主要方法:①提肛训练,鼓励孩子在白天做收缩肛门的动作,自己从1数到10,然后再放松,这种训练能增强盆腔底部肌肉的张力,提高膀胱括约肌控制排尿的能力,对张力性尿失禁尤为重要;②定时训练,在以往晚间经常尿床的时间提前半小时用闹钟结合人为叫醒,让其在室内来回走动,或者用冷水洗脸,使患儿在神志清醒状态下将尿排尽,目的也是有助于其建立条件反射;③家长要及时发现孩子尿床,督促孩子自己排空残余尿、擦干局部、更换内裤及处理湿床;④总结与记录,要求家长每日记录患儿尿床的原因、次数，在日程表上对尿床、不尿床都做个记号，每周总结一次，找出原因，当孩子有进步时，应给予鼓励。

（3）配合药物治疗、中药治疗以及物理疗法（如针灸、按摩、电针、器械矫正等方法），也有一定效果。

第四节 儿童行为的保健

根据维护健康的目的，人们的行为分为健康行为（有利于健康的行为）和健康危险行为（不利于健康的行为）。世界卫生组织揭示健康行为可减少70%的人过早死亡。与中国居民的死亡相关的十大危险因素依次为高血压、吸烟、摄入盐分过多、摄入蔬菜和水果少、大气污染、室内空气污染、肥胖/超重、血糖升高、饮酒和全谷物类食品少。其中大多数是健康危险行为和不良生活行为方式。人们的健康危险行为与不良生活方式大多始于儿童时期。因此，儿童保健除了关注生长监测、母乳喂养、免疫接种、防止意外伤害、儿科疾病的预防与管理外，还需重视儿童期的行为保健，依据儿童不同时期的生理发育特点、心理行为特点开展儿童的健康行为保健。

一、培养儿童良好的生活卫生习惯

为了儿童和青少年的健康成长，应根据各年龄的特点安排好儿童的日常生活，以培养其语言、动作、认知能力以及与成人和小朋友友好相处的能力，使他们养成健康行为和良好的生活方式。

（一）睡眠习惯

睡眠是大脑皮质的保护性抑制过程。婴幼儿时期中枢神经系统发育不完善，神经细胞一旦超过活动强度，就会引起能力的枯竭。因此，根据不同月龄，保证儿童足够的睡眠时间，才能保持神经细胞旺盛的活动能力，这是保证婴幼儿健康成长的先决条件之一。

学龄期前后儿童睡眠时间虽然比婴幼儿时期明显减少，但和成人相比还是要多一些。儿童之所以需要比成人多的睡眠时间，一是因为他们的神经系统发育尚不健全，兴奋活动持续时间短，容易产生疲劳，致使大脑转入抑制状态，进入睡眠。若长期睡眠不足，必然会影响大脑的功能，使大脑不能保持最佳的工作状态，儿童会出现注意力不集中、记忆力减退、思维障碍、学习成绩下降等。二是儿童生长发育不仅需要合理的营养作为构筑机体组织和器官的原材料，也需要内分泌系统的平衡，其中主宰生长的生长激素主要在夜间分泌，儿童长期睡眠不足必将影响生长激素的分泌，从而影响身高。并且如果睡眠不足，机体营养消耗增加，也将影响生长发育。三是长期睡眠不足不仅影响神经系统的功能，而且也会影响消化系统的功能，儿童会出现食欲缺乏，长时间会导致营养不良，抵抗力下降，容易生病。

儿童平均每日睡眠时间应为：初生20小时；2个月16～18小时；4个月15～16小时；9个月14～15小时；12个月13～14小时；15个月13小时；2岁12.5小时；3岁12小时；7岁以上9～11小时。上述时间包括日间睡眠，1岁以下婴儿每日2～3次，1～2岁每日1～2次，2岁以上每日1次，每次平均1.5～2.5小时。

培养儿童良好的睡眠习惯应从出生开始。第一，新生儿日间除喂奶、清洁卫生外均为睡眠时间,夜间则任其熟睡,勿因喂奶将其唤醒。第二,要创造安静宜人的睡眠环境,如室温适宜、空气新鲜、被褥整洁等,睡前可给小儿听催眠曲,不要使其过度兴奋。第三,要培养小儿自动睡眠的习惯,勿养成摇摇篮或抱在手中抖动、口含乳头或被角等习惯。如有不良的睡眠现象,应及时纠正,学龄前儿童应养成上床就自己入睡的习惯。为了让儿童能很好入睡,要做到睡前1小时不进食、不讲兴奋故事和不看惊险的影视片;要为儿童制订一个切实可行的作息制度,规定幼儿晚上8点以后不看电视,学龄儿童放学回家就应抓紧时间完成作业,不要一概将作业放在晚饭后做。总之,要保证孩子每天有充足的睡眠时间。

(二)饮食习惯

营养是保证儿童生长发育及健康的先决条件。儿童的食物应当丰富而富有营养,家长除了注意膳食的合理调配和烹调方式外,还应注意培养良好的饮食习惯。婴儿期应母乳喂养,按需喂哺。4~5个月时开始添加辅食,并训练用匙喂食物;7~8个月时可练习用杯子喝水;10个月左右要训练小儿独立坐着喂食物;断奶之后应注意培养定时进餐的习惯,并要求其吃饭时注意力集中,不挑食、不玩耍,逐步学会使用餐具,独立进餐;1岁半以后可左手扶碗,右手拿勺吃饭;2岁时可双手捧碗喝水;2岁半以后自己应能吃得较快、干净、利索,稍大儿童应鼓励他们吃饭时细嚼慢咽。

2012年6~17岁儿童及青少年超重率为9.6%,肥胖率为6.4%,与2002年相比分别增加了1倍和2倍,《健康中国行动(2019—2030年)》中提醒人们应高度关注儿童和青少年的高盐、高糖和高脂等不健康饮食问题,需要教育儿童的合理膳食行动,减少每日油、盐、糖摄入量,对孩子的不良饮食习惯,如挑食、偏食等,应及时给予纠正。此外,还需养成进餐前洗手和不吃零食的习惯。

(三)排尿习惯

排尿习惯应从2~3个月开始训练。先减少夜间喂哺次数,以减少夜间排尿次数,白天在睡前、睡后或者吃奶后让孩子排尿,并采取一定姿势,使时间、姿势和声音联系起来,形成条件反射;9~12个月后开始训练小儿坐盆排尿,同时提醒小儿坐盆;1岁半后要培养他们自动坐盆;2岁后学会自己坐盆;走路以后不用尿布,夜间要有规律地唤醒小儿排尿,避免尿床。

(四)生活自理能力

培养孩子的独立生活能力对保证儿童日后全面发展至关重要,生活的自理能力首先从培养幼儿的卫生习惯开始。通过穿衣、盥洗等过程,培养儿童的独立生活能力和对语言的理解能力。从新生儿时起,就应当养成每日洗澡、每次排大便后冲洗臀部的习惯。即使在冬季也应经常给小儿洗头发、洗脚,定期剪指甲。2岁时学习自己洗手,认识自己的毛巾,并擦干手和脸。养成饭前便后洗手的习惯,养成漱口的习惯,睡前勿进食,注意口腔卫生。从9~10月龄开始训练小儿相应的配合动作,如穿衣服时知道伸手,穿袜子和鞋时知道伸脚等,以后逐渐培养自己穿脱衣服、扣纽扣、系鞋带等习惯,并学会自己注意保持衣服整洁。而集体机构要教育孩子互相帮助,关心集体,帮助老师收拾餐具、打扫卫生等,培养孩子互助友爱的良好品德。鼓励孩子

尽量自己做事，即使做错了，也不应严加指责，要耐心教育，帮助其改过。

选择适合儿童的玩具和图书等用品。小儿的玩具和图书应该根据其不同年龄的生理和心理特点科学地加以选择，玩具和图书的功用包括促进小儿心理的发展，帮助孩子认识周围事物，扩大小儿眼界；培养手眼协调及小儿良好的行为习惯；有助于语言的发展。在成人的指导下，通过边看边讲解，训练孩子辨别不同声音，进一步学习发音，提高语言表达能力；使小儿心情愉快，体会从玩具和图书中得到的快乐，知道从中寻求知识，同时培养其良好的道德观念。为儿童选择玩具和图书时，建议考虑：①有教育意义、艺术性和启发性，符合小儿年龄和性别特点，能够帮助小儿认识周围世界，和家长互动交流，形成正确的观念。②色彩鲜艳和丰富，能引起儿童的兴趣。③安全无害，不能对儿童造成伤害。④卫生和经济，可多次使用，可清洁和消毒。⑤选择玩具和图书时有前瞻性，可以随孩子年龄变化而提供更多层次上的刺激，并随着年龄的增长，由浅入深逐步加强。

所选择的玩具材料应该无毒，选用无毒油漆着色，外形光滑、无锐角，体积不可过小，防止吞咽；玩具要结实、耐用，能洗涤、消毒；玩具可一物多用，最好可随意改造、组合、变化，使小儿产生丰富的联想，如积木、魔方等。而所选择的图书，除了安全无害外，更多的是注意孩子的年龄特点，和儿童一起阅读和学习。如出生至1岁，选择彩色图片，1张图片中有1个内容，如猫、狗、水果等，成人同时应指出画面上物体的名称；1~2岁，选择有大幅图画的书，如房屋、日常生活用品等，内容应是小儿比较熟悉的事物，且颜色鲜艳；2~3岁，选择简短、有趣的反映他们所熟悉的事物或简单虚构的小故事书，还可选择配图的儿歌书，以发展小儿的语言能力和记忆能力。3~4岁，选择反映新鲜事物、有更多细节和动作的书，或反映他们能做的事情及能表现和他一样大的孩子生活的故事书，要求情节简单，关系不复杂，使他们从中很容易认出他们所知道的事物，成人在讲述的过程中，要鼓励他们插话、复述和提问题。

（五）中小学生的健康促进行动

在《健康中国行动》（2019—2030年）的中小学健康促进行动中，确定了到2022年和2030年的行动目标，给出健康行为与生活方式、疾病预防、心理健康、生长发育与青春期保健等知识与技能，并提出个人、家庭、学校、政府应采取的举措。基于此，在儿童的行为保健中，家庭、学校和政府应促进儿童、青少年做到科学运动；注意用眼卫生；保持健康体重；了解传染病防控知识，增强体质，预防传染病，特别是预防常见呼吸道传染病；掌握科学的应对方法，促进心理健康。保持积极向上的健康心理状态，积极参加文体活动和社会实践；了解不良情绪对健康的影响，掌握调控情绪的基本方法等。不发生健康危险行为，包括吸烟、酗酒、药物使用、不安全的性行为、不合理的膳食、缺乏体育锻炼以及各种意外伤害等。

二、培养儿童体育锻炼的爱好

科技的进步使人类的生活方式从以往的狩猎劳作生活方式渐变成了静态生活方式。静态生活方式也称静坐少动生活方式，特指那些以躺、坐、站等低耗能行为为主要特征的体力活动形态。随着屏幕技术的迅速变化，从电影屏幕、电视机和电脑，到我们便携式的平板电脑、电子书阅读器、手机，我们的视屏和静坐的行为已成为日常生活中的固定的一部分，甚至出现极端视屏行为（游戏成瘾、网络成瘾）。针对成人以及 3～17 岁的儿童和青少年，越来越多的研究证据发现，通过增加体育运动和减少久坐行为，有助于减少儿童肥胖，预防慢性疾病，降低成人的死亡率，延长寿命。

改变静坐行为，需要根据年龄特点制订适合个体的最佳体力活动。体力活动指由骨骼肌收缩产生的身体活动，其可以在基础代谢的水平上增加能量消耗。一般是将体力活动分为职业的、家庭的、休闲的和交通的体力活动。儿童的体力活动多为家庭的和交通的体力活动。世界卫生组织（WHO）对于 5 岁以下儿童的建议是增加体力活动、严格控制静坐看屏幕的时间和高质量的睡眠时间相结合（详见表 9-1）。对于 5～17 岁年龄组的儿童和青少年，WHO 建议有益健康的身体活动包括家庭及学校和社区环境内的玩耍、游戏、体育运动、交通往来、娱乐、体育课或有计划的锻炼等。为增进心脏、肺、肌肉和骨骼健康，减少慢性非传染性疾病风险，建议：① 5～17 岁儿童及青少年应每日累计至少 60 分钟中等到高强度身体活动；②大于 60 分钟的身体活动可以提供更多的健康效益；③大多数日常身体活动应该是有氧活动；④每周至少应进行 3 次高强度身体活动，包括强壮肌肉和骨骼的活动等。

表 9-1　5 岁以下儿童体力活动时间、静坐（屏幕）时间和睡眠指导

	体力活动时间	静坐（屏幕）时间	高质量睡眠时间
婴儿（小于 1 岁）	每日以不同的方式进行体力活动多次，最好是以地板为基础的玩耍活动	不限定婴儿一次静坐 1 小时以上的行为（如坐在婴儿车、高脚椅或者照顾者背上）	高质量睡眠（包括小睡或打盹）时间 ● 0～3 月龄婴儿 14～17 小时 ● 4～11 月龄婴儿 12～16 小时
	若婴儿不可能移动，每日至少有俯卧姿势活动 30 分钟	不推荐屏幕时间，当静坐时，鼓励婴儿的照顾者阅读和讲故事	
1～2 岁幼儿	在各种类型的体力活动中，至少 180 分钟	不限定幼儿一次静坐 1 小时以上的行为（如坐在婴儿车、高脚椅或者照顾者背上）或坐很长一段时间 1 岁幼儿：不推荐屏幕时间（如看电视、看视频和玩电子游戏） 2 岁幼儿：静坐（屏幕）时间不超过 1 小时，越少越好 当静坐时，鼓励幼儿的照顾者阅读和讲故事	具有规律的起床和睡觉时间，高质量睡眠（包括打盹）时长 11～14 小时
3～4 岁幼儿	在各种类型的体力活动中，至少 180 分钟，并且至少 60 分钟是中度至剧烈体力活动	不限定幼儿静坐 1 小时以上的行为（如坐在婴儿车、高脚椅）或坐很长一段时间 静坐（屏幕）时间不超过 1 小时，越少越好 当静坐时，鼓励幼儿的照顾者阅读和讲故事	具有规律的起床和睡觉时间，高质量睡眠（包括打盹）时长 10～13 小时

从儿童期就培养的体育锻炼益处多多。体育锻炼不仅可以促进儿童生长发育、增进健康、增强体质，还可以改善儿童体质，增强儿童机体的耐受力和抵抗力，提高健康水平；有利于体弱儿童和患病儿童的身体康复；有利于大脑皮质的兴奋和抑制趋于平衡；有利于德智体美劳的全面发展。因此，父母、孩子照顾者们应该安排适当的户外活动和体育锻炼，利用自然界的空气、日光和水锻炼身体，以增强体质，提高机体抵抗力及适应气候变化的能力，提高健康水平，减少疾病。在体育锻炼过程中要注意：坚持不懈、持之以恒；从少量开始，循序渐进；注意个体差异，对不同年龄、性别和健康状况的小儿，应该选择不同的体育锻炼方法；有营养和合理的生活制度作为保证；有准备和整理活动；观察并记录儿童对锻炼的反应，及时调整。

三、培养儿童道德健康

20世纪后期，世界卫生组织将"道德健康"纳入了健康范畴，这是对健康概念的新发展。多数专家认为，健康具有整体和全面的自然特性，提出了健康具体的6个维度，即身体健康、情绪健康、社会交往健康、智力健康、精神健康和社会环境健康。这6个维度以相互作用的方式建立相互的联系，使得人们能够参与到广泛的生活经历中，而道德健康也融入其中的情绪健康、社会交往健康和精神健康中。因此，我们应该注意培养儿童良好的思想品德，促使道德品质和综合素质的良性发展，提高个人健康素养，养成健康行为。

要使儿童形成良好的道德品质和心理素养，可以从以下几个方面做起：①培养儿童健康的思想品德和团结友爱的优良道德，使孩子养成讲文明、讲礼貌的好习惯；②培养儿童健康的心理品质；③培养孩子的自信心；④培养孩子坚强的意志和性格；⑤培养孩子宽广的胸怀和乐观的情绪；⑥鼓励孩子多发现别人的优点，学会取人之长，补己之短。

随着儿童的心智成长至青春期，近来学者们还提出积极青少年发展视角（PYD）和加强性健康教育。积极青少年发展视角亦称积极青少年发展观，兴起于20世纪90年代，提出所有青少年都具有积极成长与发展潜在能力和可塑性，关注个体充分、成功的发展而不仅是减少问题行为，强调环境与个体的互动对青少年积极发展的重要作用。这种"缺陷观"到"优势观"的转变是近年来发展心理学领域与实证研究范式的重大变革。

积极发展水平越高，儿童和青少年的抑郁症状和外化问题越低，同时幸福感水平越高。所以，面对全体儿童和处境不利的儿童，需要建立儿童和青少年心理健康预防与促进体系，围绕"青少年积极发展"和"心理弹性"两个方面，提升社会情绪能力与生活技能；注重儿童与成人间良好关系的建立；使儿童更多地参与到家庭、学校和社区活动中；开展生理-心理-社会多水平的心理弹性预防干预；针对重大逆境的创伤后成长干预。此外，由于青春期青少年的身体处于加速发育阶段，尤其是生殖系统在此期迅速发育而达到性成熟，而心理和社会适应能力发展相对推迟，青少年容易在心理上引起骚扰和波动，形成复杂的青春期心理卫生问题。对于青少年的性行为，要开展性健康教育，倡导正确的性态度和健康的性行为，从而减少少女妊娠问题以及艾滋病在青少年中的传播。

（肖　霞）

第九章 儿童、青少年行为医学

思考题

1. 不同年龄段生理发育有哪些特点?
2. 不同年龄段的心理行为有哪些特点?
3. 儿童和青少年常见的行为障碍有哪些,如何进行干预?

第十章 中年人的行为医学

第一节 中年人的行为特点

一、中年的概念

中年是介于青年和老年之间的年龄段,世界各地对其年龄界限尚没有普遍认可的统一标准。一般常称 40 岁左右的人为中年人,但随着医疗技术的发展和人类健康水平的提高,人们对中年期的年龄划分也在改变。在日常生活中,人们倾向于将 40~60 岁的人划分为中年人。世界卫生组织也提出过对中年期年龄段的划分标准:44 岁以前为青年人,45~59 岁为中年人,60 岁以上为老年人,高于我们常规认定的标准。

众所周知,中年期是青年期向老年期过渡的时期,是身心发展和人生经历的一个重大转折阶段。一般来说,中年是人一生中生理、心理和事业的成熟期,是实现自我价值和社会价值最重要的阶段;而中年人的知识全面,经验丰富,人格稳定,综合能力较强,是社会建设的中坚力量,担当着经济发展、社会进步的重要责任。

但是,人一旦步入中年,生理组织和器官功能由盛转衰,个体衰老速度加快,反应速度变慢,记忆力不断下降。有些中年人会步入墨守成规、故步自封、安于现状、不思进取的窘境。同时,大部分中年人都面临着家庭、事业、生活、健康、社会等各方面的挑战和危机,承受着巨大的压力。工作及社会角色的变化、与子女的冲突、不良的生活习惯、婚姻问题以及夫妻性行为的不协调等都带来了"中年危机"的困扰,使其产生强烈的焦虑感。有研究表明,人们的幸福程度在青年和老年时期较高,在中年时期最低,呈现出 U 字形的变化趋势。所以,研究中年人身心行为变化规律及其心理行为卫生问题有重要意义。

二、中年人的人格特点

相较于青年人与老年人,随着生理功能的变化和人生阅历的增加,中年人的人格特质逐渐由外倾向内倾转变,形成了其特有的较为稳定的中年期人格。

(一)中年人的人格特征类型

按照个体对中年期的适应情况,中年人的人格特征可分为以下 5 种类型。

1. **成熟型** 这是一种充满智慧型特点的人格类型。个体感到自己的一生是有成就的一生，理解现实并能以积极的态度面对现实，对家庭及社会中与他人的关系感到满意，有充实感且对未来的生活并不感到苦恼。

2. **安乐型** 这是一种具有依赖型特点的人格类型。个体看上去悠闲自得，且对自己当前的处境十分适应，但实际上把自己的生活完全寄托在他人身上，无论在精神和物质上，都期待他人的援助。

3. **装甲型** 这是一种具有自我防御型特点的人格类型。个体对恐怖、苦恼等情绪都用强烈的防御机制来应对，不承认中年期的现实，有过分的义务感和强烈的事业心，用不停的繁忙活动回避中年期间的无能为力的问题。

4. **愤怒型** 这是一种具有怨天尤人型特点的人格类型。个体对未能达到人生的目标产生怨恨和绝望情绪，并将其原因归罪于别人，自我闭塞。对死亡有强烈的恐怖感，嫉妒年轻人，有时甚至表现出怨恨和敌意。

5. **自我谴责型** 这是一种将攻击性深藏于心的人格类型。个体把自己的一生看成是失败的一生，并将失败归罪于自己，被动，悲观，孤身孑然，把死亡看成是自身对悲惨现实的一种解脱，有时甚至会自杀。

前三种人格类型的中年人能够以各自的形式适应自身的衰老情况，而后两者人格类型的中年人表现出来的则为不适应，需要自我控制和调节。

（二）中年人人格特征的新变化

近年来，随着我国经济的快速发展，社会思潮发生改变，老龄化程度加重，"二孩政策"放开，作为整个社会的"夹心层"，中年人承受了越来越多来自家庭和工作的压力，需要担当社会重任，行为规范趋向社会化，其人格特点也随着新问题的发展而产生出了新变化，主要表现如下：

1. **性别角色进入整合阶段** 任何人身上都存在着两个互相独立、互相联系的行为特质，即男性化特质与女性化特质。由于现代社会女权主义的崛起以及男女平等思潮的涌现，中年男性与女性的性格特点越来越接近，男女两性沿着不同的道路逐步达到性别角色的整合。中年男性在心理上逐渐表现出温柔、敏感、体贴等女性特点，而中年女性心理上则逐渐表现出果断、大度、主动等男性特点，出现了男性"女性化"、女性"男性化"的变化趋势，而这种"男女同化"的人格一般被认为是一种"完美人格"。

2. **反思和内省成为主流** 荣格指出，从青年期到老年期，个体的心理发展倾向于重新逆转，更多地表现出内倾性特点，并将自身关注的焦点逐步投向内心世界。由于社会环境的快速转变以及工作形势的日益紧迫，反思和内省成为当下中年人心理生活颇具特色的形式，而变得更为老练、持重，同时对生活的评价具有现实性，遇到挫折时能反省自问，给予恰当、中肯的评价，更加实事求是。

3. **心理发育处于稳定和成熟期** 中年人对自身的能力与目标认识得更清楚，能够正视内心的矛盾与冲突，自我调节功能趋向整合水平。而且，受到长期以来生活与工作挫折的影响，中年人的人格特质逐步趋向成熟、稳定，难以进一步塑造改变，主要表现在创造力、判断、观察和综合分析能力趋于成熟，能够独立决断，但是，也正是源于当下社会环境中层出不穷的生活压力事件影响，相比其他年龄阶段的人来说，中年人更容易呈现出精神状态不良的状态，烦躁易怒、精神压抑等消极情绪时有发生，难以走出消极情绪的困扰。

三、中年人的行为模式

行为模式是人们有动机、有目标、有特点的日常活动结构和内容以及有规律的行为系列。它是行为内容、方式的定型化，是人生价值观的"外化"，表现了人们的行动特点和行为逻辑。人的行为模式受时空环境、外界条件、个人角色以及人生价值观所制约。心理学家艾里克森认为，繁衍对停滞是中年期心理冲突的主要特征，繁衍对停滞的心理冲突使得中年期人群的行为模式呈现出对立的两个极端，其中一方倾向于生产与影响，而另一方倾向于贫乏与停滞。

（一）生产与影响的行为模式

生产与影响的行为模式是"繁衍"心理的外在表现。繁衍是以帮助和培养下一代的方式形成的与他人的联系。从成年期开始，人类便表现出了繁衍的心理特征，以生育并抚养孩子、在职场上建立小生态为主要表现形式。到中年期，繁衍得到扩展，人的奉献精神超越了个人和自己的生活伴侣，转向更大的群体，如家庭、社区和社会。有繁衍感的中年人把自我表现的需要和与人交流的需要结合起来，把个人目标和全社会人们的幸福结合起来，形成了生产与影响的行为模式。主要行为表现偏向于产生、制造、创新、影响、关心和教导等，并在个体行为模式中呈现出乐意照顾、乐于分享、传承创新的特征，如在工作单位里做引路人、志愿者，进行各种生产与创造活动等。

（二）贫乏与停滞的行为模式

贫乏与停滞的行为模式是"停滞"心理的外在表现。停滞是因为受到阻碍而不能顺利地运动与发展。人到中年，一旦实现了特定的人生目标，就会变得以自我为中心和自我放纵，很容易产生"停滞危机"。有停滞感的人不能为他人的幸福做贡献，形成贫乏与停滞的行为模式，主要的行为表现为自我关注，缺乏对年轻人的兴趣，重索取轻付出，倾向于冷漠自私、故步自封、强迫接受、寻求刺激等，对创造性的工作、展现个人潜力或以其他方式改进周围环境感到索然无味，出现停滞危机的自我掩饰。

第二节　中年人的行为问题

一、社会角色变化对行为的影响

中年人成熟的心理、丰富的经验、熟练的技能以及充沛的精力，使之理所当然地成为社会的中坚力量。但是，中年人除了工作的重任外，还要面临社会义务与角色的转换，父亲或母亲角色以及职业角色导致的生活乐趣减少与生命意义降低等，极易对其行为产生影响。而且因为上述变化常不以人的意志为转移，其对个体身心健康的危害可能更突然、更持久。重要的社会职责、沉重的家庭负担，无一不在强烈地作用于中年人的心理与行为，使他们感受到高强度的压力，需要他们认真地去应对和适应。

（一）工作对行为的影响

对于中年人而言，工作是达到生产和影响目的的最主要活动，其不仅是实现工作成就的主要途径，更是影响他人实现自我价值的主要途径。第一，工作可满足中年人换取经济的资源，实现经济安全的需求。第二，工作可满足中年人影响他人的欲望，每个人都有权力欲望，而在工作中可以名正言顺、理直气壮地影响他人。第三，工作可满足中年人际亲和的需求、社会赞赏的需求、自我表现的需求、追求成就的需求等。第四，社会往往也将工作的成就视为对人评价的一项重要依据，其影响着人们一生中对重大基本需求和动机的满足程度。但是，大部分中年人也因为工作的重任而产生了以下的行为问题。

1. 健康"内耗"行为　大部分中年人处于事业成熟的鼎盛时期，对事业成就的期望值较高。但是受到一些主观和客观因素的影响，中年人的精神和形体也大都处于严重的劳逸失调状态。

一方面，随着年龄的增长，中年人逐渐感觉到体力日渐减退，虽然其具有保健身体健康的强烈愿望，但是受到工作程序、人事安排、协作分工以及分配体制等众多干扰因素的影响，常无暇顾及身心保健问题，不仅疾病的早期症状常被忽视，某些较为明显的身心异常也没有给予必要的重视。

另一方面，由于缺乏基本的防病知识，中年人普遍存在着"自损健康"的行为。受到巨大的工作压力的影响，他们常为了有更多的时间工作，不仅通过大量吸烟和喝浓茶、咖啡等消除睡意，而且在白天8小时工作后继续熬夜加班。长此以往，破坏了神经系统正常的兴奋和抑制的动态平衡，造成失眠、健忘、头痛等多种病症，严重危害身心健康。

2. 职业倦怠　对工作的情感投入一般被看作心理健康的表现，但是也可能造成职业倦怠。职业倦怠是长期工作压力带来的心理疲惫、失去个人控制感和成就感降低的心理状态。通常是因为工作负荷过度，工作对个人能力、精力以及资源的要求超出个人的胜任范围，从而使人筋疲力尽，在工作上手足无措，力不从心，多发生在卫生保健、教育等服务类职业中。

职业倦怠是一种严重的工作职业危险，它与丧失注意力和记忆力、严重抑郁、工伤、身体疾病、工作表现差相关，也会导致工作动机改变，会出现对工作宗旨和工作目的显现退缩状态以及心力交瘁。

（二）社会角色变化对行为的影响

现今的时代是一个快速变化的年代，新事物、新观念、新问题层出不穷，使得人们的生活方式、价值观念、生活意义都产生了巨大的改变。作为社会演进中承上启下的中年人群，必须要不断适应社会变迁的影响，不断调整自己的社会角色。社会变迁中，儿童、青少年可塑性大，对新事物的接受能力较快，而老年人价值观已定，社会期望改变值很小，二者出现的问题均较少。中年人是社会舞台上最中坚的力量，具有较高的社会期望，在社会变迁中常呈现出难以应付的状态。

1. 角色冲突与角色危机　中年期是人们工作调动或工作环境改变的高发期，不论其中是否带有因成功而获得升迁，或者因失败而遭到贬降的因素存在，同样都会因为社会角色和人际关系的变化而给其心理上带来沉重压力。失败和贬降所构成的紧张刺激固然严重，成功和升迁也绝不会让人感到轻松，因为责任的加重同样可以形成精神紧张压力，引起一系列的心理失衡。社会地位的演变和角色的转换，要比因年龄增长、躯体变化等需要做出的适应和调整更加困难，如果无法正确对待新环境中的角色转换，避免因各种有关问题处理不当而导致角色冲突，就会引发角色危机。

2. 心理压力与消极情绪　中年人往往承担着家庭主干的角色，处于上有老下有小的处境中，老年人需要照料，子女需要教育、引导，其沉重的家庭负担不仅来自家庭日常开销、赡养老年人、儿女上学或成婚所构成的经济负担，而且来自家庭变故与家庭危机中所带来的心理压力与消极情绪。比如，自己或亲人患病，会使中年人感到痛苦，构成直接的心理压力。如果病情危重，则痛苦更深，压力更大。再如，因为照看患者需花费大量时间，耽误了原来的工作进度，也给事业心强的中年人带来心理压力与焦虑、抑郁等消极情绪。另外，有些中年人会遇上丧偶、子女意外事故以及父母逝去等不幸的生活变故，必然对其造成难以承受的心理打击，而使其长期陷入哀伤之中。

二、与子女关系或冲突的行为问题

亲子关系是家庭中最重要的一种人际关系，子女与父母间的亲密关系是一种自然的血缘关系。20世纪初期，美国的"儿童运动发展"通常被视为对青少年的亲子关系研究的开端，美国心理学家斯坦利·霍尔认为，青少年阶段的孩子往往处于一种敏感的心理变化无常，非常容易与父母发生冲突。而这一阶段亲子关系的处理往往需要花费很多精力。如处理及协调不当，必然带来许多矛盾和烦恼，破坏家庭支持结构，导致身心障碍。其主要表现为以下3个方面。

（一）生理层面中冒险与安全的冲突

亲子关系最早是在生理学领域来进行研究的，其认为该阶段呈现出的亲子关系的矛盾是人类成长历程中的一部分，会伴随着时间的流逝而消失。弗洛伊德从生理学的视角出发，对青少年与家长的亲子关系进行了阐释。弗洛伊德认为，处于青春期的青少年开始接近生理全盛期，使其变得敏感并且情绪方面比较容易产生波动，而父母因为生理功能衰退而需要安全感，但缺少表现和受重视的机会，产生了父母安全需求与青少年冒险需求的矛盾。

（二）心理层面中理想与现实的冲突

父母处于中年期时往往具有现实的人生态度，而此时期的孩子却越来越倾向于理想主义的认知追求，行为表现中呈现出了中年父母为人处世的现实态度与青少年的理想主义追求之间冲突的特征。

同时，处于青少年时期的人群对父母的角色进行了认知上的重构，他们在这一时期往往会用一种平等的、同朋友一般的角度跟父母相处，假如在这种情况下，父母不给予配合或者是不接受这种相处模式，那么就会比较容易引发亲子间理想和现实的矛盾。

此外，由于工作繁忙或者观念差异，父母常缺乏沟通办法以求得两代人之间的理解和共识，子女与父母之间的沟通、亲密活动、交流谈心都因子女与父母相处时间的减少而发生了变化，沟通次数越来越少，亲密互动越来越少，进一步加深了两代人的沟通障碍以及为人父母的中年人的心理创伤。

（三）社会层面中独立与权威的冲突

中国的亲子关系具有相互依赖的特征，但是随着年龄的增长，子女在情绪上、经济上对父母的依赖愈来愈少，尤其是中年期人群的子女多已步入成年，形成了自己的世界观、人生观与价值观，不再依赖父母，但在许多家庭，父母却对子女的依赖增多。并且，在这一阶段中青少年常常要求独立与成熟，但父母却要维持自己的权威。

父母越管教及约束，子女会越叛逆，父母的教养方式与子女追求独立的思想相互冲突，很容易引发亲子关系的不和谐，从而导致父母与子女间发生摩擦，呈现出独立与权威冲突的问题行为特征。

此外，这一阶段中子女身心健康、品德高尚、学有所长是中年父母的主要愿望。如果自己的子女遭受意外伤害，罹患不治之症，不求上进，学业不佳，以及道德品质败坏，甚至违法犯罪等，中年人操劳半生的殷切期望不再能变为现实，必将由此带来极度的失望，造成极大的心理创伤，产生异常行为。

三、不良生活习惯对行为的固定影响

WHO指出，生活方式疾病将成为全世界头号杀手，这引起了人们的深入思考，唤醒了人们对生活习惯的重视。生活方式是指不同的个人、群体或社会全体成员在一定的社会条件制约和价值观指导下，形成的满足自身生活需要的全部活动形式与行为特征的体系。事实上，生活习惯是指由于重复或练习而巩固下来成为需要的自动化了的行为方式。

不良生活习惯是一种长期形成的且习以为常、对健康有害的固定行为，它包括生活不规律、缺乏运动、吸烟、酗酒等，与慢性疾病和心理健康问题的发生有密切关系，如糖尿病、癌症、心血管疾病，甚至是抑郁和焦虑等负性情绪，为虚弱、易病、早衰、早夭奠定了基础。很多学者认识到，人类的生活习惯与其所处的社会环境是密切相关的，以生态学理论、模型和框架为基础衍生出的诸如疾病生态学、健康生态学等模型也指出，环境对个人影响具有多层次性和复杂性，即个体和人群健康是个体因素和环境因素相互作用的结果。

对于中年人而言，一方面，受到家庭和工作巨大压力的影响，不良生活习惯往往成为其释放压力的出口；另一方面，受到社会文化的影响，吸烟及饮酒往往是其社会交往中拉近人际关系的有效手段。面对环境的需求，不良生活习惯慢慢在中年人群的行为中固定下来，难以戒除，饮食不节、起居无时、过劳、生物节律紊乱、缺乏运动、吸烟及饮酒等成为中年人普遍面临的问题。

（一）生活不规律

生物钟学说研究证实，有规律地生活，即持之以恒地顺应人体生物钟及大自然的规律起居、饮食、劳动的个体健康长寿。《黄帝内经》指出："知道者，法于阴阳，和于术数，食饮有节，起居有常，不妄作劳，故能形与神俱，而尽终其天年，度百岁乃去。"因此，有规律的生活是保障健康的前提。但是有的中年人正值事业发展的关键期，有的人为了维持温饱四处奔波，生活往往处于无规律的状态中。

1. **生活所迫的现实驱使**　以我国进城打工的上亿农民工为例，其工作流动性大，待遇较低，且遭遇不同程度的歧视。同时，这些人面临婚姻、子女上学、社会保障等诸多问题，往往不讲究工作条件，更谈不上规律生活。

2. **日夜颠倒的职业需求**　有的人常常加班加点，奋战通宵，牺牲健康换取成就。有的人工作无定时、任务紧、节奏快，长期处于备战状态，他们饮食不规律、睡眠不定时、生物钟颠倒，对神经系统与生命健康造成了很多损害。

3. **重压过度的释放需要**　长期的生活与工作压力使得"周末疯狂"的现象比比皆是。周末的过度疲劳、暴饮暴食等造成了生物钟紊乱，不仅使已有的病情加重，也可使正常人埋下病根。据调查，周末和节假日暴饮暴食是心脑血管疾病患者发生卒中、急性心肌梗死及猝死的重要原因，即便是健康人，暴饮暴食、生活不规律也是其致病的祸根。

（二）运动缺乏

生命在于运动，这是人所共知的道理。体育生活方式是指在一定社会客观条件的制约下，社会中的个人、群体或全体成员为一定价值观所指导的满足多层次需要的全部体育活动的稳定形式和行为特征，它是人类生活方式的有机组成部分，是生活方式系统的一个分支系统，具有指导现代人实现健康生活、培养适应环境变化的能力、提高生命质量的功能。但是，我国中年人在文体活动方面存在很大缺失，不能充分、有效地利用闲暇时间。

（三）睡眠障碍

睡眠是天然的补药，睡眠对于人们具有强体、健脑、愉悦、美容的作用。但是，中年人睡眠的质和量较年轻时下降很多，睡眠障碍困扰着一部分中年人。有的人睡眠减少、睡眠浅、易惊醒；有的人入睡困难、早醒；有的人睡眠模式不稳定，易受外界环境变化与体内环境的影响；有的人对催眠药物产生依赖；有的人常感睡后不解乏、精神不振、整日昏昏欲睡。

中年人在睡眠过程中的自然醒转情况要比年轻人多，且男性超过女性。中年人的睡眠障碍问题与心境、是否按时作息等有很大关系。

轻度的睡眠障碍可使人产生焦虑、烦躁等负面情绪，还与精神障碍（抑郁症、痴呆）、记忆力、自评健康状况、生活质量等相关。比如，现代中年人常受到失眠的困扰，失眠是最常见的睡眠障碍之一，偶尔失眠对人体健康并无过大影响，但较长时期的失眠则可以衍变为病态，一般表现为入睡困难、睡后易醒或早醒、或兼而有之，并常伴有梦魇，更使晨起后感四肢倦怠、头脑不清晰、情绪低沉或焦虑。多数人不得不服用催眠药或镇静药以助睡眠，虽然目前常用的镇静催眠药都十分安全，不会对人体造成伤害，也不会损害记忆、思维等功能，但长期服用抗失眠药物一方面会产生耐药性，使药物副作用增加；另一方面，长期服用抗失眠药物可产生成瘾性，难以戒除。

(四)吸烟成习

吸烟对人体健康有百害而无一利。WHO 指出,当今世界上除了核战争、饥荒和瘟疫之外,吸烟是人类健康的最大威胁,被称为"20 世纪的瘟疫"。香烟烟雾中所含的多种有害物质可使人体产生大量的自由基,自由基可诱发细胞膜和低密度脂蛋白的脂质过氧化反应,导致呼吸道疾病、心血管疾病以及癌症发病的危险性增加。

有研究发现,中年期的死亡者中,死于癌症的吸烟者占 90%;死于支气管炎的吸烟者占 75%;死于心肌梗死的吸烟者占 25%;吸烟者肺癌发生率比不吸烟者高 6~16 倍。吸烟不仅对主动吸烟者的健康具有严重危害,对被动吸烟者的健康危害也极大,且可能影响后代的生命质量。父亲每日吸烟的数量与胎儿产前死亡率和先天畸形儿的出生率成正比,父亲不吸烟的子女患先天畸形的概率为 0.8%;而父亲每日吸 1~10 支烟,子女患先天畸形的概率为 1.4%;父亲每日吸烟 10 支以上,子女患先天畸形的概率为 2.1%。虽然人们意识到了吸烟对健康的危害,但是对于中年人而言,戒烟却极为困难。戒烟实际上是在与一系列习惯进行较量。

1. 吸烟以满足生理和心理的需要 早晨起床后的习惯性吸烟、每餐饭后的习惯性吸烟、遇到烦心事时的习惯性吸烟、社会交往中的习惯性吸烟等都是难以去除的习惯。一部分人们认为吸烟能消愁,因此有人在工作、学习、生活中受到挫折以后,借助烟来缓解自身紧张、焦虑的情绪。烟具有一定的兴奋作用,致使生理上的烟瘾转化为一种心理习惯与享受。

戒烟必须经过生理脱瘾和心理脱瘾的两个阶段,烟草中的尼古丁会使人产生依赖性,一旦停止吸烟,便会造成生理上的和心理上的诸多不适,如烦躁、失眠、精神分散、食欲缺乏、胃肠不适、四肢无力、胸闷、气短等。生理上的吸烟欲望和意志控制的矛盾又造成生理上和心理上的强烈对抗,造成精神痛苦,导致很多意志不够坚定的人重新吸烟。

2. 吸烟以满足沟通与社交的需要 自从烟草传入中国以来,吸烟渐渐形成了深厚的文化底蕴,单从吸烟社交来讲,就构成了很多内涵。对于一部分中国的中年人来说,吸烟是一种联系社交的交际手段。敬烟往往是社交的序曲,互相敬烟能沟通感情,产生心理上的接近,人和人之间多了一份自在,多了一份尊重,更多了一份默契,有利于问题的解决。面对生活、工作的压力,这种来自外界环境的影响产生吸烟成瘾心理。

(五)嗜酒成习

饮酒对人的健康是否有益并无定论。现阶段存在观点相反的两大理论,一种理论认为饮酒有害无益,日常生活中应该滴酒不沾。WHO 的一项研究中也曾指出,饮酒不存在最低限量。另一种理论则认为饮酒有益也有害,多饮有害,少饮则有益,其认为少量饮酒可安定精神、消除疲劳、催眠助眠、增进食欲、御寒取暖等,并提出饮酒最低限度的概念,为少饮做了定量,但尚未统一。

但是,乙醇是一种原生质毒物,可直接损害细胞的生理功能,并使胃肠道功能、消化过程受到抑制,使大脑皮质的条件反射发生紊乱,进而出现心脏收缩力减弱等,继而引发心搏、呼吸停止。如果长期、过量饮酒,嗜酒成瘾而成为酒精滥用者或酒精依赖者,不仅会对胃肠道等生理器官产生影响,而且会对神经系统产生危害,产生精神障碍乃至人格改变。

饮酒成瘾难以戒除。这是因为,一方面,当大量饮酒时,人体内乙醇和乙醛的浓度均增加,加速了氧化能量代谢过程，大脑兴奋性和器官功能均暂时增强，使人格外欢快、活跃。长此以往，人体的这种反应在大脑中形成优势而固定下来。人体的这种"惯性"也要求不断补充乙醇和乙醛，如果停止定时饮酒，建立起来的反应方式遭到中断，从而产生"失调综合征"，表现为难受、烦躁不安、易怒及心不在焉等行为，导致难以克服的有别于正常生理状态的酒瘾。另一方面，受传统和风俗习惯的影响，人们常把饮酒当作社交和礼仪的需要。此外，许多人日常生活枯燥、精神空虚或感到前途悲观和渺茫时，常"借酒消愁"，以减轻精神上的痛苦，于是形成见酒必饮、每饮必醉的局面。

第三节　婚姻与性行为

婚姻与性是人们生活中必不可少的一部分。人类性行为受其自然属性和社会属性所决定和制约，社会属性将性行为的自然属性以婚姻制度的形式得以落实，夫妻关系是婚姻的基础，而婚姻又是家庭的基础，家庭是社会结构的最基本的细胞。婚姻关系的形成和发展对于人类社会的发展和进步有着极为重要的作用。因此婚姻与性的问题不仅是人类社会发展中的一个大问题，也关系到人们的身心健康、夫妻生活的和谐美满、家庭的幸福稳定以及社会的安定团结与发展。

一、婚姻美满与社会行为的协调

中年期的婚姻关系历经了新婚燕尔的狂热期、情感生活的持续调适期以及养儿育女的移情期，年轻时诗情画意般的情趣渐渐逝去，感情生活进入夫妻相互眷恋、亲昵的深沉期。这是一个婚姻关系和睦、稳定的时期，也是一个容易产生婚姻危机的时期，不是步入感情的第二春，就是陷入感情的危机。

由于审美疲劳乃至审美厌恶的影响，更年期出现的身心功能适应不良，以及焦虑、抑郁、多疑、敏感和多种自主神经功能失调征象等，这些特殊问题都容易使夫妻关系出现危机，家庭内部争吵不断。同时，人到中年，对于毫无变化的婚姻生活会产生厌倦心理，夫妻之间吸引力减少，夫妻关系不和睦表现得越来越严重。

（一）婚姻关系不美满的原因

人到中年，社会关系网络逐渐缩小，婚姻作为情感和归属的中心对人的生理和心理健康越来越重要。婚姻关系中最需要夫妻之间的相互理解、相互关心和相互支持，它能帮助缓解精神紧张，减轻失败和挫折感。彼此坦诚相待、温暖幸福的家庭气氛对中年人保持心理平衡有重要作用。但中年人整日忙于工作，忽略了家庭生活，以致夫妻关系不融洽，甚或出现裂痕，这对中年人的精神生活和事业发展极为不利。

婚姻可以分为现实主义婚姻和理想主义婚姻两种模式。现实主义婚姻的意义在于繁衍后代，把婚姻作为自身存在的延续，希望生育子女以代替自己服务于神（君）、守护家庭利益（守护祖先的坟墓）或保卫国家等。而理想主义婚姻则认为婚姻就是追求发展、追求完善、追求生活的完美。不管是现实主义婚姻，还是理想主义婚姻，都没有以个人享受、快乐作为婚姻的目的，而是以一种对家庭或家族、婚内彼此双方的责任为目的。

婚姻中最大的问题不在于双方的争吵，而在于双方失去了共同点。婚姻生活失去了共同点，婚姻就失去了纽带。婚姻美满同幸福紧密相关，不幸的婚姻对人造成的痛苦甚至远远高于未婚所带来的问题。

（二）婚姻美满对个体社会行为的影响

婚姻美满主要从"个人-家庭-社会"的维度对个体的社会行为产生影响。

1. **美满婚姻中个人维度的社会行为协调** 婚姻作为绝大多数人所必须经历的生命历程，对人们的重要性不言而喻。如果一个人婚姻经营得比较成功，那他就会体验到更高的幸福感，并且会体验更积极的自我认同感。当人们在婚姻中无法获得较好的情感体验时，便更容易产生消极情绪。不仅对个人身心健康产生影响，而且会影响子女的婚姻观，甚至导致个体在家庭关系与工作关系中产生不道德或不规范的行为，影响家庭幸福与社会稳定。

2. **美满婚姻中家庭维度的社会行为协调** 一段段婚姻关系构造了一个个家庭，家庭具有延续子孙后代、传承家族文化的功能。随着社会的进一步发展，目前家庭的结构和家庭的功能已经潜移默化地发生了改变，家务分工、家庭角色也随之发生了改变，对婚姻造成了一定的影响。这些变化一方面增加了家庭的不稳定因素；另一方面家庭关系的不稳定也影响了社会整体的稳定。

3. **美满婚姻中社会维度的社会行为协调** 社会由一个个小家庭组成。现代社会中，经济快速发展，政治日益民主，价值观愈加多元化，关于婚姻的价值和影响力也逐渐改变。但是无论怎样，婚姻关系仍然是、并且仍将一直是社会关系中的主流人际关系。所以高质量的婚姻关系对社会的影响力也不可忽视。

二、夫妻性行为不协调所带来的行为问题

性的生物基础是它的自然起源，而性的社会基础则体现了它的本质。实际上，人类性行为的自然属性和社会属性是紧密结合而不可分割的。人类性行为的自然属性是动物本能的属性，是维护种族生存的必需。

人类进入青春期以后，脑垂体性腺激素分泌增加，促使性腺分泌激素，从而引起人体内部性激素增加，这种人体内部生理条件的变化就产生性本能冲动，而引起性欲。这是延续后代所必须的条件和要求，绝不是什么邪恶的东西。古人道："食、色性也"，这说明性的要求与吃饭的要求一样，都是人类的本能。但是，人的本质是社会关系的综合。按照人的本质属性——社会性和社会道德的要求，人们的性关系应该是建立在纯真爱情和崇高义务相结合基础上的特殊性的情侣关系，这种关系是以婚姻及家庭为形式而表现的。所以说，人类的性与其他动物的不同点就在于它的社会性。人类性行为的目的决定于人们的社会需要，它受社会规范的约束，体现着人类社会的文明。

人类的需要分为生存需要、发展需要和精神享受的需要等，性行为的本能驱使仅仅起繁殖后代的作用，它是一种最低层次的生存需要。而夫妻性生活的和谐，夫妻间的互敬互爱，美满融洽，心理相容则成为一种高尚的情操，即由纯真的情感和思想结合在一起的、较复杂而带有理智的良好的心理状态和精神境界，这是一种高级的需要，无疑会对社会的文明、发展和进步

（一）夫妻性行为不协调

人类性行为一开始就异于动物，并不仅仅是纯生物的本能表现，而是生理、性欲和精神渴求的一种有机结合，是爱情与性欲的统一，需要与社会要求、社会行为规范相适应。性欲的要求是每个人个人的事，而性欲的满足通常则是两个人之间的事，涉及人与人之间的关系，需要协调人与人之间关系的伦理道德和法律规范。

婚姻对于性来说既是一种限制，也是一种满足。从发生学理论来看，性交不仅是婚姻的基础，也是婚姻的主要内容。在婚姻关系中，性的要求使男女双方得到肉体与精神需要的满足，这种具有婚姻关系的性对于婚姻中的男性与女性具有安定性与永续性，性成为婚姻之桥。

性生活的和谐是指在一对夫妻特定的性欲要求水平上，彼此能够很好地适应、配合，使性生活适时地进入性高潮，最终使双方都能达到精神上的愉快和生理上的满足。性生活的满足是婚后夫妻的相互职责之一，应努力使对方获得适度或充分的性欲满足。当然，性满足因人而异，不过一般是指迎合双方的兴趣或需求，相互努力达到性欲满足的最高境界。性生活须两人在亲近、和谐和合作中完成。夫妻要获得健康、和谐的性生活，必须具有恩爱的感情、强健的身体、科学的性知识和良好的心理状态。

（二）夫妻性生活不协调的原因

夫妻性生活的频率在中年期有下降趋势。一般而言，女性从45岁以后进入性功能衰退的生理过渡时期，少则数月，多则2～3年，因人而异。此期间可能出现更年期综合征，表现出全身不适或急躁、情绪不稳定等症状。同时，此阶段女性的卵巢功能衰退，女性激素分泌逐步减少，性欲较年轻时低。随着年龄的增长，性交时达到性高潮所需的时间较长，加上阴道弹性及扩张力减低，实际长度和宽度缩小，腺体分泌减少，性交时女方感到外阴干涩或疼痛不适，性交过程不愉快，甚至黏膜组织可发生擦伤或继发感染，致使女方出现性冷淡而不愿性交。

同样地，根据人体生理衰退变化的规律可知，男性也同样要经历衰老的过程，在此期间其外生殖器官变小，睾丸功能逐渐降低，睾丸产生精子和分泌男性激素睾酮的水平降低。研究表明，男性40岁以后睾丸内生成的精子数量明显低于40岁以前，睾酮水平可由0.5 μg/100 ml降至0.2 μg/100 ml，出现性兴趣减少、性欲低下和阳痿等。

身体的变化使得中年期人群的性反应强度下降，男性和女性都需要更长的时间被唤起和达到性高潮。更为重要的是，男性和女性更年期表现存在巨大的差异，加之男性和女性对婚姻满足度和性满足程度存在的差异，进一步加剧了夫妻性行为不协调的问题。

1. 男性和女性更年期表现的差异　男性和女性在更年期的表现中存在很大差异，这也是导致中年夫妻性生活不协调的主要原因。

（1）出现时间不同，发病率差异大：女性卵巢功能从减退到完全停止，内分泌失调比较明显，因而女性更年期时间比较一致，一般在45～55岁，多在55岁以前结束。这是全部健康女性都要经历的一个重要阶段，时间为5～10年。男性更年期来得较晚，出现的时间很不一致，一般在50～65岁，甚至可能在更大的年龄段内波动，且并不是每一个男性都有明确经历，具有临床症状的更年期男性仅接近40%，大部分男性是在不知不觉中度过的。

（2）症状的严重程度不同：不再排卵、绝经、雌激素水平突然降低，导致女性更年期症状较明显，她们还伴随着明显且严重的自主神经功能失调症状，这些均标志着女性生育能力的终结。而男性更年期生殖器官和睾丸功能在逐渐降低，垂体激素水平在慢慢改变，睾丸最终也不会完全丧失功能，这是一个日积月累的渐进性过程。绝大多数更年期男性仍然保持一定的雄性激素水平和生殖能力，因而其临床症状也较轻微或可能无任何临床症状。

（3）男性更年期表现不确定：女性更年期频繁出现的症状是颜面潮热、体重增加和发胖、尿道刺激症状、阴道干燥、丧失性驱动力、失眠、疲乏、情绪波动、注意力不集中、健忘、脱发、关节疼痛及后背疼痛等。一般在经历了初期4~6年的过渡阶段以后，女性更年期症状就逐渐丧失了周期性规律。而男性更年期综合征临床表现的动态变化过程比较少见，且无规律性经验可以遵循。

2. 男性与女性对婚姻满足度和性满足程度存在的差异　在长久的婚姻关系中，男性与女性一直对婚姻满足度和性满足程度存在差异。一般来说，男性对性满足程度期望较高，而女性的性满足程度多取决于婚姻满足度。性生活虽然仅仅是夫妻生活中一个组成部分，却是夫妻生活中不容忽视的感情的温度计和黏合剂。

同时，中年女性生育能力下降、姣好的容颜丧失、雌激素减少与雄激素增加，使其自我认同感降低，且容易产生应激反应，在性格上变得刚强、固执、偏激、多虑、疑心，担心丈夫移情别恋。

男性则由于性欲降低、性功能障碍、雄激素减少与雌激素增加，导致其自我认同下降且容易情绪失控，并在性格上变得细腻、温婉与宽容，使得双方极易出现性生活不协调的问题。

（三）夫妻性生活不协调带来的行为问题

夫妻间的性行为一旦不协调，便会出现各种各样不正常、不健康、不道德的性关系，出现违反社会性规范的行为，包括婚外的、违法犯罪的、变态的性行为，对于家庭的稳定和社会的安定团结与文明发展产生消极影响。

1. 婚外恋　随着人们道德水平的提高，各种破坏一夫一妻原则的行为已大大减少，但是姘居、养情人、纳妾等有损一夫一妻制的现象仍然存在。夫妻之间性行为一旦出现不协调的状况，性欲无处发泄，一旦遇到异性吸引，便随时可能产生婚外恋的行为，其不仅是妨碍婚姻和家庭和谐关系的一种消极因素，而且很容易形成纠纷，影响社会安定，甚至引发刑事案件。

2. 配偶性虐待　近年来，在婚姻和家庭领域，家庭暴力问题比较突出，且多以女性受害者为主。女方不愿性交，有的甚至因病不能性交，男方便使用暴力、威胁或其他手段强行性交，损害女性性权利，把妻子当作发泄性欲的工具。

3. 嫖娼　娼妓业在奴隶社会开始萌芽，春秋战国及秦汉时期得到发展，隋唐及宋元时期繁荣，明清时期繁荣鼎盛，民国时期开始衰亡。现代废娼运动始于新文化运动初期，截至20世纪60年代，卖淫及嫖娼活动基本绝迹。但是改革开放以后，嫖娼、卖淫活动屡禁不止，可能成为性生活不协调夫妻性欲发泄的出口。

三、离婚、丧偶、再婚对双方行为的影响

鲍比首创的情感依附理论认为，人类有和他人发生强烈情感联结的倾向，当这种联结被威胁或被破坏时，会产生一系列强烈的情感反应。"夫妻"关系是五伦中最亲密的关系，双方在婚姻生活中培养了情感的联结，相互之间也建立了依附模式。当夫妻双方还在承担家庭事务，一起规划着即将到来的晚年美好生活时，丧失了依附对象，随之而来的是压力、绝望和一系列的悲伤和极端的情绪，最终都反映在个人的内在性格与行为中。

（一）离婚对夫妻双方行为的影响

由于社会变迁对两性关系的影响，离婚率的增加似乎已经成为东方和西方社会的共同趋势。根据民政部发布的《民政事业发展统计公报》，我国近几年来离婚率一直呈上升趋势，北京与上海的离婚率早就超过25‰。离婚的原因很复杂，但是夫妻关系的困扰是其中重要的因素。主要是因为夫妻双方的个人性格不融洽，尤其是自我功能发挥不佳或心理因素。夫妻之间常见的困扰有以下几种：

1. 夫妻之间习惯于责怪对方或影射对方；
2. 夫妻的某一方习惯于挑剔对方；
3. 夫妻之间习惯于把不愉快的情绪转移给另一方；
4. 夫妻互相有冷漠、抵触和敌意的倾向；
5. 夫妻一方或双方角色混乱；
6. 夫妻某一方的社会或生活功能过差；
7. 夫妻有相互轮流惩罚的倾向。

离婚大多发生在结婚之后的几年内。但目前，中年离婚的人数越来越多，很多中年夫妻为了孩子维系着婚姻关系，且他们对婚姻的投资集中在抚养和教育孩子身上，一旦孩子长大离家，婚姻关系破裂是不可避免的。

作为人生的重大变故，离婚对个体而言往往是一个"史无前例"的艰难抉择。婚姻关系的解体通常是不可逆转的，其对个体幸福感的影响具有极大的不确定性。人们在面临类似"百年不遇"抉择时往往进退失据，难以准确而全面地评估其可能导致的主观利益得失。更何况，婚姻作为长期承诺，普遍蕴含着丰富的情感内容，其解体也往往掺杂了大量情绪因素，这可能导致人们在展望离婚后的幸福感水平时造成更为严重的误判。

即使在个体意识彰显的中国大城市，离婚与否也不纯粹是当事人的自主选择，而是掺杂了大量家庭因素和社会因素。在婚恋自由的前提下，两个理性的人既然自愿结束一段婚姻，那么他们离婚潜在收益应该大于其潜在成本。离婚虽然能在某种程度上缓解长久积压的矛盾，但随之而来的生活负担及独居生活也会从另一方面加重中年人的心理紧张，给身心健康带来不利影响。

不言而喻，离婚对于夫妻双方都是一件痛苦的事情。婚姻关系的恶化是长期不良情绪累积的结果，离婚涉及原有家庭关系的破裂，与自己厌弃或厌弃自己的配偶就金钱和家庭事务进行重新协商，建立新的生活方式、新的关系等，常会引起情绪的恶化。离婚的压力会对有些人产

生相当大的影响,并会因此产生严重的精神和身体疾病。这是因为心理压力会影响身体对疾病的抵抗能力,而心理压力也会导致心理创伤的发生,引发酗酒乃至自杀行为。

(二)丧偶对夫妻双方行为的影响

丧偶是指自己的伴侣因为自然或非自然的原因导致死亡,使自己失去伴侣。中年人因意外和患病而死亡的危险性很大,配偶一方的死亡常是一个非常重大的创伤性事件,不可避免地会造成震惊、悲痛,有时会感到愤怒,并常伴随孤独。

丧偶还会造成心理健康问题和生理健康问题,甚至致死。当配偶突然死亡,出乎意料,或在"错误的时间"发生时,上述影响更为严重。丧偶后的情绪过程包括丧失、悲伤和恢复3个组成部分。丧失指的是与自己生活的一部分疏离,而这一部分是个体过去在情感上所依恋的;悲伤指的是伴随挚爱者逝去而产生的情绪、认知和知觉反应;恢复则指的是生存者重新建构自己的生活,寻求能使自己在失去亲人的情况下继续生活的支持。

(三)再婚对夫妻双方行为的影响

中年人丧偶或离婚之后,再婚几乎是他们的共同要求。从生理上来说,中年人仍然有较强烈的欲望,需要通过再婚来消除丧偶、离婚之后所造成的性饥饿状态。从心理上来说,丧偶或离婚造成了中年人心理上的孤独和日常生活中的不便,他们希望借助再婚以恢复正常的生活与状态。

再婚可提高生命质量和生活质量,丧偶者再婚的意义更大。丧偶者几乎每天都生活在忧伤和寂寞之中,他们心灵和精神上的创伤无法用理智来抚平,且会导致患病率增加,对健康十分不利。再婚后,如果夫妻感情和谐,欢乐与共,彼此分忧,有和谐、愉快的性生活,便可从中获得无穷乐趣,从而提高中年人的生活质量。

1. **再婚与生理健康**　性行为是婚姻关系的主要表现。对于绝大多数中年人来说,无论男性还是女性,均存在着性情感、性要求和性行为。性行为是人们正常生理和心理活动的本能。对于离婚或丧偶的中年人群而言,如果再婚的愿望得不到满足,健康的性要求得不到满足,就可能导致不良性行为的发生。

2. **再婚与心理健康**　社会心理学家认为,"成双性"是生物界的普遍规律,寻求自己的配偶是人类"成双性"的表现之一。丧偶或离婚的中年人失去了另一半,打破了长期保持的夫妻相伴的平衡状态,必然会引起一系列惯性心理反应,产生一系列应激反应,造成心身失调或疾病。

心理相容是夫妻关系的基石之一,其他关系都不可取代。丧偶或离婚的中年人再婚,是夫妻生活的失而复得,使得打破的心理平衡重新恢复,有益于中年人的心理健康。有调查表明,再婚者的死亡水平远低于未再婚者。但是,再婚的夫妻双方由于磨合时间不足,也可能存在许多心理不相容因素,使彼此之间难以立即和谐、合辙,加上与子女之间可能存在着的感情隔阂,往往使中年人难以真正恢复并保持心理上的愉快、平衡。

(陆　姣)

思 考 题

1. 中年人行为的基本特点有哪些?
2. 社会角色的变化对行为有哪些影响?
3. 怎样应对角色冲突和角色危机?

第十一章 老年行为医学

第一节 概　述

一、老年的概念

老年又称成年晚期，生理年龄和心理年龄对老年的界定有所差异。世界卫生组织的生理年龄段划分标准为：44岁以下人群为青年人，45～59岁为中年人，60～74岁为年轻老年人，75～90岁为老年人，>90岁为长寿老年人。在中国，60周岁以上的公民为老年人。

心理年龄是根据个体心理学活动的程度来确定的个体年龄。心理年龄以意识和个性为其主要测量内容。心理年龄分为3个时期：出生至19岁为未成熟期，20～59岁为成熟期，60岁以上为衰老期。心理年龄60岁以上的人被认为是老年人。心理年龄和生理年龄的含义是不一样的，也是不同步的。如生理年龄60岁的人，他的心理年龄可能只有四五十岁。因此，研究老年期人群行为特征要从生理及心理两个方面综合进行判断。

二、老年行为与老龄化社会

随着老年人的逐渐增多，老龄化社会渐渐形成。老龄化社会（aging society）是指人口老龄化正在进行中的社会，一般将65岁及以上老年人口占总人口的7%（或60岁及以上老年人口占总人口的10%）作为进入老龄化社会的标志，中国现已迈入了老龄化社会。

老年人身心的基本特点是：

第一，老年人的生理功能会发生衰退，如听觉、视觉等各种感知觉下降，外貌、仪容有所变化。

第二，老年人的心理发生很大变化，如记忆力下降，智力改变，接受新事物的能力下降，易怒，喜唠叨，且情绪恢复期长，性格变得固执、刻板、内向、保守、猜疑、依赖性强，还有两性出现同化趋势等。

几乎每一个人的老年期都可能面临以下4个方面的衰退，即身心状况的衰退、经济收入及独立支配权的衰退、家庭和社会联系及地位的衰退、人的生活意义及存在价值的衰退。如果认为老年期就是人生衰退期，这种看法只反映了一种表面现象。实际上，每个老年人针对自身的某些衰退是以各种方式进行着程度不同的抗衡的。客观的调查材料证实，越来越多的老年人在相当宽阔的范围内享有高水平的脑力及正常的体力活动功能，并具有继续为社会做出贡献的潜能。他们把老年期的衰退作为对人生的挑战，并坦然接受和应对这种挑战，这是老年期本质和主流的认识。

老年期和幼儿期、青少年期一样，其生理、心理、行为具有自身的特点，各年龄阶段的特点如下。

（1）年轻老年人（60～74岁）：有精神、心理的追求和向往，有参与社会活动的能力，有许多人退休后还去应聘其他的工作或在原单位返聘。后期，他们外貌和器官老化明显，神经及运动功能明显变慢，但还有不服老的心情和能力，有的仍能胜任工作。

（2）老年人（75～90岁）：这个年龄段才是老年的开始。这一阶段的老年人有两种类型，一种类型是各个系统生理功能正常，没有明显的疾病症状和体征。精神及心理状态与上一年龄段无明显区别；另一种类型是消化功能减退，营养摄入量减少，记忆力减退，动作减慢、迟钝和不协调，不同程度地患有其他疾病。

（3）长寿老年人（90岁以上）：该阶段老年人的特点为动作迟缓，记忆力明显减退，思想保守，难于接受新事物。

三、全球老龄化发展趋势

老年学越来越受到人们的重视，这是因为世界人口年龄结构正在发生着显著的变化。

在生育率较低的国家（主要为欧洲和北美国家、日本、澳大利亚和新西兰），65岁以上的人口已经增至总人口的10%～25%，预计在今后的30～35年内，这一比例将翻一番。

在人口老龄化较快的国家（包括日本、德国、意大利），老年人口在总人口中的比例将接近或超过40%。德国的人口问题越来越严重，据统计，现在德国妇女平均只生育1.4个孩子，预计到2030年，德国总人口将由目前的8250万人下降到7800万人。伴随着人口数量的下降，德国老龄化问题越来越突出，预计到2030年，65岁以上的老年人将由目前约1600万人增加到2400万人，其中65岁以上的老年人已经超过25岁以下的年轻人。

到21世纪中期，传统的年龄金字塔（年轻人多，老年人少）将颠倒过来，59岁以上的人将比20岁以下的人多1倍。出生率下降和寿命延长是形成这一状况的主要原因。

我国也面临着人口老龄化的严重挑战。伴随着新世纪的到来，中国迈入老年型国家的行列。2000年我国第五次人口普查显示，我国60岁以上老年人口已达到1.3亿，占总人口的10.41%，其中65岁以上人口达到8811万，占总人口的6.96%，依照人口年龄结构的标准，中国已经进入了老龄化国家行列。

中国国家统计局2018年发布的数据显示，到2018年末，中国60周岁及以上人口逾2.49亿。2050年我国60岁以上老年人口将达到4亿左右，占总人口的27%以上。中国的人口老龄化不仅对中国，而且对世界将产生巨大的影响。

人口老龄化速度加快，高龄老年人占的比例越来越大，这是社会的进步，是医药高科技发展的结果，但也带来许多复杂的社会问题。今后，老年学、老年医学，尤其是老年行为医学等的研究将是一个热点，将会受到全球医药科学家的重视。

第二节 老年人的生理特点

人到中年以后，机体的生理功能随着年龄的增长开始减退，但这种变化是很缓慢的，由于各器官均有较强的代偿能力，所以功能的逐渐减退，初期并不影响日常工作和生活。到了老年，其生理衰老的进程则明显加快，代偿能力有所降低。在衰老的过程中，生理功能减退的个体差异是很大的，一般有如下表现。

一、皮肤、毛发和感觉器官的变化

（一）皮肤

老年人皮肤的组织学及生理学改变有：表皮菲薄，但手、足面等暴露部位的表皮受外来刺激反而肥厚；真皮的胶原纤维与弹性纤维呈块状与断片状，可见真皮有钙质沉着；结缔组织本身再生能力虽无减退，但可因皮肤营养供应障碍而影响其再生；皮肤中的血管在60岁以后管壁变肥厚、血管床减少，老年人恶寒、怕冷可能与此有关；老年人皮肤色调及亮度均下降。

1. 皮肤附属器官改变 毛发改变；汗腺中顶泌汗腺45岁以后减退，伴随有不同程度的萎缩；外泌汗腺高龄者萎缩、功能减退；皮脂腺的功能受性激素影响较大，女性皮脂腺分泌量减少较男性显著。

2. 皮肤化学成分改变 老年人皮肤的水分含量较成年增加，皮肤干燥和皮肤水分含量无关；真皮中的钙、镁、钠、钾等有所增加；新陈代谢低下，皮肤呼吸商也低下；皮肤的pH随年龄增长向碱性移动。

3. 皮肤的物理性状 老年人的皮肤张力劣于年轻者，60岁后更为显著。

4. 皮肤反应 根据仪器描记发现，老年人血管反应较迟钝，皮肤对碱的抵抗力缺乏，易引起皮炎，划痕反应时间延长，组织通透性增加，用吗啡所引起的淋巴渗出反应增强，毛细血管抵抗外压有增大的倾向。

皮肤为水、电解质的排泄通路之一，是散热的主要组织。老年人皮肤内毛细血管相对减少，血管舒缩功能减退，汗腺虽未减少，但因皮肤循环血量减少而汗腺功能受到影响，散热功能减退。

老年人通过皮肤的蒸发而丧失的水量相当于中年人的1/2～2/3。由于皮肤血管扩张不良，某些皮肤特征（如苍白等）的临床意义与青年人无较大差别。老年人体温调节能力减退，因而体温受环境的影响较青年人大，因散热功能较弱，更易中暑。这些问题在处理老年性疾病时应引起注意。

5. 皮肤老化 随着年龄的增长，老年人皮肤逐渐出现老化现象。皮肤老化可分为自然老化和光老化。

自然老化是指发生于老年人非曝光区皮肤的临床、组织学和生理功能的退行性改变，是随着时间的推移自然发生于皮肤中的结构和功能变化。

光老化则是指在自然老化过程中重叠有光损害。在光老化皮肤中，自然老化的改变进一步加剧，而且出现由于曝光，特别是暴露于紫外线而引起的特异性损害。如老年性瘙痒症、老年性色素斑、老年性白斑、老年疣、老年性血管瘤以及老年性角化病等。当然还有毛发和甲的老年性改变和老年性疾病。

与此同时，随着年龄的增长，皮肤代谢速度减慢，老年人皮肤角质细胞层次减少，代谢速率降低，损伤后的再上皮化过程延迟，创伤的愈合速度减慢。真皮成纤维细胞数目减少，寿命缩短，合成胶原纤维能力下降，使皮肤物理性保护功能减退。老年人皮肤在较小的外力作用下容易发生损害，而且不易愈合。

（二）毛发

老年人头发的粗细和青壮年差别不大，下肢的毛发随年龄增加而变粗厚。中年以后可有少量头发脱落，一般头顶部的头发易于脱落，男性比女性头发更易脱落。50岁以后会出现黑白相杂的须发，首先从两鬓开始，逐渐出现白发和银须。

眉毛不受老化的影响。腋毛、大腿毛在老年中期生长速度下降，弹性也减弱。额部的毛发发育由性激素所促进；颞部、眉外侧1/3为甲状腺素控制；腋毛、阴毛由肾上腺皮质的雄性激素所促进；胸毛、四肢的毛由雄性激素促进发育。毛的固着力，老年女性比男性强，黑色毛比白色毛强。

（三）眼

随着年龄的增长，老年人眼的组织结构发生着改变。

1. 角膜直径变小及呈扁平（曲率半径增大）趋势　致使老年人屈光力发生改变，这也是导致老年人远视的原因之一。由于角膜内皮细胞略有增厚，更易引起光线的散射。同时角膜知觉敏感性也随着年龄的增长而减退。

2. 晶状体的透光能力减弱　晶状体是双凸的透明体，其纤维呈终生不断的生长，越靠近正中央的纤维越老，质地越硬。随着年龄的增长，晶状体颜色变深，呈黄色或琥珀色，成为短波光的过滤器，当蓝色和绿色光谱被过滤后，传递到视网膜部分的总量减少了，致使大脑识别蓝色和绿色的能力也随之下降，而出现老年人夜盲现象。

3. 玻璃体结构的改变　由于透明质酸酶及胶原发生改变，蛋白质发生分解，纤维断裂而致玻璃体液化，进而导致玻璃体发生后脱离，间接地影响了眼的调节作用。

4. 视网膜的改变　视网膜是视觉活动中最重要的组成成分之一。由于年龄的增长，视网膜可变薄，光感受器和视网膜神经元数量减少，黄斑部中心凹视锥细胞减少，双极细胞及神经节细胞逐渐减少，并出现色素上皮的色素脱失，因而使视网膜的防护功能及视觉功能开始衰老。

随年龄增加，老年人眼的调节能力逐渐减退，最终发生近看的障碍，虽进行极度的自我调节，但近距离作业仍有困难，该现象称为老视。其原因是睫状肌肌力的减弱，引起晶状体弹力减弱。40岁的人平均有4屈光度的调节力，到50岁调节力平均减到1屈光度，一般在45岁左右成为老视。年龄大者也可发生近视，不用老花镜，可以考虑发生了核性近视，是因为晶状体的核部屈光力较皮质部强造成的，若只用中心部，不论自觉或他觉，均呈近视。

老年环是由于眼的代谢障碍，脂肪组织沉积于角膜所形成的。角膜本身没有血管，主要靠巩膜边缘的血管网来供应水分和营养，并且角膜是异常物质容易沉积的部位，当血液中的胆固醇和甘油三酯等脂质物质含量过高时，过多的脂质被过氧化，角膜难以吸收，逐渐在角膜边缘沉积，形成灰白色的环。因此，老年环可能预示机体存在脂质代谢的紊乱，是高脂血症在眼部的征象。

老年人无明确原因而晶状体发生进行性混浊时，称为老年性白内障。混浊先从赤道部的皮肤开始，从核开始混浊变化的极少。待晶状体硬化，则白内障形成，发病高峰年龄为76～80岁，也有30～40岁发生的。

老年性青光眼易发生在中年以上初老妇女中的神经质者。此外，老年好发的眼病还有老年性眼外翻、乱睫、倒睫、老年性泪腺萎缩、葡萄膜性萎缩等。

（四）耳

耳在老年期因弹性纤维减少而导致耳郭的弹性渐渐减少，耳郭表面的皱襞变平、凹窝变浅。音响在300周波以下听力不起变化，辨别音响方向的能力下降。耳郭的长度、宽度、软骨、耳垂等40～50岁以后增长，70岁后增长更明显。

老年时腺细胞渐成扁平，耵聍腺管扩张呈囊状，加之老年人不注意外耳道的清洁，故易发生耵聍栓塞。老年人的外耳道可发现异物，有异物而无感觉是老年期的特点。有更年期障碍、营养不良、糖尿病等的老年人易发生外耳道炎症。

鼓膜随着年龄的增长而趋于浑浊，若在鼓膜的后上部和外耳道的后上部有小出血点，可能伴有高血压、头痛、耳鸣等。

老年期耳咽管的咽部开口明显扩大。听力在20岁前后最灵敏，以后随年龄的增长而逐渐减退，高音调比低音调听力减退要早且呈进行性。

一般来说，全身情况好的，听力也好。高龄者左耳听力较好者居多，女性比男性听力好；老年人多自觉重听而伴有耳鸣，男子从70岁开始C音叉的骨导听力发生减退，75岁后更明显，80岁后无变化，女子从60岁开始C音叉骨导听力减退。老化还可使螺旋韧带萎缩，内耳分泌异常，耳蜗神经纤维横切面积缩小，前庭平衡功能下降等。

老年人听力损害的主要表现为听阈提高和听野缩小。导致老年性听力损失的原因非常复杂，不仅包括听觉系统衰老的生理和病理过程，还与生活过程中受到的各种环境、社会因素的综合影响有关。除了熟悉的噪声损害，血管病变、感染性疾病及耳毒性药物的影响等诸多环境因素外，听觉系统渐进性老化是目前发现导致老年性耳聋的又一病因。因此，鼓励老年人接受定期的听力筛查，普及听力损失的知识，提供相应的后续诊断和治疗服务，对预防和延缓老年性聋的发病有积极作用。

二、肌肉、骨骼的变化

肌肉组织遍布全身，除躯干、四肢外，心脏、血管、胃肠道、泌尿生殖道等都是以肌肉组织为主要成分。肌肉随老化而出现质和量的变化。如30岁的男子肌肉可占体重的40%～45%，而老年人肌肉可减少到占体重的25%左右。随着老化过程的推进，肌纤维变得瘦小，伸展性、弹性、兴奋性和传导性皆减弱，肌肉氧耗量减少而易疲劳。这些改变主要表现在骨骼肌，而心肌改变较少。

骨骼是全身的支架,随着老化,骨中有机成分(如骨胶原、固骨黏蛋白质等)减少,而无机盐(如碳酸钙与磷酸钙)增加。青年人骨中含无机盐为50%,中年人为60%,到老年人则为80%。因此,老年人骨的弹性、韧性减弱,易发生骨折。

老年人因蛋白质代谢障碍,造成骨细胞或骨基质上有缺陷而形成骨质疏松,以脊柱多见,故老年人常诉背痛及背呈弯弓状(老年性驼背)。骨质疏松还可以引起老年性腰痛和类似坐骨神经痛等。骨质疏松症是一种以骨量减少、骨组织显微结构退化为特征,随着骨的脆性增加,发生骨折危险性增加的一种全身性骨病。骨质疏松症临床表现主要是骨密度降低,骨质疏松症患者除了要长期经受慢性疼痛、活动能力下降的痛苦外,骨折作为骨质疏松症最严重的后果所引起的并发症和高致残率对患者及家庭的威胁更大。

老年人引起骨质疏松的原因很多,如病史、运动量、营养状况、膳食结构、体重指数(BMI)、钙剂使用、吸烟、饮酒、喝茶等行为因素,因此养成良好的行为习惯是预防老年期骨质疏松的关键环节。施加合适的干预措施,如通过开展关于骨质疏松的健康教育,改变老年人的不良生活习惯和饮食习惯,积极治疗慢性疾病,多进行户外活动,参加适度的体育锻炼,及时补充维生素D和钙等,通过有效干预预防和治疗骨质疏松症的发生。

三、心血管、呼吸、消化系统的变化

(一)心血管系统

老年人的心肌纤维逐渐萎缩,心脏瓣膜变得肥厚、硬化、弹性降低,心脏传导系统老化,使心排血量下降,易发生心律失常,影响内脏器官和大脑的供血。全身动脉(尤其是主动脉和冠状动脉)硬化又会加重心脏的负担,使心脏、脑、肾血流量减少而易导致相应的疾患。心血管系统的神经反射减弱,代谢率降低。心血管系统的老化个体差异很大,常见的改变有:

心脏功能减退,代偿能力减弱,容易发生心功能不全。研究表明,随着老化,每搏输出量每年下降约1%,65岁的老年人和25岁时相比,其每搏输出量约减少40%。心脏潜在力70岁为40岁的50%。

老年人活动时心率增加较年轻人少,其恢复时间也延长。随着年龄的增长,老年人心肌收缩能力也降低,与中、青年人相比,老年人运动时心率增加较少,由于心室充盈压升高使老年人在运动中容易发生呼吸困难。

尽管老年人心脏收缩和舒张功能减退,但通过代偿机制的调节,健康老年人静息和运动时每搏输出量和心排血量均无增龄性降低,而只有运动时最大运动能力降低和舒张末期容积呈增龄性升高。

老年人心脏储备功能减退是公认的,70岁老年人心脏储备功能只相当于40岁的50%。静息心排血量在中、青年人和老年人是相同的(5 L/min),而运动时最大心排血量年轻人高达25~30 L/min,而老年人仅为17~20 L/min。因此,在较大强度运动等应激时,老年人的心脏不能像年轻人那样泵出足够的血液来满足机体的需求,容易发生心力衰竭和心肌缺血。

1. 心电图的改变 据国外资料统计,45~50岁的人有心电图改变者占8.6%,65~70岁增加到22.8%，75岁以上高达59.7%。老年人安静时心电图正常，但有运动负荷或缺氧时即可出现异常心电图。

2. **血压变化** 50岁后血压多随年龄的增长而收缩压升高，舒张压可降低。国外资料报道，65～75岁收缩压在160 mmHg以上者占17.7%，75岁以上高达26.6%。心率多在50岁以后开始减慢，并可出现节律改变。心率和血压随年龄的增长，对运动的反应越来越迟钝。

3. **心血管系统的病变** 据迪尤报道，70岁以上的老年患者60%有动脉硬化，36%有冠状动脉硬化，44%有心肌纤维化，20%有心肌梗死。主要原因为老年人血管大动脉弹性储备下降，故老年人容易患单纯收缩期高血压。另外，由于毛细血管老化和功能性毛细血管数目减少，老年人容易出现肌肉疲劳。

（二）呼吸系统

老年人的肺泡总数减少，存在肺弹性纤维变性，肺泡壁变薄，肺泡扩大，肋骨硬化，膈肌及胸壁呼吸肌等萎缩，使老年人的呼吸功能（包括肺的通气功能和弥散功能）减退。70岁老年人的肺活量为20岁的50%，二氧化碳的排出量则为中年时的50%。

老年人免疫功能减退，抗病能力弱，易患肺炎、慢性气管炎等呼吸系统疾病，促使肺气肿发生或加重。肺气肿又可加重呼吸功能不全，影响心血管系统功能。老年人呼吸功能的降低存在着较大的个体差异，不同的人变化出现的早晚及程度可以有所不同。老年人呼吸系统结构的变化导致功能的降低随年龄增长而加速。如以20岁的肺功能为100%，到60岁时则为75%，到80岁时降到60%。呼吸储备功能变化出现最早而且受损最明显。

老年人肺顺应性降低，与肺泡表面活性物质的减少有关，主要原因是肺组织中胶原蛋白、弹性蛋白增多，纤维增生，弹性蛋白中交联增多，使肺弹性减低。有研究表明，在老年人中常见的多种呼吸系统疾病，如肺部感染、成人呼吸窘迫综合征（ARDS）、肺动脉高压、肺气肿、肺纤维化、肺梗死、哮喘等，均见肺泡表面活性物质的合成、分泌减少，并在上述疾病的发生、发展中有着重要作用。

随着年龄的增长，肺容积、肺活量（VC）降低，因此老年人在运动时易感到呼吸困难，使无氧代谢提前出现。在负荷运动的情况下，达到稳态运动的时间和运动后恢复到静息水平所需的时间均延长。

（三）消化系统

老年人口腔黏膜和舌黏膜变薄，舌乳头萎缩，舌肌萎缩，舌的体积减小，运动功能减退，口腔腺体萎缩，唾液分泌减少，唾液性状稀薄、黏度减少，牙齿咀嚼功能不良，碎食不全，易导致口腔黏膜损伤，易发生口腔及牙齿的疾病或癌变。

女性在更年期可自觉口腔黏膜浅在性疼痛，部位在口唇、硬腭、颊、咽、舌等，有烧灼性疼痛或针刺样痛。随着年龄增长，最明显的变化是牙齿衰退和脱落，再加上咀嚼肌萎缩，影响老年人咀嚼。

约40%以上的老年人因唾液腺的基础分泌减少而发生口干的感觉，如再有咽部神经及肌肉的协调受损，可影响口咽的吞咽动作。据X线透视观察，食团由口腔转移到咽部，在老年人中约60%有滞缓现象，但很少发生临床症状，若有口咽吞咽异常的症状，常见于卒中、痴呆或其他慢性神经病变的患者，如帕金森病、重症肌无力等。随年龄增长，老年人的味觉和嗅觉多有下降。

在老年人中，主诉有吞咽困难、胃食管反流、胸痛和胃灼热等症状很普遍。据统计，在50～70岁的年龄组，其发生率高达35%。其中因食管运动功能改变而发生临床症状者占20%～30%。随年龄增长，食管运动改变可有上食管括约肌的收缩压力下降和松弛延缓，食管收缩幅度减少，食管体部多相收缩波，食管下括约肌松弛不完全和食管扩张减退等。临床上有胸痛和吞咽困难者，称为"老年食管"。据最近研究，单纯与增龄相关的食管运动功能改变不会有明显症状，往往因伴有糖尿病、神经病变或药物的不良反应，才会有吞咽困难的症状。胃食管反流病的有关症状在老年人也很常见，在老年人中有胃食管反流病，应考虑同时有伴随病或因药物的不良反应因素所致。

牙齿可随年龄增长而出现颜色变化，透明度从30～37岁后向暗的方面发展，以牙颈部最明显。釉质的硬度不因年龄而变化。牙齿的比重从30岁左右逐渐增加，超过50岁反而下降，而气孔率随年龄增长而增加。

老年人牙根部（尤其在根尖部）常见透明牙本质，牙齿的根管常极为狭细，又因根尖孔的狭窄而妨碍牙齿的血运，助长了牙龈萎缩。牙骨质因骨质堆积和慢性炎症的影响，常在牙根尖部有块状肥厚膨隆。牙髓细胞、血管壁等有脂肪变性，进而可见网状变性、黏液变性，还可以形成囊泡，髓的基质部有纤维倾向。

40岁以后可见牙冠磨损，中年后前磨牙或尖牙的唇侧牙颈部常出现楔形或弯月形凹陷，冷、热食物刺激有疼痛感觉，缺损的上颌牙易出现，前磨牙最多，其次为尖牙、侧切牙，40～50岁有损及牙髓者。

老年人牙龈萎缩、牙齿间隙明显增大。牙周膜的厚度逐渐变薄，32～50岁牙周膜平均厚度为0.18 mm，50～60岁为0.15 mm。日本中山市就340名老年者展开调查，发现年龄愈高，残存牙数量愈少，每人的平均残存牙数：60多岁14.1个，70多岁10.9个，80多岁6.8个。女子较男子残存牙数量少，上颌残存牙数量少，前牙可存留到晚年。牙齿丧失引起咀嚼能力降低，颌骨、颌关节变化等使口唇及颊部失去了自然的丰满，外观消瘦，颧骨和下颌骨下缘突出，呈老年性面貌。

随着年龄增长，老年人胃肠黏膜变薄，胃肠道的腺体和绒毛逐渐萎缩，肌纤维萎缩而弹性减低，易出现胃扩张、消化不良及便秘现象。

随着年龄的增长，老年人胃液量及酸度逐渐下降，60岁以后的老年人约有35%表现为低酸或缺酸。中年人呕吐后易引起氢离子和氯离子的丧失，而发生代谢性碱中毒，而老年人由于胃液缺酸，呕吐后常导致酸中毒和低钾血症。

老年人还有胃蛋白酶及内因子缺乏，并可因胃酸缺乏及胃黏膜退行性变而导致缺铁性贫血。

老年人胰腺的分泌并不随年龄增长而下降，胆囊功能也无明显改变，小肠吸收功能则因黏膜上皮细胞的血液供应减少而有所减退，但不影响对营养物质的吸收。老年人胰岛素分泌减少，葡萄糖耐量减低；血浆白蛋白一般降低，而球蛋白可相对增加，这可能与肝合成白蛋白的功能减退有关；血中维生素含量降低，但不伴有维生素缺乏症；易呈负氮平衡，伴有慢性便秘者，要特别注意潜在的氨代谢异常。

四、神经系统的变化

神经系统的变化主要包括大脑和神经功能的变化。大脑的重量随年龄增长而逐渐减轻：脑的重量在20岁左右达最高峰，以后逐渐变化，到50岁前后就开始出现老年性减轻，超过60岁，这种变化尤其明显，一般要减轻100~150 g。随着脑重量的减轻，大脑皮质出现不规则的肥厚、浑浊、萎缩性改变及神经元数量的减少。脑血流量比年轻人下降约1/5。老年人神经传导速度随年龄增长而减慢，80~90岁的老年人，其神经传导速度可减慢15%~30%。自主神经调节功能下降，适应能力降低。但脑细胞数量仍达140多亿，大大超出了完成脑基本功能所需要的数量，脑组织有充分的后备。另外，脑细胞的减少也可以代偿。研究表明，只是在一些特定的区域，脑细胞的减少比较明显，有可能是细胞及其功能的再调整。

五、生殖、泌尿及内分泌功能的变化

男性生殖系统在一生的后半期出现萎缩和功能减退，特别是前列腺的改变。据国外学者报道，从前列腺组织学和形态学的改变可以概略地推断出该人的年龄（有病者除外）。1952年，摩尔从前列腺组织学上的改变来推断年龄，年龄与前列腺组织形态学改变的关系如表11-1。

表11-1　年龄与前列腺组织形态学改变的关系

年龄（岁）	前列腺组织形态学改变
40~50	腺上皮形状出现轻度不规则
50~60	腺叶出现萎缩，腺上皮的分泌功能减退或消失
60~65	开始出现细胞萎缩
>65	淀粉样小体增大，数目增多，有的可明显地出现间质的平滑肌组织萎缩与结缔组织增殖

注：性激素（特别是男性激素）的分泌在40岁时为最高峰，以后逐渐减低

对于老年人，肾上腺皮质可以代行性腺的职责，由年龄增长而引起的皮质功能减退是因脑垂体前叶激素分泌减少所致。

比姆对60岁以上的165人的调查结果：60~70岁有精子存在者占68.5%；70~80岁有精子存在者占59.5%；80~90岁有精子存在者占48%（但精子数量不多）。人的性欲并不直接依赖于男性激素，从中年至老年，性的能力确实具有逐渐减退的倾向，但个体差异很大，有的人30岁已有阳痿，有的人80岁还出现情欲。但一般而言，男子60多岁约有5%、70多岁约有30%的人出现完全阳痿。这种性能力减弱倾向并非由于老年男性激素减退所致，而是心理因素起着重要作用，多数学者证实了这一观点。

卵巢的重量随老化而减轻。子宫重量也随年龄增长而减轻，41~50岁平均为57 g，51~60岁为49 g，61~70岁为39.5 g。子宫体积缩小，内膜萎缩，内膜功能层变薄，子宫腺的管腔缩小，上皮成骰子状，各个腺呈囊泡性扩大，腺与腺间的壁相融合，基质梭状细胞互相接触，胶原纤维增厚，细胞增多，大部分细胞中止分泌。由于颈管腔的粘连而发生颈管闭锁，血管硬化。

阴道萎缩，黏膜上皮全部变得菲薄。老年期的典型特征是基底型细胞出现，在阴道分泌物中可看到许多核大的中层或表层细胞，嗜酸性细胞通常很小。阴道黏膜的结缔组织变密，弹性纤维常成块状，骨盆结缔组织显著萎缩，因而性器官的移动性受到限制。

绝经的方式很多。绝经的方式常见于急停型、月经慢慢减少型、21日内间隔反复出现不规则出血型、21日以上长期间隔反复出血型、一次大出血后停经型、不规则出血停经型等。更年期平均年龄为 47 ± 6 岁，近几年有逐渐推迟的趋势。

维尔纳在1945年首先提出男子"更年期障碍"的概念。但半个多世纪以来，众多的学者对"男性更年期"的提法尚未达成共识。女性"更年期综合征"较多见。

老年人肾也有某种程度的代偿性改变，如紧接硬化血管领域外方的肾单位可见肾小管肥大，但这种肥大只限于肾小管的近曲部。随着年龄的增长，肾重量逐渐减轻，主要是肾单位减少，肾实质损伤以皮质明显，髓质较轻。相反，肾小球数量随年龄增长而减少。

老年人肾小管间隙增宽，结缔组织增生，纤维变性严重。镜下可见肾单位数量减少，体积变小，部分肾小球呈透明变性，基膜增厚；肾小管细胞呈脂肪退行性变，基膜增厚，远曲小管的憩室增多，肾囊肿多由此憩室扩大而来。老年肾血管均有粥样硬化，动脉内膜增厚，弹力纤维增多，肾小球、肾小管周围毛细血管床减少，70岁以后尤为明显。

肾功能可随年龄增长而逐渐减退。由于肾功能具有较大的变异性和代偿性，因此平时往往不能从临床症状中发现"老年肾"的改变。但是，当发生其他疾病和应激情况时，肾却不能负担，出现水、电解质代谢紊乱或肾功能不全，可危及生命。

肾结构的改变必定导致肾功能的改变。一般40岁以后就开始有肾功能的缓慢而渐进的减退，但在体内情况稳定的条件下，不发生肾功能障碍的症状和体征。肾小球滤过率随年龄增长而降低。45岁以前肌酐清除率无明显改变，此后开始呈直线下降。老年人肌酐减少与肾小球滤过率下降成正比。因此肾小球滤过率下降不一定伴有血清肌酐值升高。如果老年人有血清肌酐值升高，则意味着明显的肾小球滤过率降低。

老年人血尿素氮比年轻人高，而老年人血清肌酐值只是在肾小球滤过率明显降低时才升高。因此诊断老年人肾功能指标仍以血尿素氮为敏感。老年人肾小管排泄和重吸收功能减退。70岁老年人排泄功能比20岁的年轻人降低43.5%，重吸收功能减退47.6%，老年人肾对急性水、电解质代谢紊乱适应性和调节能力差，易发生低钠血症。

随年龄增长，肾对激素的反应能力下降。因此老年人血浆肾素浓度和醛固酮浓度降低3%～5%。老年人肾对维生素D的羟化作用降低，造成磷潴留，导致骨骼形态的改变。

老年人膀胱组织常有慢性炎症改变及固有层和肌肉间隔有纤维组织增生。大多数老年人膀胱都有小梁增生和小室形成，部分形成膀胱憩室，老年妇女可有尿道黏膜改变和脱垂，其严重程度与尿失禁及炎症有关。老年人尿失禁率高达25%～40%，上述功能改变与盆腔肌肉支持力减弱、膀胱感染、神经系统病变及老年精神疾病有关。

老年人尿素氮含量增高，老年人肾对 H^+ 的保留和排出的调节能力、NH_3^+ 生成能力减退。老年人肾病可出现一些特殊症状与体征，如重度肾病可出现一系列神经症状；血小板减少所致的出血可以是尿毒症的最早表现；尿蛋白超过150 mg/24 h为不可忽视的肾病预兆等。老年人夜间尿频、尿量多主要由肾浓缩功能降低及泌尿系梗阻所引起，也可能与糖尿病、心力衰竭、精神紧张等有关。老年人（特别是男性）肾盂肾炎的实际发病率较年轻人高。老年人肾对药物的毒性作用很敏感。

总之，生理老化是人体发展的客观规律，是不可抗拒的自然现象。但是，这种生理衰退的个体差异很大，通过积极努力、适当的锻炼和科学的保健，可以大大延缓人的生理衰退或老化进程，减少或消除病痛，保证良好的生活质量。

第三节　老年人的心理行为特点

一、记忆、思维和智力

（一）记忆

一般来说，老年人的瞬时记忆和短时记忆能力的减退较明显，而长时记忆的衰退则较慢。老年人的再认识活动保持较好，对意义记忆的减退比对机械记忆的减退慢。

老年人更倾向于将注意力集中在积极的信息上，对积极信息的加工维持得较好，表现出"积极效应"。基于社会情绪选择理论，老年人的"积极效应"可以解释为由于年龄的增长对时间的知觉变得紧迫和有限，这使得老年人转换了主要的生活目标，即从知识获得目标转变为以获得情绪与情感满足为目标。这种目标的转变使老年人偏爱那些能够改善他们情绪和感受的信息，表现在认知加工上就是"积极效应"。

老年人上述记忆变化的特点说明老年人的记忆过程并非全面衰退，而只是部分减退，仍保留着学习能力。时间间隔可能会和情绪效应交互影响老年人的错误记忆。有针对年轻人的研究发现，时间间隔长短能调节情绪效价对记忆的作用，消极情绪对记忆的促进作用比积极情绪对记忆的促进作用出现得更早。因此，适当加强老年人信息提取的训练，对于延缓和弥补老年人的记忆减退具有积极作用。

（二）思维

随着年龄的增长，老年人的概念学习、逻辑推理与解决问题的能力逐渐衰退，但个体差异悬殊，最显著的特点是"用进废退"。有研究发现，老年群体在诱发状态下反事实思维的数量多于自发状态下反事实思维的数量，而合理性却低于自发状态下反事实思维的合理性，并且达到了极显著的统计学水平，这可能是因为在自发状态下受试者压抑了自身经历事件的反事实思维，而他人的经历却引发了他们内心深处的思考，表现出其思维、情感真实的一面，受试者下行反事实思维的差异显著高于其上行反事实思维，而且达到了极显著的统计学水平。在诱发状态下，老年组的下行反事实思维也高于上行反事实思维，这可能体现了反事实思维的积极准备功能；对于身心健康的受试者而言，他们具有积极进行反事实思维的能力。

老年人只要经常学习和思考问题、关心新情况、研究新事物，那么他的思维能力就可能保持良好的水平。老年人的动作反应与思维能力的个体差异明显与其生活条件有关。如俄国作家托尔斯泰71岁时完成名著《复活》；德国大文豪歌德82岁时完成其代表作《浮士德》，现实生活中的例子不胜枚举。

（三）智力

1984年在美国国家老年研究所进行的一项关于脑化学的研究中，研究者对一批21～83岁的人进行了脑扫描，以判断人脑各部位的新陈代谢活动状况，结果发现，健康的老年人的大脑同健康的青年人的大脑同样活跃和有效率。同年，美国罗切斯特大学的科学家对刚刚去世的15个人（其中5名为中年人、5名为意外死亡的正常老年人、5名为因衰老而死亡的老年人）大脑的解剖研究表明，正常老年人的脑细胞的树突数、长度和分支都明显超过了中年人。树突数最少的是因衰老而死亡的老年人。

老年人对文化知识、经验的积累等有关后天获得的能力（如知识的广度、词汇量、判断能力等）一般保持得较好，下降缓慢，只是到七八十岁以后才略有减退。对依赖生理功能为主的能力，如近事记忆力、思维的敏捷性和反应速度、知觉的综合能力等，则随年龄增长而逐渐减退，60岁以后较明显。

老年人的智力具有可塑性，即通过心理训练和学习活动，可以使老年人的记忆和思维能力下降的趋势得到改善，并有可能进一步提高其知识广度和判断能力，这说明人脑的功能并不一定会随年龄的增长而衰退。正常老年人的大脑神经结构并不全然衰老，有时甚至比某些中年人的大脑还要好。此外，还应看到，文化程度、职业习惯、健康状况和个体特点等非智力因素对老年人的智力也有重要的影响。

学历越高，因年龄增长所造成的智力衰退速度就越慢，这在老年女性身上表现得要比老年男性显著得多。能继续工作的老年人，其智能衰退得慢；从事过专业技术工作和管理工作的老年人也有比较高的智能。"衰退"包括生理性、病理性、心理性以及整体素质的衰退，老年人还包括智力衰退。

所谓的老年人"智力衰退"并非真正是智力衰退，也可能是由于一些非智力的心理性因素所致，如老年人对当前活动的性质判断为无意义、无价值，而不将该活动纳入自己的智力活动之中；或者自认或者被认为老迈而不愿再努力去积极探索应对环境变化的方法。

老年人一旦抱着消极的态度，停止对大脑的思维材料的供给，则必然会加快智力减退；而采取积极的态度，则会抑制智力的衰退。就老年人智力衰退表现而言，有下降趋势的只是记忆数字能力、快速反应能力和注意的分配或高度集中能力等方面。但即使在记忆测验中，因测验任务所要求的加工类型的不同，年龄差异也会不同。可见，造成老年人智力衰退的因素是多种多样的。

在心身衰退的老年期，活动范围往往变得狭窄，与社会接触逐渐减少，老年人的孤独感、孤立感等不良感觉增加，大多会成为维持良好智能水平的不利因素。因此，应坚持进行体育锻炼，经常用脑和学习，保持良好的人际交往，重视心理保健，延缓智力老化的进程，更好地发挥老年人的潜在智力和创造力。

从整体看，除了某些疾病（如早老性痴呆症）对人的智力有着致命损害外，老年期的智力并没有明显改变。参加较多的社会活动、未停止对大脑的思维供给的老年人的智力倾向于提高或改变，而较少接触社会、懒于思考的老年人的智力则有明显下降；另外，学习的机会和成就的动机都能使老年人的智力有所提高。保罗·巴尔特斯等人提出，老年人并不存在智力降低的问题。其研究还发现，60岁老年人的智慧有明显的增加；从心理学的观点来看，年龄并不是塑造个体智力的一个关键因素。"当思维能力受到挑战时，大脑都会做出积极的回答，这与年龄无关。"

二、情绪及个性

（一）老年人的情绪

情绪问题的发生和发展主要受到以下3类因素的影响：生物遗传因素、神经生物学因素和心理社会因素。心理社会因素在其中的影响最为广泛，它可以通过"扳机事件"影响情绪问题相关的遗传基因的表达。它也可以成为应激源，通过应激反应引起神经生物学改变，从而影响心理健康状态。有的老年人因退休，摆脱了工作负担，情绪向着轻松、愉快、稳定、安宁的方向发展；反之，有的老年人则因角色改变而产生被抛弃的感觉，情绪带有沮丧和悲伤色彩，这种现象与智力的发展趋势类似，正常健康的老年人在情绪方面的功能相对年轻人而言保持完整，甚至有所提高。在老化过程中，主观幸福感和积极情绪体验的频率是逐渐上升的，而消极情绪体验的频率逐渐下降。一般认为，出现这种现象的原因是老年人比年轻人更倾向和更善于进行情绪调节，从而获得情绪与情感的满足，比如社会情绪选择理论和认知-情感发展理论所持的就是这种观点。

有些老年人情绪反应小，情感波动弱，对外界缺乏敏感，甚至麻木不仁。大约70%的老年人在一日中清晨情绪最佳，这与青年人一般在晚上情绪最好形成对照。虽然老年人面临更多的丧失、挫折和冲突，但是总的来说，较之年轻人，老年人体验到更高水平的情感健康状态，随着个体的老化，消极情绪体验减少，积极情绪体验即使不出现增长，也维持在原有水平。

在情绪体验的持续时间上，老年人的积极情绪体验更可能保持较长时间，而消极情绪体验持续时间更短。

维持良好的社会互动对于健康老龄化至关重要。随着年龄的变化，老年人倾向于选择自己的社交同伴，他们会缩小社会关系网络，优先选择亲密社会同伴进行互动，交际圈中感情亲密的朋友占很高的比例，这样的情境选择行为有利于促进老年人身心健康和主观幸福感。

老年人群焦虑主要集中在抑郁和躯体疾病的共病上。情绪问题对老年人的影响较为广泛，情绪低落、自责、自罪、焦虑等情绪问题可以引起老年人工作能力下降，甚至生活能力降低。这类情绪问题也影响老年人的自我评价，阻碍社会交往，甚至导致社会联系、社会支持的减少。

情绪问题常与躯体疾病相互影响。情绪问题可以导致躯体疾病的发生率增加，降低躯体疾病治疗的依从性，阻碍躯体疾病的康复，影响预后。情绪问题也影响个体感受到的躯体健康水平，因而情绪障碍患者常有较低的自我健康评价。因此，情绪和健康的关系十分密切，老年人保持良好的情绪有利于健康、长寿。

（二）老年人的个性

从成年到老年，既有变化，又持续稳定。80岁以后的老年人变化明显。但是人的差别很大，男性和女性又有不同。老年人的性格特点、性格的形成和发展贯穿整个人的一生，不仅受到个体的生物学因素的影响，也受到后天环境的影响，且后者的影响因子更大。老年人的个性既有持续稳定的一面，又有变化的一面。然而有研究者认为中年至老年的变化，即从主动掌握到被动掌握或从朝向外在世界转为朝向内心世界的现象，则可能是特定年代的老年人的特点，也可能是一部分老年人的特点。个性特点在10年左右时间内大体稳定，75岁以后的10年看来要比65岁以后的10年变化更大，而且与是否发生变化和是否遭受严重精神紧张和刺激有关，也和老年人的社会经济状况有一定关系。

老年人身心老化所导致的性格改变体现在以下几个方面。

（1）自我中心性：老年人的性格由开始的固执己见和盲目自信发展到专横任性和顽固不化。

（2）猜疑心：由于视觉和听觉感觉器官的老化，造成对外界事物的认识模糊和反应迟钝，往往容易陷入胡乱猜测、嫉妒、偏见、暴躁等偏激情感之中。

（3）保守性：由于学习能力和活动能力的降低，因而讨厌或难以接受新鲜事物，但却非常注重以前的习惯或想法，守旧思想较为严重。

（4）情绪性：随着对外界事物的关心程度日趋淡漠，对自己身体的注意却日益集中。性格变得极易过敏和神经质。

（5）愚钝和傲慢：不能正确地认识生活现状，而每日只是沉溺于对往事的回忆之中，对于自己过去的成绩却不厌其烦地整日挂在嘴上。

造成老年人个性变化的主要原因有神经系统、感觉系统日渐衰老；自己感到衰老；与社会脱离；一些社会文化的因素；濒临死亡问题。

老年人的个性变化同时也受到心理活动的影响。从消极方面来说，记忆力减退，学习能力下降，性格变得狭隘、多疑、固执、刻板、情感淡薄，有失落感、孤独感、自卑感等。从积极方面来说，老年人智慧增加，理解能力强，遇事深思熟虑等。

一方面，老年人的心理受躯体和神经系统的制约，感觉、知觉、反应时间等虽然受人的生活经历和社会实践的影响，却更多的和人的感觉器官以及神经系统的老化有密切关系，这是心理的生物性方面的表现。另一方面，老年人的心理又受家庭环境和社会环境的制约。退休和丧偶等社会因素所引起老年人心理抑郁、焦虑、失落等消极心理状态是心理的社会性方面表现出来的问题。

老年期是一个失意多、不安感强的时期，处在失意的挫折之中，烦恼增多。为了消除这种不愉快或痛苦的状态，有些老年人常常不是采取合理的处理方法，而采取不合理的或异常的方法，但有些老年人的个性弱点与年轻人一样，可以在一定程度上得到改善。很多老年人并没有上述的个性改变，能保持统一的人格，对生活保持良好的适应并应对自如。

理查德按老年期的适应情况，将老年人的人格特征分为以下5种类型。

1. 成熟型 有智慧，具有十分统一的人格。感到自己一生收获不少，理解现实，并以积极的态度面对现实，积极参加工作。对家庭及社会中与他人的关系感到满意，关心面广，面向未来，对未来的生活并不感到苦恼。对衰老这一事实（包括最终的死亡在内）十分理解。此属于悠闲自在型的老年人。

2. **安乐型** 又称隐居依赖性。看上去十分悠然自得，对自己目前的处境也十分理解，但实际上把自己的生活完全寄托在别人身上。无论在物质上或精神上，都在期待别人的援助，不喜欢工作，胸无大志，满足于现状。

3. **装甲型** 是一种自我防御较强的类型。对恐怖、苦恼都用强烈的防御机制应对。用不停的活动来抑制自己对衰老的恐惧，而且对余暇缺乏理解。不承认老年的价值，用不停的繁忙活动来回避对老年期的展望和死亡的问题，对青年人怀有嫉妒心理。

4. **愤怒型** 不承认自己衰老这一事实，怨恨自己尚未达到人生的目标，把自己的失败归咎于他人，并表示出敌意和攻击性，偏见较深，常表现出恐惧、抑郁。对年华的流逝持强烈的反感，对生活中的许多娱乐活动失去兴趣，多自我闭塞。

5. **自我谴责型** 这种类型的老年人攻击性深藏不露，把自己的不幸全归咎于自己，自责、自罪，对一切事物持悲观态度，对别人没有任何兴趣，孑然一身，有时甚至走向自杀的绝路。

上述 5 种类型中，前 3 种以各自的形式在适应衰老，后 2 种则是不适应的状态。老年人应正确认识个性的主导和积极方面，并努力创造条件促进自己个性弱点向积极方面转化。在现实生活中，上述类型只是一个大致的分类，也可能在一个老年人身上几种类型的特征同时存在，但一般是以某一类型为主。

三、精神障碍和行为表现

老年性精神障碍指发生在老年期人群的精神障碍，包括以下情况：①阿尔茨海默病引起的老年性精神障碍一般只在老年阶段才发生，存在一定的特殊性，与老年期之外的精神障碍有一定差别。②老年期发生的精神分裂症、双相情感障碍、妄想性障碍通常与老年期之外的精神障碍无明显差别。老年精神障碍疾病按损害性质分为器质性精神病和功能性精神病两大类。根据老年人群的发病行为特点，可归类为以下 4 种。

1. **脑器质性精神障碍** 主要表现为讲话时前言不搭后语，颠三倒四，有头无尾，缺乏条理。可见失语、失用和失认。情感由淡漠变为急躁不安，常走动不停。重度患者日常生活不能自理，排尿及排便失禁。医师完全无法与思维破裂的患者进行语言交流和进行医疗检查。

2. **老年人神经症** 主要表现为性格异常，容易发怒，疑心重重，常怀疑自己患了某病，或者别人偷了自己的东西，常伴有焦虑和恐怖，或伴有妄想、吝啬或无端慷慨，语言啰唆，喜欢大声喊叫，无故打人及骂人。

3. **情感性精神障碍** 对亲人冷淡、疏离，甚至无故敌对。对周围事物失去兴趣，情绪低落，整天呆立、失眠、多梦。情感障碍严重的患者完全丧失自我管控能力，严重影响食欲、睡眠，对生活失去信心，甚至自杀。

4. **老年性精神分裂症** 具有妄想以及幻觉，但发作时间短，妄想和幻觉常在晚间明显。缓慢进行性连续型发病日期很难确定，既往可能有神经症或类似人格变态的表现。幻觉中以幻听为多，患者的行为不自主地受幻觉的指挥，甚至服从幻觉的指引做出一系列危险动作。幻觉和妄想导致不自控的行为改变，突发性实行自杀、自残、伤人、出走等危险的异常行为。

总之，积极、早期的干预对降低老年期精神障碍有一定保护作用，如积极治疗原发病，适当给予抗精神病药治疗，加强护理及康复等干预措施以及社会支持等，对老年人精神障碍发生的预防有重要意义。

（杜文琪）

思考题

1. 老年、老年行为和老龄化社会的概念是什么？
2. 老年人的生理有哪些变化和表现？
3. 老年人的心理行为有哪些特点？
4. 老年人的精神行为障碍有哪些特点和表现？

第十二章

与心理行为相关的功能性躯体障碍疾病

功能性躯体障碍患者以各种躯体症状或躯体不适为主要表现，然而各种实验室检查均无阳性结果；或者即使存在某种躯体病变，但不能解释症状的性质、程度或患者的痛苦与心理观念，这些躯体症状被认为是心理冲突和个性倾向所致。但对患者来说，即使症状与不愉快的生活事件、困难或冲突密切相关，他们往往很难接受心理病因的解释。

第一节 概 述

生物医学认为细胞损害是一切疾病的基础，但并非所有的疾病都能找到确切的病理解剖学改变证据。因此，症状和由症状构成的疾病就有了功能性和器质性之分。事实上，临床各科至今仍有许多疾病因不能发现明确的病因和病理改变而被归类于"功能性障碍"（functional disorder）。功能性障碍主要表现为功能性精神障碍和功能性躯体障碍。

一、定义、病因与发病机制

一般认为，功能性和器质性之间的主要区别是机体组织和结构上有无可解释其相应症状的病理解剖学变化。由于找不到相应的器质性原因，通常被称为障碍或综合征。相应的，无器质性原因或器质性原因不能解释的躯体症状称为功能性躯体症状或不适。

由于从生物医学的角度找不到明确的病因、确切的病理机制和病理变化，功能性躯体障碍的概念、诊断、分类和治疗等似乎总是随医学发展的不同时期、不同学者的不同学术观点而变化。医学界最初对由功能性躯体症状形成的障碍的解释是躯体器官的扰乱，将此类问题归为癔症；以后的命名包括疑病症、器官神经症，或情况不明的、不能解释的躯体症状群或综合征，或"躯体形式"障碍等。

按照生物-心理-社会医学模式观点，功能性躯体障碍的定义为：一组在生物、心理和社会环境因素综合影响下，因机体器官和组织功能异常引起的不适，但运用目前的检查技术还查不出与器官和组织功能异常相对应的结构上不可逆变化的疾病。

功能性躯体障碍疾病的病因首先与机体素质因素有关，如遗传、组织和器官发育或结构薄弱、功能活动过度或功能减退、疲劳、衰老等，另外，性别、年龄、家庭环境及文化因素（如对健康和疾病的认知、信念）等对其也有影响。诱因是指在素质因素的基础上诱发某种疾病的外部条件，同时也可能是疾病迁延、病情复发和加重的重要原因，多为心理社会因素，包括精神应激、不良生活方式和行为等因素。

在每一个个体的发病过程中，素质因素和诱因的作用大小呈负相关，素质因素小时，诱因要大一些才能致病；反之亦然。但素质因素和诱因的任何一种并不一定能直接致病，因此只能称为致病有关的因素，例如失眠，大都是后天因素所致，但也有一部分失眠患者有家族史，能查出家族遗传基因，带有基因遗传色彩，但总的来说，失眠以后天所致为主，多因生活方式以及不良行为所引起。不过，遗传因素和不良行为也只能说是引起失眠的因素而已。

二、发病情况

由心理和长期不良生活方式诱发功能性疾病的发病率并不低，埃斯科巴等估计社区中超过 4% 的人有多种慢性功能性躯体症状。近年有些调查表明，初级医疗保健机构就诊者中约 1/5 的人的躯体症状明显，但查不到器质性的原因。

躯体症状的发生率和严重程度，从常见、轻微和暂时性，到慢性、极度不适和功能丧失，是一个连续的谱。特定概念的躯体化障碍的患病率显然会随着人群的不同而不同，但更大程度上与诊断标准有关。另外，功能性躯体障碍不但与心理及社会生活方式不良行为因素关系密切，与精神疾病，如焦虑、抑郁、物质依赖、人格障碍等共病率也非常高，并发的精神疾病又是影响功能性躯体障碍转归的重要因素。

功能性躯体障碍不但导致患者个人痛苦，影响生活和工作质量，而且是增加社会负担、影响公共卫生的一个重要问题。据估计，美国有 10%～20% 的医疗预算是花在躯体化或疑病观念的患者身上。但到目前为止，功能性躯体障碍并未引起医学界足够的重视，漏诊率和误诊率均极高。因此，对心理行为相关的功能性躯体障碍的深入研究具有重要的社会及经济意义。

三、常见与心理行为相关的功能性躯体障碍疾病

功能性躯体障碍疾病散见于临床各科，分类一般按器官和系统进行。命名多沿用"功能性""神经症性""心因性"等修饰词。由于观点、概念和观察的角度或标准的不同，对功能性躯体障碍的命名和分类并无统一办法，甚至同一症状群可能从不同的角度有不同的命名方法。这种情况导致某些概念的交叉、重叠或相互包含是在所难免的。

功能性躯体障碍疾病和心理行为障碍疾病很多，但仅就与心理行为相关的功能性躯体障碍疾病而言，局限了很多，因为通过各种实验室检查没有阳性结果，但在患者的生活方式和心理行为方面都能找出确切的致病因素，如慢性便秘，经过肠镜以及各方面实验室检查没有阳性结果，但分析该患者，工作性质多坐，加之本人不喜欢活动，几乎不参加体育锻炼，饮食精细，缺乏膳食纤维，不喜欢吃蔬菜和水果等，结合这些行为和生活方式，就可诊断其为功能性慢性便秘。类似这样的原因所致的功能性躯体障碍疾病可在人体各个器官表现出来。

从临床实用的角度出发，结合与心理行为相关的因素去分析，可以发现许多功能性疾病是因不良心态行为和不良生活方式所引起的。

（1）心血管系统：心血管神经症、情绪性心律失常、情绪性低血压、心脏性偏头痛等。

（2）消化系统：功能性消化不良、习惯性便秘、功能性腹胀等。

（3）呼吸系统：神经性咳嗽、功能性呃逆等。

（4）内分泌系统：摄食障碍（神经性厌食症、神经性贪食症、神经性呕吐）、单纯性肥胖等。

（5）神经系统：睡眠障碍、贪食综合征、偏头痛、丛集性头痛、紧张性头痛、肌张力障碍等。

（6）运动系统：不宁腿综合征、纤维肌痛症、痉挛性斜颈、书写痉挛等。

（7）泌尿生殖系统：性功能障碍（性欲减退、阳痿、早泄、性高潮缺乏、阴道痉挛、性交疼痛）等。

（8）其他：颞下颌关节紊乱综合征、慢性疲劳综合征、视疲劳、眼睑痉挛等。

第二节 心血管神经症与胃肠道功能障碍

心血管系统、消化系统与心理行为相关的功能性躯体障碍疾病很多，本节重点介绍心血管神经症、胃肠道功能障碍和慢性便秘。

一、心血管神经症

1. **病因** 该病的病因和发病机制与心理行为、社会因素及遗传等均有一定关系。大多数患者有较明显的心理行为方面的发病诱因，其诱因多为强烈的心理创伤、工作过度紧张或压力过大等。部分患者因缺乏对心脏病的认识，对已患有的疾病或疑似心脏病症状产生过度忧虑而产生本症。

一般认为，患者的个性具有多愁善感、焦虑不安、古板、严肃、敏感、多疑、悲观、保守及孤僻等特征。在心理社会因素的刺激下，其应激反应通过自主神经和神经内分泌的介导，主要表现为以心血管系统症状为主的交感神经功能亢进症状，并有焦虑、抑郁等情绪反应。此外，本病与生活方式不良也有密切关系，如患者大多不喜爱运动，体力活动过少，心血管系统缺乏适当锻炼，稍有活动或劳累即不能适应，或生活不规律、熬夜、失眠等，因而产生过度的心血管反应，也可导致心血管神经症。

2. **临床表现** 该病大多数发生在青壮年，以 20～40 岁者为最多，且多见于女性。患者的主诉多而分散，病情时好时坏，症状多变而客观检查无器质性心脏病证据；或存在的器质性疾病不能解释患者出现的症状。

发病时以心血管疾病症状为主，同时伴多个神经症症状。

（1）心悸：自觉心脏搏动增强或心悸，另有一部分患者则感觉心搏过快或不规律。间歇性发作或加重，与活动无关，多在休息时发生，紧张、过度疲劳常使心悸加重，症状常因注意力分散而消失。

（2）呼吸困难：主观感觉呼吸不畅或呼吸困难，要打开窗子甚至要求吸氧，有时需深呼吸或做叹息样呼吸来缓解症状，但此时观察患者的呼吸频率及呼吸深度均属正常。

（3）胸痛：部位常不固定，其性质可以是钝痛、刺痛或压迫性痛，有时伴有胸痛。

（4）疲乏无力：四肢无力，体力活动减少，不能耐受体力消耗较大的劳动或活动。同时患者常合并有焦虑、抑郁等情绪症状，失眠、多梦、头痛、头晕、食欲缺乏、记忆力减退等心理及生理症状，多汗、手足发冷、手抖、尿频、排便次数多等自主神经功能紊乱症状。

诊断本症首先必须注意排除器质性心脏病，但也要注意勿将本病误诊为器质性心脏病而给予过多不必要的检查与治疗。同时需要注意器质性心脏病也可以伴发心血管神经症。

3. 治疗 分为心理行为治疗和药物治疗。

（1）心理行为治疗：患者因某些症状而自认为患有严重的疾病或某种心脏病，因而到处求医，不惜花费金钱多次重复检查，总认为是自己的病未检查出来。对于这类患者，医师要有耐心和高度的热情，认真倾听并体谅患者的诉说，应避免很快甚至第一次就诊时就下本症的诊断，应当进行某些必要的检查，并进行必要的鉴别诊断，这样对患者可起到宽慰作用，使患者认识到他的病受到了医师的重视而没有被忽略。

明确诊断后，要向患者进行详细解释，经过多种检查已排除了其他的（特别是严重的）心脏疾病，使患者感到自己的问题得到了解决。了解患者以往的生活方式和不良习惯，予以指出。及时纠正患者不良的生活方式和习惯对改善症状和治疗有重要意义。向患者解释本症也是一种疾病，而非无病呻吟，不是常说的"精神病"，是心理上、功能上的疾病，完全可以经过以心理、行为为主的综合治疗而治愈。其他心理治疗方法（尤其是放松技术和行为疗法、生物反馈疗法）均有明显治疗作用。

（2）药物治疗：主要是对症处理。对于失眠、焦虑明显的患者，可给予抗焦虑药；对抑郁严重的患者，可给予抗抑郁药；对心率偏快、心悸较重的患者，可给予β受体阻断药。本症预后一般良好，长期追踪观察本症患者不会转化为器质性心脏病。

二、胃肠道功能障碍

（一）神经性厌食症

神经性厌食症（anorexia nervosa）是过度控制体重和进食（与对体重和进食的超价观念有关）的一种精神行为障碍。其行为目标是体重的下降，患者对体重增加和肥胖有过度恐惧，而且伴有体像障碍，女性患者还出现停经。神经性厌食症的主要外部特征是极低的体重（低于标准体重15%，或者体重指数＜17.5）。

神经性厌食症在过去的几十年里发病率明显增加，患者绝大多数为年轻女性，最常见的发病年龄是青少年期，较成年人高5~10倍。

1. 病因 神经性厌食症的确切病因尚未明确，可能涉及生物学因素、社会因素和心理行为因素。

遗传可能对该病有影响，神经性厌食症的家系研究表明，这种疾病的发病有较大的家族聚集性，同一般人群相比，患者家庭成员有情绪障碍者较多。

神经性厌食症患者可能有下丘脑功能紊乱。近期研究发现，神经性厌食症患者下丘脑的皮质醇分泌增加，脑脊液中促肾上腺皮质激素释放激素含量增加，这很可能意味着神经性厌食症患者下丘脑的促肾上腺皮质激素释放激素增加，导致皮质醇分泌的改变。一些中枢的神经递质（包括多巴胺、5-羟色胺和去甲肾上腺素等）可以影响食欲，并影响饱食和摄食行为。有研究表明，神经性厌食症患者存在这些神经递质功能的失调，不过这种神经递质的失调究竟是疾病的原因还是疾病的结果，尚需进一步研究。

神经性厌食症患者往往有支持其减轻体重的社会和家庭背景，或是所处的社会存在以瘦为美的文化氛围，或是有职业要求。尽管没有明确的家庭内部的特殊的相互影响，但一些证据表明，患者常与父母的关系存在一些问题。伴有清除食物行为的患者往往比较孤立，对人有敌意。研究还发现，青春期有明显进食障碍者其以后的婚姻关系往往比较紧张。

有关神经性厌食症病因的心理学理论很多。有人认为，神经性厌食症是青春期发生生理改变导致的性别压力和社会压力，而引起对食物的恐惧及回避反应。也有学者认为，神经性厌食症患者存在认知上和感知上的缺陷，并以其为神经性厌食症的病因，体像障碍（拒绝承认自己是瘦弱的）、认知混乱（缺乏对疲劳、瘦弱和饥饿的正确认识），以及由于不正确的学习经历而导致自我挫败感，是发病的原因。

2. 临床表现　神经性厌食症多起病于10～30岁，从13岁开始发病率明显升高，到了17～18岁达到发病高峰，10岁以前患者往往表现为挑食，而且有消化道的问题。此病年轻女性明显多见。

神经性厌食症患者主要临床表现包括进食障碍、停经、焦虑、抑郁等精神障碍和体重明显减轻后出现的躯体症状。由于强烈害怕体重增加，患者往往不主动要求治疗，甚至对治疗采取不合作的态度。神经性厌食症患者对体重增加的过分担心反映出她们对食物和体型的胖瘦程度存在超价观念。患者减少食物的摄取，特别是高热量食物和脂肪的摄取。患者对体重增加感到恐惧，甚至在已经出现了恶病质时仍然存在。拒绝保持同年龄和身高相对应的最低正常体重是这一障碍的最具诊断意义的特征。一些患者由于不能坚持限制性饮食的行为而出现短时间内大量进食行为，但事后又对进食行为感到非常后悔，所以通过催吐、导泻、使用利尿药及过度运动等不适当的方法来防止体重增加。

神经性厌食症患者常伴有焦虑、强迫、抑郁等症状，也可能有其他精神症状。患者大多追求完美，行为方式较僵硬。往往有躯体不适的主诉，尤其是上腹部不适多见。患者出现抑郁的比例很高，青少年患者表现为第二性征不明显，而且有性心理发育延迟，成年人则表现为性欲下降。停经是女性神经性厌食症患者重要的临床表现之一，在厌食的早期，体重没有明显下降时就可以出现。当患者体重下降明显时，会出现一系列严重的躯体症状和体征，包括体温过低、心动过缓、水肿及胃排空减慢等。

神经性厌食症的病程和预后差异很大。部分患者不经治疗可以完全缓解；部分患者经过治疗后症状可以缓解；部分患者则为慢性迁延性病程，常表现为恶化和阶段性缓解的波动性病程；部分患者的症状会逐渐加重，直至死亡。

3. 治疗　对神经性厌食症患者，应采用包括药物治疗和心理治疗在内的综合性的治疗手段。大多数厌食者对治疗都没有兴趣，甚至是抵触的，对于这些患者，要向他们强调治疗的好处，并承诺治疗可以帮助他们摆脱失眠以及抑郁症状的烦恼，减轻他们对于食物的强迫观念，可以使他们的身体更健康，精力更充沛。病期不足6个月、没有暴饮暴食和自我催吐行为、父母对治疗配合并能够有效参与家庭疗法的患者，一般不需要住院治疗，这类患者的预后也相对较好。体重迅速和明显下降、伴有严重抑郁或在院外治疗失败的患者则需住院治疗。

治疗首先应该恢复患者的营养状态，增加体重，恢复身体健康。可供给高热量饮食，必要时应给予静脉补充营养及纠正电解质代谢紊乱，并努力使患者的饮食习惯恢复正常。

（1）心理治疗：行为疗法、个体化治疗、认知疗法和家庭疗法等方法都可以选用。行为疗法可以选用操作性条件反射和强化疗法；家庭疗法可用针对那些发病和家庭问题关系密切的患者；认知疗法则通过改变患者对食物、体重的不正确的认知而达到治疗目的。

（2）药物治疗：对部分患者有效，主要是针对患者的抑郁、焦虑及强迫症状等进行对症治疗，应用较多的是抗抑郁药，特别是可以增加体重的抗抑郁药，如米氮平、曲唑酮等。对某些难治性患者，可以使用抗精神病药、钾盐、H_1受体阻断药、抗癫痫药等。

（二）神经性贪食症

神经性贪食症（bulimia nervosa）是一种常见的进食障碍，表现为反复出现的、不可控制的大量进食冲动和行为，同时由于存在对体型和食物的超价观念，使得患者在大量进食后常采取一些不适当的方法来防止体重增加，如催吐、导泻、过度运动等，并有贪食和厌食交替出现的饮食模式。

贪食是指不能控制的过度进食，贪食的发作可能是由于应激或者自我强制的饮食规律被打破引起。神经性贪食症发作时，患者有失去自我控制的感觉，患者在短时间内吃掉大量高热量的食物，只有受到社会干涉或者出现躯体不适后行为才停止。

已有的研究表明，神经性贪食症比神经性厌食症多见，多为年轻女性。国外研究认为，本病在16～40岁女性中的发病率为1%左右，男性患者明显较少，发病年龄比神经性厌食症迟一些，多发生于青春期晚期。最近几年该病的发生率有所增加，但无法肯定到底是疾病发病率增加了，还是医师对该病的识别率提高了。

1. 病因　神经性贪食症患者有对体重要求较严格的社会和家庭背景（如目前社会普遍认同以瘦为美的观点），患者与家庭的关系不是很紧密，与父母的冲突较多，儿童时期的不良经历也可能对疾病的发生有一定程度的作用。

神经性贪食症患者的个性特征包括外露、抑郁、愤怒及易冲动等，他们缺乏自控能力，对冲动的控制能力较差，可能伴有物质滥用和不适当的性行为。这类患者有酒精滥用史和药物滥用史。患者在适应功能的所有领域（即工作、社会、休闲活动；广泛的家庭关系；配偶或父母的角色作用及家庭单成员作用）显著差于正常对照组，且这些结果在1年后仍保持稳定。这类患者年幼时易出现分离性焦虑障碍。有学者认为，这是由于患者与父母分离后把目标转向食物的缘故，贪食行为可能是对与父母分离的一种下意识的表达。

2. 临床表现　神经性贪食症患者最突出的临床表现是反复发作的暴饮暴食。发作通常在节食数周到1年或者更长的时间后开始，每次暴食发作的平均时间大约为1小时。患者一次进食大量食物，通常是在秘密的情况下快速进食，由于吃得又多又快，所以称为暴食。多数患者喜欢选择热量高、较松软而且易于快速下咽的食物，如蛋糕等。患者并不过于在意食物的味道，有时甚至不经过咀嚼就咽进了肚子，患者明知这种行为不对，却很难控制，直至腹部不适或遭到外界因素干涉后才停止进食。暴食之后出现抑郁、苦闷的情绪，对自己的进食行为非常后悔，想出各种办法防止体重增加。大多数神经性贪食症患者存在不规律进食或喜欢一人独自进食。

神经性贪食症患者常采用不适当的代偿行为来防止体重增加。呕吐是最常见的办法，一方面可以减轻腹部不适，另外也可以使患者不用担心体重的问题。通常的方法是用手指或棒状物伸到咽喉处，引起反射性呕吐，因此一些患者手背上有磨损和伤痕，也有一些患者无需特别刺激，仅凭自己的意愿就可以呕吐。除了呕吐，神经性贪食症患者还滥用泻药、利尿药、食欲抑制药等。

神经性贪食症患者过分关注自己的外表和体型，非常在意别人对其的评价和看法。同神经性厌食症患者一样，神经性贪食症的患者也存在对食物和体型的超价观念、对自己体像的歪曲认识。患者持续认为自己是肥胖的，总想减肥。一般来说，神经性贪食症患者的体重往往维持在正常水平，但也有部分患者的体重偏重或偏轻。他们在乎自己对异性的吸引力，有正常的性需要和功能。

神经性贪食症患者发生情绪障碍和各种人格障碍的比例很高，出现焦虑和强迫等问题的情况也很多。患者还容易出现物质滥用，最常见的是酒精滥用和苯丙胺类兴奋药滥用。贪食症患者还可以出现冲动性偷窃，最常偷窃的东西是食物、衣服和珠宝等。

长期反复出现暴食-催吐、滥用泻药和利尿药，给患者造成躯体并发症的风险很大。呕吐或使用利尿药可以出现电解质代谢紊乱，具有电解质代谢紊乱的患者表现为虚弱、嗜睡、心律失常等躯体症状，有时甚至导致突然的心搏停止。暴饮暴食和反复呕吐可能导致急性胃膨胀或胃和食管的破裂，当患者出现严重的腹部疼痛时，应警惕胃破裂的可能。由于酸性胃内容物的腐蚀，患者可能患有严重的牙齿磨损和侵蚀，导致病理性牙髓暴露，牙齿结构的完整性受损，咀嚼能力降低，出现龋齿，神经性贪食症患者的这种龋齿具有一定的特征性。

3. 治疗

（1）心理行为治疗：包括个别心理行为治疗、群体心理行为治疗、家庭疗法、认知行为疗法等。认知行为疗法应用较多，目的在于改变患者对自己体重和体型的过度关注和不正常的认知，通过系列脱敏、暴露、厌恶疗法等纠正患者的不良饮食习惯。由于许多患者在出现贪食症状之前已经有了心理上的问题，所以针对这些问题的家庭疗法、人际关系治疗就很有必要。

（2）药物治疗：抗抑郁药对部分神经性贪食症患者有效，包括选择性5-羟色胺再摄取抑制药（SSRI），如氟西汀等；三环类抗抑郁药，如阿米替林等，可能的机制是升高5-HT水平。抗抑郁药可以减少贪食的发作，改善患者的心境，对心理治疗疗效差的患者往往也有一定疗效。

三、慢性便秘

慢性便秘是中老年人最常见的病状，不是独立的疾病。不少中老年人因为排坚硬的粪便而痛苦，又常引起痔疮发作。有些患者由于长期便秘，常恐患上了结肠癌之类的疾病而频频就医，进行各种实验室检查（包括下消化道钡餐透视、肠镜检查），但都无阳性发现，所以诊断也就属于功能性躯体障碍疾病。

1. 病因

（1）平日饮食过分讲究精细，食物纤维少：食物纤维使粪便具有一定体积、一定重量才能刺激直肠，才能有规律地向大脑发出排便的信号。大脑指挥肠道蠕动，推动粪便在较短时间到达直肠。进食含有丰富食物纤维的食物，粪便在肠道存留的时间平均为30～35小时；进食过

于精细的食物，由于食物残渣少，这类粪便在肠道内可存留 40～60 个小时。粪便在肠道存留时间长，有害及有毒物质与肠壁接触时间长，吸收多，刺激强，对肠壁损伤也大。

（2）每日饮水少：结肠每日接纳 1500 ml 左右的含电解质的液体，95% 被吸收。如饮水少，结肠回收力不减，粪便干燥。中老年人肠蠕动减弱，腹肌松弛，推动干燥粪便到达直肠十分吃力。

（3）不合理的饮食习惯：有的人每餐吃得过少，或减少餐次，尤其不吃早餐等，容易发生便秘。有的人外出不习惯在外排便，抑制便意，也可发生便秘。

（4）活动量少：由于活动量少，易发胖，尤其容易发生腹部脂肪堆积，腹肌收缩力下降。老年人活动量更少，肠蠕动减弱，内外交困，无力将滞留在直肠的粪便挤出，勉强用力，易因心力不足而出现意外。

（5）肠道功能紊乱：反复使用轻泻药可造成肠道功能紊乱，使肠道对轻泻药产生依赖性，致使便秘加重，反复发作。

2. 治疗

（1）食物搭配要合理，应做到荤素搭配，粗细搭配，养成吃多样化食物的习惯。

（2）饮水量要充足，每日饮水不少于 2000～3000 ml（其中包括食物和蔬菜、水果中的水）。

（3）少吃辛辣食物。

（4）避免久站、久坐、久卧。

（5）加强体育活动。

（6）避免使用轻泻药，更不能多次使用灌肠等方法治疗便秘。

（7）养成定时排便的习惯。

（8）当外出旅游、出差或生活环境改变时，要多饮水，多吃蔬菜和水果。

第三节　其　他

一、失眠

失眠（insomnia）的发病率很高，给许多人带来了痛苦和困扰。我国睡眠研究会近年报道，我国城市居民高达 38.2% 的人存在着不同程度的失眠。国外流行病学调查结果显示，每年大约有 33% 的人出现睡眠障碍，17% 的人为严重失眠。在西方发达国家，美国成年人中 30%～35% 患有失眠，法国成年人有 30% 患有失眠。

1. **病因**　失眠可以由心理社会因素造成，也可以由躯体病痛所导致。

（1）生理因素：常由疾病或体内不适所致。如各种疼痛、瘙痒、咳嗽等都影响入睡。慢性中毒、内分泌疾病、营养代谢障碍、动脉硬化等各种因素引起的大脑弥漫性病变，失眠常为早期症状，表现为睡眠时间减少、间断易醒、深睡期消失。

（2）环境因素：嘈杂尖利的声音、明亮的光线、特殊的气味、潮湿、燥热、寒冷、寝具、床铺等都是影响睡眠的原因。此外，失眠可以因为环境改变所致，如旅行造成的时差不适、工作时间的变换以及睡眠地点的改变。生活规律被打乱，也易造成失律性失眠。环境改变造成的失眠是短暂的，不会导致严重的后果。

（3）不适当的行为习惯：如烟、酒、茶等的不当使用。咖啡和茶叶中含有使人兴奋的咖啡因和茶碱，它们都属于中枢兴奋剂，常导致失眠加重。

（4）药物因素：有两种情况，一类是中枢兴奋性药物的作用；另一类是镇静催眠药撤药所致的"反跳性失眠"，因此长期服用这类药物后，停药时应逐渐减量。

（5）心理社会因素：精神压力过大是最常见的原因。紧张、敏感、急躁、兴奋、恐惧、抑郁均会导致入睡困难或浅睡多梦。个人的不良自我暗示是导致失眠和使失眠长久不愈的重要心理因素。

2. 临床表现 失眠是一组症状，是指由各种原因引起的睡眠不足，包括睡眠时间、睡眠深度及体力恢复的不足。失眠者白天出现精神不振、疲乏、易激惹、困倦和抑郁等表现。如果有失眠主诉，但自身感觉良好，精力充沛，那就可能不是真正的失眠。根据发生时间的长短，失眠可分为一过性失眠和慢性失眠两种。

（1）一过性失眠：平时睡眠正常，在经历持续几天的环境压力情况下，出现短暂的、可以恢复的睡眠障碍。引起短期失眠的常见情况包括对新工作的期待、迁居、考试和外科手术的准备及住院等。一过性失眠也可能因情境、环境改变和未能控制的手术后疼痛所致。

（2）慢性失眠：失眠超过3~4周以上，这种失眠存在必须治疗的心理障碍，必须对这种患者进行病因方面的诊断和治疗。其临床表现主要是入睡困难、早醒、缺乏睡眠感。大多数失眠患者有一个共同的临床表现特点，即对睡眠的担心和焦虑，这是很多人由偶尔发生的失眠发展成为慢性失眠的重要原因。

美国精神医学会提出，失眠是指连续睡眠障碍达1个月以上，且程度足以造成主观的疲劳、焦虑或客观的工作效率下降，无法扮演正常生活中的角色。

失眠一般可分为3种类型：①入睡困难，就寝后1~2小时还难以入睡；②睡眠表浅、易醒、多梦，每晚要醒3~4次以上，醒后不易再度入睡，体力恢复不佳，常见于紧张个性心理特征的人；③早醒，离清晨起床时间还有2小时或更多时间就醒来，多于凌晨3时至4时醒来，而且醒后难以入睡，多见于抑郁症患者，老年人也容易出现早醒。

3. 治疗 首先应该对失眠者进行医学检查和心理检查，了解失眠的原因、特点，消除病因是最好的治疗方法。在排除器质性疾病的情况下，对失眠患者主要施以心理行为治疗。

（1）一般性治疗：寝具要求硬度适中，晚上按时上床，不要在床上工作和思考问题，睡前饮食量适中，不饮酒、不喝咖啡或浓茶，睡前1~2小时不进行身心兴奋的脑力及体力活动等。睡眠的姿势采取右侧卧位，睡眠的环境温度在15~24℃，隔离噪声而且要关灯睡眠，创造良好的入睡环境，养成良好的睡眠习惯。

（2）药物治疗：药物是治疗失眠的常用手段，但要慎重用药。目前使用最多的是抗焦虑药、抗抑郁药以及抗精神病药等，其中以抗焦虑药，如苯二氮䓬类（BZD）应用最普遍。注意因病施治、短期使用、慎重停药、综合治疗，避免药物依赖。必要时给予安慰剂治疗，此方法对暗示性强、轻度失眠的患者可有良好的效果。

（3）心理行为治疗：即通过各种心理治疗方法，帮助患者寻找造成失眠的心理因素，一方面支持患者坚持有规律的体育锻炼；另一方面配合心理治疗，努力消除引起失眠的原因，增进

心理适应能力，减轻患者心理压力，避免产生不良心理暗示，促使失眠患者保持愉快情绪，而不是首先使用催眠药。

此外，还有心理放松法、数息法、认知行为疗法、生物反馈疗法等。

二、慢性疲劳综合征

疲劳是最常见的临床症状之一，几乎每个人都曾体验过。1987年美国疾病控制与预防中心提出了慢性疲劳综合征（chronic fatigue syndrome）的病名。慢性疲劳综合征是以慢性或反复发作的极度疲劳持续至少半年为主要特征的症候群，可伴有低热、头痛、多种神经精神症状及各种流感样症状，好发于20～50岁年龄组，绝大多数为30～40岁的中年女性。目前，慢性疲劳综合征病因尚不明确，它是由于体力、脑力活动过度，及精神、情志、不良生活方式等多种因素引起，导致人体神经、内分泌、免疫系统的调节失常，表现为以疲劳为主的多种组织、器官功能紊乱的一组综合征。不难预测，随着社会竞争的日益激烈，生活节奏的加快，以疲劳为主症伴失眠、头晕、头痛、情绪不好而就诊者将有增无减。

1. 病因 研究表明，导致慢性疲劳综合征的原因是多方面的，已知精神因素、心理行为因素、生物因素、其他原因等可加重慢性疲劳综合征患者的病情。

（1）精神因素：慢性疲劳综合征患者在发病前或发病同时有精神病的概率较高，因此认为精神因素对该病起了病因作用。据统计，慢性疲劳综合征患者同时患有忧郁症者占40%～47%，焦虑症者占32%，躯体障碍者占15%。慢性疲劳综合征患者同时符合某一或多个精神疾病诊断者占72%。

（2）心理行为因素：如体力、脑力劳动过度，以及精神、情志、不良习惯等也可诱发人体神经、内分泌、免疫系统的功能失调，促使慢性疲劳综合征的发生。随着现代社会生活节奏的加快和生活压力的增大，本病的发生率有不断上升的趋势。

（3）生物因素：如导致慢性疲劳综合征的病毒可能有EB病毒、人类疱疹病毒6型、其他疱疹病毒、肠道病毒，特别是柯萨奇病毒B组、腺病毒、巨细胞病毒、人T细胞白血病病毒-2和泡沫病毒等。目前至少有9种DND或RNA病毒被认为与慢性疲劳综合征有关，但目前均无令人信服的证据确认上述病毒中的任何一种与慢性疲劳综合征的发病直接相关。

（4）其他原因：综合因素（如遗传倾向、应激、环境、性别、年龄和以前曾患的疾病）在慢性疲劳综合征的发病与进展中都可能起到重要的作用。有些患者可能与病毒感染、头部外伤、外科手术、过度使用抗生素或一些创伤事件有关，但并非主要原因。

2. 临床表现 首先是患者出现不能解释的持续或反复的慢性疲劳，不能经休息充分缓解，并且导致以前各种活动水平大量下降。其次是患者自述近期记忆力或注意力损害，同时可能出现咽喉痛、颈、腋淋巴结触痛，肌肉疼痛，无红肿的多关节疼痛，新的或严重的头痛，不能使精力得以恢复的睡眠，劳累后不适持续超过24小时。

慢性疲劳综合征病程长短不一，一些患者在1～2年后可痊愈，但多数很可能在发病后3～6年才康复，严重者病程可长达10余年。该病常周期性发作，有时病情可以缓解，但并不能确定该病是痊愈还是在周期发作期间。

3. 诊断 1987年美国疾病控制与预防中心正式命名并拟定了慢性疲劳综合征的诊断标准。

1994年美国疾病控制与预防中心又对慢性疲劳综合征诊断标准进行了重新修订。

（1）必要症状：原因不明的持续或反复发作的严重疲劳，并且持续至少6个月，经充分的休息后疲劳不能缓解，活动水平较健康时下降50%以上。

（2）次要症状：①记忆力下降或注意力不集中；②咽喉炎；③颈部或腋窝淋巴结触痛；④肌痛；⑤多发性非关节炎性关节疼痛；⑥新出现的头痛；⑦睡眠障碍；⑧劳累后持续不适。这些症状应持续存在至少6个月。次要症状应同时具备4条或4条以上。

4. 治疗 嘱患者暂时不要从事复杂的脑力和体力劳动，尽量减少外界对大脑的不良刺激，使患者在比较轻松、舒适的环境中做一些简单的工作，以恢复其过于疲劳的精神和身体。

适当的运动可以对慢性疲劳综合征有预防和治疗作用，应掌握以下原则：①要掌握合适的运动量；②把握好运动时间、运动方法。如运动量过小，起不到预防疾病的作用；如运动量过大，不仅会感到劳累，而且会有损健康。适宜的运动量要根据自己的具体情况决定。

起居生活要规律，早睡早起，劳逸适度。饮食要清淡而富有营养。

慢性疲劳综合征也可配合药物治疗，如失眠时，可用一些弱的镇静药；疲倦无力较甚时，可通过中医辨证用一些补益的中药，以促进健康的恢复。

三、经前期综合征

月经前期常见的某种程度的情绪变化对大多数妇女来说是一种生理性改变，其本人也不觉得有什么痛苦。但对一些有各种比较严重的精神和躯体症状的妇女来说，这往往是一个反复出现的苦恼问题。弗兰克对这些症状进行了详细的描述，并将其视为一个特殊的综合征，即经前期综合征（premenstrual syndrome，PMS）。

1. 病因与发病机制

（1）心理-行为-社会因素：经前期综合征患者对安慰剂治疗的反应率可达30%~50%，最常见的实例就是精神紧张可使部分妇女月经推迟或闭经。另外，社会文化因素对月经周期中心理行为变化有明显的影响。此外，经前期综合征的严重程度因人而异，这不但取决于患者对体内激素水平改变的敏感性，也取决于个体对心理应激的适应能力，如神经质的妇女临床表现更严重。综上所述，经前期综合征不仅是月经周期的生理改变，更重要的是个体心理、生理行为的改变。

（2）卵巢激素失调：本症的病因与发病机制尚未明确，可能与心理-行为-社会因素、卵巢激素失调和神经递质异常有关。雌激素和孕激素不均衡，水、钠潴留，醛固酮过多，抗利尿激素过多，低血糖等，都可能是重要原因。其中，尤以雌激素和孕激素不均衡最为有力，即认为由于孕激素分泌减少，雌激素相对过高所致。此时由于雌激素的作用，乳腺、子宫、阴道上皮细胞发生增殖，水、钠潴留以及糖耐量增高，血糖降低。因此治疗就以调整雌激素和孕激素的均衡为目标，应用黄体酮、绒毛膜促性腺激素，同时用利尿药，限制钠盐摄入，可收到良好的效果。亦有采用锂盐或睾酮治疗者。此外，有人发现有些妇女经前期急躁、忧郁等现象在接受口服避孕药时有明显减轻，而停止口服避孕药后可以出现精神紊乱。

2. 临床表现 患者一般先出现轻度抑郁或不安，此后有头痛、失眠、情绪不稳定、焦虑、烦躁、易激惹、注意集中困难、疲劳、倦怠及人格解体等，同时伴有乳房胀痛、关节痛、背痛、腹胀、下腹部疼痛、恶心、呕吐等。少数患者出现性欲亢进、贪食、口渴。原有神经症或情感不稳定的妇女发生上述症状者较常见。一般认为，3/4 的妇女可发生本症。

3. **治疗** 本病以心理治疗为主，药物治疗为辅，多选用精神支持疗法。在诊断过程中，保持良好的医患关系，医师应耐心听取患者叙述，并询问患者有关症状，让其畅述自己的内心矛盾，同时进行必要的心理测验，充分认识患者个性特征和焦虑、抑郁的程度。针对患者对疾病的认知、情感、意志的改变，进行经期生理卫生教育，端正其对躯体症状的科学认识，解除精神紧张的原因，提高患者的应激能力。同时给予患者家庭和社会支持，对生活及工作中发生的冲突，多顺应、少对抗、多关心、少指责，分散注意力，减少心理应激。还可采用放松疗法、音乐疗法等，均可收到良好的效果。对于症状严重者，可辅以药物对症治疗，可选用镇静药、利尿药、激素及维生素，以改善症状。

四、痛经

行经前后或月经期患者出现下腹疼痛、坠胀，伴腰酸或其他不适，程度较重者会影响生活和工作质量，称为痛经（dysmenorrhea）。痛经分为原发性和继发性两类。前者是指生殖器官无明显器质性病变的痛经，常在月经初潮开始即有，尤以未婚及未育的年轻妇女多见，多属功能性。后者是生殖器官有明显器质性病变者，本节主要叙述与原发性痛经有关的心理行为问题。

1. **病因与发病机制** 原发性痛经（功能性痛经）确切的病因尚不明确，除与内分泌及子宫因素有关外，心理行为因素也有一定的影响。原发性痛经的妇女大多心理发育不够成熟，有神经质的性格，并常有严重抑郁、神经过敏、精神紧张。患者对月经的生理认识不足，表现为对初潮的恐惧。这种恐惧心情、经期产生的情绪不稳及情感冲突可能导致体内神经及内分泌激素的异常改变，引起子宫肌痉挛性疼痛，也可能与子宫内膜合成和释放前列腺素加重子宫肌收缩有关。

2. **临床表现** 痛经多见于初潮后的青少年期和未婚未孕的年轻妇女。疼痛多自月经来潮后开始，最早出现在经前12小时，持续2～3日缓解，疼痛程度不一，重者呈痉挛性，疼痛部位在耻骨上，可放射至腰部和大腿内侧，有时伴有恶心、呕吐、腹泻、头晕、乏力等症状。严重时，患者面色苍白，出冷汗。妇科检查多无异常发现。

3. **治疗** 对原发性痛经与心理行为有关者，主要采取精神支持疗法。首先使患者正确认识月经是女性正常的生理现象，是健康的标志。相反，无月经才是一种病态。行经时有轻度不适是正常生理反应。在正确认识的基础上，告知月经期应该注意的事项，如充足的休息、劳逸结合。同时采用音乐疗法，寻找并建立良好的环境，包括家属、单位的关心，可使痛经得到缓解。对症状较重的患者，可适当应用镇痛及解痉药物，必要时可选用雌、孕激素治疗。

五、闭经

闭经（amenorrhea）是妇科疾病的常见症状。正常月经周期是下丘脑-垂体-卵巢轴的神经内分泌调节以及靶器官（子宫内膜）对性激素的周期性反应。其中任何一个环节发生障碍，都可导致闭经。下丘脑性闭经是临床最常见的一种闭经，也是与社会心理因素关系最密切的一类闭经，有些著作中称之为心因性闭经。

1. **病因与发病机制**　过度的心理压力、恐惧、忧虑、盼子心切或畏惧妊娠等强烈的精神因素，可造成大脑皮质功能失调，具体表现为神经递质、去甲肾上腺素、多巴胺、5-羟色胺的释放失调，部分患者总体表现为对下丘脑的抑制作用增强，使得下丘脑促性腺激素释放激素分泌减少，使腺体促卵泡素和促黄体素分泌减少，进一步使卵巢的排卵功能发生障碍，影响卵泡成熟而致闭经。由于下丘脑的作用被抑制，同时影响了下丘脑-垂体-肾上腺皮质轴和下丘脑-垂体-甲状腺轴，因此患者同时伴有肾上腺、甲状腺功能紊乱。

月经是妇女评价自身健康状况的一个指标，闭经会引起患者焦虑，加重内分泌功能紊乱，对下丘脑性闭经构成恶性循环，对器质性病变者如雪上加霜，如不及时治疗，将会引起更多的病理改变。

2. **临床表现**　除闭经外，患者还可有因精神因素引起的其他心理障碍的表现，如焦虑、忧郁、迫切怀孕或坚信怀孕的异常兴奋表现；或误认为妊娠，因畏惧妊娠而整日惶恐不安。同时还伴有全身症状，如食欲差、消瘦、便秘、失眠、低血糖、低血压、心率减慢等。

3. **治疗**　对下丘脑性闭经的患者，首先必须给予心理行为治疗，如心因性障碍消除不了，闭经就不会消失。消除原有的心理行为刺激，帮助患者认识闭经的原因，在科学认识的基础上，消除对闭经的顾虑，明确病因，建立康复的信心。随着患者精神紧张的消除和生活方式的改善，同时采用自我控制疗法，大多数患者可自然恢复月经。少数闭经时间长的有生育要求者，可使用小剂量氯米芬（克罗米芬）诱发排卵，或采用人工周期治疗，以此纠正其失常的生理和心理状态，达到治疗目的。在心理治疗的基础上，对由器质性病变引起者，应同时针对病因治疗，多可取得较好的疗效。

（李兴民）

思考题

1. 与行为相关的功能性躯体障碍疾病的特点是什么？与器质性疾病有什么区别？
2. 与行为相关的功能性躯体障碍疾病病因和发病机制是什么？
3. 心血管神经症的病因、临床表现和治疗方法是什么？
4. 神经性厌食症和神经性贪食症的病因、临床表现以及治疗方法是什么？
5. 失眠的发病机制和治疗是怎样的？
6. 慢性疲劳综合征的病因、临床表现和治疗方法是什么？
7. 经前期综合征和闭经的发病原因、临床表现及治疗方法是什么？

第十三章

与心理行为相关的器质性疾病

第一节 概 述

一、行为对器质性疾病发病的影响机制

心理行为与疾病的关系可以从两个方面分析，一是不良的心理行为引发的心身活动不平衡导致的躯体疾病；二是躯体疾病通过神经内分泌系统引发的心理行为的改变。实际上，这两种情况可以兼而有之。从这个角度考虑，所有疾病都与人的心理行为有关。本章着重讨论那些直接与人类行为、生活方式有关的疾病。

（一）心理生理学理论

心理-神经中介途径、心理-神经内分泌途径和心理-神经免疫途径的紊乱构成了心身疾病的发病机制。

1. **下丘脑-垂体-肾上腺轴** 在应激状态下，皮质醇水平暂时性升高，短期应激可以使细胞免疫功能增强，但持久的应激破坏细胞生长环境，导致神经内分泌功能紊乱。

2. **自主神经系统** 在应激状态下，交感神经系统通过释放儿茶酚胺类神经递质与淋巴细胞膜上的β受体结合，影响淋巴细胞功能。

3. **心理-神经免疫途径** 在应激状态下，心理活动变化引发神经免疫应答的改变，神经免疫条件反射促发了免疫功能，形成了免疫抑制。

（二）行为学习理论

巴甫洛夫经典条件反射的著名实验（狗的唾液分泌反射）是一种独立的生理反应，即条件反射，心理行为活动与生理反应联系密切。心理神经免疫学奠基人阿德通过厌恶性味觉实验证明了神经免疫系统也可以与心理活动建立联系，形成条件反射。

行为学习理论认为，某些社会环境刺激引发个体习得性心理和生理反应，表现为情绪紧张、呼吸加快、血压升高等。由于个体素质上的问题，在特殊环境因素的强化或泛化作用下，促使习得性心理和生理反应被固定下来，进而演变成为症状和疾病。例如，把动物置于一个封闭箱内，给予反复电刺激，然后进行逃避学习训练，动物因无力改变，选择不再逃避电击，即使引

导动物逃避电击，它们仍固守无效的应对方法而不做新的尝试，这是一种类似临床抑郁症的情绪状态，会导致实验动物死亡，行为学习理论把这一现象称为习得性无助。

米勒等关于"植物性反应的操作条件反射性控制"的实验说明人类的某些具有方向性改变的疾病可以通过学习而获得，例如血压升高或降低、腺体分泌增强或减弱、肌肉收缩等。人类心身障碍症状的形成还包括社会学习理论中的观察、学习及模仿，例如哮喘儿童可因哮喘发作会获得父母的额外照顾而被强化。

心身疾病的微观机制目前尚不清楚。宏观方面认为，心理应激因素主要通过中枢神经系统影响自主神经系统、内分泌系统、免疫系统等中介机制，继而影响外周及内脏器官，导致心身疾病。当今威胁人类生命和健康的主要杀手是各种心脑血管疾病、代谢性疾病和恶性肿瘤，而这些疾病大都与心理行为方式有关。

二、与心理行为相关疾病的分类

1. **心理行为与心血管系统疾病** 原发性高血压、冠心病、某些心律失常、原发性低血压综合征等，这些心血管系统疾病与心理行为密切相关。如长时间的紧张情绪和焦虑使大脑皮质的兴奋、抑制平衡失调，致交感神经活动增强，儿茶酚胺类介质释放使小动脉收缩，血管平滑肌增生、肥大，交感神经兴奋还使肾素释放增多，促使高血压形成并维持高血压状态。焦虑、恐惧时心排血量增加，血压升高以收缩压为主，愤怒和敌意时外周动脉阻力增加，以舒张压升高为主。愤怒情绪如果被压抑，造成心理冲突，对原发性高血压的发生有很大影响。

2. **心理行为与消化系统疾病** 消化性溃疡、溃疡性结肠炎、过敏性结肠炎、慢性胃炎、胆囊炎、慢性肝炎、慢性胰腺炎、神经性厌食症、幽门痉挛、肠道功能障碍、习惯性便秘、神经性呕吐、神经性贪食症或异食癖等，这些消化系统功能紊乱与心理行为密切相关。例如消化性溃疡与心理社会因素的关系尤为密切，严重生活事件和重大的社会变革，如亲人丧亡、离异、自然灾害、战争、社会动乱等是诱发消化性溃疡的主要因素。研究发现，初诊为消化性溃疡或复发的患者中，分别有84%和80%在症状发作前1周内有严重生活事件刺激。

3. **心理行为与呼吸系统疾病** 支气管哮喘、变应性鼻炎、通气过度综合征、吞气症、心因性呼吸困难等与心理行为相关。例如剧烈的情绪表达是触发哮喘的重要因素之一，5%~20%的哮喘发作因情绪因素引起。不良情绪的改善能促进哮喘病情好转。有人曾以8名哮喘非发作阶段的学龄儿童为对象，研究情绪与哮喘发病之间的关系，结果发现，观看使其感到厌恶的电影或做复杂而无味的数学题会导致这8名儿童都出现呼吸频率减慢、呼吸道阻力增加。

4. **心理行为与神经系统疾病** 脑血管疾病、多发性硬化、偏头痛、自主神经功能紊乱、晕厥等，这些疾病与中枢神经系统与周围神经系统改变联系密切，直接影响心理行为活动的改变。如多发性硬化在心理因素等影响下症状加重，患者即使在缓解期，亦常出现身体多部位的剧烈放射性疼痛、麻木、烧灼感、记忆力减退等症状。另外，因复发而残留的后遗症以及病情迁延不愈，使患者心理压力过大，过度、持久的焦虑情绪易造成患者的心理应激，进而导致整体功能减弱和抗病能力降低。

5. **心理行为与内分泌及代谢系统疾病** 糖尿病、高脂血症、甲状腺功能亢进症、高尿酸血症、痛风和肥胖症等与心理行为相关。心理行为问题影响神经系统功能，在不良情绪刺激下，无论是糖尿病患者还是非糖尿病患者，都会显示出糖尿病的某些症状，如血糖、尿糖增多。但与糖尿病患者不同，当移除不良情绪刺激后，非糖尿病患者很快恢复正常，而糖尿病患者不能恢复正常。伴有抑郁障碍的患者平均血糖水平明显升高，血糖水平与抑郁程度呈正相关。

6. **心理行为与骨骼、肌肉系统疾病** 类风湿关节炎、紧张性头痛、全身肌痛症、颈臂综合征、慢性腰背痛、痉挛性斜颈、书写痉挛与心理行为相关。例如类风湿关节炎是慢性反复发作的多系统疾病，患者因长期治疗、病程反复发作及关节畸形和（或）致残的威胁，出现焦虑、抑郁症状。而类风湿关节炎属心身疾病的范畴，焦虑、抑郁情绪可直接影响患者的生理与病理过程，诱发风湿病活动或加重病情。

7. **心理行为与泌尿生殖系统疾病** 慢性前列腺炎、阳痿、神经性多尿等与心理行为相关，如神经性多尿发病女性多于男性。此类患儿的泌尿系统并无器质性病变，膀胱容量正常。现代医学认为，其原因可能由于小儿大脑皮质发育不完善，高级中枢对脊髓及排尿中枢的抑制能力差，以及焦虑、紧张、受惊吓等精神因素，致膀胱神经功能失调所致。

三、诊断、治疗原则和预防

（一）诊断原则

1. **判断原则**

（1）疾病的发生包括心理社会因素，应明确其与躯体症状的时间关系。

（2）有明确的器质性病理改变，或存在已知的病理生理学变化。

（3）排除神经症或精神病。

2. **诊断程序**

（1）**病史采集**：在采集临床病史时，应该特别注意收集患者心理社会方面的有关资料，包括个体心理发展情况、个性或行为特点、社会生活事件以及人际关系状况、家庭或社会支持资源、个体的认知评价模式等资料，分析这些心理社会因素与疾病发生和发展的相互关系。

（2）**体格检查**：与临床各科体格检查相同，但要注意进行体格检查时患者的心理行为反应方式。有时可以观察患者对待体格检查和治疗的特殊反应方式，恰当判断患者心理素质上的某些特点，例如患者是否过分敏感、拘谨等，以及患者是否有不遵守医嘱或激烈的情绪反应。

（3）**心理行为检查**：应结合病史资料，采用晤谈、行为观察、心理测验和医学检查方法。心理测验着重于患者的情绪障碍，常用的测验包括抑郁自评量表（SDS）和焦虑自评量表（SAS）。评估结果有助于明确心理社会因素的性质、内容，评价这些因素对患者的影响，判断患者心理行为活动转归情况。

（4）**综合分析**：根据以上程序中收集的材料，对患者是否患有心身疾病、患有何种心身疾病、由哪些心理社会因素起主要作用、可能的作用机制等问题做出恰当估计。心理诊断往往伴随心身疾病治疗的全过程。在治疗过程中，患者旧的心理问题解决了，新的问题又会出现，这就要求医师针对变化了的情况重新进行评估，采取新的干预措施。

3. **诊断标准** 与心理行为相关的器质性疾病诊断标准见表13-1。

表 13-1　与心理行为相关的器质性疾病诊断标准

1. 有明确的心理社会因素，与症状构成因果关系，且疾病的发生及发展与心理社会因素相平行
2. 躯体症状有明确的器质性病理改变，或存在已知的病理生理学变化
3. 排除其他相关心身障碍和物理、化学、生物学因素引起的疾病
4. 用单纯的生物医学的治疗收效甚微

（二）治疗原则

根据心身相关障碍疾病的特征，对这类患者提倡心身整合治疗，提高临床治愈率；提高生存质量，恢复社会功能；对这类疾病实施心理治疗主要围绕消除心理社会刺激因素、矫正不良行为和消除生物学症状。

1. 对于急性发病而躯体症状严重的患者，应以躯体对症治疗为主，辅以心理治疗。例如对于急性心肌梗死患者，综合的生物性救助措施是解决问题的关键；而对那些有严重焦虑和恐惧反应的患者，应实施术前心理指导。

2. 对于以心理症状为主，辅以躯体症状的疾病，或虽然以躯体症状为主，但已呈慢性经过的心身疾病，则可在实施常规躯体治疗的同时重点安排好心理治疗。例如，对于更年期综合征和慢性消化性溃疡患者，除了给予适当的药物治疗外，还应重点做好心理和行为指导等各项工作。

3. 预防复发。为了达到这一目标，需要优化临床治疗，遵循综合治疗、全程治疗和联合治疗原则。同时灵活运用药物治疗、物理治疗和心理治疗，有助于提高治疗效果。

临床治疗心身相关障碍的常见药物主要分为抗抑郁药、抗焦虑药、心境稳定药和抗精神病药，科学、合理运用这些药物是提高疗效的关键。另外，这类患者往往具有一定的人格特质，服药的依从性差，说服其规律用药也与疗效密切相关。当然，中成药对这类患者也有一定的疗效，在临床上患者往往也更愿意接受，临床医师可以合理选用。

（三）疾病的预防

心身疾病是心理因素和生物因素综合作用的结果，因而心身疾病的预防也应同时兼顾心、身两个方面。心理社会因素大多需要相当长的时间才会引起心身疾病（也有例外），故心身疾病的心理学预防应从早做起。

具体的预防工作包括：对那些具有明显心理素质上弱点的人，例如有易暴怒、抑郁、孤僻及多疑倾向者，应及早通过心理指导健全其人格；对那些有明显行为问题者，如吸烟、酗酒、多食、缺少运动及 A 型行为等，用心理行为技术予以指导和矫正；对那些工作和生活环境里存在明显应激源的人，要及时进行适当的调整，减少或消除心理刺激；对出现情绪危机的正常人，应及时进行心理疏导；对某些具有心身疾病遗传倾向的患者（如高血压家族史）或已经有心身疾病先兆征象（如血压偏高）的患者，则更应注意加强心理预防工作。

第二节　常见的心脑血管疾病

心脑血管疾病是心脏血管疾病和脑血管疾病的统称，具有发病率高、致残率高、病死率高、复发率高、并发症多，即"四高一多"的特点，是一种严重威胁人类（特别是50岁以上中老年人）健康的常见病，即使应用目前最先进、完善的治疗手段，仍可有50%以上的脑血管意外幸存者生活不能完全自理。

全世界每年死于心脑血管疾病的人数高达1500万，居各种死因的首位。心脑血管疾病已成为人类的头号杀手。目前，我国心脑血管疾病患者已经超过2.7亿人，每年死于心脑血管疾病者近300万人，占我国每年总死亡人数的51%。而幸存下来的患者75%不同程度地丧失劳动能力，40%重残。我国脑卒中患者出院后第1年的复发率是30%，第5年的复发率高达59%，脑卒中患者的复发率与国际平均水平相比要高出1倍。

一、原发性高血压

原发性高血压（essential hypertension）又称高血压病，是指以体循环动脉血压升高为主要特征的临床综合征，伴有心脏、脑、肾等器官异常的全身性疾病。原发性高血压常并发心脑血管疾病，发生充血性心力衰竭和卒中的危险性为正常人群的4倍左右，长期高血压是心血管疾病死亡的重要原因。该病在成年人中发病率10%~20%。我国现有高血压患者1.6亿人，因高血压导致死亡的占所有死亡的5.8%。

（一）发生原因

在高血压的发病中，遗传因素、心理社会因素及行为方式共同发挥作用。凡是能够影响心排血量和血管紧张度的因素都能够导致血压的改变。具有高血压遗传素质的人处于心理社会应激或情绪应激时，人的大脑皮质与边缘系统功能失调，下丘脑、垂体等皮质下血管舒缩中心功能障碍，交感神经系统过度兴奋，造成血管收缩、兴奋占主要地位，肾上腺素能神经元释放去甲肾上腺素，作用于心血管系统的β受体，使心肌收缩力增强，心排血量增加，全身小动脉痉挛，周围血管阻力增高，血压上升。

原发性高血压的发生受到外界环境因素的影响，主要与行为习惯和生活方式密切相关。影响原发性高血压发病的心理行为因素主要包括以下几个方面。

1. 心理因素　影响原发性高血压发病及预后的心理因素有A型行为、精神压力过大、过度紧张等，当与权威发生冲突时，会出现"火山爆发式"的情绪。敌意、神经质、焦虑、抑郁、缺乏应对能力等与高血压的发病有密切关系。在A型行为人群中，心脑血管疾病的风险增加2~4倍，高血压的发生率增加3倍左右。杨菊贤分析了已确诊为高血压的患者200人，其中A型行为的人占79.5%，非A型行为的人占20.5%，二者之比为3.9∶1，A型行为的人也容易并发缺血性脑卒中。

原发性高血压的发病也与D型人格特征有关。D型人格量表常模为10分，消极情感≥10分，社会压抑≥10分，判断为D型人格。根据这一标准，50%的高血压患者可诊断为D型人格。

2. **不良生活行为** 食盐摄入量过多、吸烟、饮酒、运动缺乏都是与高血压有关的不良行为因素。

（1）食盐摄入量过多：流行病学调查资料显示，食盐摄入量较高（＞7～8 g/d）的人群原发性高血压患病率明显高于食盐摄入量＜6 g/d 的人群。高盐摄入人群随着年龄增长，原发性高血压发病率明显增加，食盐摄入量与原发性高血压发病率成正比关系。对已患有原发性高血压的患者，可以通过限制钠盐的摄入来降低血压。有研究表明，将钠盐的摄入量控制在 2～4 g/d 内，原发性高血压患者的血压均有不同程度的降低。由于个人饮食习惯不同，食盐摄入量不同，因此，通过改变饮食习惯，减少钠盐的摄入量，对原发性高血压的预防有重要的作用。有资料显示，通过适当增加钙、钾的摄入可以在一定程度上降低血压。

（2）吸烟：烟草中的多种有害物质（如尼古丁）可以使人的动脉血管收缩，血压升高；刺激心脏，引起心搏加快，心肌耗氧量增加，加重心脏的负担。吸烟能够促使肾上腺释放较多的儿茶酚胺，使小动脉收缩，血压上升。动物模型实验的结果也说明，暴露于被动吸烟环境中的大鼠血压升高。有关研究表明，吸烟者的高血压发病率比不吸烟者高 2.5 倍，且吸烟者恶性高血压和脑出血的发病率较高。吸 1 支普通香烟可以使收缩压升高 10～25 mmHg（1.3～3.3 kPa），长期吸烟导致患者对抗高血压药的敏感性降低，必须加大服药剂量才能控制血压。同时，习惯性吸烟干扰某些抗高血压药的作用，使抗高血压药治疗效果不明显，远期预后较差。原发性高血压患者戒烟可以使小动脉持续收缩降低或者缓解，血压逐渐下降，并且恢复对抗高血压药的敏感性，延缓和降低动脉粥样硬化进程，减少冠心病、心肌梗死和脑出血等的发病率。

（3）饮酒：中等量的饮酒可使血压升高达数小时，其升压作用在原发性高血压患者身上表现得更为明显。长期大量饮酒者，其收缩压和舒张压均升高，收缩压升高表现得更明显。在大脑中，去甲肾上腺素（NE）由多巴胺（DA）经由多巴胺 β 羟化酶（DβH）转化而来，儿茶酚胺和去甲肾上腺素的生理作用是兴奋血管的 α 受体，使小动脉和小静脉等血管收缩。饮酒促进儿茶酚胺的分泌，使饮酒者血液和尿液的儿茶酚胺浓度明显升高，去甲肾上腺素和多巴胺 β 羟化酶的活性也增强，诱发血压升高。

（4）运动缺乏：据调查显示，运动缺乏人群高血压的发病率高于运动规律的人群。规律、有效的有氧运动可使血压下降。运动缺乏者，肥胖的发生率高，肥胖是原发性高血压发病的重要危险因素。经常久坐不活动的人交感神经活动增强，可促使血压升高，并促进并发症的发生。规律、有效的体育运动可使心排血量下降，交感神经张力降低，心率下降，进而血压下降。有效的体育运动可有效地降低血压，养成良好的运动习惯可有效防治高血压。

（二）行为干预

现代心身医学认为，心理干预对高血压的发生、发展及康复具有十分重要的作用。在对患者综合评估的基础上，制订具体行为医学干预策略和技术方案，采用一般教育、行为指导和系统心理治疗等干预手段，结合药物应用等方法，提高干预效果。

高血压是导致冠心病或卒中发病的重要危险因素。实施对高血压的控制，可以改善高血压患者的预后，降低冠心病或卒中的发病率和病死率。一般来说，轻度血压升高的患者，单独采用心理治疗即可达到降压目的，治疗措施也主要针对造成紧张、压抑的心理因素进行；血压中度以上升高的患者，除在医师指导下适当服用抗高血压药外，采用心理治疗已成为近年来提倡的高血压综合治疗措施中不可或缺的方法。

1. **运动疗法** 对于临界高血压、Ⅰ期高血压、部分Ⅱ期高血压患者来说，进行有规律的运动有较好的效果，例如打太极拳、做体操、游泳等。运动可降低心搏次数，减少血压波动，改善左心室功能，降低血浆肾素活性与醛固酮浓度，降低收缩压和舒张压。同时，运动消耗过多的儿茶酚胺，可达到降低血压、保护血管、增强体质和延年益寿的功效。

2. **松弛疗法** 自我放松和自我心理调节是原发性高血压很有效的心理治疗方法，尤其适合于焦虑、烦躁、紧张、恐惧、易怒情绪的高血压患者。可根据患者自身的情况，采用各种放松训练，如渐进松弛疗法等，促进高血压患者肾素-血管紧张素-醛固酮系统平衡，协调自主神经系统功能，使紧张的交感神经恢复正常，从而使血压下降。

3. **生物反馈疗法** 近年来，国内应用肌电反馈或皮温反馈结合放松训练治疗高血压，取得了一些成功。该疗法不仅是Ⅰ期高血压与临界高血压的首选治疗方法，也是Ⅱ、Ⅲ期高血压的辅助疗法。肌电生物反馈疗法通过准确引导和锻炼，使患者掌控特异生理反射的训练技能，从而达到肌肉松弛状态。肌肉松弛可以减轻患者的紧张和焦虑情绪，降低交感神经张力，降低血浆肾素活性。另外，肌肉放松会比强有力收缩带来更多的血流，使支配肌肉组织的血管扩张，降低外周血管阻力，从而达到降压效果。

4. **负性情绪干预疗法** 采用纠正错误认知的方法，向患者解释情绪、行为模式、紧张的生活事件等与高血压发病的关系，寻找患者的非理性思维，通过认知矫正建立较为现实的认知理念，消除多种不良心理障碍。也可通过摄入性谈话，让患者倾诉内心矛盾和冲突，宣泄敌意、怨恨、焦虑、紧张等不良情绪，并给予相应的心理疏导和心理支持，调整其心理达平衡状态，进而改善患者的情绪。调整性格社会适应度，适当减少工作量，转变好胜及竞争的心理，消除对他人的敌意，合理安排生活，实行劳逸结合，学习和运用各种有效的放松办法，提高适应社会的能力。

二、冠心病

冠状动脉粥样硬化性心脏病（coronary atherosclerotic heart disease）简称冠心病，指由于脂质代谢不正常，血液中的脂质沉着在原本光滑的动脉内膜上，在动脉内膜一些类似粥样的脂质堆积而成白色斑块，称为动脉粥样硬化病变。这些斑块渐渐增多，造成动脉管腔狭窄，使血流受阻，以致心肌缺血、缺氧引起心脏病。冠心病是世界常见的疾病之一，也是致残、致死的主要疾病之一。近年来的研究表明，冠心病是由于多种致病因素综合作用的结果，其中心理行为因素起着重要的致病作用，如吸烟、缺少活动、心理社会压力、不良情绪等均是冠心病的重要危险因素。

（一）发病原因

冠心病的病因目前尚未明确，与多种因素有关。其中心理因素和不良行为因素被认为是冠心病发病的重要相关因素。

1. **心理因素**

（1）A型行为：快节奏、高效率、过分竞争性和敌意性的A型行为是促发冠心病的一个危险因素。我国学者吴爱勤等对100例冠心病患者及健康人进行生活应激事件、A型行为评定，与冠心病患者某些生化指标之间的相关性进行研究后发现，冠心病组血管紧张素Ⅱ、血栓素A_2、前列环素水平、TXA_2/PGI_2比值，在A型与B型行为间有显著差异；敌意、竞争因子评分和生活应激事件，与血管紧张素Ⅱ、血栓素A_2显著相关，说明竞争因子是A型行为中的主要危险因素，是影响冠状动脉粥样硬化形成的一个因素。

（2）D型行为：冷漠、孤僻、固执、易烦躁的D型行为者易患冠心病。2006年德诺莱特等对337例冠心病患者检测D型行为导致心血管疾病的发生率。在观察的5年时间内，共发生心血管事件46起，比正常发生率增加4倍，其致心血管事件的作用超过焦虑和抑郁两种因素的叠加作用。

（3）负性情绪：过分的焦虑、抑郁可促使儿茶酚胺释放增多，血浆内啡肽浓度也随之增加，焦虑伴有惊恐发作时激活有丰富去甲肾上腺素能神经元的蓝斑核脑区，促使冠状动脉痉挛，引起急性冠脉综合征（ACS）。在高度焦虑和惊恐发作时，心脏性猝死的发生率增加4~6倍。拉姆斯菲尔德等报道在ACS伴有重度抑郁的患者中，再发心血管事件和病死率明显上升，在患ACS后6个月，伴有重度抑郁与非重度抑郁的病死率分别为16.5%与3.0%，18个月后两者的病死率分别为20.0%与6.0%。

2. **不良生活行为** 冠心病的发病与吸烟、酗酒、膳食结构不合理等不良生活方式密切相关。如吸烟人群冠心病的发病率是不吸烟者的2倍，当有其他因素并存时，如合并高血压或高胆固醇血症时，其患冠心病的危险增至正常人的4~6倍。吸烟也可增加心肌梗死和猝死的发生率。酗酒是引发冠心病的另一因素，若每日饮酒量超过2杯（约20g），则发病率和病死率会随饮酒量的增加而上升。

饮食结构与冠心病的关系密切。膳食结构不合理可以通过对脂质代谢的影响而促进动脉粥样硬化。食物中的中链饱和脂肪酸可升高胆固醇和低密度脂蛋白胆固醇（LDL-C）的水平。长链脂肪酸可减少前列腺素的生长，促进血栓形成。过多进食动物脂肪、内脏等富含饱和脂肪酸和胆固醇的食物可加速冠心病发生。

缺乏运动和久坐是增加冠心病发病的危险因素。缺乏运动人群冠心病发病率为有运动习惯人群的2倍。久坐不动时，血管内皮依赖性舒张反应下降，高血压发生率增高；并出现高胰岛素血症、高甘油三酯血症等一系列相关代谢紊乱，都是促使冠心病发病的因素。

（二）行为干预

冠心病与多种行为因素有关，进行行为干预是预防冠心病和防止冠心病进一步发展的重要措施。在对患者情况进行分析及评估的基础上，制订具体行为医学干预策略和拟采取的干预技术方案，采用一般教育、行为指导和系统心理治疗等干预技术。

一般教育包括提高患者对冠心病的认识程度，使患者远离冠心病发生的危险行为，宣传健康的"四大基石"（合理膳食、适量运动、戒烟与戒酒、心理平衡）等。行为指导是指干预患者的饮食行为、运动行为和认知行为等，应制订相应的标准，开出适宜的处方。心理医师要和患者共同研究和落实行为干预的计划、要点和关键点，从而使患者能建立起健康的行为方式。必要时，可以采用生物反馈疗法等心理治疗方法及结合药物治疗。临床干预策略如下。

1. **心理支持** 冠心病患者对病情往往过分关注、担心，因此医师对患者应热情、和蔼、关心、体贴，详细了解病情，认真做好各项检查，依据患者的特点，确定综合治疗方案，对临床不同特点进行解释性心理咨询，消除患者紧张情绪，增强患者战胜疾病的信心。

2. **矫正A型行为** A型行为不仅是冠心病发生的危险因素，也是冠心病预后危险因素。国内外许多学者认为，改变A型行为模式可减轻机体对外界刺激的过强反应，降低交感神经张力，恢复良性负反馈调节，在医师指导下进行认知疗法、放松训练、想象治疗，配合气功、生物反馈及音乐治疗等效果更好。

3. **冠心病合并焦虑障碍、抑郁障碍者的药物治疗** 除心理治疗外，临床上还可应用三环类或四环类抗抑郁药，近年来首选选择性5-羟色胺再摄取抑制药（SSRI）治疗，如艾司西酞普兰、盐酸帕罗西汀、盐酸氟西汀、盐酸舍曲林等。

4. **矫正不良行为** 对吸烟、酗酒、过食、肥胖、缺乏运动及嗜咸食等不良行为进行矫正。1992年，世界卫生组织提出健康"四大基石"，对人的行为方式起到指引作用。冠心病患者在医师指导下有毅力克服依赖性，进行行为干预，参加文体活动，提倡健康、文明的生活方式，对冠心病的防治具有现实意义。

三、脑卒中

脑血管疾病又称脑卒中、脑中风，脑卒中分为出血性脑血管疾病（脑出血）和缺血性脑血管疾病（包括一过性脑缺血、脑梗死）两大类。脑卒中患者中70%是缺血性卒中，其发病率正以每年8.7%的速度快速上升。脑卒中已成为人类健康的主要杀手之一。

随着社会老龄化和城市化进程加速，居民不健康生活方式流行，心血管疾病危险因素普遍暴露，我国脑卒中疾病负担有暴发式增长的态势，并呈现出低收入群体快速增长、性别和地域差异明显以及年轻化趋势。目前，我国40～74岁居民首次脑卒中标化发病率平均每年增长8.3%。≥40岁居民脑卒中标化患病率由2012年的1.89%上升至2016年的2.19%，推算≥40岁居民脑卒中现患病人数1242万，每年196万人因脑卒中死亡。

在中国，每12秒就有1位脑卒中新发患者，每21秒就有1人死于脑卒中。2015年 *Lancet* 报道，脑卒中死亡数占我国因病死亡总数的22.8%，已超过恶性肿瘤成为我国第一致死病因，且有75%存活患者存在残疾。脑卒中患者数量庞大，且具高复发率，2008—2009年全国35家医院2639例成年急性缺血性脑卒中患者的研究结果显示，首次脑卒中后1年的复发率高达17.1%。

中国脑卒中后抑郁的发生率和预后的前瞻性队列研究发现，与脑卒中后不伴有抑郁患者相比，卒中后抑郁患者的1年脑卒中复发风险增加49%。脑卒中患者不仅躯体功能丧失，而且会导致一系列心理问题，如焦虑、抑郁和激惹等，不仅增加了患者的精神痛苦，而且负性情绪会严重影响躯体疾病的临床康复及预后，导致生存质量下降。对脑卒中患者采取积极的早期心理干预治疗，可使其尽早进入心理康复良性循环。

（一）发病原因

颅内动脉粥样硬化（ICAD）是亚洲人群脑卒中的首要病因，病因与多种因素有关，如年龄、性别、脂质代谢异常等。临床及尸检资料均表明，脂质代谢异常增加了脑卒中的发生危险，促发了脑卒中后抑郁。

超过标准体重20%或体重指数（BMI）>24者称为肥胖症。肥胖可导致血浆三酰甘油及胆固醇水平升高，并常伴发高血压或糖尿病，肥胖伴发的代谢异常同样易导致脑卒中的发生，并伴发脑卒中后抑郁，使患者心理行为活动发生改变。

其他的危险因素。①A型性格者：精神过度紧张，脑血管长期受到压力，易发生脑卒中。②口服避孕药：长期口服避孕药可使血压升高、血脂异常、糖耐量异常，同时改变凝血机制。③饮食习惯：进食高热量、高动物脂肪、高胆固醇、高糖饮食易患脑卒中。④不健康生活行为：吸烟可以使血管发生痉挛、心搏加快、血压升高，还可以加速动脉硬化并促进血小板凝集，使血液凝固性和黏稠度增高，血液流动缓慢，易导致脑卒中的发生。烟瘾大、吸烟时间长、吸烟量大者，脑卒中发病率比不吸烟者高3倍以上。酒的危害性虽存有一些争议，但总的来说，饮酒无度或经常饮用烈性酒对人体各种组织和细胞均有损害作用，尤其是在空腹时饮酒，可引起中枢神经兴奋或处于抑制状态，血压升高，心率加快，一旦脑血管破裂，就会发生脑卒中。脑卒中后带来的患者负担、家庭负担、社会负担等都严重影响患者心理行为活动。

（二）行为干预

对于脑卒中健康干预的主要策略包括慢性病早期筛查、健康信息收集、疾病风险评估、并发症预警、健康教育干预、危险因素控制与疾病相关行为干预、生活方式管理、随访与健康指导，以及对慢性患者群的综合性医学照顾与健康干预效果评估等。

1. 筛查与信息收集

（1）健康信息收集：是以个体或人群的健康需求为基础，针对当前存在的健康问题和健康危险因素或疾病风险程度，收集个人健康史或既往疾病史、家族史、行为与生活方式及心理压力等方面的资料。

（2）健康体检与疾病筛查：健康干预前的健康体检与疾病筛查项目必须进行个体化调整。根据个人的年龄、性别、职业特点和疾病风险等因素，选定体格检查和实验室检查的项目，或者采取疾病筛查的专科项目。

（3）疾病风险评估：通过对参与者的个人生活方式评价、个人健康危险因素评价、个人疾病风险评价以及疾病并发症风险评价，获得有关个人的健康危险因素和罹患某种疾病的可能性及程度。

2. 生活方式干预管理

（1）体重管理：控制膳食总热量并辅以运动消耗。

（2）膳食干预：根据理想体重合理摄入能量，减少脂肪和胆固醇摄入；选择能降低LDL-C的食物；限盐；增加复合型糖类和膳食纤维素。

（3）运动干预：增加中等强度的有氧运动。

（4）心理调适：放松压力，调节并稳定情绪。

（5）睡眠干预：每日保证6~8小时睡眠，不熬夜。

（6）不良嗜好管理：戒烟、限酒。

第三节 代谢性疾病与营养性疾病

代谢性疾病是指由于中间代谢某个环节障碍所致的疾病。中间代谢受很多因素调控，在导致中间代谢某个环节障碍的诸因素中，大致可分为先天性代谢缺陷和环境因素两大类。

机体对各种营养物质均有一定的需要量、允许量和耐受量，因此营养病可因一种或多种营养物质不足、过多或比例不当而引起。营养病的病因容易寻找，其发病机制多已清楚。按发病条件，营养病可分为原发性营养失调和继发性营养失调。

一、糖尿病

糖尿病（diabetes mellitus，DM）是常见病、多发病，是以糖代谢紊乱为主要表现的一组内分泌及代谢疾病，表现为胰岛素相对或绝对不足，导致糖、蛋白质、脂质代谢障碍，血糖水平异常升高，水、电解质代谢紊乱和酸碱失衡。

美国糖尿病学会（ADA）2017年发布的"糖尿病医学诊疗标准"如下：

（1）空腹血糖≥7.0 mmol/L（126 mg/dl）。

（2）75 g葡萄糖负荷后2 h血糖≥11.1 mmol/L（200 mg/dl）。

（3）糖化血红蛋白（HbA1c）≥6.5%。

（4）具有高血糖典型症状或高血糖危象者，随机血糖≥11.1 mmoL/L（200 mg/dl）。

上述4条中任何1条达到标准，均可诊断为糖尿病。《中国2型糖尿病防治指南（2017年版）》未采纳上述第3条"糖化血红蛋白（HbA1c）≥6.5%"，仍沿用WHO（1999年）国际通用标准为我国糖尿病诊断标准。本病的发病率高，65岁以上的老年人群发病率高达10%，且会引起多种并发症。

WHO建议将糖尿病分为4型，即1型糖尿病（T1DM）、2型糖尿病（T2DM）、其他类型糖尿病和妊娠期糖尿病（GDM）。其中2型糖尿病占发病群体的绝大多数。糖尿病患者焦虑、抑郁等精神心理问题明显高于没有糖尿病的人群。

（一）发病原因

糖尿病的病因及发病机制尚未明确，目前认为主要是遗传因素与环境因素之间相互作用的结果。由于病情进展隐匿，当糖尿病得以确诊时，许多糖尿病患者已出现并发症，因此，对危险因素的控制，纠正不良行为习惯，早期预防极为重要。糖尿病的危险因素主要包括年龄、遗传因素、精神因素、肥胖、缺乏运动、吸烟和不良饮食习惯等。

1. 行为因素和遗传因素 包括缺乏运动、吸烟、不健康的饮食结构。缺乏运动是胰岛素抵抗和高胰岛素血症的主要原因之一，也是促使许多其他行为因素引发疾病的重要原因。运动可以降低发生糖尿病的危险，保持中等强度的运动可使糖尿病发病危险降低到缺乏运动者的1/3，保持低强度的运动可使糖尿病发病危险降低到缺乏运动者的1/2。因此，运动有助于控制血糖，并使糖化血红蛋白水平降低。

同时，运动也能够使糖尿病患者骨骼肌血管基膜的厚度变薄，增加毛细血管的密度，使局部血流量增加，胰岛素作用增强。糖的摄入过多和大量吸烟会诱发和加重糖尿病。饮食结构改变、运动减少、体重增加会导致肥胖，而肥胖又与糖尿病密切相关。化学毒物、应激等也加剧了糖尿病的发生和发展。遗传因素调查显示，44%~73%的糖尿病患者有家族糖尿病发病史，尤其是1型糖尿病。2型糖尿病的遗传倾向主要以增加糖尿病的易感性为主，有家族病史者的患病概率显著高于无家族病史者。

2. **心理因素** 不良心理因素是糖尿病发生、发展和预防的重要因素。人体耐受的心理和社会压力可能通过激素作用于胰岛素分泌和葡萄糖代谢，从而诱导和产生葡萄糖耐量异常。动物实验显示，动物在紧张状态下，生长激素、肾上腺皮质激素、肾上腺素、去甲肾上腺素和胰高血糖素分泌增加，拮抗胰岛素的作用，加重胰岛B细胞的负担，使血糖升高，外伤、精神创伤等紧张状态可通过下丘脑-垂体-肾上腺皮质轴刺激肝糖原分解，加重糖原异生作用和减弱糖原的合成，也可加重糖尿病。

糖尿病患者在心理应激作用下发病和恶化，并且心理、躯体因素作用相互交织，形成恶性循环。研究表明，A型行为、心理压抑、心理负荷过重、焦虑、抑郁等不良心理因素是重要的发病因素，并且在肥胖体型、高脂血症、饮食不当等易患素质基础上促发糖尿病，但目前尚无证据证明某种心理因素或性格特征可以单独引发糖尿病。

3. **饮食因素** 饮食过多且不节制，营养过剩，使原来已潜在有功能低下的胰岛素B细胞负担过重，而诱发糖尿病。近年来，随着人们物质生活水平的不断提高，国内外亦形成了"生活越富裕，身体越丰满，糖尿病越多"的现象。高热量、高脂肪饮食、暴饮暴食等不良饮食习惯导致肥胖者越来越多，无形中增加了糖尿病发病的危险。

（二）行为干预

糖尿病治疗应综合运动、饮食、药物、心理等方法，国际糖尿病联盟（IDF）提出了糖尿病现代治疗的5个要点，分别为控制饮食、运动疗法、血糖监测、药物治疗和糖尿病教育。对糖尿病患者进行教育是重要的基本治疗措施之一，应对患者和家属耐心宣传教育，使其认识到糖尿病是终身疾病，治疗需持之以恒。让患者了解疾病的基础知识和治疗及控制要求，学会必要的检测及治疗技术，从而在医务人员指导下长期坚持，合理治疗。患者生活应规律，戒烟和烈性酒，讲究个人卫生，预防各种感染。

1. **饮食治疗** 对于2型糖尿病（T2DM）患者，尤其是超重患者，其饮食应严格限制糖类含量，合理调整蛋白质和脂肪比例，适量食用可溶性纤维食品，以延缓食物吸收，降低餐后血糖高峰，改善血糖、脂质代谢紊乱，促进胃肠蠕动，防止便秘。同时应限制酒和食盐摄入量。

2. **运动疗法** 运动可以增加胰岛素的敏感性，改善葡萄糖耐量，还利于血糖控制，降低糖化血红蛋白水平。对于肥胖者，运动可以减轻体重，改善脂质代谢。治疗时，应根据年龄、体力、病情及有无并发症等制订运动计划，循序渐进地、长期地坚持运动。

3. **心理干预** 应用糖尿病健康教育和心理干预、行为疗法可提高患者对糖尿病的认识，消除紧张情绪和顾虑，改善患者精神状态。此外，生物反馈疗法、自身训练法、放松疗法等均可以减轻或缓解患者的不良情绪，改变患者对疾病及自我的认识，使患者正确应对生活事件。临床心理干预是糖尿病治疗重要的辅助方法，对早期的2型糖尿病患者，单用心理干预也能起到稳定糖代谢的作用。在心理干预的各种方法中，以糖尿病健康教育、认知行为疗法及生物反馈疗法最常用。

（1）糖尿病健康教育：糖尿病患者的健康教育内容较为广泛，包括糖尿病基础知识、饮食控制、运动锻炼、降血糖药的使用、低血糖的预防与处理、尿糖和血糖的自我监测等。

（2）认知行为疗法：目前，在糖尿病治疗中多采用团体治疗的形式，如由史努克及其同事发展起来的集体认知行为疗法，以认知行为疗法和理性情绪治疗为理论基础，采用几种认知和行为技术（认知重建、应激管理、示范）来帮助患者消除与糖尿病有关的痛苦，提高其应对技巧，促进自我管理，改善血糖控制。糖尿病患者很乐意接受这一治疗方法。经过训练后的患者，非理性信念得到纠正，心理健康水平提高，如90项症状自评量表的得分明显地较训练前接近正常水平，糖代谢得到改善，HBA1c水平明显下降。

（3）生物反馈疗法：生物反馈的方法很多，但目前应用于糖尿病治疗的方法主要是皮温反馈和肌电反馈，即借助生物反馈的方法进行放松训练和外周皮肤温度升高训练。对于糖尿病患者而言，在糖尿病发病1年以内不适合进行生物反馈支持的放松训练治疗。深度放松时，有些患者的血糖可能会出现明显下降，甚至有发生低血糖的趋势，这种情况尽管十分少见，但仍应高度警惕。

二、高脂血症

由于脂肪代谢或运转异常，使血浆中一种或几种脂质高于正常，称为高脂血症（hyperlipemia），一般伴有高脂蛋白血症。血脂异常可作为代谢综合征的组分之一，与多种疾病（如肥胖症、2型糖尿病、高血压、冠心病、脑卒中等）密切相关。

长期血脂异常可导致动脉粥样硬化，增加心脑血管疾病的发病率和病死率。临床上也可简单地将血脂异常分为高胆固醇血症、高甘油三酯血症、混合性高脂血症和低高密度脂蛋白胆固醇血症。表现为黄色瘤、早发性角膜环和脂血症眼底改变，由于脂质局部沉积所引起，其中以黄色瘤较为常见。动脉粥样硬化脂质在血管内皮沉积引起动脉粥样硬化，引起早发性和进展迅速的心脑血管和周围血管病变。某些家族性血脂异常可于青春期前发生冠心病，甚至心肌梗死。

（一）发病原因

1. **原发性高脂血症**　与先天性和遗传有关，是由于单基因缺陷或多基因缺陷，使参与脂蛋白转运和代谢的受体、酶或载脂蛋白异常所致，或由于环境因素（饮食、营养、药物）和通过未知的机制而致。

2. **继发性高脂血症**　多发生于代谢紊乱疾病（糖尿病、高血压、黏液性水肿、甲状腺功能低下、肥胖、肝病、肾病、肾上腺皮质功能亢进），或与其他因素（如年龄、性别、季节、饮酒、吸烟、饮食、体力活动、精神紧张、情绪活动等）有关。血脂异常者往往伴有多种心血管危险因素。血脂水平下降会使心血管疾病的发病率和病死率随着血清总胆固醇和低密度脂蛋白胆固醇水平的下降而降低。

（二）行为干预

行为干预强调以饮食、运动锻炼为基础，根据血脂水平、危害程度、病程进展等相关情况配合药物治疗。

1. **饮食治疗** 应该长期坚持科学均衡的膳食习惯，饮食应有节制，提倡适量饮茶，如采用中药生山楂、野菊花、决明子、五味子等泡茶。通过科学饮食降低血浆胆固醇，保持均衡营养。对超重者，应减除过多的总热量。对内源性高甘油三酯血症，应限制总热量和糖类摄入量。对于酗酒者，在健康教育的同时，对其进行必要的治疗。同时做好心血管疾病、肥胖症、糖尿病等慢性疾病的防治工作，从而使血脂维持在适当水平。定期门诊随访，监测血脂、血糖、体重、血压情况。

2. **运动疗法** 通过运动和降低体重，可有效地降低胆固醇、三酰甘油。根据身体情况，适当运动，起居有常，避免过劳。如散步、快走、慢跑、骑车、打太极拳、做家务劳动，每天坚持20～30分钟。运动疗法遵循循序渐进、持之以恒的原则。运动疗法联合饮食控制干预更能够帮助机体糖和脂肪的氧化分解，加速脂肪代谢，增加热量消耗，同时通过联合干预，还可提高机体的免疫力和抵抗力，保护肝功能，降低血压、血脂水平值，预防血栓形成，控制血小板聚集，减慢心率，改善微循环，促使病情改善。

3. **心理疗法** 高脂血症患者，尤其伴有焦虑、紧张、恐惧、易怒情绪的患者，可根据患者自身的情况，采用各种放松训练，如渐进松弛疗法等，通过训练取得较好疗效。在使用药物治疗的同时给予适当的心理干预，有利于有效控制血脂与血压，可明显改善老年高血压及高脂血症患者的焦虑和抑郁状况。

三、肥胖

肥胖（obesity）是指单纯性肥胖症，多由于营养过剩，人体脂肪迅速增加、堆积引起的体重超标20%以上的病理状态，即食物摄入量与能量消耗之间失去平衡，能量摄入大于消耗量造成的结果。

肥胖或超重的程度多用体重指数（BMI）来衡量，即体重（kg）与身高的平方（m^2）之比。但体重指数不能准确反映人体的脂肪分布状况，体内脂肪集中于腹部和内脏，是2型糖尿病和各种代谢异常的重要因素，故腰围被认为是反映体内脂肪分布状况的重要指标。

肥胖被世界卫生组织列为威胁人类健康的10大疾病之一。作为一个拥有14亿人口的国家，近20年来，中国人的肥胖率飞速增长，肥胖者常合并一系列的代谢紊乱，如脂质代谢异常、胰岛素抵抗、糖耐量异常及高尿酸血症等。肥胖还是诱发抑郁症、冠心病、高血压、2型糖尿病、动脉粥样硬化、骨关节炎及癌症等疾病的高危因素。约有70%的肥胖至少有一种合并症。

（一）发病原因

引起肥胖的因素很多，但病因尚未明确。影响因素包括遗传、环境、代谢和生活行为方式等，其中不良的生活行为方式是最重要的因素之一。饮食状况和有无运动是决定肥胖与否的重要因素，个体在缺乏饮食和高强度体力活动的情况下，体重会减轻而不是变重，缺乏体力活动是肥胖发生的主要因素之一。

有人认为肥胖与营养因素相关，饮食中的脂肪含量，尤其是饱和脂肪酸和单不饱和脂肪酸与肥胖有密切关系。调查表明，肥胖者平均摄入饱和脂肪酸和单不饱和脂肪酸的比例较高，总脂肪摄入量高于正常人群。另外，肥胖者消耗的精制糖也高于正常人群，而纤维量摄入较少。高脂肪、精制糖和低纤维饮食是致肥胖的饮食结构的主要特征。

不良的进食习惯对肥胖的发生亦有一定的作用。进食速度过快、进食时注意力分散、喜欢吃零食、夜间进食过多等都是促进肥胖发生的因素。

缺乏体力活动是肥胖发生的主要原因之一，不活动或体力活动较少者肥胖发生率较高。活动过少还会促进脂肪分布不均匀，不运动或运动较少者腹部脂肪量明显增多，腰臀比指数也明显增加。经常运动则有降低体重指数，有使总脂肪量和腹部脂肪量减少的作用。

近年的研究表明，肠道菌群紊乱会导致肥胖、糖尿病等慢性代谢性疾病的发生，但其机制尚未明确。

（二）行为干预

在对患者情况进行分析和评估的基础上，制订拟采取的干预技术方案，采用一般教育、行为指导和系统心理治疗等干预技术，控制饮食和加强体育运动是预防和治疗肥胖的主要措施，或者结合使用药物等方法。治疗应取得家庭配合，指导患者制订计划。从饮食处方开始，逐步建立咨询、定期随访，采用的治疗方法包括饮食疗法、运动疗法和心理治疗等。

1. 饮食疗法 控制饮食是指适度减少能量摄入，适度就是保证有足够的营养，以使人能从事正常活动为原则。过量摄食者应减少10%～30%的总热量，每日胆固醇摄入量应小于300 mg。减少精制糖的摄入，增加蛋白质（尤其是优质蛋白质）、纤维素、矿物质及液体的摄入量。应纠正不良的进食习惯，如少吃零食，不在夜间进食等。

2. 运动疗法 对肥胖者来说，热量消耗比热量摄入具有更重要的减肥作用。运动不仅可以预防体重增加，而且具有减肥效能。适量运动可以减轻体重，并可以维持减重后的体重，是其他方法难以替代的。运动还具有改善糖和脂肪代谢，使体内脂肪减少，腰臀比指数下降，体重指数趋于正常。运动可以使运动耐受时间延长，氧耗量上升，有氧代谢提高。运动可以使血压、血脂、胰岛素敏感性等指标得到改善，可以减少并发症的发生。

必要时，可采用认知行为疗法纠正不良的信念和贪食行为，改善抑郁情绪，改变自我认知，但单用心理治疗的疗效尚无明确的一致意见，推荐的治疗模式是药物治疗合并认知行为疗法。

四、高尿酸血症和痛风

高尿酸血症（hyperuricemia）和痛风（gout）是嘌呤代谢障碍引起的代谢性疾病，但痛风发病有明显的异质性，除高尿酸血症外，可表现为急性关节炎、痛风石、慢性关节炎、关节畸形、慢性间质性肾炎和尿酸性尿路结石。高尿酸血症患者只有出现上述临床表现时才称之为痛风。临床上分为原发性和继发性两大类，前者多由先天性嘌呤代谢异常所致，常与肥胖、糖及脂质代谢紊乱、高血压、动脉硬化和冠心病等聚集发生，后者则由某些系统性疾病或者药物引起。

（一）发病原因

高尿酸血症是嘌呤代谢异常引发的代谢性疾病。尿酸作为嘌呤代谢的终产物，主要由细胞代谢分解的核酸和其他嘌呤类化合物以及食物中的嘌呤经酶的作用分解而来。尿酸是pH约为5.8的弱酸，人体中尿酸80%来源于内源性嘌呤代谢，而来源于富含嘌呤或核酸蛋白食物仅占20%。血清尿酸在37 ℃的饱和浓度约为420 μmol/L（7 mg/dl），高于此值即为高尿酸血症。尿酸盐是人体内存在的尿酸结晶形式，临床上仅有部分高尿酸血症患者发展为痛风，确切原因尚未明确。当血尿酸浓度过高和（或）在酸性环境下，尿酸可析出结晶，沉积在骨关节、肾和皮下等组织，造成组织病理学改变，导致痛风性关节炎、痛风肾和痛风石等。

当血尿酸水平升高到正常阈值以上时，尿酸盐晶体开始沉积在组织中，高尿酸血症的病理阈值定义为6.8 mg/dl。一些因素可能影响关节中尿酸的溶解度，包括滑液pH、水富集、电解质水平和其他滑液组分（如蛋白聚糖和胶原蛋白）。尿酸生成增高引起的痛风占10%，其中90%因肾排泄不足引起。一些酶缺陷的患者血尿酸水平较高，尿酸易于结晶沉积在骨和关节中。

遗传因素决定了个体对高尿酸血症及痛风的易感性，而高尿酸血症的遗传变异性很大，可能是多基因、多因素的。痛风的发生受遗传因素的影响，但饮酒、肥胖、高血压等因素在原发性痛风与高尿酸血症的发病中也起到一定的作用。

原发性痛风患病率男性高于女性，男性与女性患病率之比约为20∶1。男性与女性高尿酸血症患病之比为2∶1。高发年龄组是男性50～59岁，女性50岁以上。

1. 饮食及饮酒 受地域、民族、饮食习惯的影响，高尿酸血症与痛风发病差异较大。影响高尿酸血症与痛风发病及预后的主要因素有易患人群和不良饮食习惯。进食过多高嘌呤和高蛋白食物与痛风的发作有关，如肉类、海鲜、豆类、浓的肉汤、酸奶、新鲜菌类、凉茶的摄入频率及摄入量，但存在着较大的争议。通常认为，高嘌呤饮食、酒是诱发痛风发作的常见食物。第二次世界大战后，由于经济发展，食品供应得到极大满足，痛风患病增加，同时由于富裕的生活方式，女性肥胖增多，其高尿酸血症发病率升高。而研究表明，酒精是比饮食更重要的危险因素，其原因一方面是饮酒伴食物中含高嘌呤饮食，另一方面是饮用含铅的酒（如威士忌）对肾有害，饮酒是其重要的危险因素。

2. 肥胖 肥胖是痛风的危险因素之一，肥胖和高血压是所有痛风患者的危险因素，其发病率高且病情重。痛风及高尿酸血症与体重指数（BMI）呈正相关，痛风患者的体重指数明显增高。肥胖是高尿酸血症的独立危险因素。

3. 精神因素 痛风组A型（侵略型）性格倾向显著增高。痛风不仅与身体应激有关，更与心理应激密切相关，精神诱因是痛风的发病危险因素。不过目前这些精神诱因作用于机体的方式尚不明确。

4. 遗传 双亲有高尿酸血症和痛风者比单亲有高尿酸血症和痛风者病情重，而且前者从儿童阶段即可患病。对痛风的家族遗传有两种推测，一是环境因素，即同一家族的生活习惯相同；另一种则是遗传因素，与许多基因变异有关，特别是与嘌呤代谢有关的酶的基因，如①次黄嘌呤鸟嘌呤磷酸核糖基转移酶（HPRT）基因，是嘌呤代谢补救合成途径中的关键酶，其活性降低可使鸟嘌呤和次黄嘌呤转变为鸟嘌呤核苷酸和次黄嘌呤核苷酸减少，两种嘌呤不能被再利用合成核酸而被清除，最终导致其终末产物尿酸增加。②磷酸核糖焦磷酸合成酶（PRS）基因，PRS参与嘌呤核苷酸的合成，PRS活性过高可加速磷酸核糖焦磷酸与嘌呤核苷酸的合成，从而间接导致体内尿酸合成过多，PRS活性过高是X染色体显性遗传病。

5. **其他** 如社会地位与教育程度。痛风通常被认为是较高社会阶层的疾病，如知识阶层、商贾富豪等。但随着经济发展，城乡差别及脑力和体力劳动区别逐渐缩小，这种区别会缩小。有研究表明，在铅作业环境的人群或使用铅制酒容器的人易发生铅中毒性痛风。

从以上高尿酸血症的发病原因可以得知，多种环境因素、肥胖、饮食习惯，伴有高血压、高脂血症、糖尿病、冠心病等疾病，这些可能是触发高尿酸血症及痛风发作的外部因素。因此，高尿酸血症与痛风是受遗传因素和环境因素共同作用的。

（二）行为干预

高尿酸血症是典型的生活方式相关疾病。伴随人们生活方式的改变以及生活水平的提高，我国高尿酸血症的发病率明显上升，不仅诱发痛风，而且与脂质代谢紊乱、糖尿病、高脂血症、肥胖等疾病相关。

1. **饮食控制**　《2016中国痛风诊疗指南》强调调整患者生活方式有助于痛风的预防和治疗，包括限酒、减少高嘌呤食物的摄入、防止剧烈运动或突然受凉、减少富含果糖饮料的摄入、大量饮水、控制体重、增加新鲜蔬菜的摄入量、规律饮食和作息、规律运动和戒烟。

2. **生活方式转变**　生活方式的指导包括建议患者适度减肥、避免摄入酒精（特别是啤酒和烈酒）和高糖饮料，避免暴食，避免摄入过量的肉类和海鲜，并应鼓励患者进食低脂乳制品，定期进行锻炼。

3. **临床干预**　指导患者自我管理，针对引发高尿酸血症的主要危险因素进行健康干预，开展生活方式指导，包括改变饮食习惯、改变生活方式、适当运动、合理用药等，并按病情轻重定期预约或电话随访，详细记录，给予个体化治疗和保健方案。医师应对患者进行健康教育，普及健康知识，进行高尿酸血症、痛风知识讲座，发放健康教育手册，提高患者对疾病的认识，增强自我管理的自觉性。评估效果，定期询问患者生活习惯的改善情况，及时修正指导计划与指导方法，定期监测血尿酸、血压、血脂、血糖和体量等指标。

第四节　肿瘤与行为医学

肿瘤（tumor）是机体在各种致癌因素的作用下，局部组织的某一个细胞在基因水平上失去对其生长的正常调控，导致其克隆性异常增生而形成的异常病变。肿瘤分为良性肿瘤和恶性肿瘤两大类。随着医学模式由生物医学模式向生物-心理-社会医学模式转化，目前认为肿瘤是一种心身疾病。生理因素、环境因素、个性特征、不良行为方式等因素在其发病中的作用不可忽视。尽管肿瘤的诊断和治疗有了很大的进展，但是多数肿瘤仍然因转移和复发而难以治愈，患者仍因面临死亡威胁并承受着巨大的心理压力。诊断为肿瘤对患者来说是强大的心理应激事件，会对个体的心理、生理和行为产生巨大的影响，从而引发机体功能的进一步紊乱。

现代医学的观点认为，肿瘤在本质上是一种基因病。各种环境的和遗传的致癌因素以协同或序贯的方式引起DNA损害，从而激活原癌基因和/或灭活肿瘤抑制基因，加上凋亡调节基因和（或）DNA修复基因的改变，继而引起基因在表达水平方面的异常，使靶细胞发生转化。被转化的细胞首先呈现出克隆性的增生，经过一个漫长的多阶段的演进过程，其中一个克隆相对无限制的扩增，通过附加突变，选择性地形成具有不同特点的亚克隆（异质化），从而获得浸润和转移的能力（恶性转化），最终形成恶性肿瘤。

恶性肿瘤的发病涉及多种因素，发病机制复杂，迄今仍未明确。大量研究表明，心理行为因素在恶性肿瘤的发病中起着重要作用。早在公元2世纪，盖仑就观察到抑郁质的女性较性格开朗者更易罹患乳腺癌。英国人斯诺经过统计处理，发现250例乳腺癌及宫颈癌妇女中，有156例有明显的心理创伤。早在20世纪，美国医师卡伦在对妇女癌症的临床观察中，发现性格内倾、情绪抑郁的人，其癌症发生率明显高于性格外倾、情绪活泼的人，从而提出了心理行为特征与癌症发生、发展有着密切的关系。1946年托马斯等指出，恶性肿瘤患者的心理特征与自杀者相似，属于反应迟缓型，不喜表露感情。

米勒在一篇关于癌症心理状况问题的综述中指出，所有200余篇论文一致肯定癌症与人的性格、应激、情绪有关。临床经验表明，确信自己癌症诊断的患者尽管得到早期治疗，往往迅速恶化而死；而怀疑诊断者情况却较好。他们还发现，有些存活15～20年的癌症复发者，复发前6～18个月多有过严重的情绪应激。

一、恶性肿瘤与行为类型

恶性肿瘤已成为危害中国居民健康的主要疾病。全球癌症流行病学数据库（GLOBOCAN）2018显示，全球恶性肿瘤新发病例约1808万，死亡病例约956万，中国分别约占23.7%和30%，发病率和病死率均高于全球平均水平。我国目前30～60岁人口健康普查结果显示，恶性肿瘤是第一位"致命杀手"，80%的患者发生癌症的原因与不良生活习惯有关，如高脂肪、高热量、低纤维素的饮食习惯，缺乏运动；而一些细微的生活习惯，如吃饭时好生闷气、少食新鲜蔬果、睡眠不足等是癌症发病的危险因素。

目前与肿瘤发生有关的个性特征与行为模式研究比较深入，将与癌症发生有关的个性特征概括为C型行为模式，具有C型性格特点的人更容易患恶性肿瘤。

1. C型行为特征

（1）消极情绪反应：不善于宣泄生活事件造成的负性情绪体验，习惯采用克己、压抑的方式，其癌症发生率较高。不愿表达个人情感和情绪压抑是癌症发病的心理特点。

（2）追求完美：过分谨慎、细心、忍让、追求完美、情绪不稳而又不善于疏泄负性情绪的个性，往往在相同的生活环境中更容易"遇到"生活事件，在相似的不幸事件中也更容易产生失望、悲伤、抑郁等情绪体验。这种不良情绪不但降低了患者的生活质量，而且影响了癌症的治疗及预后。

有学者做过这样的研究，将已经确诊的癌症患者按情绪反应情况分为4组，得分最高的为积极乐观组，最低分的为悲观绝望组，然后追踪观察所有病例5年。5年后发现，积极乐观组的患者有75%还存活；而悲观绝望组的患者只有25%的人在世，这一结果说明，恶性肿瘤患者的情绪反应状况对预后的影响极大。因此，情绪的变化是恶性肿瘤患者中常见的问题，抑郁、焦

虑等不良情绪不但降低了患者的生活质量，并且严重影响患者的治疗和预后。

2. **创伤性性格特征** 该性格特征主要表现为应激性格改变，童年时期遭受过挫折、经历坎坷与创伤情感改变，容易焦虑、抑郁。这种性格特征的心理变化会降低机体的免疫力，使人体对肿瘤发生的监控能力降低。

二、不良生活方式与肿瘤

1. **膳食结构不合理** 生活环境的变迁、饮食习惯的改变是引发癌症的关键因素，也是导致癌症类型发生变化的关键。观察我国广东人移居美国的第一、二代后，发现胃癌、食管癌、肝癌、鼻咽癌和宫颈癌等病死率逐年下降，而肺癌、肠癌、胰腺癌和白血病却逐年上升，接近美国人的发病率。

这一变化与饮食结构的改变有直接关系，如腌制食品的减少。腌制食品摄入量与胃癌呈正相关，可能与腌制食品中含有的大量亚硝基类或维生素类在食物制作过程中受到破坏有关。尤其是腌制蔬菜，与胃癌关系更为密切，可能同时与高盐、亚硝酸盐及低维生素C有关。现代人群的饮食中，动物性食物的消费量已经超过谷类，这种富裕型膳食提供的能量过高、膳食纤维过低，对预防癌症极为不利。

合理的膳食可以起到预防或控制癌症的作用。摄入维生素E多的人，患肺癌的概率比普通人低。这是因为维生素E能阻止癌细胞最初阶段的生长。癌细胞是细胞的失控繁殖，而维生素E作为一种抗氧化剂，能吸附到受损细胞的表面，并激发它们"自杀"。同时，维生素E也能增强人体免疫能力，防止癌细胞侵入人体血管内，从而截断肿瘤获取营养。

2. **吸烟及酗酒** 吸烟是公认的肺癌的重要危险因素，几乎所有肺癌患者的发病均与吸烟有关。国内的调查证明，80%~90%的男性肺癌与吸烟有关，女性约为19.3%~40%。吸烟者肺癌病死率比不吸烟者高10~13倍。吸烟量越大，吸烟年限越长，开始吸烟的年龄越早，肺癌病死率越高。吸烟与支气管上皮细胞纤毛脱落、上皮细胞增生、鳞状上皮细胞化生等密切相关。被动吸烟也是致癌的重要因素之一。

吸烟和饮酒均为食管癌发病的独立危险因素，且两者同时存在时食管癌发病风险有所增加。吸烟或饮酒联合腌肉摄入会增加食管癌发病风险。

3. **紧张的生活节奏** 激烈的社会竞争使部分人群的心理压力增加，精神上长期处于紧张状态。这种过度紧张、长期忧愁等负性情绪是促癌因素。

4. **生活不规律** 因为工作和生活节奏加快，部分劳动者对于时间的利用率很高，经常饥一顿饱一顿，有时不吃早餐，有时又暴饮暴食，经常彻夜工作，睡眠无保障，生活无规律，致机体的免疫功能下降。

总之，要预防癌症的发生，首先要养成一个良好的生活习惯，保持乐观向上的态度，遇事不慌、冷静、沉着地应对，这样才能使机体的免疫监视系统更好地发挥其作用，从而有效地抑制癌症的发生。

三、生活事件与恶性肿瘤的发生

癌症的发生、发展和预后是人体细胞在致癌因素的长期作用下过度增生和异常分化的结果。

人作为生物界的个体，其与环境也是统一的，社会环境与自然环境中均存在致癌因素，它不断地作用于个体，通过心理活动影响生理活动。

在正常情况下，人体的免疫监视功能可以及时识别在致癌因素作用下发生异常生长的细胞（癌细胞），并进行杀灭或加以抑制。致癌因素虽然可以诱发细胞癌变，人体却可以通过自身免疫系统加以保护。只有当免疫功能同时受损害，才可能发生癌症。生活中各种不良的社会因素是使人体神经、内分泌以及免疫功能失调的首因，也是促成癌症发生的根源。

（一）相关因素

1. **生活事件的负性体验**　回顾性研究发现，长期具有负性情绪（主要是抑郁、不满、愤怒、敌视、不安全感和难以宣泄的悲痛等）的人明显比对照组更容易患癌症，其中抑郁情绪与癌症关系最密切。引起这些负性情绪的应激源多来自各种生活事件，如家庭或社会人际关系不和、遭受失去亲人或朋友的打击等。早期或青少年时期的精神创伤在癌症发病中有一定意义，病前重大不幸事件更有着重要意义。调查表明，癌症患者发病前（尤其是1年内）受到过近亲丧亡冲击者达72%，而对照组仅为10%。

有人对1400对配偶做癌症的心理冲击调查表明，配偶一方患癌症或死于癌症的心理应激可引起另一方患癌症。癌症患者所产生的负性情绪主要与"重要情感的丧失"有关。这种重要情感的丧失主要发生在中老年人，中年的离婚和老年的丧偶、丧子等，使得他们内心极度悲哀和孤独，这种丧失很难像年轻人那样可以通过再婚或再生育来得到补偿，这就有可能使得他们长期处于不良情绪中。当这种不良情绪达到不可控制的程度时，他们就会处于一种失控状态，也许正是这种状态所导致的躯体内环境的变化很适合癌细胞的生长，使得他们很容易患癌症。

同时，如恋爱挫折、对婚姻不满、亲人远离、子女离家出走或品质恶劣、性生活不满意、习惯性流产、经济困难、赌博、失业、破产或被抢劫、生活节奏不适应等，这些负性生活事件可使机体的糖皮质激素的分泌增高，一方面降低NK细胞活性，减弱杀灭癌细胞的能力；另一方面导致Th2细胞应答及破坏细胞因子的分泌平衡，刺激细胞中支持癌症生长最有潜力的有丝分裂原——雌激素合成，导致癌症的发生。余立群、高国兰等人的研究初步表明，不良心理社会因素与妇科恶性肿瘤的发生密切相关。妇科恶性肿瘤组与良性肿瘤组和健康对照组相比，住院确诊前生活事件总频数及紧张值、负性生活事件频数及紧张值显著升高，这与国外的研究结果一致，不良生活事件与妇科恶性肿瘤的发生密切相关。

2. **社会环境等负性体验**　如不良的社会风气，杂乱的文化类型，犯罪行为，大规模动乱或战争，快节奏的都市化生活，交通事故，晋级、增薪或减薪，被诬陷，受侮辱和歧视等。当以个体为中心的网络结构中的某一点或某些点发生变化时，如果其他点不能产生相应的变化，网络结构呈现持续不稳定相，就导致机体的心身损害，如就业、学习困难，转学，学习要求与智力不相称，环境不佳；工作量过多、过重、过少或过于单调，缺乏刺激，从事高温、高消耗、危险、压力大的工作等，角色冲突，工作条件无法控制，缺乏领导或社会的支持，专业调动，工作不能胜任，差错及事故，处分，离（退）休等，大量文献通过回顾性或前瞻性研究支持经历过多的应激性生活事件及其伴随的烦恼、焦虑、疲倦和抑郁情绪是乳腺癌发病的重要危险因素。

（二）行为干预

目前用于肿瘤治疗的主要手段有手术、放疗、化疗和生物治疗，其他有效手段还包括内分泌治疗、中医及中药治疗、热疗和射频消融治疗等。由于现有的治疗手段各有其适应证，也各有其不足，应结合心理行为干预提高治愈率。

1. 认知矫正　认知反应强烈的心理应激破坏了个体的认知功能，导致感知觉过敏或歪曲、思维或语言迟钝或混乱、自知力下降、自我评价降低等现象。纠正悲观、消极、狭隘、片面、固执的认知习惯，释放被压抑的心理创伤，及时化解内心冲突。

（1）解释：患者患癌症后，对自己所患疾病缺乏认识和了解，容易产生焦虑、紧张的情绪，对治疗过程所产生的副作用和预后也存在担心和恐惧心理。医务人员应及时向患者进行解释，对治疗过程和预后做科学性的说明，树立癌症是可治性疾病的信念，可帮助患者消除顾虑，树立信心，加强配合，为治疗创造良好的条件。

（2）鼓励和安慰：患者由于疾病的折磨和对未来的担心，情感非常脆弱。医护人员如将治疗方案的科学性、有效性和先进性告诉患者，可以消除其顾虑，坚定治疗的决心和信心。如对治疗中出现的副作用及时给予指导和处理，可使患者得到心理上的安慰。

2. 改善不良情绪　不良情绪反应表现为焦虑、恐惧、愤怒和抑郁等。其中最常见的情绪反应是焦虑，在获得诊断的初期阶段，患者会处于极度的焦虑状态，过度的焦虑又可破坏认知能力，使人难以做出符合理性的判断和决定。医师应帮助患者改善压抑、紧张、焦虑、抑郁、情绪激荡等不良的自我体验。

（1）针对应激源的应对：个体一旦被诊断患了"癌症"，患者就处于死亡的威胁之中。要经受手术、放疗、化疗等一系列治疗过程，甚至要承受治疗无效的后果。这一重大的应激事件会对个体的心理产生强烈的冲击。另外，治疗过程中所遭遇的诸多事件也是不少患者过去未曾经历过的，患者对治疗过程充满不确定感。这时，医师要及时向患者提供疾病的性质、程度、可能的治疗方案的优点和缺点、治疗过程中的注意事项等信息，增加患者对疾病的控制感。

（2）减轻不良情绪："患癌"对个体而言是重大的心理应激源，会产生强烈的应激反应，导致焦虑、抑郁、愤怒、无助等不良情绪，引发或加重原有的不良行为。倾听、疏导、支持、放松等方法均可减轻不良情绪。对具有严重不良情绪的患者，必要时应给予抗焦虑药和抗抑郁药。

3. 提高应对能力　行为反应个体主要表现为"战"或"逃"两种类型。"战"表现为接近应激源，分析现实，研究问题，寻找解决问题的途径，表现为寻求帮助，积极治疗，配合医师等。"逃"则是远离应激源的防御行为。此外，还有一种既不"战"也不"逃"的行为，称为退缩性反应，表现为顺从、依附和讨好。自我防御反应表现为患者运用各种自我防御机制以减轻应激所引起的紧张和内心痛苦，但多数自我防御只能暂时减轻焦虑和痛苦。医师应帮助患者改变谨小慎微、过分理智、不善疏泄、循规蹈矩、矛盾犹豫等性格，提高适应能力。

（1）保证：患者在确诊之初，会因否认的心理防御机制而迟迟不进入患者角色。治疗阶段，患者往往担心治疗方案是否合理、医师是否经验充足等。这时，医师如以科学的态度、充分的临床经验和科学研究为依据，向患者做解释和保证，可解除患者的疑虑。

（2）提高应对技巧：不同的人对待应激事件的反应、处理方式不同，这与个体的人格特征有关。有些人喜欢直接面对应激事件，及时解决问题；另一些人则习惯采用"否认"的心理防御机制；还有的人则希望找他人倾诉，以宣泄自己的紧张情绪。不同的应对技巧在不同患者可取得不同的应对效果。研究表明，对癌症及其治疗较恰当的应对技巧是接受、面对和积极生活。

肿瘤患者在患病前后性格会有或多或少的改变，如依赖性增加，被动性加重，自我克制，压抑情绪，性格内向，缺乏自信心，自尊心增强，疑心加重，甚至认为别人低声讲话就是在谈论其病情。主观感觉异常，内心矛盾，有不安全感，情绪易激动，焦虑和恐惧，害怕孤独，长期精神紧张，情绪低落，甚至悲观和失望等，正是这样的心理特征变化影响着癌症病情的发展和预后。

由于个性特征、家庭、社会和文化背景各异，患者患病后的心理状态也不同。个性随和、处事客观、应对良好、情绪稳定的患者患病后心理状态可在较短时间内调整好，能较好地配合医师，积极进行治疗。通过调节内分泌和免疫功能，对临床疗效产生正面影响，改变癌症的发展与转归。相反，固执、敏感、多疑、悲观、情绪不稳的患者患病后心理状态难以调整，往往对医师、诊断、治疗抱怀疑和不信任的态度，对治愈自己的病情缺乏信心，从而对临床疗效造成负面影响。

癌症预后与个性行为模式的关系亦很密切。近年来，癌症护理的研究趋势逐渐从疾病诱因延伸至探讨正向力量是否能缓解患者的症状困扰，提升其适应能力，目前应用比较普遍的心理干预疗法是认知行为理论，通过影响患者的心理状况、社会支持状况和应对方式改善其生活质量，爱德华认为自我管理和自我复原力是减少心脏病、糖尿病、癌症等慢性疾病消极心理的重要因素。当患者认为疾病是不可自控的，其适应能力就会受到限制；当患者相信生活事件和结局是可管理的，就倾向于接受困境。

长期存活者注重改善自己不良的个性特征，因而情绪也随之改善，他们更多采用"面对"和"发泄"的应对方式，而较少采用"幻想""回避与压抑""屈服"的应对方式。他们的"主观感觉""人际关系/社会生活"等心理调节情况明显较好，生活质量明显较高，在活动能力、执行角色能力、社会交往能力及主观感受方面均表现较好。他们对生命更多地表现出信心，对疾病更多地采用面对、乐观的态度，更乐于向亲人及朋友倾诉，这一方面使之具有相对良好的心理状态，另一方面也更容易获得社会方面的各种支持，因而具有较好的生活质量。

（闫冠韫　田旭升）

思考题

1. 原发性高血压、冠心病、脑卒中等心脑血管疾病的发生与哪些心理行为因素有关？怎样进行干预和治疗？
2. 糖尿病、高脂血症等疾病的发生与哪些心理行为因素有关？怎样进行干预和治疗？
3. 肥胖发病的心理行为原因是什么？怎样进行干预和预防？
4. 高尿酸血症和痛风发病的心理行为原因是什么？怎样进行干预和治疗？
5. 肿瘤发病原因与行为医学的关系是什么？怎样运用行为疗法治疗肿瘤？

第十四章

性传播疾病与行为医学

第一节 性传播疾病概述

一、定义

性传播疾病（sexually transmitted disease，STD）指由病原体引起的各种临床症状和感染，这些病原体可以通过性接触获得和传播。我国将性传播疾病简称为性病，指主要通过性行为或类似性行为引起的一组传染性疾病。

二、范围

目前，性传播感染包含了有临床症状的疾病和无临床症状的感染。虽然性传播感染主要通过性接触传播，包括性交、肛交和口交，但这不是唯一的传播途径。有些通过非性途径传播，如血液或血液制品传播。很多性传播病原体，包括梅毒螺旋体、乙型肝炎病毒、人类免疫缺陷病毒（HIV）、衣原体、淋病奈瑟球菌、单纯疱疹病毒（HSV）和人乳头状瘤病毒（HPV）也可以通过母婴传播，即在怀孕和分娩期间从母亲传染给孩子。

已知有30多种不同的细菌、病毒、原虫和寄生虫等通过性接触传播。其中8种病原体导致的性传播疾病的发病率最高，包括梅毒、淋病、衣原体病、滴虫病、乙型肝炎、单纯疱疹、艾滋病和宫颈癌。这8种疾病中，前4种是可治愈的，而后4种则是无法治愈的病毒感染。

《中华人民共和国传染病防治法》乙类传染病中的艾滋病、淋病和梅毒，以及《性病防治管理办法》中列述的其他5种性病，包括软下疳、性病性淋巴肉芽肿、非淋菌性尿道炎、尖锐湿疣、生殖器疱疹被列为重点防治对象。

三、流行病学

疾病发病情况取决于准确和完善的案例报告和流行病学研究。在报告制度较好的国家，如果疾病有非常明确的症状，报告的病例数就很好地代表了感染总数。然而，性传播疾病通常是无症状的。当症状出现时，它们往往不是特定的。例如，70%~75%的沙眼衣原体感染女性没有症状。此外，与性病相关的社会耻辱感可能导致人们寻求非报告机构替代治疗，或不寻求任何卫生服务的帮助。因此，基于报告的性病监测系统往往大大低估了新病例的总数，而人群流行情况在一定程度上更能反映疾病的现况。性传播感染是一种全球性的流行病,但存在地区、年龄和性别的差异。

(一)易治愈的性传播疾病

在全球范围内,性传播疾病地区间差异显著。非洲地区男性衣原体病、女性滴虫病、淋病和梅毒的患病率最高。美洲地区女性衣原体病和男性滴虫病的流行率最高。在西太平洋地区,特别是在包括南太平洋国家在内的大洋洲,所有4种性传播感染在男性及女性中的流行率最高。整体来说,女性流行风险高于男性。据估计,全球15~49岁的成年人中,女性衣原体感染率为4.2%,淋病奈瑟球菌感染率为0.8%、毛滴虫感染率为5.0%,梅毒螺旋体感染率为0.5%;男性估计的衣原体感染率为2.7%,淋病奈瑟球菌感染率为0.6%,毛滴虫感染率为0.6%,梅毒螺旋体感染率为0.48%。

全球范围内,衣原体感染已然成为最严重的性传播感染。2016年美国衣原体感染新增病例超过150万例。新诊断率继续以每年4.7%的速度增长,2015年到2016年的趋势显示,女性衣原体感染率是男性的2倍。青少年和年轻人的患病率最高。世界卫生组织也意识到沙眼衣原体在青少年人群中的感染率不断增加。

性病性淋巴肉芽肿是由沙眼衣原体(L血清型)引起的。在欧洲,性病性淋巴肉芽肿的发病例数并不很高。然而,性病性淋巴肉芽肿增长的趋势使得欧洲不同的国家逐步将其纳为监测目标。在工业化国家,例如英国,自1966年起沙眼衣原体的感染率就不断上升,至1990年时沙眼衣原体就已是淋病流行情况的3倍以上。其他发达国家中,衣原体尿道炎感染率为3%~12%。与其他性病不同,非淋菌性尿道炎(NGU)更容易在异性性行为人群中传播而不是同性性行为,在发展中国家,20~24岁为高发年龄组。

社会经济发展指向了更加健康的结局,性传播疾病也表现了相同的规律。目前,大多数复杂的数据在发达国家有较好的统计和上报规范,并在早期拥有了较好的监测体系和防治规划。然而,大部分的发展中国家由于诊断和治疗条件的缺乏,产生了较高的流行水平。根据世界银行收入分类,大约56%的感染发生在中上收入国家,23%发生在中低收入国家,12%发生在低收入国家,9%发生在高收入国家。

(二)不易治愈的性传播疾病

乙型肝炎在高流行区最常见的传播途径是分娩时的母婴传播(围生期传播)或水平传播(通过接触感染的血液传播),特别是在生命的最初5年,从感染幼儿传给未感染幼儿。在成年阶段获得的感染导致慢性肝炎的病例不到5%,而婴儿和幼儿阶段的感染导致慢性肝炎的病例约为95%。

1. 人乳头状瘤病毒 人乳头状瘤病毒(HPV)感染是宫颈癌的主要原因。女性是HPV感染的高风险人群。在30岁以前,尤其是15~20岁是感染的高峰;而30岁后,尤其是35~45岁是癌前病变与癌症高发的年龄。基于2016年数据估计,每年有超过28万名妇女死于宫颈癌,其中90%的死亡发生在中低收入国家。虽然约90% HPV感染在2年内就可以得到解决,但高危型HPV可导致宫颈癌前病变,其中一些会发展为宫颈癌。总的来说,89.5%的宫颈癌可归因于

9种类型的HPV感染。

另外，尖锐湿疣被我国列为重点监测的性传播疾病，亦是由HPV感染所致。临床肉眼可见的尖锐湿疣90%以上是由HPV-6和HPV-11引起。该疾病在发达国家盛行。

2. **单纯疱疹病毒**　单纯疱疹病毒中HSV-1主要感染口唇部，HSV-2主要通过性传播，且是生殖器溃疡的首要病因。一般来说，HSV-2的流行率在非洲和美洲最高。

HSV-2的流行率总体根据年龄、国家、国内地区和人口亚组的不同而有显著差异。对于性别而言，高危性行为人群中女性患病率通常高于男性。随着年龄的增加，尤其是15~24岁的女性，HSV-2的流行率显著增加。

四、病因

性传播疾病由不同病原体感染而导致，包括病毒、细菌、真菌、原虫和寄生虫等。目前，国际认可有30余种病原体。然而，性传播疾病的关键是性危险行为问题。

性危险行为被认为是任何人与性传播病原体感染个体进行任何体液交换的性行为，包括直接和间接的性接触。人群传播指多性伴侣的无保护的性交行为，比如性工作者无避孕套使用的商业行为。

性危险行为是一种社会失范行为。该行为的社会特质使得个体行为的发生往往是在特殊的社会情景之下，并与其社会关系息息相关。虽然个体发生性危险行为的原因各种各样，但是其在社会中流行必然存在着社会的根源。比如，梅毒、淋病和其他性病，在1949年中华人民共和国成立以前和新中国成立初期都很见见。新中国成立后，由于社会制度的变化和整个社会精神的导向，性危险行为在20世纪50年代基本上得以控制，在1964年性病基本被消灭。改革开放以后，随着社会经济发展、精神文化的开放和人口大规模流动，性危险行为重新成为一个严重的问题，在1989年至1998年，梅毒发病率上升约20倍。因此，社会化的性危险行为方式亦是性传播疾病的"病因"，而这一作用对于性传播疾病的流行与蔓延的影响十分显著。

五、性传播疾病对健康的损害

（一）直接健康损害

性传播疾病对性和生殖健康有着直接而深远的影响。世界卫生组织估计每天有超过100万例的性传播感染，平均每年有3.76亿人感染了4种性传播疾病中的1种：衣原体病（1.27亿）、淋病（8700万）、梅毒（630万）和滴虫病（1.56亿）。同时，全球超过5亿人感染了生殖器疱疹病毒，估计有3亿妇女感染了HPV，2.4亿人患有慢性乙型肝炎。

（二）间接健康损害

性传播疾病全球发病率与病死率负担不仅影响生活质量，而且危害生殖健康以及新生儿与儿童健康。性传播感染还会间接助长人类免疫缺陷病毒的性传播，导致细胞变化，进而发展成癌症。

1. **生殖健康**　性传播感染是引起输卵管损伤，导致女性不孕的主要原因。衣原体感染治疗不当的妇女，10%~40%发展为有症状的盆腔炎症。同时，输卵管感染后损伤是导致30%~40%女性不孕的原因。

2. **新生儿与儿童健康**　母婴传播性传播疾病可导致死产、新生儿死亡、低出生体重和早产、败血症、肺炎、新生儿结膜炎和先天畸形。2016年，全球估计约有100万名孕妇感染梅毒，由此导致35万例以上不良分娩结局，其中20万例为死胎或新生儿死亡。

妊娠时，没有治疗的早期梅毒是导致1/4死产和14%新生儿死亡的原因。在非洲，4%~15%的妇女梅毒试验阳性。采取更有效的对孕妇筛查梅毒和预防母婴传播的措施，估计每年仅在非洲就可预防49.2万例死产。此外，母亲患有梅毒将导致人类免疫缺陷病毒母婴传播风险增加。

3. **癌症风险**　致命性最强的性传播感染病原体是人乳头状瘤病毒（HPV）。几乎所有的宫颈癌病例都和生殖器人乳头状瘤病毒感染有关。宫颈癌是妇女第二大常见的癌症，每年有50万宫颈癌新发病例，25万名妇女死于宫颈癌。除此以外，人乳头状瘤病毒还与肛门癌、外阴癌、阴道癌、阴茎癌和口咽癌有关。84%的肛门癌标本检测到高危型HPV，尤其是HPV-16。

4. **艾滋病风险**　性传播疾病可促使HIV传播，当梅毒、疱疹、衣原体、淋病、细菌性阴道病等性传播感染与艾滋病共存时，HIV感染的危险性至少增加3~5倍。病毒间的相互作用会增强HIV的复制。比如，单纯性疱疹病毒（HSV）的早期蛋白IPC会促使HIV基因的表达和复制；反之，受HIV感染后的细胞重复感染HSV会产生含HIV基因组功能而包衣HSV表面抗原的新病毒，扩大了宿主范围，增加了感染风险。如梅毒和软下疳等有生殖器溃疡的性传播疾病比无溃疡的性传播疾病（如淋病和尖锐湿疣）更容易传播HIV，行为接触感染率将增加2.65倍。即便如此，后者的混合感染亦比单纯人类免疫缺陷病毒感染的传播风险高得多。例如，男性生殖器有炎症时，精液中的T淋巴细胞（吞噬细胞）增多，从而促进HIV的传播。

第二节　性传播疾病的干预

一、性传播疾病的干预规划

性传播疾病并不仅是患病本身的影响。这类疾病更大范围的杀伤力来自生殖健康和癌症。因此，有效的干预手段将有助于大幅减少性传播感染新增病例及此类感染（包括死产和宫颈癌）导致的死亡人数。

性传播疾病的干预规划涉及国家、社会和全人群，包括行动推进和维持的支持性因素，如资金、技术更新等。2016年6月，世界卫生组织发布了《2016—2021年全球卫生部门性传播感染战略草案》，用以指导全球各国的性传播疾病的防治工作。

该战略围绕3个行动框架展开，包括全民健康覆盖，完整、连续的性传播感染防治服务，公共卫生方针。全民健康覆盖要解决3个维度的问题，即更多的人群、更有效及公平的服务、更低的成本。完整、连续的性传播感染防治服务囊括所有阶段和人群的干预措施，从预防、检测、医疗衔接、治疗到长期护理。公共卫生方针提倡"将卫生问题融入所有政策"，以加强防治性传播感染服务与其他服务的整合和衔接，提高成效与效率。

具体的执行战略包括5个方面的内容。

第一，促进重点行动的信息。目的是了解性传播感染流行状况，以便实施有针对性的防治行动。比如，国家性传播感染监测。

第二，产生影响的干预措施。尽管各国基于本国流行状况和国情，核心干预措施和服务各有不同，但都应涵盖以下干预领域。

（1）预防性病的传播和感染：综合预防是预防性传播感染的最有效途径。要使基于证据的综合预防框架发挥最佳作用，需要从战略角度综合运用行为方法、生物医学方法和结构性方法，既要掌握关于性传播感染的知识，了解避孕套等一级预防方法，又要注重性传播感染最受影响和最脆弱的人群，尤其是与青少年进行合作。

（2）性传播感染的早期诊断与治疗衔接：早期诊断性传播感染有以下途径。筛查，即基于无症状个体的风险因素进行检测后确诊；诊断，即找到症状的根本原因。

（3）管理有症状患者：多个初级卫生服务机构对有症状的患者及其性伴侣提供卫生服务和相应的病例管理，例如，初级卫生保健门诊，性和生殖健康服务机构，包括产前保健机构等。

（4）覆盖性伴侣，提供治疗：通知性伴侣是有效预防和治疗性传播感染工作的有机组成部分。

（5）综合干预举措，取得最大影响：①消除梅毒和人类免疫缺陷病毒母婴传播；②充分利用人乳头状瘤病毒疫苗和乙肝疫苗；③控制淋球菌抗微生物药物耐药性的扩散和影响。

（6）确保提供优质的性传播感染防治服务和干预措施：①加强预防、诊断、治理和保健链条的连续统一性；②衔接、整合各种服务与规划；③实施质量保证和改进规划。

第三，公平地提供服务。这一战略方向强调防治性传播感染的社会/社区环境、重点地区和人群。例如，推动营造有利环境，减少医疗环境和社区中对性传播疾病的污名化和歧视等。重视男性和男孩群体，制订专门的性传播感染控制举措等。

第四，筹资促进可持续性。这一战略规划为可持续的防治举措筹资，需要开展3个方面的工作：

（1）通过创新筹资和新型融资渠道增加资金；

（2）防范财务风险，集合资金；

（3）降低价格和成本，提高效率。

第五，开展创新，加快进展。研究和创新提供的工具和知识，可以改变性传播感染防治路径，提高效率和质量，实现公平，并产生最大影响，包括优化预防举措、诊断技术、治疗方法和服务提供手段等。

性传播疾病的预防规划是一个有层次的综合战略，它覆盖了影响性传播的个体和社会的方方面面，可以根据所主导单位的实际情况合理设计干预规划。

二、预防

（一）健康教育和行为干预

性传播感染预防工作的具体实施对象是个体，防控工作最终需要依靠改变人们的行为，最关键的是唤起民众。性传播感染预防工作包括更宏观水平的社会控制策略的效用，减少有利于性危险行为发生的环境，提高人们卫生服务寻求行为等。

健康教育和行为干预是预防性传播疾病标本兼治的有效策略，这一预防目的主要通过认知和行为干预手段，提高人群性传播疾病的相关健康认知、行为保护意识、风险行为改变以及主动卫生服务寻求。世界卫生组织亦指出，咨询和行为干预为性传播感染（包括人类免疫缺陷病毒感染）初级预防的主要手段。

健康教育对于人们控制性危险行为至关重要。健康教育的目的不在于知识获得的多少，而在于危害和危险感知、信念的确立和方法掌握。约束人们行为的往往是那些可以满足公众需求的关键信息，而不是具体的细节，只是知识宣传教育的做法并不一定是有效的。因此，健康教育应该注重以下问题：

（1）应该熟悉有关知识在社会系统的渗透和公众的需求；
（2）注重理论指导的重要性；
（3）研究"不新奇"讯息传播的策略；
（4）在健康危害知识传播的同时，注重改变观念方面的教育；
（5）将群体方法和个体方法相结合；
（6）传播、劝导、改变社会规范等结合，重点是通过改变人们的意识来改变行为。

行为干预应该在理论的指导下进行，包括群体理论和个体理论。群体干预计划应用群体理论，实施应用政策倡导，社区行动等；个体服务在各种个体理论的指导下进行。

（二）疫苗和其他生物医学干预

安全、高效的疫苗可用于乙型肝炎病毒和人乳头状瘤病毒感染。这些疫苗代表了性传播感染预防的重大进展。在95%的国家，乙肝疫苗被纳入婴儿免疫计划，每年可防止数百万人死于慢性肝病和癌症。世界卫生组织预测，在中、低收入国家，HPV疫苗接种可以在未来10年防止数百万妇女死亡。

其他预防性传播感染的生物医学干预措施包括成年男性包皮环切术和杀菌剂。男性包皮环切术可降低男性获得性HIV感染的风险约60%，并对其他性病传染（STI）（如疱疹和HPV）提供一定的保护。某些阴道杀菌剂对HSV-2有一定的疗效。

（三）社会控制

社会经济状况和某些性行为可增加个体对性传播感染的易感性。性传播感染的最危险人群在不同背景下存在差异，这取决于当地的文化和做法。要对易感人群强化预防和治疗性传播感染的干预措施，同时要确保最大限度地减少所提供的服务可能给患者带来的耻辱感和被歧视感。

三、治疗及预后

4种可治愈的性传播感染（衣原体病、淋病、梅毒和滴虫病）通常可用现有的有效单剂量抗生素方案治愈。近年来，性传播感染（尤其是淋病）对抗生素的耐药性迅速增加，使治疗方案减少。目前的淋球菌抗微生物药物耐药监测规划项目（GASP）显示，淋病对青霉素类、磺胺类、四环素类、喹诺酮类和大环内酯类药物已表现出抗微生物药物耐药性，现在又出现了对广谱头孢菌素类药物敏感性降低的情况，使淋球菌成为一种耐多药生物。其他性传播感染的抗微生物药物耐药性虽发生率较小，但也同样存在。由此，可治愈性传播感染治疗时，需注意抗生素的合理使用。

对于不可治愈的疱疹和艾滋病，最有效的药物是抗病毒药。抗病毒药可以调节疾病的进程，如抗病毒药可能有助于抗击乙型肝炎病毒，并可减缓病毒对肝脏的损害。

第三节　艾滋病与行为医学

一、艾滋病的传播与不良性行为

获得性免疫缺陷综合征（acquired immunodeficiency syndrome，AIDS）简称艾滋病，是由人类免疫缺陷病毒（HIV）感染引起的严重危害人类健康的疾病。自1981年世界第一例艾滋病患者出现，艾滋病便在全世界各个国家迅速蔓延，至今仍是全球主要公共卫生问题之一。2018年，全球约有3790万人类免疫缺陷病毒感染者，到目前为止，已造成全球77万人死于人类免疫缺陷病毒相关病症。

（一）艾滋病的传播

人类免疫缺陷病毒可以通过交换感染者的各种体液传播，如血液、母乳、精液和阴道分泌物。据估计，每次接触人类免疫缺陷病毒感染源造成真实感染的行为概率不相同，最高为输血传播（9250/10 000），其次为母婴传播（2260/10 000），第三为直接性接触的肛交传播（138/10 000）；其他性传播途径，比如性交的风险为4/10 000（阴茎性行为）、8/10 000（阴道性行为）。当接触行为发生在HIV感染的无症状时期，会显著增加每次行为感染风险。

世界卫生组织亦指出艾滋病感染的行为风险因素为：

（1）无保护的肛交或者阴道性行为。

（2）注射毒品时共用被污染的针头、注射器和其他注射设备及药物溶液。

（3）接受不安全注射、输血、组织移植、涉及不消毒切割或穿孔的医疗程序。

（4）遭受意外的针刺伤，包括卫生工作者的相关医疗行为。

人类免疫缺陷病毒的传播途径中性接触的行为概率较低。然而，经采血及供血途径传播艾滋病已基本得到有效的控制，注射吸毒者感染艾滋病的比例明显下降，不良性行为已上升为最主要的传播方式。在我国，异性性行为已经成为主要的传播途径，占新感染病例的60%以上；而在美国，主要的新发病例则来自男男性行为。

（二）重点人群与不良性行为

HIV/AIDS流行影响最为严重的群体较为集中，这些人群被界定为人类免疫缺陷病毒感染和传播的重点人群。根据联合国艾滋病规划署的估计，全世界所有新发人类免疫缺陷病毒感染超过一半都发生在重点人群。这些人群包括男男性行为者、注射毒品者、监狱和其他羁押场所人群、性工作者和跨性别人群。同时，随着性行为成为最主要的传播途径，除重点人群外，那些拥有大量性伴侣的群体，比如性工作者的顾客，以及另外一些特别容易遭受人类免疫缺陷病毒感染的人群（例如流动人口），都是人类免疫缺陷病毒感染传播中不可忽视的特定对象。

重点人群的性危险行为及其社会脆弱性，导致他们在所有国家和环境下感染人类免疫缺陷病毒的概率过高。反过来，这些过高的风险一方面反映了这类人群的行为危险性；另一方面也揭示了社会、文化、政策、法律等一系列造成重点人群脆弱性的社会问题。

人类免疫缺陷病毒可以通过社会网络高速传播。在男男性接触者网络中，HIV感染有明显的聚集性。此外，全世界范围内，商业性行为是流动人口（尤其是体力劳动者）性传播感染艾滋病最大风险归因。很多传染关系循环在性工作者、男性流动人员以及流动人员的家庭中。因此，性危险行为不仅是个人的选择，而且是一系列基于网络的行为和受到人际关系影响的行为。

二、艾滋病的发病情况

整体来说，全球人类免疫缺陷病毒感染的发病情况逐渐降低。2000年全球新发HIV感染为280万，自2003年联合国艾滋病规划署制定第一个全球治疗目标以来，每年与艾滋病有关的死亡人数减少了43%，新发病例数减少16%。在世界上受影响最严重的地区——东部和南部非洲，接受治疗的人数自2010年以来增加了1倍多，达到近1030万人。自2010年以来，该地区与艾滋病有关的死亡人数减少了36%。然而，巨大的挑战仍然摆在面前。2018年，全世界新增人类免疫缺陷病毒感染者170万人，其中154万为成人，16万为孩子（小于15岁）。地区分布中，65%的新发病例来自非洲地区，南非是病例最多的国家。美洲地区的巴西（53 000）和东南亚地区的印度尼西亚（46 000）是非洲地区以外发病人数最多的两个国家。

大部分国家和地区与全球HIV新感染者的变化保持一致，整体呈现下降趋势。然而，1990—2018年，中东和北非，东欧和中亚以及拉丁美洲地区的新发病例的预测趋势则是增加的。截至2013年年底，中国HIV/AIDS感染者和患者约81万人（0.0598%），而每年新发HIV感染人数在5万人以上，2014年则超过了10万人。据估算，云南、广西、四川、新疆、河南5个省份就占据了全国一半的感染者人数，而传播方式以性接触（包括异性性接触和男男性行为）为主；其次为毒品注射；最低为母婴传播，仅为1.1%。由此，无保护的性接触已逐步成为中国艾滋病流行的主要原因。统计显示，60%的女性性工作者不能在每次性行为中都使用避孕套。同时，在过去的6个月里，70%的男男性行为者都接触过多个伴侣，其中30%的人不使用避孕套。另外，50%的人在与男性性工作者发生性关系时不坚持使用避孕套。面对严峻的艾滋病发病与流行趋势，中国艾滋病的防治工作刻不容缓。

三、艾滋病感染风险评估与阻断治疗

（一）感染风险评估

感染风险评估需要通过人群特征和行为特征来判断接触和感染风险。性传播疾病的一级预防包括评估行为风险（即评估可能使人面临感染风险的性行为）和生物风险（即测试获取或传播人类免疫缺陷病毒的风险标记）。

1. 行为风险评估 ①性伴侣（partners）：如性伴侣的性别和个数。②行为：例如性行为类型（直接或者间接性行为），避孕套使用情况，商业性行为或者注射行为。③避孕：询问是否有避孕措施；④疾病保护：是否有保护自身免于感染的行为，例如使用阻断药；⑤性病史：自己以及性伴侣是否有性传播疾病史。

那些有多个性伴侣、存在性危险行为、缺乏自我保护以及有性病史的人表现出较高的感染风险。然而，人类免疫缺陷病毒感染的重点人群有其特别的亚文化特征。因此，对于他们的风险评估，还需要进行更多特异性的调整。中国广东市构建的MSM模型包含9项风险，包括年龄、户籍所在地、月收入、寻找性伴侣的主要场所、最近1年HIV检测、第一次性行为年龄、最近6个月避孕套使用情况、性病症状、梅毒。该模型确定了对应的危险分值和的风险评定切点。

2. 生物风险评估 一个全面的性病/艾滋病风险评估应该包括性病的筛查和人类免疫缺陷病毒的检测，尤其是对于男男性行为人群中的感染与传播。性传播疾病的检测有相对明确的生物标记物，比如梅毒由梅毒螺旋体引起。男男性行为者的直肠感染淋球菌和沙眼衣原体的检测。HIV的检测包括快速检测、病毒学检测和血清学检测。快速检测可以在非实验室环境下进行，适用于初级卫生保健。检测方法根据人群对象和检测条件进行选择。

（二）阻断治疗

人类免疫缺陷病毒的治疗主要采用抗病毒治疗（ART）。ART是指由3种或3种以上抗病毒药组成的联合抗逆转录病毒药物，可以达到抑制HIV的效果。通常是终身治疗。抗逆转录病毒疗法不能治愈人类免疫缺陷病毒感染，但能抑制人体内的病毒复制，并使个人免疫系统增强和恢复抵抗感染的能力。其中，病毒抑制的指标是使人类免疫缺陷病毒载量始终低于目前试验检测方法可检测的水平（50拷贝/毫升）。

2016年，世界卫生组织发布了第二版《使用抗逆转录病毒药物治疗和预防艾滋病毒感染指南》。指南建议向所有人类免疫缺陷病毒感染者，包括儿童、青少年、成人、孕妇和哺乳期妇女，提供终生抗逆转录病毒疗法，不论其临床状况或CD4细胞计数如何。同时，该指南也就不同人群和感染的不同阶段的治疗手段提供了明确的指导与用药策略。

治疗方案分为一线、二线和三线治疗方案。一线抗病毒治疗建议采用简化、毒性反应及副作用少、便捷的治疗方案，如固定剂量复合制剂，包含非胸苷的核苷类逆转录酶抑制剂（NRTI）骨干用药（TDF+FTC或TDF+3TC）以及一种非核苷类逆转录酶抑制剂（NNRTI）（成人、青少年首选）和基于蛋白酶抑制剂（PI）的方案（3岁以下儿童首选）。

一线治疗失败则选用二线治疗，此时二线治疗方案用药要依据一线用药概况进行调整：一线抗病毒治疗方案中含有非核苷类逆转录酶抑制剂（NNRTI）类药物时，建议二线抗病毒治疗方案将"1种增效蛋白酶抑制剂+2种NRTI"作为首选策略。二线的理想方案是应用具有热稳定性能的配方剂型和固定剂量复合制剂（可能的情况下使用每日一次的配方剂型）。

二线抗病毒治疗失败的人群病死率极高。因此，关于三线治疗，在2010年制定最新标准时，相应策略制订的证据极为有限。基于已有证据，世界卫生组织提出了三级治疗的建议：①国家艾滋病防治规划应制定三线抗病毒治疗相关政策（有条件推荐，证据质量低）。②三线抗病毒治疗方案应纳入新药，新药与之前方案中使用药物的交互耐药风险应保证最小化，如整合酶抑制剂以及二代 NNRTI 类药物和 PI 类药物（有条件推荐，证据质量低）。③二线方案治疗失败患者若无新型抗病毒药可供选择，则应继续使用一种可接受的方案（有条件推荐，证据质量极低）。

四、艾滋病的预防

个人可以通过限制接触危险因素来降低感染人类免疫缺陷病毒的风险，社会可以通过提供卫生保健服务，制订社会控制策略来减少艾滋病的蔓延。预防人类免疫缺陷病毒的主要方法通常结合使用，主要包括安全性行为选择、检测与咨询、预防性用药。针对重点人群和特殊人群需要，根据该人群行为特征设置其他干预方案。目前，依据世界卫生组织的建议，全球有效防治艾滋病的方法如下所述。

（一）行为选择

在阴道或肛门插入过程中，正确和一致地使用男用和女用避孕套可以防止包括人类免疫缺陷病毒在内的性传播感染的传播。有证据表明，男性乳胶避孕套对人类免疫缺陷病毒和其他性传播感染有 85% 或更大的保护作用。

强烈建议对所有接触任何危险因素的人进行人类免疫缺陷病毒和其他性传播感染检测，这样人们就可以及时了解自己的感染状况，获得必要的预防和治疗服务。世界卫生组织还建议为性伴侣或夫妇提供检测。此外，世界卫生组织建议采用协助性伴侣通知办法，以便人类免疫缺陷病毒感染者获得支持，自行或在卫生保健提供者的帮助下通知其性伴侣。

（二）预防用抗病毒药

2011 年的一项试验证实，如果人类免疫缺陷病毒阳性者坚持有效的抗逆转录病毒疗法，将病毒传播给未感染性伴侣的风险可以降低 96%。2019 年发表的一项研究表明，当通过抗病毒治疗抑制人类免疫缺陷病毒载量时，不使用避孕套的性行为在血清型不同的同性恋夫妇中传播人类免疫缺陷病毒的风险实际上为零。世界卫生组织关于在所有人类免疫缺陷病毒感染者中开展抗逆转录病毒疗法的建议将大大有助于减少人类免疫缺陷病毒的传播。

1. HIV 阴性性伴侣的预暴露预防（PrEP） 艾滋病口服制剂是人类免疫缺陷病毒阴性者每日使用抗病毒药，阻断人类免疫缺陷病毒的传播。超过 10 项随机对照研究证明了 PrEP 在减少人类免疫缺陷病毒在一系列人群中传播的有效性，这些人群包括单阳异性配偶（其中一方感染，另一方不感染）、男男性行为者、变性女性、高危异性伴侣、注射毒品者。

2. HIV 暴露后预防（PEP） 指在暴露于 HIV 的 72 小时内使用抗逆转录病毒药物以防止感染。暴露后预防包括咨询、急救护理、人类免疫缺陷病毒检测，以及 28 天的抗逆转录病毒药物治疗和后续护理。

（三）人群预防

1. 消除人类免疫缺陷病毒母婴传播（EMTCT） 人类免疫缺陷病毒阳性母亲在怀孕、分娩或哺乳期间将病毒传给婴儿，称为垂直传播或母婴传播。在这些阶段没有任何干预措施的情况下，人类免疫缺陷病毒母婴传播率可能在15%~45%。如果母亲和婴儿在怀孕期间和哺乳期间尽早获得抗病毒药，几乎可以完全预防母婴传播。

2. **男性自愿医疗包皮环切术（VMMC）** 男性自愿医疗包皮环切术可将男性通过异性性行为方式获得人类免疫缺陷病毒感染的风险降低约60%。这是在人类免疫缺陷病毒流行率高且男性包皮环切率低的15个东部和南部非洲国家中支持的一项主要预防干预措施。男性自愿医疗包皮环切术还被认为是接触不经常寻求卫生保健服务的男性和少男的好方法。自2007年世界卫生组织建议将男性自愿医疗包皮环切术作为额外预防策略以来，东部和南部非洲国家超过2300万少男和男性获得了人类免疫缺陷病毒检测和安全性行为及避孕套使用教育等一系列服务。

3. **注射吸毒者和毒品使用人群** 注射毒品的人可以采取预防措施，防止感染人类免疫缺陷病毒。方法是每次注射都使用无菌注射设备，包括针头和注射器，而不是共用吸毒设备和毒品溶液。物质依赖治疗，尤其是使用阿片类药物替代疗法来治疗阿片类药物依赖者，也有助于减少人类免疫缺陷病毒传播风险，并利于坚持人类免疫缺陷病毒治疗。一整套人类免疫缺陷病毒预防和治疗措施包括：

（1）针头和注射器方案；

（2）阿片类药物替代治疗和其他循证药物依赖治疗；

（3）人类免疫缺陷病毒检测和咨询；

（4）人类免疫缺陷病毒治疗和护理；

（5）降低风险信息和教育以及提供纳洛酮；

（6）获得避孕套；

（7）性传播感染、结核病和病毒性肝炎的管理。

（杨晓照）

思考题

1. 性传播疾病的流行与行为医学的关系是什么？
2. 性传播疾病的社会预防和干预措施有哪些？
3. 艾滋病的传播途径以及与个人行为的关系是什么？
4. 艾滋病感染与高危人群是什么？
5. 艾滋病的预防和治疗措施是什么？

第十五章 求医行为与医疗行为

当人感觉到身体不适，为了确认疾病是否存在并希望减轻疾病痛苦时，多数人会及时采取行动，启动求医行为。但有些人由于无力支付高额的医疗费用或者害怕知道真相和不知道如何去面对疾病，从患病开始到寻求医疗帮助可能会间隔很长时间；有一些人身体没有症状或病变，出于对身体健康的忧虑和担心，对身体过分注意而引起疑病现象；有的人为了取得患者角色，以达到免除某些社会责任和义务，可以享受某些特权，从而力图使自己成为患者。

决定利用医疗服务，患者还要根据自己对医疗服务效果、价格、方便程度的认识以及经济承受能力，以决定要花多少钱就医。可见，求医行为是一种颇为复杂的社会行为，受多方面因素的影响。

医师的任务是对患者的疾病做出诊断，并且帮助患者尽可能地恢复到正常功能的水平，以满足患者的期望。在医疗行为中，医师应该综合考虑个体生理、心理和社会3个维度的整体状态，而不能把疾病局限于某些特定器官和系统。同时，医师不仅要知道自己的权利，更要懂得自己的义务和对待患者的原则，以期在医疗过程中建立良性的医患互动。

第一节 疾病行为

健康和疾病是医学中最基本的一对概念，人们时刻都在关心自身是否处于健康状态。医学研究和医学服务也都是围绕着健康和疾病展开的。由于疾病给患者带来了躯体上的痛苦和心理上的挫折，并进而影响着患者社会角色的实现，妨碍着患者的自由活动，因此，疾病就成为患者关注的中心。正确地理解健康、疾病和疾病行为等概念，以及人们在疾病各个阶段心理状况和行为的变化，对理解人们的求医行为有很大帮助。

一、疾病与疾病行为

（一）疾病的定义

人们对疾病的认识是一个逐步发展的过程，对疾病的不同认识在一定程度上决定了人们对疾病的不同处理方式。在远古时期，由于缺乏对疾病的认识，人类完全不了解人体的功能，只能与动物一样，靠本能来保持健康。因此人们认为疾病的发生和是否能治愈都由神灵操纵着，人类的生命与健康都是由神灵所赐，而疾病和灾难则是上天的惩罚，是由罪恶灵魂引起的。因此，人们对疾病的处理方式是与驱除患者体内的罪恶灵魂的仪式结合在一起。人类学家发现，在4000多年前的一些地区就采用过一种手术方式，在人的头盖骨上钻孔，以驱除被认为是藏在头颅中的罪恶灵魂。在一些国家和地区，至今人们对疾病也还存在这样的认识，也有类似的行为，治病时普遍借助于宗教和巫术的超自然力量，经常使用念经和驱邪等方法。

古希腊时期出现了一些医学学说，同时期，我国的中医学说也开始逐步发展起来，人们对疾病有了一定的科学认识，提出了一些病理学说和病因学说。后来，随着生理学、病理学和微生物学等科学的发展，人们在生物学上对疾病有了正确认识，认为疾病是指机体在一定条件下，由于致病因素的作用，致使一定部位或层次的结构、功能发生异常变化，呈现具有一定明显症状和体征的病理过程。但从某种层面而言，这种疾病观只从机体本身的病理变化考虑，是一种相对狭隘的疾病观，是生物医学模式下的疾病观。

随着科学的发展，人们开始从生物-心理-社会医学模式去认识疾病。认为疾病是机体与环境之间动态相互作用的表现。疾病状态既是身体的，又是精神的。因为人是身体和心理的组合体，严格地说，缺少了任何一个方面，人已不再是人了。一个人的身体状况会影响到他的心理状态以及情绪和行为的表现；同样，一个人的心理状态也随时影响着他的身体状况。任何疾病，无论其严重程度，都会破坏一个人身体和心理的平衡状态，产生明显的、通常也是可预期的身体和情绪的改变。因此，必须从身心不可分离的角度理解疾病的概念。由于人是社会的一员，必定在某种程度上适合某个社会组织，因此只有考虑到他的社会环境才能充分理解疾病的概念。

在传统的生物医学模式下，医师对待患者仅仅是重视患者的生理病变，而忽视了患者的心理社会因素，导致许多心身疾病久治不愈。现代的疾病观要求医师在了解患者疾病和病史时，对每位患者从生物、心理和社会3个方面出发，进行全面的分析及诊断，从而制订有效的综合治疗方案，促进患者的全面康复。

（二）疾病行为

一个人自觉不舒服或者出现功能性障碍或器质性病变时，就会产生疾病体验，这种体验往往又以一定的行为显示出来，如对身体征兆做出反应，确定和解释躯体症状，寻求疾病的原因，采取治疗措施等，此类行为称为疾病行为。

疾病行为就是一个人认为身体状态不好或处于疾病状态时对接受治疗所采取的行为。从社会学看，一个社会角色就是按照规定行事的模型，每一种角色都按照一定行为规范体系行事，所以疾病行为就是生病的人按规定行事的模型。疾病行为不仅受到医疗发展水平、卫生保健水平和经济发展水平的限制，同时也在很大程度上受患者的文化背景、心理状况和道德观念的影响。

在日常生活中，人们对疾病的反应也存在不同的状态。当人们感到机体不适时，通常会开始怀疑自己是否患病，也就开始出现一些疾病行为。患急性病或者疾病比较严重时，人们的疾病行为是最明显的，会出现明显的体征，感到痛苦难忍，个体一般都会清楚地认识到自己有病，甚至必须卧床休息，影响了正常的社会活动能力，通常都会寻求医师的帮助。但是当躯体疾病是慢性病或者症状不太严重时，躯体变化并不明显，疾病行为就不一定明显地表现出来。另外，人们对健康和疾病的态度差异很大，有的人很重视，有的人却满不在乎，有的人以轻病躺下为可耻，也有的人讥笑带病工作者为假积极。人们对疾病和疼痛的忍受能力也不一样，因此，即使是同样的症状，不同的人的疾病行为却存在显著的变异，有些人会去找医师治疗，也有另一些人会认为这些症状无须大惊小怪，习惯于不理它，或者认为一咬牙就过去了。

作为医师，要能够正确理解患者的疾病行为，对于自认为"无病"或者已经"病愈"的患者，应该给予相应的检查和治疗建议；而对于那些有疑病行为的人或者是小病大做者，则应该对其做出恰当的解释，尽量说服其改变观念。

二、影响疾病行为的因素

（一）生理层面的影响因素

影响患者反应的生理因素包括疾病的性质和疾病的严重程度，患者本身的身体素质、遗传特性，受累的组织、器官与系统类型，患者对药物和治疗的反应等。

良性疾病对患者带来的冲击往往较小，但恶性肿瘤、突发性心脑血管疾病、意外伤害和中毒对人们带来的影响是巨大的，常会导致死亡；急性病可以很快恢复，影响的时间也较短，而且一般不会留有不良后果，但慢性疾病对患者的影响则较为长远又无法预测；先天性疾病比起后天获得的疾病影响要更为深远，可能贯穿人的一生。患者的不同体质特征，如高龄、过敏体质、有遗传性疾病以及免疫系统缺陷等，常会使患者在生病时遭受更大的冲击。而那些引起患者机体功能障碍或者永久性器质性病变的疾病（如脑卒中）对患者的影响会比预后比较良好的疾病要大得多，对人的生命质量的影响更大。不同的受累组织和器官在恢复过程中是不一样的，有些功能恢复比较良好，有些却难以完全康复。有些个体对药物或治疗有良好的反应，而同样的药物和治疗方法对有些个体可能会造成不舒服、不良反应、过敏反应和治疗效果不佳等，当然冲击就要更大。

（二）心理层面的影响因素

心理因素对患者造成的心理层面的影响和冲击主要表现在以下几个方面。

1. **人格特质**　生病作为一种外来刺激，对不同人格特质的个体的影响有很大的区别，如情绪不稳定的人对刺激的反应往往会比较强烈。

2. **自我调适机制的成熟程度**　自我防御机制是指自我所运用的心理策略，以保护自己避开日常生活中体验到的种种冲突。它能帮助个体回避矛盾、自我安慰、自我开脱，起到维持一种令人接受和满意的状况，起着保护自尊、维系心理平衡的作用。自我防御是正常的、合理的、必要的。一个人自我调适机制的成熟程度会影响到他评估疾病所带来冲击的能力。

3. **患者所处的生长和发育阶段**　一个人在生病时所处的生长和发育阶段也会影响疾病所带来的冲击。特别是一些功能上的障碍，对年轻人的打击远大于老年人。

4. **过去患病史和经验**　患者过去身体或精神疾病的病史、经验会影响他面对疾病的行为反应。任何征兆的出现都可能勾起过去不舒服的记忆，因而增加患者的焦虑、害怕、愤怒或忧郁情绪。患者过去对疾病的行为反应可以作为医务人员预测他此次行为反应的参考。

5. **患者的主观感受** 无论患者所患的疾病的性质如何，患者主观的感受和看法常会决定其行为。对疾病认知上的差异、对疾病带来的疼痛感觉上的差异、对疾病后果预测的差异等都会影响到患者的行为。

6. **医患关系** 患者与医护人员的交往是复杂的社会过程，其中包括人际交流、社会知觉、社会判断和社会影响。医患关系的好坏会影响医护人员与患者的互动，进而影响患者的行为反应。

（三）社会、文化层面的影响因素

影响患者行为反应的社会文化因素包括家庭关系，家人、亲戚、朋友的病史，价值观及文化习俗。

社会支持在帮助人们应对压力和疾病、增进健康方面起着重要的作用。与具有较多社会联系和社团关系的人相比，那些拥有较少社会资源的人死亡率更高。

家庭是成员关系最密切的团体，当家里的某个人因生病而无法扮演他原来的角色时，家人的其他角色就必须相应地调整，以维持家的功能。如患者的妻子可能不得不承担以前丈夫承担的责任，小孩可能会负担起不是他们这个年龄所应承担的事。家庭关系愈健全，角色的调整就愈容易；家庭关系不健全，角色无法重新调整，患者的适应就愈加困难。

患者所处的文化背景也在无形中影响患者的行为。在不同的文化背景下，人们对症状的解释和忍受能力、对引起疾病原因的认知都不相同。

三、疾病行为的阶段

疾病行为是分阶段的，社会、文化、心理等因素都将影响患者每一阶段的不同表现。疾病行为和人类其他行为一样是有规律的，从每次疾病开始到康复都会经历不同的阶段，每个阶段都存在一定的特点。

医学社会学家萨奇曼在1965年就比较完整地研究了患者与医师接触后发生的一系列行为，把疾病行为分为5个阶段，并描述了每个阶段人们的决策和最常见的行为。

（一）症状体验阶段

在这一阶段，患者开始判断身体是否存在某些异常。患者对是否存在疾病做出决策，是否去看医师。部分人会采取一些自我治疗的方法。

（二）患者角色认同阶段

患者认识到自己已经患病，需要做出"是否承认自己是患者"的决策。患者角色（sick role）的概念最早见于帕森斯发表的《社会系统》一书，他用社会学理论分析了医学的功能，引出患者角色的概念。这个概念代表了西方社会对患者行为特征的比较一致的解释。患者角色指患者为适应其情境的规范性要求而形成的一些特征性的行为。

由于个体、疾病和环境等差异，患者可能会出现角色认同不良，不承认自己是患者，出现一些不配合治疗、不遵医嘱之类的行为。角色认同不良主要表现在以下几个方面。

1. **角色行为冲突** 根据患者角色理论，患者必须放弃一些正常的社会角色，但一些重要社会角色的丧失会给患者带来失败感和挫折感，特别是一些精神疾病的患者。这类患者虽然可能承认自己是患者，希望得到治疗而早日康复，但又害怕因为生病而失去原有的社会角色，而不愿进入患者角色。

2. **角色行为缺如** 患者意识不到或者根本不愿意承认自己有病，甚至缺乏正常的角色转化的心理冲突。患者常由于某种重要因素的影响，不能接受患者角色；或是患者使用否认的心理防御机制，以"视而不见"来减轻心理压力。这类患者即使入院治疗，也不易与医务人员合作。

3. **角色行为减退** 由于环境、家庭、工作等因素以及正常的社会角色所担负的责任，可以使患者角色行为减退，此时患者会走出患者角色，去承担其正常角色的责任和义务。如家属中有人突发更严重的疾病或出现意外，患者会放弃休息或治疗而去照顾亲属。或者由于工作需要，即使患者病情非常严重，还是坚持在工作岗位上。

4. **角色行为强化** 随着病情的好转，患者角色行为应向正常角色转化。但是有些患者对自我能力表示怀疑、失望和忧虑，行为上表现出较强的退缩和依赖性，这是患者角色行为强化的突出表现。角色行为强化常见于疾病治疗的后期，对疾病的自我感觉过强，希望能继续获得患者角色的一些享受和特权。

5. **角色行为异常** 属于患者角色适应中的一种变态类型。患者无法承受患病或患不治之症的挫折和压力，表现出悲观、绝望、冷漠，常对周围环境无动于衷。如果没有有效的疏导，会导致意外发生，甚至自杀。医护人员应帮助患者适时地完成不同角色的转化，以利于治疗、康复，使之回归社会。

（三）获取医疗服务阶段

能否尽快地获取医疗服务与患者对民间疗法或自我治疗的依赖程度有很大的关系，也与个人的知识水平、医疗资源的可及性、对病患的感受程度等因素有关。

（四）患者角色依赖阶段

在此阶段之前，患者仅有求医的动机，而未成为真正的"患者"。到了这个阶段，患者才会按照医师的安排进行治疗，也会开始享受患者具有的权利，如休工、休学。

（五）痊愈或康复阶段

通过医学治疗，患者脱离患者角色，恢复正常的社会角色。一些慢性病患者可能不会出现这个阶段。

并非每一个病例都必然经历这5个阶段，有的人只经过其中的某一部分，也有的人可能在任一阶段终止。

第二节 求 医 行 为

求医行为（health-seeking behavior）是指当一个人察觉到自己身体不适时，为了达到确认疾病存在和寻求减轻疾病痛苦的目的而采取的寻求医师帮助的行为，是医疗消费行为中最常见的一种。

一、求医行为的分类

患者的求医行为通常可以分为主动求医和被动求医两种。主动求医大多是出于个人的自觉要求和主动行为。被动求医则是出于强制性的非个人意愿的行为。

被动求医行为类型的患者角色有属于被强制送进精神病院的精神病患者；也有的是患了某种传染病需要隔离治疗的患者；有一些是儿童患者；还有一些是失去意识和知觉的重症患者。对这类患者的诊断和治疗，除了详细进行患者躯体体征检查和必要的实验室检查外，还应该求助于患者的家属提供情况，加以综合分析，才能做出正确的诊断。有时情况复杂，尤其是一些精神疾病患者，对真假情况必须认真区别。在现实生活中，存在着一些本身并不属于精神不正常或者只是轻度心理障碍的人，却被强制送进精神病医院的情况，医务工作者应该明辨是非，不轻易给正常人贴上患者标签。

大部分患者求医属于主动求医行为，就诊者都是有了病才去求医的，都是为了确认疾病存在和减轻疾病痛苦而主动寻求医师帮助的。但也存在一类特殊现象：无病说有病，轻病说成重病。这是因为患者角色会被免除一些社会责任并且可以获得一些特权。如有人为了取得休工证明、工伤待遇，或者为了获得休假，为了逃避上课等。在这些情况下，患者可以被免除正常的社会责任，并且获得社会给予患者的特权。免除责任和获得特权的多少取决于疾病的严重程度，疾病越严重，被免除的责任和获得的特权也越多。

二、求医行为的影响因素

患者采取不同的求医行为的原因，如有些患者会延迟就医或者有病不求医，而有些患者却会反复求医。求医行为的影响因素主要可以概括为以下几个方面。

（一）健康的需要

格罗斯曼用人力资本理论解释了个人对卫生保健的需求。依据人力资本理论，个人必须在教育、培训和健康方面投资以提高他们的收入。他指出，在健康需求方面，健康可以被看成是一种消费品，它可以使人们的身体感觉舒适；健康还可以被看成是一种投资品，它增加了人们工作的时间。因此，健康状况不佳者往往需要利用医疗服务来增进健康，以减少损失。因此，健康状况是求医行为发生的决定因素。

（二）倾向因素

1. **人口学特征** 如年龄、性别、民族、婚姻状况等。年龄与健康的关系是不言而喻的，通常老年人求医行为是年轻人的 3~4 倍，随着年龄的增长，人们的健康状况将逐步下降，为了维护健康状况，必然增加对医疗服务的需求。民族和性别对健康需求也有一定的影响，许多研究发现，黑种人虽然健康状况较差，但却倾向于利用较少的医疗保健。在性别方面，妇女对疾病的敏感性较强，女性的寿命也比男性长，潜在的医疗服务需求也更多。独身、离婚、丧偶者比在婚者的卫生保健需求要多，包括一些躯体健康和更多的心理健康的需求。

2. **社会结构** 如受教育程度、职业类别、社会经济地位等。良好的受教育程度通常与更好的健康状况联系在一起。受教育程度较高的人更注重预防保健和早期诊疗，而且这种相关关系随着生命的延续不断加强；受教育程度较低的人出现疾病和伤残的可能性随年龄的增加越来越大，期望寿命越来越低。职业类别对健康也有很大的影响，那些需要暴露在物理、化学、生物等危险因素的人更容易患职业病。社会经济地位是影响一个人健康状况和期望寿命的具有决定性的因素，社会经济地位通常包括受教育程度、收入水平、职业声望等，是区分不同社会阶层的主要指标，是衡量健康水平和卫生服务利用水平重要的综合因素。

3. **健康信念和情感信念** 健康信念是指个人对健康及健康服务的态度、价值和理念。具有良好健康信念的人对自己的健康看得比较重要，会追求和保持自己的健康状况，利用更多的卫生服务。此外，疾病具有外部性，一个人患了某种疾病会对周围的人的健康产生威胁，尤其是对亲人和同事，因此人们在求医行为上很容易受到情感的支配。

（三）能力因素

1. **居民个人与家庭资源** 如家庭收入、存款、医疗保健制度或是否有固定就医资源等。收入是影响求医行为的直接因素，患者的收入越高，可支付能力就越强，需求也就越多；反之，收入越低，对医疗服务的需求就越少。医疗保险制度是影响求医行为的重要因素，享受医疗保险的患者比自费者更倾向于利用医疗服务。

2. **社会资源** 如医疗保健服务资源的可及性、医疗保健服务的价格、就医时间与候诊时间等。医疗保健服务资源的可及性和获得的难易程度，交通是否便利，等候时间和就诊时间等会产生时间的机会成本，也是影响求医行为的重要因素。

另外，医疗服务供给的类型、数量、规模、环境、质量、价格、地理位置等都会影响患者的求医行为。由于诱导需求的存在，医师的动机和行为在相当大的程度上会影响患者的求医行为。

（四）延迟就医或有病不求医的原因

求医行为事实上是一种带有社会意义的决定。一旦采取求医行为，便等于向社会承认自己是一名患者。有些人之所以有病不求医，就是因为他们不愿意社会把他们看成是患者。健康是可以引以为傲的，一旦成为患者，也就失去了惯常引以为傲的特征了。在某些国家，疾病可能使人丧失职业、社会地位和成功的机会，这就更使一些人不敢求医，不愿成为患者了。

据布纳姆的估计，急性病患者有75%求医，慢性病患者则只有20%的人求医。许多患者从疾病开始到寻求医师帮助之间经历了几周、几个月，甚至几年。有时患者求医已为时过晚，以致失去了治疗的时机。患者延迟就医或有病不求医的原因主要有以下几种：

1. 由于缺乏医学知识或由于症状不太严重，没有引起患者及其家属的重视，没有认识到应当就医。

2. 由于经费、时间、交通等方面的原因不能就医。

3. 因恐惧、害羞或怕影响其他个人利益而延误治疗。

4. 否认，这是推迟求医的最主要的防卫机制。这种否认不是有意识的，它使患者维持自己仍是健康的错觉。有的患者认为自己症状很轻，没必要找医师去看病。当症状严重、疼痛明显、不能完全否认时，则代之以部分否认，将症状解释为轻度或由不太重要的疾病所引起的，认为拖拖就会好的。这种情况在平素身体比较强壮的人更易出现。

5. 患者以往就诊时医师医疗水平低，诊断不清或误诊，医师待人粗暴、冷淡、不尊重等，使患者惧怕求医或失去信心，不愿去医院就诊。

6. 工作过于忙碌，走不开，请不了假。

7. 媒体不适当地过度宣传"带病坚持工作"，强化了有病不求医的行为。

8. 自恃抵抗力强而不求医。

（五）反复求医的原因

有一些人反复求医，尽管医师告诉他各个器官都没有病，但还是反复求医，坚信自己确实有病，希望进入患者角色，其原因有如下几种：

1. **个人焦虑、敏感**　对自身健康特别关心，病感常常比实际情况严重。有一点不舒服，就感到可能会有什么大病，马上就去找医师。

2. **患疑病症**　患者怀疑自己得了重病，阴性检查结果及医师的一般性解释满足不了患者的心理需要，所以还要求继续反复做各项检查。

3. **心理疾患躯体化表现**　在心理应激作用下表现为躯体障碍，因检查未发现器质性病变的证据，未能找到有效而适当的治疗方法，所以患者反复就诊。

4. **患者对医师不够信任**　所以反复择医求治。

5. **长期使用某种药物对药物形成依赖**　有的患者可能模拟疼痛、失眠等症状，以便让医师为他开止痛、催眠或其他成瘾的药物。

6. **继发性获益所致**　有的人因"患病"而获利，如经济赔偿、长期休息、利用休假去从事其他经济活动，或可借此回避其他矛盾等，反复找医师开诊断证明书等。

第三节　医疗行为

一、医师角色与行为

角色（role）是一个社会学范畴。社会上没有抽象的个人，社会中的个人是有价值标准、有行动目的、与他人发生联系和互动的个体，是承担着各种社会角色的具体的个人。承担着各种社会角色的具体的个人有量上的差别，更有着质的不同。医师角色有着与一般社会学意义上角色相同的内在含义，也有着其医学活动方面特殊的含义。

医师角色是指掌握医疗卫生知识和医疗技能，进行防治疾病工作的专业人员所承担的角色。掌握医疗卫生知识和医疗技能是医师角色工作的必要条件，防治疾病、保护人群身心健康是社会赋予医师角色的职责和任务。医师角色与医师是两个不同的概念。医师是就一个人所从事的职业而言的，只是一种职业称谓，一个从事医疗工作的人，无论何时何地，都可以说他是一位医师，但只有当医师处于诊疗过程时才充当起医师角色。

按照帕森斯的理论，医师角色具有4个方面的特征。

一是技术上的专门性。这是一个医师必须具备的。一个人之所以能够扮演医师角色，首先是因为他经过了专门的职业学习和技术训练，并获得了资格认证单位的认可。

二是感情上的中立性。这意味着医师应与社会保持适当的距离，使医师在客观治疗过程中防止主观性。在为患者治疗的过程中，医师必须避免成为患者的同伙人。如果医师在感情上过于接近患者，就会影响诊治效果。因此，医师应该理解患者的感觉，但不能体验这些感觉。

三是对象的同一性。尽管医师的服务对象在地位、种族、婚姻、职业等方面不同，但医师应一视同仁。

四是职能的专一性。医师角色职能的专一性是为了把医师的行为范围严格地限制为医务工作。医师的工作范围一旦超出了原有的规定，就可能利用其所拥有的职业特权及患者对医师的依赖和信任，把患者当作可以利用的工具，在感情、经济、性等方面利用患者。

随着医学模式的转变，医师角色也正在逐步发生变化。在传统的生物医学模式下，医师仅仅扮演着专家的角色，医师所关注的仅仅是疾病的诊断和治疗。在医患关系中，医师完全处于统治地位，很少去考虑患者的主观感受和满意度。随着生物-心理-社会医学模式的形成，人们开始认识到疾病与心理及社会因素有着密切的关系，在这种模式下，医师与患者形成平等的"伙伴关系"，这种医患关系可以提高患者的遵医率。由于医患间良好的沟通，医师能及时发现问题并给予解释与处理；患者能从中感受到自己被关注，并可以对治疗过程有较为清楚的了解，从而积极配合治疗。

二、医师的义务和权利施行与行为

人类同疾病做斗争的实践活动产生了医学，人类为了自身的生存和发展促进着医学的发展，承担医学实践活动主体的人群即为医务工作者。可以说，自从出现了人类的医学实践，作为医学实践活动的主体就被赋予了特殊的社会角色，享有着特殊的权利，承担并履行着特殊的义务。

医师是依法取得执业医师资格或者执业助理医师资格，经注册在医疗、预防、保健、计划生育技术服务机构中执业的专业医务人员。我国的《中华人民共和国执业医师法》（以下简称《执业医师法》）《医疗机构管理条例》及《医疗事故处理条例》等法律及法规对医师在执业活动中的权利和义务进行了明确规定。

（一）医师的权利

医师的权利是指法律赋予医师在执业过程中具有的一定权能，具体地说，是指在法律上允许医师在执业时具有一定作为或不作为的许可，并要求患者相应地做出或不做出一定行为的保障。根据我国《执业医师法》第21条的规定，我国医师的权利包括以下内容。

1. **处方、诊断和治疗的自主权利** 在注册的执业范围内，医师有权根据患者的情况进行必要的医学诊断检查，自主地选择恰当的医疗方案、预防措施、保健方法，帮助患者恢复健康。医师有权依据病情、疫情的需要进行疾病调查或流行病学调查，采取预防措施和必要的医学处置措施。同时，医师有权根据病情的需要和医疗结果出具相应的医学证明。这是医师应当享有的基本权利,即处方、诊断和治疗的自主权。

2. 执业条件保障权 《执业医师法》规定,医师在执业活动中有权按照国务院卫生行政部门规定的标准,获得与本人执业活动相当的医疗设备基本条件。这是医师开展执业活动应当具备的基本物质条件。

3. 从事医学研究、学术交流,参加专业学术团体权 医师在完成其本职工作的前提下,有权进行科学研究、技术开发、撰写论文、参加学术交流活动、参加学术团体并在其中兼任工作,而且在学术研究中,可以公开发表自己的见解和观点。

4. 参加专业培训,接受继续医学教育权 现代医学知识的更新速度很快,要求医师必须及时更新知识,调整知识结构,不断提高自身职业道德和业务素质,以适应时代和社会的发展。

5. 在执业活动中,人格尊严、人身安全不受侵犯 公民的人格尊严和人身安全都是属于人权保护的范围,应该受到保护。在医疗过程中,医师难免会存在失误行为,在出现医疗纠纷时,必须通过正确的手段去解决,而不能采取对医师的侮辱、威胁甚至伤害等违法手段来解决。

6. 获取工资报酬和津贴,享受国家规定的福利待遇的权利 医师依法、依约和依据相关政策享有的获得劳动报酬的权利受法律保护,并享有国家规定的和合同约定的福利待遇。

7. 参与民主管理的权利 医师可对所在机构的医疗、预防、保健工作和卫生行政部门的工作提出意见和建议,依法参与所在机构的民主管理。

(二)医师的义务

义务作为一种道德关系和道德要求,是指普遍存在于行为主体活动中的职责,它是行为主体内心的自我规范和约束,是出自灵魂深处的"应当"。法律赋予医师在执业过程中必须履行一定的义务。具体地讲,义务是指医师在执业活动中应当依法为一定行为或不为一定行为的必要性和规定性。根据我国《执业医师法》的规定,医师执业活动有如下法定义务。

1. 遵守法律、法规,遵守技术操作规范 医师作为公民,除应当遵守国家法律以外,还必须遵守有关卫生法律、法规和规章,遵守有关卫生标准和医疗卫生技术操作规范。

2. 树立敬业精神,遵守职业道德,履行医师职责,尽职尽责为患者服务 在执业活动中,医师应当树立全心全意为人民服务的意识,坚持和发扬救死扶伤的人道主义原则,遵守职业道德,尽职尽责为患者服务。

3. 关心、爱护、尊重患者,保护患者的隐私 医疗机构和医护人员应当尊重患者对自己的病情、诊断、治疗的知情权利。在医疗活动中,医疗机构及其医务人员应当将患者的病情、医疗措施、医疗风险等如实告诉患者,及时解答患者的咨询,但是应当避免对患者产生不利影响。在实施手术、特殊检查、特殊治疗时,应当向患者做必要的解释。因实施保护性医疗措施不宜向患者说明情况的,应当将有关情况通知患者家属。另外,由于医疗的特殊性,医师为了正确诊断和治疗疾病,要求了解患者与疾病有关的生活秘密,所以医师有义务保护患者的隐私。医师披露患者隐私属于违法行为。

4. 努力钻研业务,更新知识,提高专业技术水平 在执业活动中,医师要保证高质量的医疗服务水平,不仅要有良好的服务态度,还要具备扎实的业务知识和熟练的技能。这就要求医师在实践中不断接受医学继续教育,努力钻研业务,更新知识,提高专业技术水平。

医师要参加专业培训，接受医学继续教育，这既是医师的权利，也是医师的义务。

5. **宣传卫生保健知识，对患者进行健康教育**　在群众中广泛开展健康教育活动，通过普及医学卫生知识，教育和引导群众养成良好的卫生习惯，倡导文明、健康的生活方式，提高健康意识和自我保健能力，这是医师义不容辞的义务和责任。

（三）医师对待患者的原则

1. **医师在建立良好的医患关系方面起着主导的作用**　为了建立良好的医患关系，医师应掌握行为科学知识，掌握患者在求医时的心理和行为变化特点，并努力应用于对患者的检查、谈话和治疗的过程中。

2. **医师应当具有高尚的医德**　良好的医德、医风是对医师的基本要求。

3. **医师应该坚持必要的保密制度**　为了防止对患者的刺激导致影响疾病治疗的效果，医师要对患者实施必要的保密。

4. **医师应该不断提高业务水平**　医师必须不断更新知识，努力在技术上做到精益求精。

5. **医师应具有良好的医疗风格**　医疗风格是医师的防护工具，它可以弥补医师的焦虑、犹豫不决所形成的弱点。但不同的医师有不同的人格，也可以形成不同的医疗风格。良好的医疗风格是医师高度负责的态度和丰富医疗经验的体现。

6. **医师必须按照生物-心理-社会医学模式对待患者**　人是生物、心理、社会因素结合的整体，对患者的处理必须坚持人的完整性。因为疾病是发生在活生生的人身上的一种过程。离开患者，抽象的疾病是不存在的。因此，在医疗活动中，医师应重视疾病与患者两者的结合，必须按照生物-心理-社会医学模式对待患者。

布朗斯坦在《行为科学在医学中的应用》一书中曾经提出了一些基本观点，在处理患者方面具有较好的指导意义。这些观点包括：①患者比他（或她）的疾病重要得多，看一个患者不能只看他（或她）的疾病；②患者是一个完整的人，躯体上的症状只是其中一部分，医师要注意患者的心理和社会方面的健康；③每个人有能力对自己负责，要尊重和发挥患者积极参与治疗的主动权；④每个人的身心健康状态与他（或她）的过去、现在和将来有着错综复杂的关系；⑤疾病和伤害对不同的人具有的价值和影响可能有很大的差别；对患者的帮助不仅仅需要依靠技术措施，而且还需要依靠医师的同情心、关切和负责的态度。

7. **医师应该经常进行自我检查**　这是因为医师的言语和行为对患者有巨大的心理影响。如果医师的角色行为与患者的期待相吻合，医患之间人际吸引力就会增强；如果医师的言语和行为略有不慎，可能就会对患者造成很大的伤害，甚至导致"医源性疾病"或使患者产生消极的心理状态，损害医患关系。

患者的满意度是评判医师好坏的标准。医护人员在对待患者时，应该尽量从以上几个原则出发，在实际工作中要做到心系患者、关爱生命、兢兢业业、忠于职守、勤奋好学、精益求精。争取成为一名患者心目中的好医师。

（四）医师对待患者的方法

针对不同的原因，可以采用不同的方法，提高患者的遵医行为。最常见的方法有以下几个。

1. 改善服务态度，提高服务质量 要想提高患者的信任度和满意度，医护人员的责任心至关重要，医护人员一定要有高度的责任感，用认真负责的态度，视患者为亲人，多倾听患者的诉说，并在治疗用药时处处考虑患者的利益，这是提高患者遵医行为的关键所在。

2. 促进患者对医嘱的理解和记忆 医护人员要把疾病的诊治方案用通俗的语言耐心、细致地告诉患者，使患者对所患疾病有所认识，明确治疗方案，调动患者主观因素，使其很好配合。详细告知患者所用药物和检查对疾病的重要性，使其积极配合。对于手写医嘱，要做到字迹工整、易于辨认。对于一些特殊患者，如耳聋患者或者认知障碍的老年人，要向其陪同人员或家属交代清楚，并让其家人督促其服药。

3. 建立良好的护患关系 在诊疗及护理的过程中，医务人员应尊重患者，爱护患者，为患者提供优质服务，使患者感到亲切、安全、可依赖。尽量按照"指导合作型"和"相互参与型"的医患关系模式，让患者和医护人员一起讨论治疗方案，调动医患双方的主动性，使医师的治疗措施得到患者的赞同，患者就会信任并依从医师的治疗方案，对各项医嘱的执行也会采取主动、合作的态度。

4. 做好健康教育 健康教育是提高患者遵医行为的有效方法，特别是一些需要长期服药的慢性病或精神疾病患者。要通过健康教育帮助患者正确认识疾病，给患者介绍有关疾病的知识和用药原则，避免患者盲目加药或采用其他治疗手段而产生不良后果。

5. 遇有恐惧感的患者，要采取各种手段缓解患者紧张不安的恐惧心理 在治疗与检查过程中，患者感觉不适或痛苦时，医务人员应给予安慰与鼓励，帮助患者渡过难关。

6. 重视患者心理行为的研究 通过研究患者不遵医的各种心理原因，掌握其行为规律，有针对性地采取相应的措施。如对危重症患者，要做好心理调适，调整其消极、绝望的心理，介绍同类患者治疗的实例，给予希望和鼓励，使其转为积极态度，接受诊疗。

7. 社会支持和帮助 对经济困难而不能遵照医嘱诊疗者，可积极向有关单位和组织反映，必要时可求助媒体向社会呼吁，以取得帮助和支持。

三、医师行为评定

在实际工作中，医护人员的行为是客观的，是可以通过各种指标进行评估的。对医护人员的行为进行评估和考核，是促进医师树立良好医德、医风，技术上追求精益求精的动力，有利于落实以患者为中心的原则，建立良好的医患关系。在评定的原则上，应该抓住与医学行为及医患行为互动的有关方面，主要以技术行为、道德行为、创新行为和团队合作行为等作为评定的重点。

（一）技术行为

评定医护人员的技术行为应该坚持以下原则。

1. 实践性原则 医学是一门实践性很强的学科。作为一名医师，即使理论知识再丰富，如果不能很好地用于临床实践，那等于纸上谈兵。所以衡量医师的行为，要看其自身能力在实际医疗行为中的表现，如诊断的正确率、误诊率和漏诊率，治疗的治愈率和缓解率等。在这些指标上，应该进行同行的评价和比较。另外，医师的工作量也是一个重要的指标。

2. **审慎性原则** 医疗工作关系到人的生命安全，在治疗方法、用药上，医护人员都应该保持谨慎的态度。杜绝医疗事故的发生，减少医疗差错的出现，反对滥用药物，并且在经济上要力求达到最优化。

3. **及时性原则** 医疗工作应该力求及早诊断、及早治疗和及早手术，不应有意拖延患者和刁难患者。

4. **有效性原则** 医疗行为只有通过疗效才能显示其价值。

5. **灵活性原则** 治疗应该坚持个体化的原则，人的个体性差异是很大的，同样的疾病、同样的药物、同样的疗法对有的患者效果比较好，而对其他人可能就起不到什么作用。因此，在治疗过程中，必须根据患者疾病性质及个体状况进行有针对性的治疗。考察医师的行为时，应注意其在治疗中的应变能力，注意其巧用治疗方法，注意其治疗中在思维方式和治疗行为的灵活性，这是评判医师行为的重要方面。

6. **综合性原则** 好的医师除了能解除患者躯体上的痛苦，也应该是一个好的心理医师，重视患者在心理方面存在的问题。对于慢性疾病患者，除了诊断和治疗外，要向患者讲解必要的疾病防治相关知识，教给他们一些切实可行的生活技巧和常识等，使患者能够在日常生活中尽量克服对身体健康和疾病康复的不利因素。

（二）道德行为

对医师道德行为的评估是评估医师行为的一个基本方面。我国著名肝胆外科医师吴孟超曾经说过：医德比医术更重要。医师最重要的是学会做人。医德和医术两者相互促进，德最重要，医德好了，得到患者的信任，医患之间合作得好，有利于促进和发挥医师的技术。医师的工作面对的是患者，所以医师自己学会怎么做人最重要。

1. **医德评价的依据** 一是动机与效果。一般来说，行为的动机与效果在大多数情况下是一致的。在这种情况下，无论是根据动机，还是根据效果，评价的结论都是一样的。但是在实践中，好的动机有时会产生坏的效果。当动机与效果不一致时，在道德评价上应该坚持动机与效果的辩证统一。应该联系全部医疗过程来进行医疗行为的道德评价，将效果与动机结合起来加以综合判断，才能得出符合实际的结论。二是目的与手段。合乎道德的目的需要选择合乎道德的手段，二者是一致的。在临床实践中，医护人员应选择已经过验证是有效的，给患者带来的损伤、痛苦和费用最低的，合乎患者病情进展需要的治疗手段。

2. **医德评价的标准** 一是医疗行为是否有利于患者的康复或疾病的缓解和根除；二是医疗行为是否有利于人类生存环境的保护和改善；三是医疗行为是否有利于医学科学发展和社会进步。

上述3条标准是进行医德评价时必须遵循的主要原则。在实施中，还应参照有利原则、自主原则、公正原则和互助原则等进行医德评价。

医德评价主要有人们内心信念、社会舆论和传统习俗的评价方式。信念在道德评价中起着自我完善的重要作用，是医务人员进行自我调整、自我约束的精神动力；社会舆论评价具有广泛的影响力、感染力和强制力的特点，而且是应用最普遍的医德评价方式；传统习俗不仅被人们普遍认可和接受，其还具有评价道德好坏、善恶的作用，而且实际上成为不同领域道德规范的补充，是社会纪律的一种形式。

（三）创新行为

在知识和信息迅速增长的年代，医疗技术日新月异。作为一名医师，必须要具备一定的科研能力、创新能力，才能不断提高自己医学技术水平，适应社会发展的需要。考核医护人员的科研行为，其核心就是考察其创新能力，考察其是否能适应知识经济的发展，是否尽量为患者提供最新、最有效的医学服务。考察的指标可以包括新方法、新技术的学习能力和使用情况，承担科研项目的数量，发表论文的数量和质量等。

（四）团队合作行为

现代医学中的诊断和治疗活动已经不再是医师个体行为所能完成的，而是医护工作者分工协作的一种有组织的团队行为。这就要求医护人员必须具有团队合作的精神，有效地坚持团队合作行为。深层次而言，团队合作包含科室内部的团队合作和不同科室之间的团队合作两个层面，同时需要合作的个体具备合作的胜任力，以保证最终目标的实现。

（王　彧）

思考题

1. 按照萨奇曼的理论，疾病行为可以分为哪几个阶段？
2. 医师应依据什么样的原则对待患者？
3. 求医行为的主要影响因素是什么？
4. 医师医德评价的依据、标准和方式是什么？

第十六章 心理行为评估

人类的行为是受心理活动支配的，是心理活动的物化或外在表现。也就是说，人的心理和行为是密不可分的。人的心理活动可以通过心理测验来进行评估；人的行为也同样可以通过行为测验等方式进行评估。通过心理行为评估，可以更好地掌握人的心理活动和行为规律，可以对人的心理行为进行有效的描述、解释、预测和控制，从而更好地促进和提高社会大众的健康水平。

第一节 心理测验概述

心理测验的对象是人的心理和行为，它是由心理及相关领域的专家通过以标准化的方法经过长期的编制，经过反复的试用、修订和完善而逐渐形成的量表（scale）来完成的。

一、心理测验的概念

（一）心理测验的定义

人的心理特质是具一定的内隐性的，往往只能通过人的外显行为来推断和分析。心理测验（psychological test）是指在标准情境下，对个体的心理与行为特征进行量化分析和描述的一种心理测量技术。个体可以通过心理测验来确定心理或行为在性质和程度上的差异。

心理测验与医学上的物理测量或生理测量有很大的不同。心理测验所测量的是人的心理行为，是一切客观存在的现象中最为复杂的现象。

（二）心理测验的特性

心理测验与其他测量技术的性质是明显不同的。心理测验的特性也是多方面的，最基本的包括间接性、定量性、相对性和客观性4个方面。

1. **间接性** 因为人的心理活动具有内隐性，它是无法直接观测和评估的。所以与某些物理现象的直接测量不太相同，心理测验只能通过测量人的外显行为来间接地推测人的某种心理特质，因而具有间接性的特点。

2. **定量性** 心理测验是对人的心理属性进行数量化的描述、分析、推理和判断，因此它具有定量性的特点。

3. **相对性** 心理测验的结果虽然是在标准化的情境下所获得的，但人的心理行为差异并没有绝对的标准，也就是说没有绝对的零点，测量人的心理行为所能观察到的只是行为反应的一个连续的序列，所以心理测验又具有相对性的特点。

4. **客观性** 为了准确地测量人的心理行为，真实地反映个体的心理特质，心理测验量表的编制及完成过程是客观的，其实施过程必须通过标准化程序来进行，确保计分和测量结果具有可重复性和有效性，能客观地反映人的心理行为属性。因而心理测验又具有客观性的特点。

二、心理测验的分类

目前全世界流行的心理测验量表有很多。根据其功能、方法、目的、对象及应用领域等的不同，可以把心理测验分成下列各种类型。

（一）根据测验功能分

1. **智力测验** 主要功能是测量个体的一般智力水平。常用的智力测验有比奈-西蒙智力量表，韦克斯勒成人、儿童和幼儿智力量表，雷文推理测验等。

2. **人格测验** 主要功能是测量人的性格、气质、兴趣、价值观等个体心理特征。常用的量表有明尼苏达多相人格调查表（MMPI）、卡特尔16种人格因素问卷（16PF）、艾森克人格问卷（EPQ）等。

3. **神经心理测验** 主要功能是测验个别能力，或者用于临床对脑器质性损害的辅助诊断，还可用于脑与行为关系的研究。常用的量表有个别能力测验和以 H-R 神经心理测验为代表的成套测验等。

4. **评定量表** 主要功能是对个体的精神症状及其他包括生活事件、认知功能、心理健康等的评定。目前在临床和心理卫生工作中应用较多的有 90 项症状清单（SCL-90）、抑郁自评量表（SDS）、焦虑自评量表（SAS）、A 型行为量表和生活事件量表（LES）等。

（二）根据测验方法分

1. **问卷法测验** 是应用最多的一种心理测验。多采用答案为"是或否"的结构式问题的方式。该测验方法的结果操作简单，评分容易，易于统一处理。人格测验（如 MMPI、EPQ 等）多采用问卷法的形式。

2. **作业法测验** 本方法多适用于婴幼儿及受文化及教育因素限制的被试。一般采用非文字的形式，被试要通过自己实际操作来完成，多用于反映感知和运动等方面的能力。

3. **投射法测验** 该方法采用一些意义不明的图像、不够完整的句子等作为材料，无严谨的结构，也无明确的含义，让被试根据自己的理解随意作答。通过答案投射出被试的经验、情绪或心理冲突。投射法多用于人格测验，如罗夏墨迹测验（TAT）等。

（三）根据测验目的分

1. **描述性测验** 主要用于对团体或个人的性格、能力、兴趣、知识水平等进行描述和分析，按设定规则进行评价。

2. **诊断性测验** 多应用于临床领域，主要用于对个体的某种心理行为特征或功能性障碍进行判断和评估，以确定症状的性质或严重程度。

3. **预示性测验** 用测验的相应结果来预示被试的未来，包括其可能出现的心理倾向或能力发展水平。

（四）根据测验方式分

1. **纸笔测验** 多用于团体测验，主要是用图形或文字方面的材料进行测验，实施比较方便。
2. **操作测验** 个体主要通过图片、实物、积木、工具、模型等的操作或辨认来进行测验。优点是不用文字作答，不受文化差异的制约。缺点是耗时长，不宜团体施测。
3. **口头测验** 用言语材料作为测试项目，采用主试口头提问，被试口头作答的方式。
4. **电脑测验** 用文字或图形作为测验项目，采用在电脑上呈现，被试按键作答的方式。

（五）根据测验材料性质分

1. **文字测验** 也称言语测验，主要是采用文字或语言形式的项目作为刺激呈现给被试，以了解被试应答反应的特点。
2. **非文字测验** 也称操作测验，主要是采用一些实物、图片、积木、模型之类的直观事物作为测试项目来对被试进行测试。

（六）根据测验对象分

1. **个别测验** 主要是采用一对一的测验方式，即每次测验只有一位主试和一位被试，在面对面的情形下进行。
2. **团体测验** 采用一对多或多对多测验的方式，即每次测验有一位或几位主试，同时对多个被试进行施测。

（七）根据测验应用领域分

1. **教育测验** 是主要应用于教育部门的一类测验，测试对象为学生或教师，如成就测验等。
2. **职业测验** 是主要应用于单位的人员选拔或职业辅导的一类测验，如能力测验、气质测验等。
3. **临床测验** 是主要应用于临床医疗部门的一类测验，包括可用于检测智力障碍或诊断、评估精神疾病的一些能力或人格测验等。

三、心理测验的技术指标

当个体选择某些心理测验作为测量工具进行评估时，往往首先会想到心理测验的结果是否准确，本次评估是否真的会有效，评价的依据又是什么等。为了回答这些问题，以消除被试评估时产生的疑虑，下面先介绍一下心理测验评估的3个最基本的技术指标。

心理测验评估所获得的数据只有在与其他心理测量所获得的数据进行比较时，才能显示出其意义。而用于最后测验描述的分数的可靠性和有效性更是决定了测验本身的应用价值。标准的心理测验拥有常模、信度和效度3个最重要的技术指标。

1. **常模（norm）** 就是测验的参照分数，即可比较的标准。一种心理测验测量所获得的分数必须与某种参照标准相比较，才能显示出其意义。因此，常模就是解释测验结果的依据。在心理测验评估中，因测验分数既缺乏明确的参照点，又没有相等测量单位的分数体系，所以其优劣无法评估。为此，要想对测验结果做出恰当的解释，就需要常模这一参照系建立相应的标准。心理测验的常模是采用精选的测验项目，选择具有代表性的样本群体，通过标准化的制作和施测程序建立起来的，这是一个烦琐而复杂的过程。有了常模这一参照标准，个体的测验结果才能通过比较而得出是优是劣、是正常还是异常。

2. **信度（reliability）** 指测验的可靠性或可信性程度。信度用于检验在评估中一种心理测验工具对同一施测对象的几次测量中所得的结果的一致程度，是反映测量结果的一致性、再现性和稳定性的重要指标。信度的大小大多采用信度系数来衡量，用以反映在多大的程度上可以保证测量工具本身的精确性。

3. **效度（validity）** 指测验的有效性，反映测验结果的准确性或真实性程度。它是心理测量工具必备的条件之一。某个测验的效度越高，说明它测得的结果越有代表性，越能代表它所要测量的某种心理行为特征。而要想对某个个体的心理品质进行评估，首先要选用效度高的工具。心理测验的效度有内容效度、结构效度、效标效度等。

四、心理测验评估的条件

1. **评估的施测条件** 施测条件主要反映的是评估时所选择的测量环境。对于标准化评估来说，测量环境是否安静、舒适、温度适宜，或者测试时各种条件是否一致等都会给测量结果带来很大影响。而如果评估时心理测验的标准不一致，如测量环境更换、所用时间不一致，或者施测程序不同等都容易使评估结果出现很大偏差。

2. **评估的主试条件** 主试就是心理测验评估的执行者、主持人。一般来说，主试应该由经过心理行为评估标准化训练的专业人员来担任。由于测量的准确与否与主试的主观因素有很大关系，因此主试不但要明确掌握施测条件和标准的施测方法，而且还要注意对被试的偏好态度、对结果的预期等会影响到被试反应的各种因素，同时主试还要注意尽量避免自身情绪的好坏、身体疲劳与否等干扰因素对测量结果的影响。

3. **评估的被试条件** 被试就是心理测验评估的接受者，也称受试者。对于被试群体而言，影响测量结果的因素主要体现在以下几个方面。

（1）被试的应试动机：被试应试动机的强弱可以直接影响评估的测量结果。所以测验之前，主试应按要求向被试提示测验的指导语，讲明测验的意义，激发其应试动机，以确保测验顺利进行并得到真实结果。若被试对此测验并不感兴趣，甚至还有抵触情绪，勉强参与测验，其结果如何是可想而知的。

（2）被试的测验焦虑：测验焦虑是被试在测验前或测验中出现的一种紧张的情绪体验。这种情绪体验若表现适度，则有助于提高测验成绩；但如表现过强，则会影响被试的注意力，而导致测验结果失真。

（3）被试的生理状态：在评估过程中，被试生理状态的好坏对评估的测量结果也会产生很大的影响。所以评估一般应选在被试身体状态良好，情绪、体力俱佳时进行。若测量时被试机体状况欠佳，如有过度疲劳或其他不适表现等，也会影响测验成绩，给测量结果带来误差。

4. **评估的标准化** 标准化是心理测验的基本特征。所谓标准化，是指测验的编制过程与测验的实施过程等所必须遵循的一套严格、统一的标准程序。其目的是尽量减少测量误差，确保测量结果的客观性和准确性。标准化心理测验的基本内容包括以下几个方面。

（1）测验内容标准化：这是一个心理测验实现标准化的首要前提。即根据测验的目的要求选取具有代表性的试题，而且所有被试都要给予相同或者题目在同一量尺上的试题，这样所测得的被试数据结果才具有可比性。

（2）施测条件标准化：要求施测人员在施测过程中严格按照标准化测验的操作规程进行，尽可能排除各种无关因素的影响。换个角度来说，就是让所有被试在相同施测条件下接受测验，具体就是要做到"四个一致"，即测验情境一致、测验指导语一致、测验时限一致、评分标准一致。

（3）测验评分标准化：就是要求测验的题目要有标准答案、测验要有标准的评分规则。尽管同一个测验不同的被试群体可能评分者不同，但也要考虑尽可能地使评分结果保持最大程度的一致性。这样对测验结果的评定才具有客观性和可比性。

（4）测验解释标准化：就是要求对测验所得结果的解释必须是客观的。要想做到这一点，就必须给测验建立常模，有了常模这个参照标准，个体的测验所得的数据等才真正有意义，才可以做到客观的解释。

第二节　心理测验在行为评估中的应用

目前，在行为心理评估中，心理测验被广泛采用，已涉及人类心理行为的各个领域。尤其是临床心理学家们常采用心理测验来对个体的心理行为是否健康进行测量和评估。在行为定量评估中常用的心理测验有智力测验、人格测验和神经心理测验等。

一、智力测验

智力测验（intelligence test）是用于评估个体一般智力水平的方法。它是由一些心理学家根据有关智力理论经系列标准化过程编制而成的。目前，智力测验已被广泛应用于教育筛查、临床诊断、司法鉴定、人力资源管理、心理学研究等诸多领域。以下介绍几种常用的智力测验。

（一）比奈-西蒙智力量表

比奈-西蒙智力量表是1905年由法国医师比奈和助手西蒙所编制的，当时主要用于诊断智力落后的儿童，是世界上第一个智力量表。该量表采用"心理年龄"的概念，包括30个题目，由易到难排列，主要从智力的表现上（如记忆、理解、言语等方面）对智力进行测量。比奈-西蒙智力量表具有重要的历史意义，但也存在较大的不足。比奈和西蒙于1908年对其进行了第一次修订。修订后的量表测验题目增加到59个，并且引入了智龄的概念来衡量被试的智力，是第一个标准的年龄智力量表。1911年再次进行修订，主要是补充了一些题目，并将适用年龄范围扩展到成人。

（二）斯坦福-比奈量表

比奈-西蒙智力量表的问世对于智力测验的研究起到了开创性的作用，其发展更是引起了全世界心理学家们的广泛关注。1916年，美国心理学教授推孟在斯坦福大学对比奈-西蒙智力量表的原有题目进行了修改，量表题目增加到90个，并且第一次提出了"智力商数"的概念，简称"智商"（IQ）。采用比率智商的公式进行计分，使得量表具备了标准化测验的特征。此量表被称为斯坦福-比奈量表。后来几经修订，至1960年心理学家梅里尔等采用离差智商代替了比率智商，斯坦福-比奈量表再次进行了修订。1972年，该量表修订了新的常模，并重新进行了标准化处理，被称为斯坦福-比奈量表第3版。量表发表后，在世界各国得到了广泛的应用。1986年，桑代克等人对斯坦福-比奈量表进行了全面修订。保留了原来早期版本的优点，修订并增加了一些新测验，形成了一个全新的斯坦福-比奈量表第4版。2003年，洛依德等对斯坦福-比奈量表进行了再次修订，在很大程度上秉承了第4版的传统，也吸取了有关测量和认知能力的最新研究成果，形成了斯坦福-比奈量表第5版。

（三）中国比奈量表

1922年比奈-西蒙智力量表传入我国。1924年我国心理学家陆志韦修订了1916版智力量表，建立了江浙地区常模。1936年陆志韦和吴天敏对该量表进行了第2次修订，并使其适用范围从南方扩大到北方。1982年吴天敏对量表再次进行了修订，此次修订将适用对象的年龄范围扩大为2~18岁，并采用离差智商来表示被试的智力水平，量表称为"中国比奈测验"。1992年范存仁对斯坦福-比奈量表进行了第4次修订，将其适用范围扩展至成人，并且增加一倍多的题目。建立起标准化的全国常模，但该量表与斯坦福-比奈量表第4版不同，称为"中国比奈智力量表"第4次修订本，仍然采用比率智商来表示被试的智力发展水平。

（四）韦氏智力量表

韦氏智力量表是由美国心理学家大卫·韦克斯勒编制的一套智力量表的统称，包括韦氏幼儿智力量表（4~6岁）、韦氏儿童智力量表（6~16岁）和韦氏成人智力量表（16岁以上）。

大卫·韦克斯勒从1934年开始就致力于智力测验的研究工作。他在临床中发现，比奈-西蒙智力量表提出的智龄概念对成年人进行智力评估并不适用。斯坦福-比奈量表提出智商的概念，并被用于智力测验中作为描述被试智力水平的指标，对智力测验的研究非常有实用价值。而使用比率智商对智力进行描述也存在较大的缺陷。由此，大卫·韦克斯勒所创立的智力量表均采用了一个新的概念，即离差智商。所谓离差智商，就是采用与同龄被试组的平均数相比较的标准分数为参照点，以标准差为单位来描述人的智力水平。这一智商的概念为我们描述的是任一被试的智力水平在实际人群中相对所处的位置。离差智商作为描述智力水平的指标目前已被广泛应用于智力测验的编制和使用中。

大卫·韦克斯勒根据自己对智力的研究和理解，采用离差智商，陆续编制了一系列适用于不同年龄的智力测验。1939年开始大卫·韦克斯勒编制了第一个针对成人的韦氏成人智力量表（WAIS）。经过先后多次发展和修订，2008年形成韦氏成人智力量表第4版（WAIS-Ⅳ），为当前最新的版本，适用于16岁以上的成年人。

1949年编制了韦氏儿童智力量表（WISC）。经过多次修订，2014年形成韦氏儿童智力量表第5版（WISC-Ⅴ），在北美公开发行。该最新版本适用于6～16岁的儿童。1967年又编制了韦氏幼儿智力量表（WPPSI）。2012年经过第4次修订，形成韦氏幼儿智力量表第4版（WPPSI-Ⅳ）。该最新版本主要的适应对象为4～6岁的幼儿。在我国，龚耀先、林传鼎、张厚粲、戴晓阳等专家和学者先后对上述3种类型的韦氏智力量表第4版进行了修订，编制完成了韦氏智力量表中国修订本，称为"中国修订韦氏智力量表"。

韦氏智力量表对智力研究做出了巨大贡献，在临床诊断中具有重要的应用价值，既可用于数量化描述个体智力发展水平，还可预测教育成就，是目前个体智力发展水平评估和智力低下诊断的最快速、最有效的工具。韦氏智力量表现在在全世界应用非常广泛。

（五）雷文智力测验

雷文智力测验原名是雷文渐进矩阵测验（RPM），是由英国心理学家雷文于1938年编制的一种非文字智力测验，可以用来测量个体的空间分析和逻辑推理能力。

雷文智力测验也称雷文推理测验，被认为是测量一般智力的有效工具。经过多次修订，它已发展为3种类型：雷文标准推理测验，简称标准型（SPM），主要用于6～70岁个体智力的了解和筛选；雷文彩色推理测验，简称彩色型（CPM），适用于更小儿童和智力落后者；雷文高级推理测验，简称高级型（APM），适用于高智力水平者。

1978年，中国学者李丹等将雷文智力测验的彩色型（CPM）和标准型（SPM）的部分测验项目联合使用，称为雷文智力测验联合型。其被试年龄适用范围扩大到5～75岁。1985年，中国心理学家张厚粲对雷文智力测验标准型（SPM）做了中文修订，并出版了《雷文标准推理测验中国城市修订版》。1996年，王栋和钱明对雷文智力测验进行了中国再标准化工作，形成城市儿童、农村儿童和城市成人3个新的常模。

雷文智力测验完全是由图形构成的，突破了纸笔测验的限制，具有文字型智力测验所没有的特殊功能，可以在言语交流不便的情况下实施。雷文智力测验既可用于聋哑人或有言语障碍者的智力测量，也可用于不同的职业、国家、文化背景的人，进行各种跨文化的比较研究。雷文智力测验适用范围很广，既可单独施测，也可团体施测，尤其适用于大规模的智力筛选等。一般可在30～40分钟内完成，具有省时、省力的效果。

二、人格测验

人格是指个体在不同情境下所表现出的思维、情绪与情感和行为的特有模式，即每一个人身上都存在的那些持久、稳定的心理特征的总和。人格测验（personality test）是评估一个人个性心理特征的一种技术。人格测验是心理测验中的一个大类别，也是开展行为评估和研究的一种重要方法，主要用于测量人的气质、兴趣、态度、动机、价值观、性格等方面的个性心理特征。人格测验对于判断人的心理及行为健康状况与协助临床筛查和诊断疾病有重要的意义。

人格测验的技术和方法有很多，包括观察法、访谈法、行为评定、问卷法和投射法等，其中最常用的方法为投射法和问卷法。投射法是通往潜意识层面的，常用的有罗夏墨迹测验和主题统觉测验等；问卷法是通往意识层面的，常用的有明尼苏达多相人格调查表、卡特尔16种人格因素问卷、艾森克人格问卷等。

（一）明尼苏达多相人格调查表

明尼苏达多相人格调查表（MMPI）是海瑟薇等人在20世纪40年代初编制的一套人格调查表。该量表为国际上最常引证的人格自陈量表，更是当前临床医师与心理学工作者最常用的人格测验工具。MMPI主要用于协助临床诊断和病理心理学的研究，目前在精神医学、行为医学、心身医学、司法鉴定等领域广泛应用。

MMPI适用年龄16岁以上且至少有6年受教育经历者。MMPI共有566个自我报告形式的条目。1989年布彻等完成了MMPI的修订工作，简称MMPI-2。MMPI-2共有567个条目，其中1～399题是与临床有关的，其他是一些研究量表。20世纪80年代初我国学者宋维真等人对MMPI进行了中文版修订，此后又分别制定了MMPI-2全国常模，适用于13岁以上青少年和成人。该量表既可团体施测，也可个别施测，只不过MMPI仍比MMPI-2应用广泛。

MMPI常用的有4个效度量表和10个临床量表。其题目涵盖内容范围很广，既包括个体生理方面的情况及精神状态，还包括个体对婚姻、家庭、政治、法律、宗教和社会等方面的态度和看法。评估时，施测者一定要经过标准化心理测验的培训，对MMPI的原理、目的和内容等标准化材料要非常熟悉，严格按照操作手册规定的实施程序进行。被试可根据自己的实际情况对每一个条目做"是"或"否"的回答，不明确的则不作答。MMPI按计分标准每一项答案计1分，先计算出各分量表的粗分，再换算成T分，进行各分量表分析，然后根据分量表的得分做出MMPI剖析图，进行分析和解释。MMPI现已编成计算机软件，可自动进行分析。

（二）卡特尔16种人格因素问卷

卡特尔16种人格因素问卷（16PF）是1949年由美国伊利诺州立大学人格与能力测验研究所心理学家卡特尔采用主成分分析法编制而成的。卡特尔认为，16个根源特质是构成人格的内在基础因素，测量这些人格特质就可以了解正常人的基本人格特征，并且对正常人16种人格因素及其各种次级人格因素水平有良好的区分。16PF适用于16岁以上人群，既可作为了解心理障碍发生的个性原因和心身疾病诊断的重要手段，也适用于人力资源部门进行人才的选拔。16PF现被广泛应用于医学、教育、心理咨询、职业咨询与人才选拔工作等多个领域。

16PF共有A、B、C、D、E 5种版本。其中A、B为全版本，各有187个题目；C、D为缩减本，各有106个题目；前4种版本适用于16岁以上并有小学以上文化程度者；E版本有128个题目，适合于文化程度较低的被试。1970年刘永和与梅吉瑞合作将A、B版本合并，分成16个因素，共187个测试题，发表了中文修订本。1988年华东师范大学戴忠恒和祝蓓里对16PF进行了修订。2004年北京师范大学心理研究所对16PF做了大幅度修订，称为MDPF-2004。

施测时要求每个被试一本试题，时间没有任何限制，每题只能选择一个答案且不可漏题，尽量不选择中性答案，有些模糊不容易回答的题目，要求被试也要做出倾向性的回答。计分时要注意具体说明，A、B、C、D 4 种版本每一测试题均有 a、b、c 3 个答案可供选择，a、b、c 依顺序计分为 0、1、2 分或者 2、1、0 分。E 版本只有 2 种答案可供选择。测验一般先采用模板记录各分量表的原始分数，再通过常模表转换成标准分（Z）。然后按各分量表的标准分在剖析图找到相应的点，将各点连接成曲线，即可得到被试的人格剖面图。16PF 测验的 16 种人格因素中，每一因素标准分 1~3 分为低分，8~10 分为高分。根据被试在各因素上的得分即可了解被试的人格特征。

（三）艾森克人格问卷

艾森克人格问卷（EPQ）是由英国伦敦大学心理系和精神病学研究所艾森克与其夫人于 1952 年编制而成的。其理论依据是艾森克所提出的人格三维度理论。1964 年进行增改和修订；1975 年艾森克再次根据主成分分析法进行了修订并正式命名为艾森克人格问卷（EPQ）。1994 年经过在不同的人群中测试又一次做了修订。EPQ 有较好的信度和效度，是目前国际上最具影响力的人格测验量表，在教育、医学、司法和心理咨询等领域应用非常广泛。

英文原版的艾森克成人问卷适用于测查 16 岁以上的成人，共有 101 个条目。儿童问卷适用于 7~15 岁儿童，共有 97 个条目。我国 1983 年由龚耀先主持修订了中国版的 EPQ 成人问卷和 EPQ 儿童量表，均为 88 个条目；与此同时，北京大学陈仲庚也修订了艾森克成人问卷，共有 85 个条目。

EPQ 有精神质（P）、神经质（N）、内外向（E）、掩饰性（L）4 个分量表。施测时，每个条目都有"是"或"否"两个答案供被试选择。采用正反向计分方法，正向计分的条目选"是"记 1 分，选"否"记 0 分；反向计分的条目选"是"记 0 分，选"否"记 1 分。然后按 P 量表、N 量表、E 量表和 L 量表分别合计总分（原始分）。因 EPQ 的结果采用标准分 T 分表示，所以再把 4 个分量表所得的原始分对照常模表转化成标准分 T 分。根据各维度 T 分的高低就可以判断被试的人格倾向和特征。而且还可以根据 E 量表和 N 量表的得分进一步组合，分出外向稳定（多血质型）、外向不稳定（胆汁质型）、内向稳定（黏液质型）、内向不稳定（抑郁质型）4 种不同气质类型的典型人格特征。

EPQ 为自陈量表，既可以个体测试，也可以团体施测，是我国临床和心理学工作中应用最为广泛的人格测验。但因条目较少，反映的信息量也不够多，故测试反映的人格特征也有限。

三、神经心理测验

目前，随着人们对脑功能的研究日益深入，有关意识、感知觉、运动、言语、记忆、情绪、注意等的神经机制研究也越来越受到重视。神经心理测验在行为评估中也在日益发挥着重要的作用。神经心理测验是神经心理学研究的重要方法之一。主要开展人类脑功能的评估，既适用于正常人，更可常用于脑损伤患者的临床诊断和严重程度的评估。

按测验方式不同，常用的神经心理测验可以分为单项测验和成套测验两大类。单项测验主要是针对个体的某一种心理行为功能进行测查，项目形式单一，操作简单，易被患者接受，但较局限，测量常用于神经心理筛选；而成套测验项目形式多样，能较全面地测量个体的神经心理功能，但因耗时长，被试不易接受。下面介绍几种在临床上广泛应用的单项和成套测验。

（一）神经心理单项测验

1. 有关记忆功能测验 根据记忆的内容不同，可分为语言记忆和非语言记忆。语言记忆就是与文字、数字有关的记忆；非语言记忆就是对图形、面孔等的记忆。

（1）数字广度记忆：主要用于反映注意和短时记忆功能。测验有顺背和倒背两种类型。测试顺背数字时，顺背就是先由主试用口语依次呈现一组数字，数字数目由少到多，被试听完该组数字后立即复述，完全正确得分，根据正确顺背的最高数字位数记分。倒背则是要求被试将听到的数字颠倒过来复述，也以正确复述的最高位数记分。

（2）本顿视觉保持测验（BVRT）：是由本顿编制的，主要用于反映空间组织能力。本顿视觉保持测验共有 3 种形式，各有 10 张图形卡片。每种形式又有 4 种根据不同时间呈现图片要求被试回忆画图的测试方法。规则是画出一张正确卡片得 1 分，记录正确数和错误数。该测验还可用于帮助被试发现视觉忽视和视觉记忆广度损害。

2. 有关注意功能测验

（1）符号-数字模式测验（SDMT）：主要用于检测个体脑功能损害程度。该测验方法是先给被试呈现一组对应不同的数字 9 个不同符号。然后将 9 个符号随机排列，要求在 90 秒之内被试将不同符号所对应的数字写出，最后计算正确数。

（2）连线测验：主要用于反映空间知觉、眼手协调和注意转换等功能。该测验有 A 和 B 两个部分。A 部分是在一张纸上散在有 1～25 个阿拉伯数字，要求被试将这 25 个数字按顺序连接起来；B 部分是纸上有 1～13 个阿拉伯数字，还有 A～L 共 12 个英文字母，要求被试按数字及字母的顺序交替连接起来，即 1-A-2-B- 等，记录完成时间和连接错误数。

（3）划消测验：主要用于测验选择注意、抑制反应和视觉扫描等功能。该测验有数字、字母、符号的划消等多种不同的类型。要求被试按照规则正确而快速地划去字母或数字等，对被试完成时间、错误数和遗漏数进行记录。

（4）持续操作测验：主要用于评估注意分配和维持注意功能。该测验共有 3 种方法：方法一是让不同的数字连续在屏幕上依次呈现，当有 4 出现时，要求被试按下鼠标；方法二是让 8 个数字在屏幕上同时呈现，其中 4 出现时，要求被试按下鼠标；方法三是让 8 个数字在屏幕上同时呈现，其中有 7 出现时，要求被试按下鼠标。根据被试反应时间和准确率来判断测验结果。

（5）倒行掩蔽测验：主要用于反映注意功能。该测验的方法是在屏幕上呈现 2 个数字，持续 17 毫秒后消失，要求被试正确辨认所呈现的数字。设有 3 种不同的实验情境：A 只呈现靶刺激；B 靶刺激呈现后 30 毫秒出现掩蔽刺激"XX"；C 靶刺激呈现 50 毫秒后呈现掩蔽刺激。每种情境各测验 10 次，记录辨认结果的正确数。

3. 有关思维功能测验

（1）威斯康星卡片分类测验（WCST）：主要用于反映个体的抽象思维能力，是目前检测分类概括、工作记忆和认知转移能力方面广泛使用的测验工具。该测验检查工具由 4 张模板和 128 张卡片构成。4 张模板上分别为 1 个红三角形，2 个绿五角星，3 个黄十字和 4 个蓝圆形。卡片上有不同形状（三角形、五角星形、十字形、圆形）、不同颜色（红、黄、绿、蓝）、不同数量

(1、2、3、4)的原型。测试要求被试根据4张模板对128张卡片进行分类，而且测试时不能告诉被试分类的原则，只告诉其每一个选择是正确的或错误的。测验评定指标包括总正确数、总错误数、持续错误数、非持续错误数、完成分类数5项内容。该测验在我国应用广泛。

（2）色字干扰测验：主要用于反映个体的选择性抑制和冲动控制能力。该测验共包括3张不同类型的卡片。其中卡片A为用4种颜色（红、绿、黄、蓝）印刷的圆点；卡片B为用4种颜色（红、绿、黄、蓝）印刷的汉字（无色彩含义）；卡片C则是用与字的含义不同的4种颜色（红、绿、黄、蓝）印刷的4个字。要求被试不要考虑字的意思，尽快读出卡片上点或字的颜色。评价指标包括完成每类卡片的耗时数、正确阅读数、错误数等。

（3）词汇流畅性测验（VFT）：主要用于反映言语方面的功能。该测验要求被试在1分钟内尽量多地说出某一类属性的词，如动物、水果、蔬菜等的名称或某字母的开头、某字开头或包含某偏旁的汉字，评价指标包括记录正确词语数、错误数和重复数。额叶遭受损伤的患者该测验多有异常。

（二）神经心理成套测验

神经心理成套测验一般含有多个分测验，分别测量和评估一种或多种神经心理功能。神经心理成套测验中比较著名的有霍尔斯特德 - 瑞坦神经心理成套测验（HRB）、鲁利亚 - 内布拉斯加神经心理成套测验（LNNB）和世界卫生组织神经行为核心测试组合（WHO-NCTB）等。

H-R神经心理成套测验为哈尔斯特德于1935年编制的，后与罗伊德合作加以发展而成现在的HRB，主要用于反映被试各方面的心理功能或能力状况等。此测验共有成人、儿童、幼儿3套。我国龚耀先等主持HRB全国协作，根据我国的文化和社会实际情况于1985年、1986年及1989年分别完成了成人（15岁以上）、幼儿（5~8岁）、少儿（9~14岁）的修订工作。成人版HRB神经心理测验由10个部分组成，包括6个分测验和4个检查。下面介绍HRB成人版神经心理测验。

1. 范畴测验 主要用于测验概念形成、抽象概括、综合等能力。此测验共有156张图片，测试时要求被试通过不断尝试错误，能够发现这一套图片中隐含的数字规律，并在键盘上做出应答。此测验有助于反映额叶的功能。

2. 触觉操作测验（TPT） 主要用于反映触觉、知觉、运动觉、上肢运动协调能力、空间结构能力和触觉定位能力。测验要求被试在蒙着双眼的状态下凭感知觉分利手、非利手、双手3次不同的操作，将不同形状的木块放入相应的木槽中，然后回忆木块的形状和在板上的位置。其评价指标包括被试所用时间、正确回忆的形状数和位置数。

3. 音乐节律测验 主要用于反映注意力、瞬间记忆力和节律辨别能力。此测验的方法是要求被试先听30对音乐节律相同或不同的声音，逐对呈现，然后让被试辨别每对节律是否相同，记录正确的辨别数。此测验还有助于了解大脑右半球功能。

4. 手指敲击测验 主要用于反映精细运动控制能力。此测验要求被试用左、右手示指分别快速敲击计算器的按键，比较单位时间内左、右手示指敲击速度快慢的差异，有助于了解大脑左、右半球精细运动控制功能的差异。

5. 语声知觉测验（SSPT） 主要用于反映被试的注意力和语音知觉能力。此测验要求被试在听到一个单词的词音后，从所给的4个被选词中找出一个相符合的词。

6. **失语甄别测验** 主要用于对失语性质进行甄别。此测验要求被试执行简单命令，如回答问题、复述问题、临摹、书写、讲故事等，测验被试言语接受和表达功能，以判断是否失语。

7. **连线检查** 与前面单项测验注意功能测验中连线测验相同，主要用于反映空间知觉、眼手协调和注意转换等功能。

8. **侧性优势检查** 主要用于反映大脑半球的优势侧。此测验通过观察被试的一些操作，如写字、投球、拿东西等动作，判断其利手或利侧，进一步判断言语优势半球。

9. **握力检查** 主要用于反映被试大脑左、右半球功能和运动功能。此测验要求被试分别用左、右手紧握握力器，尽其最大力量，检查左、右手的运动功能，有助于了解大脑左、右半球功能和运动功能的差异。

10. **感知觉障碍检查** 主要用于反映大脑两半球的功能差异。此测验包括单侧刺激和双侧同时刺激两种类型，共涉及视觉测验、听觉测验、面手触觉辨认等方面，检查有无周边视野缺损、听觉障碍、触觉和知觉障碍等。

第三节 行为评估与常用行为评估量表

一、行为评估概述

心理学认为，心理是个体对客观事物主观能动的反映，属于内在的心理现象；而行为则是个体在与环境的交互作用中形成的可观察到的各种表现。这些行为表现有的是外显的，有的是内隐的。广义的行为评估包括评估人的全部行为，即所有的外显行为和内隐行为。狭义的行为评估则注重通过观察与评估的方法，对个体行为现象进行全面、系统、客观的描述，进行鉴定与诊断，从而为行为干预策略的选择、行为干预计划的制订提供必要的参考依据。

（一）行为评估的概念

评估（assessment）指对某一事物的质和量进行估测与评定。评估是依据测量、测验过程的资料，通过得出的结论来进行判定的。

行为评估（behavior assessment）是指通过行为学理论和行为测量的方法所获得的资料信息，对个体的行为现象做出全面、系统、客观的描述，进行评价、鉴定、诊断的过程。目前的多种心理学教材中，心理评估与行为评估的概念尚未统一。一般认为，心理与行为是不可分割的，行为评估与心理评估的概念也相似。行为评估是对行为现象或行为问题进行客观、全面的观察与测量，其所获得的资料必须满足两个基本要求，即准确性与可靠性。行为评估的主要手段包括行为观察和行为与心理测验等。

（二）行为评估的目标

第一，确认问题行为以及控制或维持该行为的背景变量。这是行为评估的首要目标。也就是首先要对咨询者的问题行为及控制该行为的环境变量进行测量并确认。

第二,评估问题行为与控制变量之间的关系。当行为评估的首要目标完成后,下一步就需要对这两类变量之间关系的性质进行评估,即对问题行为与控制变量间关系的性质进行确认和评价。这是行为评估的第二个目标。

第三,依据评估结果,制订治疗方案。行为评估的第三个目标就是治疗方案的制订。有行为学家认为,行为评估是治疗的里程碑。评估是制订治疗方案的依据,评估和治疗是相互联系的过程。行为评估与传统评估不同,它是基于咨询者个性化需求来制订治疗干预方案。

第四,评估治疗的有效性和进展监控。行为评估是一种持续进行的历程,可贯穿于整个治疗过程。在前三个目标都已完成之后,第四个目标就是要对治疗的有效性和进展情况进行监控和评估。

(三)行为评估的作用

行为评估是一个连续进行的过程,在不同年龄阶段、不同群体的各种问题中都有广泛的应用。下面介绍行为评估在心理治疗及其他相关领域的作用。

1. 行为评估在心理治疗中的应用 行为评估在当今心理治疗领域,尤其是认知行为疗法方面应用非常广泛。心理学研究表明,认知因素在行为的习得和改变过程中起着重要影响作用。在现代认知行为疗法理论基础上,所创立的认知行为疗法的主要治疗观点就是通过改变个体的不良认知来改变个体的行为。在临床实践中,认知矫正、自我控制或自我管理等多种指导策略和技术均已得到广泛的应用。

2. 行为评估在行为矫正中的应用 行为矫正是指依据学习原理来处理个体所发生的行为问题,从而引起行为改变的行为治疗的方法。在临床实践中,行为矫正一般要经历行为评估、制订矫正计划和行为矫正实施3个阶段。而行为评估又恰恰是行为矫正治疗的重要组成部分,它不仅是行为矫正过程的第一步,而且还体现在矫正实施的所有阶段,具有非常重要的作用。

3. 行为评估在心理生理测量中的应用 行为评估不仅包括对个体外显行为的测量,也包括心理生理测量,即测量个体对情境变化时的心理生理反应。心理生理学也认为,人的认知的、行为的、社会的和情绪的各种反应与生理过程密切相关。心理生理学家们对通过心理生理测量来进一步了解各种心理障碍和行为问题也产生了极大的关注。他们通过研究发现,心理生理测量能够提供有关个体内部心理状态方面的重要信息。如心理生理测量如今已应用到对性功能障碍的评估、诊断和治疗;应用于儿童或成年人焦虑及抑郁引起的情绪行为失调的研究;还有学者将心理生理测量应用于婚姻互动及离婚的研究等。这进一步揭示了心理生理测量对于理解和研究人类行为的重要意义。

4. 行为评估在其他心理领域中的应用 行为评估目前应用十分广泛。它不仅可以应用于心理生理测量、心理咨询与治疗领域,还可广泛应用于教育学、心理学、生物学、人类学、社会学、医学等与行为科学密切相关的其他应用领域。如行为评估可用于夫妻、家庭、亲子关系的评估;可用于健康人和患者状况的评估;可用于医学上躯体残疾或者急性、慢性疾病的诊断和评估;还可用于不同文化和种族人群的跨文化研究等。

二、心理行为评估的基本知识

心理和行为是密不可分的，人类对心理行为现象及其一般规律的研究更是丰富多彩的。基础研究领域一般主要研究心理行为的基本规律及调控机制；而应用研究领域一般主要研究如何利用心理行为的规律解决医学与现实中的应用问题。有关心理行为的研究是非常烦琐和复杂的。描述行为、解释行为、预测行为、确定行为的起因和行为控制等是目前对行为心理现象及其规律研究的目标。要实现上述目标，需要相关研究人员采用观察、访谈、心理测验、角色扮演等不同的行为评估方法。很多心理评估的方法在行为评估中同样可以使用，同时行为评估还有一些适合的、与众不同的方法。下面重点介绍一些行为评估的基本知识。

（一）行为评估的基本特征

与心理评估相似，标准化的行为评估包含行为样本、标准化情境和量化描述3个基本特征。

1. **行为样本**　编制标准的心理行为测验，样本必须是标准行为样本。样本取样最终是否有效，关键在于样本是否具有代表性。而要获得有代表性的行为样本，关键在于控制所测量行为的各种影响因素。行为样本作为直接的测量对象，只能反映总体行为中代表个人特定心理特质的一组行为，可以揭示个体的某些心理功能，而不是个体全部需要测量的行为。因此，行为样本的代表性就决定了每个测验质量的高低和测验的信度。

2. **标准化情境**　主要是要求行为评估的整个运行过程都必须符合标准化的操作程序。对行为样本、测验材料和测验方法都要进行标准化的设计，同时还要注意测验实施过程的标准化，包括对测验环境、测验程序、测验时间、主试条件和被试条件5种因素的控制。严格来说，标准化心理行为测验的编制、施测、评分和解释整个流程都应有系统的标准程序，都需要按照严格的科学程序去编制和使用。其目的是尽可能减少无关因素对测验的影响，使测量结论更加准确、客观。

3. **量化描述**　是实现行为评估目的的基础。一组测验所测量的结果只有进行相应的描述，才能使人们明确和理解，才有实际意义。这种对测量结果描述的方法主要有两大类，即数量化描述和范畴划分。这些都是为了满足不同类型的心理行为测验的需要而设置的，对测量结果描述、解释、应用也是标准化测验的重要组成部分。

（二）行为评估的基本程序

1. **建立良好的评估关系**　在行为评估过程中，主试与被评之间建立良好的评估关系是科学的、规范的行为评估顺利进行的首要条件，是实现准确、客观评估的基础。良好的评估关系是指主试与被试之间建立相互信任、彼此尊重、融洽、和谐的人际关系。这种理想关系的建立和维持并不是一件自然的、简单的事情。它不仅需要评估双方的相互理解和积极行动，还需要评估环境；主试的形象设计、道德素养、专业知识及技能；被试的身心素质、权利与义务以及相关法律、制度等措施的完善。

2. **获取评估所需资料**　在行为评估中，良好评估关系的建立只是评估工作开展的第一步，下一个重要任务就是如何获取被试的行为资料。要想获取评估所需要的与心理和行为有关的信息资料，就必须把握和完成好下面3个步骤。

第一，依据评估目的确定评估的目标行为。通过目标行为，明确评估运行的方向，还可以据此预测行为。

第二，依据目标行为确定需要获取的评估资料内容。一般需要的基本资料包括被试的人口学基本信息、背景资料；被试的健康学资料；被试的行为问题资料等。

第三，依据所需要获取的评估资料选择适宜的评估方法。行为评估的方法很多，针对不同的问题需要，可以选择不同的方法。既可以通过行为访谈、行为观察、自我报告、角色扮演、综合分析等方法，也可以应用科学、标准化的评估工具（如评定量表或自陈量表等）来收集资料。

3. 资料分析与诊断评估　通过第二步确立目标行为，采用合理的评估方法和手段获得了大量的评估资料之后，就可以运行第三步，进行资料分析和诊断评估。资料分析就是在获取大量行为信息基础上，依据行为评估的规则和要求，对大量信息进行系统归类、统计分析，然后根据科学的归类分析所获得的数据信息等，做出可信、准确的客观评价。诊断评估就是采用不同的方法、技术，选择适宜的诊断工具，对个体行为健康状况、行为问题的严重程度做出临床诊断或结论性评估，是科学诊断评估的过程。

4. 科学解释评估结果　完成第三步之后，就可以进行第四步，即根据临床诊断或结论性评估所获得的结果，为被试完成评估报告。评估报告内容包括认知评估、智力评估、行为能力评估或者健康状况评估等。评估的结论可以为被试和第三方所使用，有重要的参考价值。对行为问题诊断、评估的结果进行科学解释，并合理应用于行为干预工作之中。只有科学、合理解释评估结果，才能最终完成评估过程和实现评估目的。

（三）行为评估的基本技术

目前行为评估无论在社会研究还是临床实践中，都具有非常广泛的应用。行为评估涉及非常多的评估方法和测量手段，应用范围包括从儿童到成人的各年龄阶段及不同的研究领域。行为评估可分为直接评估和间接评估。直接评估就是以直接的方式（如直接行为观察、自我监控等）评估确定的目标行为；间接评估即通过间接方式（如行为访谈、评定量表等）所获得的行为信息来进行评估。国外临床实践调查显示，行为访谈是最常用的评估方法，其次是行为观察等。下面介绍几种当前较为常用的行为评估技术。

1. 行为访谈　不同于日常访谈，也有别于传统的心理访谈，行为访谈是一种临床访谈。行为访谈是运用行为学原理来获取信息，以便制订行为矫正计划的过程。行为访谈包括结构化行为访谈、非结构化行为访谈和半结构化行为访谈3种类型。在行为干预中，行为访谈是确定问题行为、提出假设和收集信息的第一步，是整个行为评估过程的基础。任何行为干预都是以访谈为开端的。对于访谈者和被访者来说，访谈可以起到重要的沟通作用，这是直接观察法所无法替代的。

行为访谈的主要作用是获得知情同意，促进行为观察和沟通交流，帮助确认目标行为、选择行为评估程序、确定目前问题及相关因素、增强咨询者动机、共同制订干预计划、评估干预措施的有效性。行为访谈是行为评估的重要组成部分，是最基本、使用最广泛的行为评估技术。

2. **行为观察** 指通过直接或间接的方式对被访者的行为进行有目的、有计划的观察。行为观察一般分为直接观察与间接观察。直接观察是指通过感官直接对被访者的行为或活动进行观察；间接观察是指通过某些仪器、设备等来观察被访者的行为活动。行为观察可与心理测验同时实施，也可作为一种独立的行为评估手段而单独使用。行为观察通常用于临床诊断或相关目的评估。行为观察被认为是测量和记录各种行为的标志，是心理学研究中常用的评估方法，是最直接、最传统、最有效的评估技术之一。

在行为评估中，通过行为观察，可以获得个体不愿意报告或者无法清楚报告的行为数据信息。通过观察个体的行为，并对其行为表现进行即时的记录，这样所获得的数据比较全面、客观、准确。但同时也要意识到，行为观察因成本高、易受干扰且观察结果真实性易受到质疑等，其具体实施也是有一定难度的。所以，在临床实践中，为了尽量减少误差，往往将多种观察方法综合选用。

3. **行为评定量表** 在行为评估中，评定量表（rating scale）是用来量化观察中所得问题行为的一种测量工具，也是行为评估中收集资料的重要手段之一。行为观察和行为访谈虽然是目前行为评估中应用最广泛、最有影响力的技术，但其不足也非常明显。为了克服它们的局限性，临床行为评估专家编制了大量的行为评定量表和行为测量工具。这些行为评估工具可以提供直接观察等无法提供的重要信息，它们的测评时间跨度更长、范围更广，搜集的资料和评定结果也更加准确、客观。行为评定量表是一种简便、经济、适用性很强的心理行为测量工具，现广泛应用于评定儿童、青少年以及成人的各种问题行为。现在使用比较多的评定量表主要有行为类型评定量表、儿童行为评定量表、应激及其相关的行为评定量表等。评定量表已在心理健康研究和临床评估实践中发挥了重要作用，在心理学、医学、社会学、教育、商业、行政管理等领域也有很多应用。

4. **行为自陈量表** 自陈量表（self-report scale）是根据标准化问卷对个体行为进行评定的一种评估方法。通常对个体问题行为进行评定时，采用行为访谈法来收集认知、情感、态度、行为等方面的信息。行为评估早期也是主要通过行为观察来进行的。自陈量表在帮助个体收集内心体验的信息并以此来诊断焦虑等障碍行为方面非常重要。

行为自陈量表的使用成本效益好，便于操作，易于管理，且对个体的运动、认知及生理过程的评估易于控制。与行为观察等相比，省时，节省资源。所以，目前自陈量表在行为评估中已获得了广泛应用。但由于评估的对象因素仍有一些不可控性，可能会影响评估结果的准确性，这是行为评估中需要注意解决的问题。现今，随着认知心理学的发展，人们对行为障碍认知过程的研究已经开始影响和改变了行为评估的性质。行为自陈量表的应用领域将更加广泛。

5. **行为自我监控** 自我监控是指按照预先设计，个体系统地观察、记录自己的行为及自己与周围环境相互作用的过程，是评估问题行为（如吸烟、暴饮暴食等）非常重要的工具和手段。自我监控又称自我观察或自我记录。其创立的理念在于个体的行为并不是都可以直接观察的，对于那些不能直接观察的行为，可以让被试自己对自己的行为进行自我观察和记录，通过这种方法来达到预期评估的目的。

行为自我监控要求被试可以通过日记等书面记录，或者使用高科技（如智能手机、笔记本电脑等）方法将自我观察的结果记录下来，收集并整理自我监控的信息资料。行为评估的性质与目的不同，自我监控的方法选择也是不尽相同的。在行为评估中，行为自我监控不仅有助于收集第一手信息资料，而且还可以帮助促进个体行为的改变，成为行为干预治疗的辅助手段。作为一种重要的评估方法和治疗策略，行为自我监控目前在教育、心理实践、临床和科学研究中的应用十分广泛。

6. 行为角色扮演 角色扮演（role play）的基本原理是主试和被试模拟或再现某些特定情境中被试问题行为的人际互动过程。行为角色扮演主要是针对那些难以观察实际情境中个体的问题行为。主试可以就被试某些关键方面问题重新创建或模拟现实情境，让被试在角色扮演中的表现接近他们的真实情境，表现得就好像真实的一样。通过被试的表演，主试能够观察到被试典型性的问题行为，从而达到评估及治疗的目的。在临床心理治疗中，角色扮演是常用问题行为评估和治疗的重要方法之一。

7. 行为心理测验 采用前面所介绍的相应的标准化心理测验工具（如使用广泛的量表），通过标准化的操作程序来描述和量化被试的某一方面的心理现象或心理品质，进行评估。行为心理测验是目前心理评估和行为评估中常用的方法之一。

8. 行为仪器测量 随着科技的发展和认知心理学研究的不断深入，行为评估的技术和方法也在不断更新和发展。一些临床心理学家吸取了认知神经科学、心身医学和心理测量学的最新研究技术，采用特殊的仪器设备，对一些能够反映心理行为功能的生理指标（包括个体的内隐行为等）进行测量，以评估个体的心理状态或外显行为特征。行为仪器测量为行为评估提供了更客观的实验检测方法。

9. 行为综合分析 包括行为观察、行为访谈在内，任何一种行为评估的方法都不是万能的，评测时有优点，同时也存在一定的不足，都难以实现全面、准确的评估。因此，在实际评估工作中，只有综合应用多种方法，力求更全面、更准确地获取被试的问题行为信息，才能得出更可靠的结论，评估结果才能更加真实、有效。

（四）行为主试应具备的条件

在行为评估过程中，行为主试的个人素养、能力及知识水平会直接影响评估结果的客观性、准确性和有效性。也就是说，一名优秀的行为主试应首先具备两大主要条件，即专业知识和技能、良好的心理素养，还要具备良好的职业道德。

1. 具备专业知识和技能 行为评估工作涉及能力评估、人格测验及精神症状评估等很多专业内容，对评估人员的要求是比较高的。一名合格的主试若想很好地完成行为评估工作，就必须具有一定的专业知识背景，必须掌握评估有关的理论知识和专业技能，掌握常用的评估技术，要精通多种心理行为测验手段，具有一定社会交往经验，并具有对评估结果的分析能力和应用结果的能力。也就是说，要求主试依据评估的特定要求具备相应的专业资质。

2. 具备良好的心理素养 良好的心理素养就是要求主试要具备一些适合从事评估工作的心理品质。具体体现在以下几个方面。

（1）性格良好：主试要具备健康人格，情绪积极、稳定，为人真诚、开朗、理解人、尊重人并乐于助人；自信、独立并有自知之明。主试首先要对自我有一个清醒的认知，客观、正确地认识和看待自己，评价他人。在评估工作中，要尽可能地克服主观，排除任何偏见，力求做到客观、真实。

（2）智力优良：主试需要具有较高的智力水平，要具有敏锐的观察力，有较强的思维反应能力，善于察言观色，勤于思考和记忆，能够根据被试的外部行为表现来推测其内心的活动。对人的心理行为现象的评估，其本身就是一项高智商的活动。如果主试自身的智力水平有限，则很难胜任评估这项复杂而艰巨的工作。

（3）社交技能良好：主试要乐于并善于与人交往，具有较强的沟通和交流能力，在评估工作中能够很好地协调与他人的关系，有一定的共情能力和沟通技巧，能够尽快与被试建立互相信任、彼此尊重、愉快、和谐的关系，以保证评估工作顺利进行及评估结果的可靠性。

3. 具备良好的职业道德　主试必须恪守职业道德，这是行为评估工作最基本的道德准则。因为行为评估工作与心理评估工作一样，都会涉及一些伦理学问题，都有一些不能触碰的底线，这也是对相关从业人员最明确、最重要的规范要求。

（1）严肃、认真地对待评估工作：行为评估工作不可避免地要涉及评估对象的切身利益，更有可能涉及临床治疗、执法问题和司法鉴定等。所以主试一定要有严肃、认真的工作态度，在搜集资料和分析数据时不能带有任何主观色彩；选择测量工具一定要考虑选用有标准化操作程序的，具有良好信度和效度的；应谨慎、客观地报告评估结果，避免出现认知偏差。因为心理行为评估的结果往往用来作为临床诊断、司法鉴定等的重要依据。

（2）保护和尊重评估对象：主试要尊重和爱护每一个评估对象，无论其年龄、性别、种族、社会地位、健康状况等；要妥善保管被试的所有资料，注意保护个人隐私，保守秘密，不得刻意探究和传播，以免给对方带来不必要的心理伤害。

（3）保管好评估工具：心理行为评估的专用工具，尤其是标准化心理测验和行为测验，就相当于国家级考试题，是绝不允许随意公开和泄露的。只有具有相应专业资质的人才能独立使用和保存，否则就是违规，甚至是违法行为。

三、常用行为评估量表

（一）行为类型评定

行为类型主要反映个性行为特征与某些疾病的关系。一些专家和学者根据人们不同的行为表现，将行为分为 A、B、C、D、E 等类型。

1. A 型行为类型问卷（TABP）　产生于 20 世纪中期的美国。1950 年美国著名心身医学家弗里德曼和罗森曼首次提出 A 型行为和 B 型行为的概念。在此基础上，弗里德曼和罗森曼开发了第一个 TABP 的测查工具，称为"A 型行为结构式会谈（SI）"，即最初的 A 型行为类型问卷。美国心身医学家詹金斯编制了一个 TABP 自陈量表，称为"詹金斯活动性量表（JAS）"。这两个量表在国外都得到了广泛的应用。1984 年中国成立了全国 A 型行为与心脑血管病协作组，由张伯源和杨菊贤等参考这些量表，结合我国国情，修订并编制了适合我国的"A 型行为类型问卷"。

A 型行为的人易患高血压、冠心病、高脂血症等疾病。这已被医学研究所证实，与 A 型行为的人个性特点关系密切。希曼提出 A 型行为的主要特征是争强好胜，过分追求成就感，固执，总想超过别人；做事匆忙，急躁，易冲动，行动较快，常有时间紧迫感；具有攻击性，爱生气，常有敌意情绪。对于 A 型行为，时间紧迫感和过分竞争与敌意是其两大核心因素。A 型行为的人常见的状态是心累，他们总有做不完的事，经常存在于负性情绪之中，不如意更多于常人。A 型行为的人还有 4 种典型表现，简称"四易"，即易恼火、易激动、易愤怒、易急躁，也称为 AIAI 反应。

中文版 A 型行为类型问卷共有 60 个项目，包括 3 个分量表。分量表 TH 反映时间匆忙感，共 25 个项目，满分 25 分；分量表 CH 反映竞争性和敌意情绪，共 25 个项目，满分 25 分；分量表 L 反映掩饰性，是测谎的，用以考查被试回答问题时的真实态度，共 10 个项目，满分 10 分。计分方法是被试所得答案与标准答案相符记 1 分，不相符记 0 分。

A 型行为类型问卷的结果评价：首先，确定分量表 L 的得分。若该量表的得分 ≥ 7，则表明该问卷真实可靠性较差，没有评价意义；若得分 < 7，则可进一步评价其他两个量表的结果。然后把 TH 和 CH 得分相加，计算出总分。再根据问卷总分进行最后评价。其评价标准是：≤ 18 分，典型的 B 型；18～26 分，不典型的 B 型；27 分，极端中间型；28～35 分，不典型 A 型；≥ 36 分，典型的 A 型。

2. C 型行为类型问卷　C 型行为是巴特鲁斯克于 1988 年首先提出的。C 型行为量表（CB）是由特默索克设计、编制而成的。张瑶等人将 C 型行为量表引入我国，进行了修订。中文版 C 型行为量表共 97 个项目，包括焦虑（A）、抑郁（D）、愤怒（Ang）、愤怒内向（Exin）、愤怒外向（Exout）、理智（Rat）、控制（Cont）、乐观（Opt）和社会支持（Sup）等分量表。

C 型行为的人易患癌症等疾病。据报道，有 C 型行为的人，其癌症发生率比非 C 型行为者高 3 倍以上。因此，也称 C 型行为为"癌症性格"。C 型行为主要特征：第一，有童年形成的压抑，如幼年父母丧失，缺乏双亲的抚爱等。自我克制力极强，内心有痛苦也不向外表达出来。第二，过分合作与顺从。极度缺乏自信，过分隐忍，回避矛盾，好生闷气，有愤怒而不发泄出来，屈服、压抑自己的情绪，应激反应较强。第三，伴有生理、免疫方面的改变。常将不愉快的体验指向自身，表现出忧郁、失望、情绪抑制、情感表达缺乏等性格特征。

3. D 型人格量表　D 型人格又称忧伤人格，表现为经常体验忧虑、烦躁、易怒、悲观等负性情绪。其特质包含负性情感和社交抑制 2 个维度。德诺莱特所创的 D 型人格量表包括 16 个题目（DS16）、24 个题目（DS24）、14 个题目（DS14）等系列问卷。DS14 为最新版本，其中 7 个条目用于评定负性情感，7 个条目用于评定社交抑制。

D 型人格系列量表应用广泛，显现出良好的心理评估学特征。2005 年，中国科学院心理研究所于肖楠和张建新报告，DS14 中文版已由荷兰蒂尔堡大学、香港中文大学与中国科学院心理研究所合作完成。中南大学精神卫生研究所张勇和张亚林、昆明医学院第一附属医院白俊云等也相继报告了不同译本。D 型人格与个体心理健康及其他躯体疾病的关系尚需进一步研究和证实。

（二）儿童行为评定

1. 美国智力落后学会适应行为量表（AAMR-ABS）　1969 年由美国智力落后学会（AAMR）主持编制了适应行为量表（ABS）。AAMR-ABS 分两式：一式适用于 13 岁以下年龄的儿童；一式适用于 13 岁以上年龄的人。现在流行的 AAMD 适应性行为量表学校版是 1981 年修订完成的。

AAMD 共有 95 个项目，包括两大部分共 21 个领域，每个领域包括若干个项目。第一部分主要评定正常的适应行为，包括 1～9 领域；第二部分主要评定适应不良的行为，包括 10～21 领域。不同的领域和项目又组合成 5 个因子：因子一为"个人的自我满足"；因子二为"社区的自我满足"；因子三为"个人和社会的责任性"；因子四为"社会调节"；因子五为"个人调节"。因子一至因子三由第 1～9 领域组成，测验正常适应行为；因子四、因子五由第 10～21 领域组成，测验适应不良行为。

2. 维兰德适应行为量表（VABS） 由维兰德社会成熟量表修订而来，适用于 18 岁以下的青少年和儿童。共有 1 个学校版本和 2 个访谈版本。学校版本由教师作答，2 个访谈版本由家长或养育人作答。VABS 主要用来评定以下 4 个方面的适应行为能力：①沟通领域，包括接受性语言、表达性语言与书写能力；②日常生活技巧领域，包括个人的生活技巧、家庭的生活技巧、社区的生活技巧；③社会化领域，包括人际关系、游戏和休闲、应对技巧；④动作技巧领域，包括粗大动作、精细动作。VABS 是目前普遍使用的适应行为评定工具。

3. 阿肯巴克儿童行为量表（CBCL） 是目前国际上用于筛查儿童的社交能力和行为问题最常用的测评工具。CBCL 分为家长用量表、教师用量表、青少年自评量表（智龄在 10 岁以上儿童可用）和直接观察者量表。其中家长用量表应用最多。

我国于 1980 年在上海修订了 CBCL 的家长用量表（称为 CBCL 4～16 岁中文版）。1990 年西安交通大学第二附属医院行为发育儿科研究室引进并修订了 2～3 岁 CBCL，称为 2～3 岁儿童行为检查表（CBCL/2～3），主要用于筛查婴幼儿的行为问题。阿肯巴克青少年自评量表主要适用于 11～18 岁的青少年。阿肯巴克儿童行为量表在众多的儿童行为量表中包涵面较广，因此被广泛应用。

4. 鲁特儿童行为量表 该量表是由英国儿童精神病学专家鲁特编制的，也是应用较多的一种儿童行为量表，20 世纪 80 年代初引入我国，包含家长用和教师用两种量表。家长用量表有 32 个项目；教师用量表有 26 个项目。鲁特儿童行为量表把行为问题分为 A 行为和 N 行为两大类。A 行为是指违纪行为或反社会行为；N 行为是指神经症行为。该量表项目不多，使用方便，适用于学龄儿童行为问题的流行病学调查，也可用于临床诊断儿童情绪障碍和行为问题的参考，还可用于区别儿童有无精神障碍。

5. 儿童适应行为评定量表 儿童适应行为评定量表是 20 世纪 90 年代初由我国姚树桥和龚耀先编制的，是一套专门用于评价 3～12 岁儿童适应行为发展水平的量表。该量表采用分量表结构方式，共有 8 个分量表，包括 3 个评定因子（即独立功能因子、认知功能因子和社会/自制因子），共有 59 个项目。儿童适应行为评定量表是一种他评量表，操作灵活，评测非常方便。施测时，所有儿童均需从第 1 项开始，全部 59 个项目需逐一评定。

（三）应激等相关行为评定

1. 生活事件量表 国内外已经有多种生活事件量表。本书选用的生活事件量表（LES）是由我国学者杨德森、张亚林等人编制的，在国内应用非常广泛。它的前身是由美国的霍姆斯和瑞赫于 1967 年编制的著名的社会再适应评定量表（SRRS）。LES 正是在 SRRS 的基础上根据我国的实际情况进行修订编制而成的。

生活事件量表主要用于对精神刺激进行定性和定量评估，适用于16岁以上的正常人，患有神经、心身疾病、各种躯体疾病的患者以及自知力已经恢复的精神病患者。

LES共有48个项目，均是生活中比较常见的生活事件。LES主要包括以下几个方面：一是家庭生活方面，28项；二是工作和学习方面，13项；三是社交及其他方面，7项；四是空白项目，2项，供被试填写自己已经经历过但表中并未列出的某些事件。

LES是一个自评量表，由被试自己填写。填写前，被试须仔细阅读和理解指导语，然后逐条一一过目。然后根据施测要求，将某一段时间内（通常为1年内）所经历的事件进行记录。而表上已列出但被试并未经历的事件应一一注明"未经历"，做到不留空白，以防遗漏。最后由被试根据自身的实际感受来判断那些所经历过的事件对本人的影响。

LES主要包括下列4个方面：第一，事件是否发生及发生时间，有未发生、1年前、1年内、长期性4个选项。一过性事件（如罚款等）记录其发生次数。长期性事件（如待业、好友重病等）不到半年记为1次，超过半年记为2次。第二，事件的性质，对事件是正性还是负性做出判断。第三，事件对被试精神状态的影响程度，分无影响、轻度、中度、重度、极重度5个等级，记分分别为0、1、2、3、4分。第四，事件影响所持续的时间，分3个月内、半年内、1年内、1年以上4个时间段，记分分别为1、2、3、4分。

LES的统计指标——生活事件刺激量具体计算方法如下：

某事件刺激量＝该事件影响程度分 × 该事件持续时间分 × 该事件发生的次数

正性事件刺激量＝全部正性事件刺激量之和

负性事件刺激量＝全部负性事件刺激量之和

生活事件总刺激量＝正性事件刺激量＋负性事件刺激量

LES所得分数高低反映个体承受的心理压力大小。总分越高，表示个体所承受的心理压力越大；负性事件刺激量的分值越高，对个体心身健康的影响越大。正性事件刺激量分值的意义尚待进一步研究。有专家研究结果表明，LES总分在1年内有95%的人不超过20分，有99%的人不超过32分。

2. **特质应对方式问卷（TCSQ）** 是测验个体应对方式的自评量表，包括20个反映个体应对特点的项目。TCSQ分积极应对和消极应对两个方面，各含10个条目，其内容主要反映被试面对困难和挫折时的积极与消极的态度与行为表现。施测时，要求被试根据自己大多数情况时的表现逐项填写。项目采用五级评分制，各项目答案从"肯定是"到"肯定不是"按照等级不同采用5、4、3、2、1五级评分。

TCSQ计分方法及结果评价：

（1）积极应对分：10个条目是1、3、5、8、9、11、14、15、18、20。各题得分加在一起，即为积极应对分。一般人群的平均分为30.22±8.72。与之相比，分数高则反映积极应对特征明显。

（2）消极应对分：10个条目是2、4、6、7、10、12、13、16、17、19。各题得分加在一起，即为消极应对分。一般人群的平均分为23.58±8.41。与之相比，分数高则反映消极应对特征明显。

本量表在实际运用中消极应对特征的病因学意义大于积极应对，其原因还有待进一步研究。

（张殿君）

思考题

1. 什么是行为评估、心理测验?
2. 心理测验在行为评估中有哪些应用?
3. 行为评估的基本技术有哪些?
4. 行为评估者应具备怎样的条件?

第十七章 心理及行为健康咨询

第一节 概述

一、概念与作用

随着时代的发展、社会的进步,科技与文化、教育、经济、社会深度融合,人们对生活质量和环境的要求也越来越高。生活质量的提高,首先表现在对生命质量的追求和对行为健康的重视,人们需要这方面的信息以不断纠正自己的不良行为。

心理及行为健康咨询的过程也是心理及行为健康信息沟通的过程。通过这一过程,心理及行为健康咨询机构的工作者针对咨询者提出的问题做出解答,给出合乎健康需求的方案,进行有关健康心理、行为知识的指导和帮助,最终解决其存在的行为问题。同时,心理行为健康咨询可起到预防、治疗和促进健康行为的作用。从广义上理解,心理及行为健康咨询应是既包括面对面的心理及行为健康咨询,还包括咨询者主动从新媒体、通讯、报纸、期刊等渠道获得与自己有关的心理及行为健康的信息与答案。这也正是目前一些学者所提出的"信息传播"的概念。"传播"是一种社会性传递信息的行为,是人与人之间交换、传递新闻和意见等信息的过程。"健康传播"与心理及行为健康咨询密切相关,可以将其理解为心理及行为健康咨询中的另一种新的形式,但两者不能互相代替。"健康传播"指通过大众媒介、组织及人际传播等多种传播方式,将有用的健康信息送达社会中的每一个体,从而改变其态度,进而影响其行为,以使公众采取更为健康的生活方式的过程,它包括疾病的预防、治疗、康复等多方面的内容。健康传播要求从业者不仅要具备新闻与传播方面的素质,而且要掌握公共卫生学、社会学、心理学、教育学和行为医学等方面的知识。

二、行为健康咨询与医学心理咨询

心理咨询是心理学的一个分支。医学心理咨询解决的是医学领域中的各种心理问题,所以医学心理咨询是通过指导者和被指导者的讨论,查明其心理问题的性质和可能的原因,给予劝告、建议、教育、支持和各种形式帮助的过程,包括运用简短的心理治疗和医药治疗。行为健康咨询则是指导者与被指导者进行关于行为健康、行为问题及控制、预防知识的信息沟通过程。通过这一过程,行为医学工作者针对咨询者提出的问题做出科学、合理的解答,说明并提出合乎健康要求的方案，进行有关行为健康知识的教育和帮助，解决其存在的问题，起到预防、治疗、促进健康的作用。

医学心理咨询和行为健康咨询的概念不同，咨询内容也不尽相同。前者以心理问题为主，如睡眠障碍（失眠或多睡、梦游）、学习障碍（学习注意力不能集中）、性心理障碍（如性欲减退、阳痿、早泄等）、抑郁及焦虑等。总之，医学心理咨询以心理问题为主，对象有健康人，也有患者，如对自己疾病发展、疾病预后咨询等。行为健康咨询以行为问题为主，如吸烟、吸毒、酗酒、A型行为的纠正等，目的为如何纠正这些不良行为。然而，行为是心理活动的外显，行为健康咨询和医学心理咨询有着密不可分的关系。如自杀既是行为问题，也是心理问题，其干预应以心理咨询与心理治疗为主；又如过度手淫既是心理问题，也是行为问题，对其纠正需要医学心理咨询和行为健康咨询相结合。总之，医学心理咨询和行为健康咨询在实际工作中存在相互联通的关系，应结合进行。

三、行为健康咨询的保健意义

随着疾病谱的转变及人类认识的不断深入，行为健康咨询是人们为了增强体质、维护和促进身心健康和避免疾病，同时构建"风险降低行为"而进行的主动行为。它也是帮助人们树立正确的健康观念，建立文明、科学、健康的生活方式和健康行为的有效途径。行为健康咨询通过咨询工作者和咨询者行为问题的互动了解，分析讨论，找出问题，对咨询者提出建议，初步设想多种可能的解决办法，同时对可能引起的结果进行评价，启发咨询者自己运用在咨询过程中得到的感悟，制订解决目前行为心理问题的方案，从而正确认识自己，主动调节自身的不良行为，积极树立新的健康生活方式和行为习惯。

第二节　心理及行为健康咨询的内容和形式

一、心理及行为健康咨询的内容

心理及行为健康咨询涉及的行为问题很多。如在膳食营养方面，有咨询者对其已限制高脂肪类饮食半年但体重仍旧降不下来的原因进行咨询，希望心理及行为健康咨询机构的医师对他的食谱或其他行为提出改进意见；又如在生活方式与运动方面，有咨询者提出，他已经60多岁了，每天早上跑步半小时，傍晚做爬楼梯运动20分钟，已坚持1年了，但有人给他指出这样的运动并不利于健康，会引起膝关节、踝关节关节面磨损，甚至引起"骨刺"，他感到很茫然，故进行心理及行为健康咨询，他与咨询师进行讨论，用什么方法运动才有利于老年人的健康；还有咨询者对其年少的儿子的性取向有怀疑，认为其儿子有同性恋的趋向，感到很紧张，害怕其儿子发展成同性恋，咨询的重点是怎样纠正这一偏离行为的问题。

总之，心理及行为健康咨询所面对的人群是复杂的，咨询的问题也涉及方方面面。咨询的内容可概括为10项：①儿童行为问题，如注意缺陷多动障碍、退缩行为、口吃、学习困难等；②青少年行为问题，如适应不良、学习不能症、吸烟、饮酒、吸毒等；③青春期行为问题，如恋爱问题、早期性行为等；④中年期行为问题，如婚外恋、酗酒问题等；⑤老年期行为问题，

第十七章 心理及行为健康咨询

如丧偶、独居、空巢现象等；⑥家庭行为问题，如家庭暴力、教养方式不当、独生子女问题等；⑦学校行为问题，如逃学、出走、师生对立问题等；⑧职业行为问题，如劳动保护、高危职业行为、作业安全问题等；⑨致病行为问题，如A型行为、非感染性疾病行为问题等；⑩高危行为问题，如吸毒、自杀、迷信、网瘾问题等。

二、心理及行为健康咨询的形式

心理及行为健康咨询的形式很多，具体包括以下几种。

1. **门诊咨询** 由有经验的行为医学专家和行为健康工作者担当。门诊心理及行为健康咨询是咨询医师与咨询者互动交谈和讨论的过程。这种自选方式着重解决的是有关疾病的发生、发展、转归等方面的行为健康问题。由于咨询双方是面对面的，因而咨询医师可以比较详尽和深入地了解咨询者的情况，便于进行各种测验和行为疗法以及观察疗效等，是一种直接、有效的咨询方式。这种形式的咨询还应注意以下问题：

（1）咨询医师与咨询者应建立并保持一种职业关系，使咨询医师负有指导性和责任感。

（2）咨询医师使用主动倾听技巧来理解咨询者并与之沟通。

（3）咨询医师的意图可以是评估咨询者，帮助咨询者理清影响心理及行为健康的问题或评估与帮助结合，在理论上，评估先于帮助。

（4）咨询医师具体的行为可能因咨询者计划达到的目标不同而有很大差别。理想情况是，咨询医师与咨询者初期就在面谈目标上相互一致。

在门诊咨询中，咨询医师和咨询者能直接见面，详细讨论有关问题，咨询医师对患者的了解全面、深入，容易使咨询工作获得良好的效果。当然，由于心理问题的特殊性，应允许咨询者采取匿名的方式，这并不影响对咨询者的深入了解，相反会促进咨询者谈出其真实的心理问题。

2. **网络咨询** 伴随着互联网技术的迅猛发展，新媒体成了健康传播中非常重要的途径和方式。网络咨询是以网络为中介，通过建立良好的咨询关系，以专业知识为基础，运用心理学、行为学等方法和技术，帮助咨询者发现问题、发掘资源，并以建设性方式解决问题，从而有效满足其需要并促进其成长的过程。

网络咨询因具有快速、经济、便捷的服务特点，正被越来越多的公众接受，并已成为心理及行为健康咨询的重要形式。该形式弥补了咨询者爱面子、怕人议论的缺点，在虚拟条件下，避免了作为当事人面对面的尴尬，消除了种种顾虑，敞开心扉，咨询者会尽可能真实、详细地陈述心理的困惑。网络的普及与大众化促发了这种咨询形式的发展。但咨询者咨询的问题真实与否，如仅仅通过文字表达，可能会导致获取的信息不全面。咨询会受技术水平、网络环境、站点平台等客观因素的影响。

3. **电话咨询** 即咨询者通过电话就相关的心理及行为健康问题寻求专业人员帮助。这是心理危机情况下采用的一种求助形式，通过拨打规定的电话号码，咨询者即可得到心理疏导和安慰。这一方法及时、有效。如有自杀企图的人，只要拨通咨询电话，就有专门的咨询工作者对其进行干预，因而有人把这种电话咨询称为"希望线""生命线"。由于覆盖面较广，该方式取得了较好的社会效益。

电话咨询可以供一般心理障碍者应用，同时还可以向人们提供科学知识和心理卫生知识，解决人们的心理问题。但一般电话咨询回复的内容不能过多，涉及面不宜过宽。否则，一会应接不暇；二会占线时间过长，使紧急需求者打不通电话，失去了作为缓解危机的电话咨询的意义。

4. **其他** 还包括书信咨询、专栏咨询、现场咨询等形式。

采取何种咨询方式，应根据具体情况和条件选择，正确、恰当的形式对于心理行为咨询需求取得良好效果起着至关重要的作用。

三、心理及行为健康咨询的发展方向

2016年，国务院颁发的《"健康中国2030"规划纲要》中指出："健康是促进人的全面发展的必然要求，'身'与'心'两手抓，两手都要硬，加强心理健康服务体系建设和规范化管理刻不容缓。同时，要加大全民心理健康科普宣传力度，提升心理健康素养。加强对抑郁症、焦虑症等常见精神障碍和心理行为问题的干预，加大对重点人群心理问题早期发现和及时干预的力度。加强严重精神障碍患者报告登记和救治救助管理。全面推进精神障碍社区康复服务。提高突发事件心理危机的干预能力和水平。到2030年，常见精神障碍防治和心理行为问题识别干预水平显著提高。"十九大报告提出要实施"健康中国"战略，完善国民健康政策，为人民群众提供全方位、全周期的健康服务，这也为心理及行为健康咨询指明了方向。

第三节 健 康 传 播

一、健康传播的意义

当今社会，健康传播（health communication）要以人为核心来生产和传递信息，让人成为传播的主体，以群众的获得感、满意度来鉴定传播的效果。健康传播与心理及行为健康咨询的相同点是旨在帮助有行为健康问题的人答疑解惑，解决存在的行为健康问题。不同的是，心理及行为健康咨询多是咨询医师与咨询者直接或间接就一个主要的心理及行为健康问题进行言语或书面的互动交谈与沟通；而健康传播则是通过电视、广播、网络、报刊等将科学的行为健康信息（包括最新的研究成果）送达社会的各个层面，使接收者根据自己的需求选择性采纳，以改变自身的行为健康问题。如有人每天服用多种维生素、矿物质已长达10余年，但某日医师却对他说长期服用维生素、矿物质不但不能促进健康，还有可能危害人体健康、诱发癌症，这位服药者听后非常紧张，便在互联网上搜索相关信息，很快找到了北京协和医院临床营养科权威专家发表的意见。这位维生素长期服用者通过"健康传播"的信息而获益，健康传播支持和肯定了他的健康行为。

二、健康传播的要素

作为一个行为过程，健康传播包含着以下几个要素：传播者、健康信息、传播途径、接收者、效果与反馈。

1. **传播者** 是指健康传播信息的人或物（机构）。健康传播者可以是人，也可以是一个机构，如电视台、广播电台、报社、出版社、杂志社、互联网企业等都属于健康传播者范畴。健

康工作者具有传播者的身份和传播健康的义务。健康传播具有收集健康信息、加工和制作健康信息、选择健康信息传播渠道、收集与处理反馈信息等职能。

2. **健康信息** 指传播者所传递的健康内容。健康信息应具有科学性、针对性、适用性、指导性、通俗性及传播符号通用性等特点。

3. **传播途径** 指信息传递的方式和渠道。在传播活动中，传播途径是多种多样的，通常可分为口头传播、文字传播、形象化传播、电子媒介传播、综合传播等。

4. **接收者** 指健康传播信息通过各种途径所辐射的目标群体。健康接收者对信息有选择的主动意向，也可以通过各种方式向传播者发出反馈信息。选择或接收某一信息受到心理作用的影响。

5. **效果与反馈** 健康传播接收者对接收信息的反应受情感、思想、态度和行为等方面的影响。健康传播效果决定传播活动的效果。

三、健康传播的方式

健康传播活动形式多样，可从多种角度进行分类。从传播的符号方面，健康传播可分为语言传播、非语言传播；从使用的媒介方面，健康传播可分为印刷传播、电子传播；从传播的效果方面，健康传播可分为告知传播、说服传播、教育传播；按照传播的规模，健康传播可分为人际传播、大众传播、自我传播、组织传播。本章按传播的规模分类进行叙述。

1. **人际传播** 指人与人之间的一种直接的、面对面的信息沟通的交流活动。这种交流主要是通过语言来完成的，但也可以通过非语言的方式来进行，如动作、手势、表情等。人际传播的特点如下。

（1）简便易行：不受机构、媒介、时空等条件的限制。

（2）交流互动性：由于反馈及时，交流充分，交流的双方可以及时了解双方的需要，达到较好的传播效果。

（3）针对性强：可以根据接收者的特点来随时调整传播策略。

（4）无责任约束：不同于前面所述的行为咨询，行为咨询过程中咨询医师和咨询者多为一种职业关系，咨询医师承担着一定的指导责任。而人际传播则无这种关系，也多不承担指导责任。

由于人际传播主要在个人之间进行，易受个人因素的影响，可能出现传播者与接收者的混淆。

2. **大众传播** 指职业性信息传播机构和人员通过广播、电视、报纸、期刊、书籍等大众媒体和特定传播技术手段，向范围广泛、为数众多的接收者传递信息的过程。大众传播的特点如下：

（1）传播者是职业性的传播机构和人员，并需要借助一定的传播技术手段，传播内容需要经过"把关人"的选择。

（2）大众传播的信息是公开、公共的，面向全社会人群。

（3）大众传播信息扩散距离远，速度快，覆盖面宽。

大众传播信息单向流动，受众反馈有限，信息不具有保密性，同时受众也有强烈的选择性。

3. **自我传播** 也称内向传播，指个人不以交际为目的的内部信息处理的活动，是人接收外部信息并在人体内进行信息处理的活动，它是人自身能够完成的信息交流，是各种社会传播活动的基础。自我传播的特点如下：

（1）传受合一，信息封闭，是信息系个体内的传播活动，传播效果受大脑活跃度的影响。

（2）与外部环境不绝对隔绝，具有一定的社会性和实践性，是对社会外部信息的主动处理。

（3）自我传播是其他传播方式的基础，以思考为核心，是人体内进行信息处理的过程。其他任何传播所传递的信息在经由个体感觉器官进入大脑后的一切流动（包括选择、解码、判断、决定、编码等思考的过程）都属于自我传播的范畴。自我传播构成一切外向型（人际、组织、大众）传播的前提和基础。

4. 组织传播 指组织之间、组织内部成员之间的交流活动，是有组织、有领导进行的有一定规模的信息传播。组织传播既是保障组织内部正常运行的信息纽带，也是组织作为一个整体与外部环境保持互动的信息桥梁。组织传播的特点如下：

（1）有自上而下、自下而上和横向传递的传播形式。

（2）有特定的传播周期和模式。

在组织传播中，传者与受传者之间存在较少的自由。信息一经发出，组织不可能依靠自身的力量来确保他人一定接收所发出的信息。

总之，各类传播方式都有其自身特点，也存在一定的区别，但是各类传播方式之间的区分并不是泾渭分明的。一般来说，大众传播在一定程度上包括组织传播、人际传播；而组织传播、人际传播又是大众传播的表现形式；自我传播则是其他传播方式的基础；各方式间往往既相互联系，又相互渗透。

四、健康传播的策略与方法

1. 研究接收者 心理上或认识结构上存在的差别决定了接收者对所传播事物的态度和所采纳的行为。人对信息的接收与其认知需要有关。有些人有较高的认知需要，喜欢思考，并力求理解外在信息；但另一些人不喜欢深入思考，喜欢走捷径。前者适合于启发式的传播方式；后者适合于知识的直接给予。因此，在开展传播行动前，需要对接收者进行定位，对不同的接收群体采取不同的传播策略。同时，要找到那些最有价值的接收者，充分利用人的从众心理让少部分人去影响绝大多数人。

意见领袖是在团队中构成信息和影响的重要来源并能影响多数人态度倾向的少数人。意见领袖作为一种社会现象，它存在于社会之中和不同的传播过程中。在信息传播中，信息输出后并非全部直达普通受传者，有时可能是先传达到其中一部分，而后再由这一部分人把信息传递给周围的受众。有的信息即使直接传达到受众，但要使他们在态度和行为上发生预期的改变，还须由意见领袖对信息做出解释、评价，在态势上做出导向或指点。所以，健康传播要想影响大众，必须先设法影响意见领袖。

2. 选择合适的传播方式 大众媒体是一个具有公信力和高凝聚力的舆论平台，覆盖面很广。媒体传播需要策划和利用一些事件、人物、话题与媒体形成共同的关注点，它的突出特征是吸引眼球，能在短时间内引起公众的广泛关注和高度参与。健康工作者利用大众媒体传播时，要注意表现出社会责任感、使命感和诚信度。

（1）人际传播：通过人与人之间的沟通影响周围的人群，有感染力和说服力。在大众媒体健康传播的同时进行人际传播可取得更好的效果，结合某些活动体验进行人际传播也会获得良好的传播效果。

（2）新媒体传播：新媒体是基于信息技术，运用互联网、无线通信网的传播路径，通过电脑、手机、数字电视等终端向受众传播信息的传播形态，已成为当今社会信息传播的重要方式。

新媒体传播具有6个明显的优势：互动性、时效性、分群性、非同步性、经济性和高效性。网络传播就是新媒体传播的一种类型，它的出现和发展拓展了传播的广度和深度，形成了一种散布型、非线性的网状传播模式。网络是一个开放的系统，其个性化是区别于传统媒体的主要特点。在网络传播中，传播者和接收者的界限日益模糊，双方的地位趋于平等，本来意义上的"接收者"消失了，这样网络用户成为新媒体传播研究的重点之一。新媒体传播在健康传播领域具有极大的潜能，同时也面临诸多挑战，例如信息的规范化薄弱，虚假信息泛滥；信息的同质化、飞沫化；信息资源分配不均；传播者专业素质参差不齐；隐私泄露等。若能有序、合理地运用新媒体传播方式，发挥其优势特点，有助于促进健康传播发挥更好的效果。

3. 注重传播形式 传播可以通过中心路线与外围路线进行。中心路线是突出信息中所包含的优点、性质、合理性等方面，通过系统讨论激发人们进行思考的方法。有些人具有分析能力，喜欢思考，态度的改变主要建立在寻求证据及对证据的分析与加工方面，该人群便是中心线路的目标人群。外围线路则主要向人们提供线索，使他们未经过深入思考就能接受。如某些保健产品的包装设计者采取具有强烈吸引力的表达方式——将产品和健康、幸福联系起来，使人们乐于接受信息传播设计的方法，就会诱导人们通过外围线路来接收信息。研究表明，中心路线较外围路线对行为的预测更准确、持久，因为中心路线必须通过大量的思考、发自内心的心悦诚服；而外围路线基于外部形象，强调信息的表面特征，见效快，消失也快，必须增加次数、反复强化才能维持效果。

当人们对某些方面的知识和经验不足时，单向的健康传播信息较合适；但当人们对有关知识和经验丰富时，双向的健康传播可为他们提供更多的信息，以使他们能够权衡利弊得失。所谓单向传播，即在信息传播过程中一方只发送信息，另一方只接收这种信息而不向对方反馈信息。双向传播则为参与健康传播活动的双方既是信息发送者，也是信息接收者。研究表明，对于文化程度较低的人来说，单向传播容易接受；但对于文化程度较高的人来说，进行正、反两个方面的传播效果更好。如有关吸烟与健康的信息传播，对于文化程度较低的人，可以只告诉他们吸烟对健康有害的信息；但对于文化程度较高的人，还应告诉他们所谓的"有益"之处，让他们自己去"想通"，去思辨。

（田志强　张持晨）

思考题

1. 心理及行为健康咨询的概念与基本内容是什么？
2. 心理及行为健康咨询的形式有哪些？
3. 健康传播的方式有哪些？新媒体时代有何特点？
4. 健康传播的策略与方法有哪些？

第十八章 行为医学的治疗学

第一节 概 述

一、中国古代的心理行为治疗学

中医理论从古代初始即强调身心合一，认为人的心理行为，或有益于健康，或有损于生命。因此，可以说中医古代的心理行为治疗是和中医学理论和实践体系构建同步发展起来的。

（一）先秦时期的萌芽

早在春秋战国时期，人们就对行为与健康和疾病的关系有颇多认识，留下了不少精辟的论述。春秋时子产指出："疾病是出入饮食哀乐之事也，山川星辰之神又何与焉？"明确地把疾病的发生及发展与个体自身的不良心理和行为联系起来，否定了众神鬼怪致病说等迷信思想。齐国的晏婴则强调疾病是"纵欲厌私"的结果。《左传》又如实详细记载了秦国医和为晋候诊病的一段议论："诸侯有疾⋯⋯秦伯使医和视之，曰：'疾不可为也，是谓近女室，疾如蛊，非鬼非食，惑以丧志'⋯。公曰：'女不可近乎'？对曰：'节之'"。表明人们对房事不节可能给健康带来消极影响已有较深刻的认识，主张有所节制。《吕氏春秋·尽数》从养生角度提出："凡食无强食味；无以烈味薰酒。""食能以时，身必无灾。"《吕氏春秋·重己》又以"流水不腐，户枢不蠹"为例，认为有所劳作是合乎卫生的摄生行为。上述论述说明，这一时期人们已较清晰地认识到心理及行为与健康及疾病的关系，这些认识不仅成了中医病因学发展史中的源头，而且也是中医心理行为医学思想之萌芽。

（二）《黄帝内经》已具雏形

尽管先秦时的典籍中已较多地涉及了心理、饮食劳倦等摄生行为对健康的影响，但这些论述是零星而散在的。秦汉之际对于这一问题的认识渐趋理论化和系统化，可以说已初具行为医学思想体系之雏形，其中尤以《黄帝内经》为代表。

《黄帝内经》一方面分别研讨了人的行为反应与脏腑气血的关系，不同区域、不同社会文化背景和阶层及不同年龄的人的行为差异等，对心理行为反应本身做了较多的阐述；另一方面又从理论高度对致病因素做了归纳，把它分成阴阳两类：生于阴者是指由于个体自身的不良摄养行为（饮食居处、阴阳喜怒）；生于阳者则是外界的种种气候或理化因素（风、雨、寒、暑等）；再者，还从防治学角度讨论了心理行为与健康、祛病愈疾及与延年益寿等的关系，《素问》中第一篇、第二篇（上古天真论、四气调神大论）等都集中体现了这一点。

《黄帝内经》有关行为医学的内容虽散见于《素问》《灵枢》两书的各篇中，但几乎对心理行为医学的方方面面皆做了深浅不一的讨论，不仅详细论述了心理行为与健康的关系，还论述了不同性格、不同气质、五脏、七情所表现出的不同的行为特点，并提出了心理行为病证诊断及治疗的原则和方法，为后世行为疗法的发展奠定了坚实的基础。

此外，略晚于《黄帝内经》的《诊籍》和《伤寒杂病论》等亦较多地涉及行为医学问题。淳于意在《诊籍》中收入的病案，在论述病因时大多与房事及饮酒等摄养行为不当挂上钩。张仲景则把房室之类纳入提出的可引起"千般疢难"中的"三因"之中，在阐发五劳虚极时，把食伤、忧伤、饮伤、房室伤、饥伤、劳伤等行为损伤皆列作最主要的病因。这些论述密切结合了临床。因此，行为医学的思想体系在秦汉之际已具雏形。

（三）唐宋之后渐成体系

秦汉以后，人们对心理行为与健康和疾病关系的认识得到了进一步的发展。巢元方在我国第一部病因病机和症候学专著《诸病源候论》中，按《难经》的归类法，把病因归为5类，一类是饮食劳逸等行为因素。他认为，许多疾病，如消渴、骨蒸、疸、淋、痢、疝、饮、癫等的发生，主要就是饮食乖度、房事不节、操持劳役或过于安逸等行为习惯不良。葛洪在《抱朴子》中指出："才所不逮而强思之，伤也；力所不胜而强举之，伤也；深尤重恚，伤也；悲哀憔悴，伤也；喜乐过度，伤也；挽弓引弩，伤也；沉醉呕吐，伤也；饱食即卧，伤也；跳足喘乏，伤也；欢呼哭泣，伤也；阴阳不交，伤也；积伤至劳，尽则早亡。"指出各种形式的不良行为都有可能伤及机体，引发疾病。而这类损伤日积月累，每每迁延以成劳损，导致夭折。

隋唐以后，关于心理行为与健康关系的认识不断深化。如杨上善强调"饮食男女，节之以限"。孙思邈在《千金要方》中更力诫人们："莫强食，莫强酒，莫强举重，莫忧思，莫大怒，莫悲伤，莫大惧，莫跳踉，莫多言，莫大笑，勿汲汲于所欲，勿怀忿恨，皆损寿命。"这些论述从养生预防学角度来看，意义突出。

入宋以后，这一领域的发展表现为以下两个方面：一是陈无择在《三因极一病证方论》中提出了关于病因的"三因学说"，此学说一直被遵奉至今。其曰病有内、外、不内外三因，"外曰寒热风湿，内曰喜怒忧思，不内外曰劳逸作强"，如"饮食饥饱，叫呼伤气，尽神度量，疲极筋力，阴阳违逆"等有悖常理的所作所为及一些意外损伤等，亦悉纳入不内外因之中。尽管在病因的具体归属上后世医家与陈氏的观点不尽相同，但内因、外因、不内外因的基本概念和确认行为是主要的一大致病因素，这却是中医病因学说的核心内容。就这样，在病因学方面，心理行为医学思想已系统化、理论化。它长期以来一直有效地指导着医学实践。

结合具体病症对各种不良致病行为做出理论分析，研讨其致病特点，并采取针对性的诊治和防范手段是这一时期中医心理行为医学思想发展的又一特点。其中如李杲致力于内伤研究，着重从饮食失节、精神刺激和劳逸失度等不良行为出发，深究了内伤病症的病理症候特点，提出了著名的"脾胃论"。其门人罗天益则继承其衣钵，在《卫生宝鉴》中具体而全面地分析了食伤、忧伤等致病特点及防治关键。

朱丹溪著有《饮食箴》《色欲箴》等,把这些不良行为与湿热滋孽、相火亢炽、阴虚火旺等病理机制联系起来,提出了"相火论""阴不足阳有余"等著名理论。此外,他专门论述了幼儿和老年人及乳妇的饮食偏嗜问题,主张"茹淡"。张子和与朱丹溪还分别抨击了嗜补和喜辛温之弊,并提出相应的对策。

刘河间在论及中风时着重强调"将息失宜"导致心火暴盛的危害。张子和对"贵流不贵滞"的生理特性阐发,对认识某些不良行为的致病机制亦颇有帮助,其在著作《儒门事亲》中更是详细记载了十几例采用"行为疗法"治疗疾病的案例,可以说是较早的系统运用中医行为疗法的古代医家。

这些论述既结合具体病症和具体行为类型,又有相当的理论深度,且大多同时指出积极防治或改进措施,无疑大大充实和丰富了原有的行为医学内容,且理论性、实用性和针对性都有很明显的进展。综合这几大方面的进展,可以说,行为医学的发展进入了一个新的时期。

(四)明清时期不断深化

相对来说,明清时期这一领域的进展只是对前一时期认识的进一步深化并付诸实践。其中有几个比较鲜明的特点。第一个特点是人们就有关问题进行了较为专一的分别研讨。如陆懋修著有《逸病论》,专门阐发过于安逸的致病特点及防治对策;张履和撰《七情管见录》,细究七情与健康和疾病的关系;李中梓则有《不失人情论》,着重分析医患双方心理行为对疾病诊治及疗效的重大影响,他的《医宗必读—富贵贫贱治病有别论》又较深刻地论及了社会政治和经济地位与个体心理行为反应的内在联系,以及这些差异在疾病诊治中的意义。这些研讨都深化了人们的认识。

第二个特点是许多医家探讨行为与疾病关系时把关注的重点放在虚劳等慢性内伤病症上,在分析虚劳等病症时也主要归之为不良行为反应。绮石在《理虚元鉴》中论述虚证的病因,着重强调后天之因及境遇之因,包括酒色、劳倦、七情、饮食等,这些皆属摄养行为范畴。即使提及先天之因,亦有缘于父母摄养不当,"受气之初,父母或年已衰老,或乘劳入房,或病后入房,或妊娠失调,或色欲过度"。强调调理虚劳的关键在于行为调养,并具体提出了六节、八防、二护、三候、二守和三禁等有关措施。这些大多有着实际运用价值。此外,诸如吴澄、叶桂等这一时期的著名医家,在这方面都有丰富的论述和经验。

第三个重要特点是注重嗜烟之类新的不良行为的危害。明代万历年间,烟草自闽广传入,很快遍及内地,成为健康的新的威胁因素。目睹这一现状,医家纷纷抨击之。明清时期行为医学领域的这些进展进一步加强了它在解决临床诊治问题时的实际意义和应用价值,给中医行为医学注入了新的生命力。

由此可见,中医心理行为医学有着源远流长的演变经历,丰富多彩的实质内容,且颇成体系,对其进行系统的发掘、整理和提炼,融汇现代行为医学研究成果,有利于推动现代行为医学的有效发展。

二、行为疗法在西方的发展

在西方,从古希腊先哲到近代的一些著名学者,也同样关注行为问题,并有着某些深刻的认识。19世纪以前，对于人类行为的研究几乎完全是神学家和哲学家的事，由于神学和宗教的无上权威，阻碍了科学与医学的进步，把精神病患者当作魔鬼附体，而采用锁绑、吊打、烧灼等摧残肉体的方法来驱魔，阻碍了心理治疗方法的应用。直到1792年，在法国精神病学家比奈的倡导下，去掉疯人院中精神病患者的铁链与枷锁，用人道主义的方法对待精神病患者，心理治疗又重新得到发展。

19世纪，达尔文的进化论为了解动物行为进化和发展以及人类行为的发生和发展提供了理论基础。生物科学（包括神经科学、生物化学等学科）的发展为理解人类行为的生理机制（特别是脑机制）提供了丰富的资料。1832年，费希纳讨论了心身一致性的问题，其后洛采撰写了第一部医学心理学专著——《医学心理学或心灵生理学》。1862年，冯特开设了"自然科学的心理学"课程，并在该年第一次提出"实验心理学"一词。1879年，冯特在德国莱锡大学创立了世界上第一个专门研究心理学的实验室，这被认为是心理学成为一门独立学科的标志。1874年，其编写的《生理心理学原理》出版，这是心理学史上第一本专门以心理学为内容的教材，为以后的医学心理学和行为医学开辟了道路，它使得心理学摆脱了神学的束缚，从哲学中脱胎而出，成为一门科学。弗洛伊德等对18世纪末开始流行的催眠术做了研究，并把它当作治疗精神病的主要手段之一。弗洛伊德在此基础上创立了心理分析疗法，推动了心理治疗的发展。他所建立的一整套心理治疗的理论和方法成为心理治疗发展史上的一个里程碑。心理分析疗法成为20世纪前半叶占主导地位的心理疗法，为精神科医师们广泛使用，心理治疗遂成为主要应用于精神科的一种专门技艺，出现了众多心理学派，如格式塔心理学派、动力心理学派、行为主义心理学派、心理生理学派等。

20世纪初，以华生等为代表的心理学家接受巴甫洛夫条件反射理论，认为潜意识的矛盾冲突不适合科学研究，他们主张采用客观观察法、语言报告法、测验法和条件反射法，以行为作为观察指标，强调行为的决定因素来自外部刺激而不是来自内部，即认为行为是学习的结果。其后，美国实验心理学家斯金纳提出有两种不同的行为模式，即应答性行为和操作性行为，这两种行为都是由条件作用形成的，他提出了操作行为主义理论。1925年坎农首先提出应激的概念，通过动物实验，证明不良刺激频繁出现就可能导致生理功能紊乱。加拿大的塞里于1940年完善了应激理论，他指出外界的不良刺激，不论其性质如何，机体总会出现大致相同的反应，即交感神经-肾上腺髓质系统功能增强和肾上腺皮质系统的变化起着关键作用，应激反应大致分为警觉期、抵抗期和衰竭期3个阶段。班杜拉提出了社会学习理论，他把人的学习行为分为由后果引起的学习和通过示范引起的学习两类。他强调观察学习，重视自我调节的作用，人类行为是受来自外界和自我引发的各种信息进行整合的认知过程调节。

到20世纪70年代初，"行为医学"一词出现。当时，美国国立健康研究院的心肺血管研究所首先对行为医学的研究和培训提供资助，并开展了一些行为医学方面的研究。其中一位名为比尔克的生物反馈学家应用生物反馈技术对哮喘、癫痫、紧张性头痛、雷诺病等进行治疗，获得了良好疗效，从而真正拉开了行为疗法单独运用的序幕，他大胆地指出："行为医学、生物反馈目前虽然处于婴儿阶段，但事实上代表了临床医学和精神医学的发展方向"。行为学派的心理治疗理论得到迅速发展，尤其是20世纪60—70年代在美国产生的认知疗法，以改变认知为目标，使心理治疗的病种更为广泛，并因具有较理想的效果而成为广为采用的治疗方法。

通过观察客观行为来研究主观经验，把心理因素、外界环境和人类行为紧密结合起来，以探求人类行为活动的机制和规律，已经成为学术界广泛的共识，成为行为科学兴起的重要支撑力量。行为医学是行为科学的一个分支，从它20世纪70年代诞生以来，其重要性正日益显示出来。行为医学强调情绪因素、认知因素以及外界环境因素对行为的重大影响，行为因素与这些因素交互作用，对于认识和治疗疾病、建立和发展个体和群体的健康行为具有重要的作用。

第二节　认知疗法理论与基本内容

一、认知行为及认知疗法概述

人类的认知过程即是人类对外在客观事物的认识过程，它始于感觉，分门别类的感觉信息进入中枢系统，中枢系统对感觉信息进行加工，由此形成对外在事物的判断。认知行为（cognitive behavioral）是指一个人通过对一件事或某对象的认知和看法、对自己的看法、对人的想法、对环境的认识和对事的见解等表现出来的相应行为模式。

认知疗法（cognitive therapy）也称为认知行为疗法（cognitive behavior therapy，CBT），是一类心理治疗方法的总称，现在多归于行为矫正疗法，又称条件反射疗法，是在人本主义心理学、认知心理学对心理治疗领域的影响下，将心理学中有关学习的理论用于解决情绪、认知和行为的障碍，提高和改善其功能水平的技术。

认知疗法的理论依据是人在各种生活情景中的认知、情绪、生理及行为反应是统一的整体，是对内外环境各种信息输入、处理和输出的连续过程，人们用以解释、预测情景是否不可克服的危机和挑战，是决定能不能有效应对现实情景，会不会触发消极情绪、生理和行为反应，导致适应不良后果的关键。因此，治疗的目标是改变患者的认知歪曲和错误，促进认知重建，消除各种情绪、行为和生理功能的障碍。

二、认知疗法的理论形成与发展

20世纪60—70年代，随着心理治疗领域中占主导地位的精神分析疗法与行为主义疗法缺点的日益暴露，认知疗法随着认知科学的发展在美国心理治疗领域发展起来。认知疗法主要有贝克（Beck）认知疗法、艾利斯（Ellis）的理性情绪疗法、迈切鲍姆（Meichenbaum）的认知行为矫正和拉扎勒斯（Lazarus）的情绪想象、多样式疗法等。认知疗法已成为当代盛行的心理治疗体系之一。由于它们都强调认知因素在各种情绪和行为障碍中的关键作用，可以合并称为认知疗法。

作为一种新的心理治疗理论和技术，认知疗法与精神分析疗法和行为主义疗法相比，具有理论明确、概念框架比较清晰、疗程短、可操作性强、反复性小等优点。

认知疗法是行为主义治疗家在治疗中面对现实深刻反思的产物，它注意到思维或认识在个体做出正常或异常的反应中起着关键性作用。故此法与其他行为矫正疗法有着明显的区别，它强调治疗者应该帮助患者解除他们歪曲的假想，摒弃错误的认识，并学会用更现实的方法去进行思维。借此可以对他们不良的行为反应做出矫治。

认知疗法由行为疗法和认知疗法整合而成，经过了半个多世纪的发展，认知疗法从发源地美国迅速向世界各地扩散，被广泛应用于精神障碍的临床治疗中，并因其显著的治疗效果得到人们的广泛接受，成为非常有影响力的主流治疗流派。

三、认知疗法的内容和方法

认知疗法的核心理念在于它把精神障碍看成由于个体认知出现问题而导致的扭曲的认知结果：认知对情绪和行为有控制性的影响力；行为反过来又强烈地影响着认知和情绪。因此，认知疗法更加重视应激与行为之间的中介变量，并将认知视为这一中介变量，分析、探究与重塑认知框架是治疗得以实现的关键环节。这与行为主义治疗从外向内推进的思路完全相反，后者侧重于对精神障碍患者的外显行为进行分析与调控，以此来影响患者的认知框架。

认知疗法适应证包括抑郁症（尤其是单相抑郁症）、焦虑症、社交恐怖症、疑病症、自杀行为、攻击行为、偏头痛、慢性疼痛、神经性厌食症、性功能障碍、酒瘾以及某些特殊场合（如考试）的紧张状态。认知疗法对领悟能力低的人，如弱智者、重型精神病患者、年幼和年老者均不合适，这类疗法可以个别形式进行，也可以集体形式进行。

目前临床运用的认知行为疗法主要分为以下 3 个步骤：①找出与不良行为有关的错误认知。②寻找证据论证这一认知的错误，如采用举例的方法。③分析错误的认知根源，重建新的正确认知。一般认知疗法的疗程约 12 周，会谈约 15 次，每次交谈一般为 30~40 分钟，整个疗程分初期、中期及后期 3 个阶段。其中最著名的是理性情绪疗法。

（一）理性情绪疗法

理性情绪疗法是美国人艾利斯在 20 世纪 50 年代创立的一种心理疗法。艾利斯认为人既是理性的，同时又是非理性的，人的情绪或心理的困扰大部分来自不合逻辑或不合理性的思考，如果一个人学会并扩大利用理性思考，减少非理性思考，大部分的情绪或心理困扰就可以解除。

1. **理论基础** 理性情绪疗法的理论基础是激发性事件 A 并不直接引起情绪或行为的后果 C，而是对于这些事件的信念 B，尤其是非理性信念才是情感和行动的最重要原因，才导致功能不良外显行为和情绪反应。只要在个人环境中不能发现经验支持，只要不促进生存和愉快，这样的信念就是非理性的。

非理性信念有 3 种基本形式。①自我完美信念："我必须干得非常好并赢得赞同，否则我就是个糟糕的人"。②公平世界信念："别人必须按我希望的方式很体贴、很和气地对待我，否则这个世界就应该为这些不好的对待受到谴责、诅咒和惩罚"。③自我中心信念："我的生活环境必须安排得如我所愿的舒服、快捷和方便，毫无烦心之处"。

常见的非理性思维有 3 种。①恐怖化：即少见的情境是可怕的、无法处理的；②自慰化：即相信那些不幸的情境不应该或不必存在，希望的情境必须存在；③自我评价过严：即过分的自我批评，用自尊取代自我接纳。

2. **治疗技术** 理性情绪疗法的基本治疗目标：①说服患者对问题做理性分析是有益的；②识别藏在目前痛苦背后最重要的非理性信念；③向患者揭示如何质疑这些非理性信念；④把这种质疑的学习推广到未来的自我治疗，自己质疑有关新问题的非理性信念。

理性情绪疗法一般可分为4个阶段。

（1）心理诊断阶段：确认问题所属性质以及患者的情绪反应，制订治疗所要达到的情绪及行为目标。

（2）领悟阶段：让患者认识自己不适当的或症状性的情绪和行为表现，认识这些症状是由自己造成的，寻找并认识这些症状的渊源，找出造成这些症状的不合理信念。

（3）疏通阶段：这是理性情绪疗法的主要阶段。主要是通过与患者争辩，使其放弃导致症状的不合理信念，调整认知结构。

（4）再教育阶段：探查是否存在其他的不合理信念，强化合理的思维方式，使合理的思维方式成为习惯。

理性情绪疗法的治疗技术：①认知的方法（与不合理信念辩论、认知作业）；②情绪的方法（合理情绪想象练习、瓦解羞愧的练习、学会对自己无条件的接纳、角色扮演）；③行为的方法（以布置行为家庭作业的方式完成）。

由于直接对质的方式会引起许多患者的抵抗，并可能中断治疗，有人提出了类似系统脱敏疗法的适当减低对质的系统理性重建法，此法首先建立一个令人痛苦情境的等级表，然后从容易的情境开始，逐步推进到最困难的情境，教导患者运用理性的自我对话，鼓励考虑各种替代解释，改变对于情境的非理性信念。

（二）贝克认知疗法

1. **理论基础** 本疗法强调心理问题与情绪相联系的异常认知因素，这些因素包括异常认知的活动、过程和结构3个水平。

（1）消极的自我意识：这是一种似乎不随意、不容易消除的思维和想象，例如抑郁者的自我意识是集中在自我、环境和未来的3个丧失主题上，把自己视为缺乏获得满足的必要品质的丧失者，把环境视为阻止自己获得满足的不可克服的障碍，把未来视为自己的处境毫无改进的希望，焦虑者的自动思想是集中在对危险刺激的选择性注意，并把危险和相关的感受视为难以克服的紧迫灾难。

（2）认知偏见：又称认知歪曲，是一种以系统和恒定的方式做出与通常接受的客观现实尺度相违的判断和结论。常见的认知偏见有：①选择性概括，即忽略其他证据，而以事件的某个孤立细节形成结论，如某人本来举行了一次公认成功的聚会，可是见到有一位客人面露不快，就断定聚会失败了。②过度引申，即以特殊事件为基础，所涉及的极端思想，并把这些想法运用到不同的背景。如某学生因为学习数学有了困难，就认定自己所有的课程都学不好。③两极思维，即以全或无而缺乏中间过渡的方式把人和体验归类为两种极端性质之一。如某人遇到一件顺心事就认为自己很可爱，遇到一件不顺心的事就认为自己完全不可爱，摇摆于两个极端之间。

（3）异常认知结构：这是控制事物解释的普遍和稳定的消极认知，类似理性情绪疗法的非理性信念，因为其常见表达方式是"如果，那么"，并常有"必须"的非理性指令，所以又称为功能不良假设。例如，"如果我要幸福，那么就必须什么事情都是成功的。""如果我要安全，那么就必须预测和准备所有可能的危险。"这些信念和假设往往是人生早期学会的，并成为理解自己环境的深层思想原则。

2. **治疗技术** 对这些常见的认知歪曲的矫正，贝克认为有5种基本的技术和方法：①识别自动性思维；②识别认知错误；③真实性检验；④去中心化；⑤监测紧张和焦虑水平。

现以识别不合理的自动性思维为例。自动性思维是介于外部事件与个体对事件的不良情绪反应之间的那些思维，这种思维已构成固定型的自动化的思维方式，大多数患者并不能意识到在不愉快情绪之前会存在这些不合理的思维。例如一个学生考试不及格，他就可能认为是自己笨，老师总跟他过不去，于是变得灰心丧气，这种情绪与他对自己的行为归因有关，所以治疗过程首先要使咨询者学会识别这些不合理的自动性思维，一般通过指导咨询者完成自动性思维记录表（日记），以及在医师的提问、指导咨询者想象或角色扮演等过程中，帮助其学会识别这些自动性思维。

第三节 行为疗法理论与基本内容

一、行为疗法概述

（一）概念

行为疗法（behavior therapy）是指以经典条件反射学说和操作条件反射学说为理论基础，以经典的或操作的条件反射（学习）为主要形式来强化健康的正常行为，纠正或消除病态的、不良的行为的方法，又被称为条件反射疗法，是基于实验心理学的研究成果，用新的训练和应对方法来帮助患者改变和替代旧的病态行为，达到治疗目的，重建健康行为的一门医学技术。

与传统的心理治疗相比，它具有更高的科学性和系统性，可以进行客观的科学检验、演示和量化，即使重复试验，也可得出同样可靠的结果；有一整套定型化的治疗形式，有坚实的理论根据和大量的实验证明，所以临床效果更为显著和稳定。行为疗法理论认为，人的行为不管是功能性的还是非功能性的、正常的或病态的，都经学习而获得，而且也能通过学习而更改、增加或消除。学习的原则就是受奖赏的、获得令人满意结果的行为，容易学会并且能维持下来；相反，受处罚的、获得令人不悦结果的行为就不容易学会或很难维持下来。因此，如果掌握了操作这些奖赏或处罚的条件，就可控制行为的增减或改变其方向。

（二）行为疗法的特点

1. 治疗只能针对当前咨询者有关的问题而进行，至于揭示问题的历史根源、自知力或领悟，通常认为是无关紧要的。
2. 治疗以特殊的行为为目标，这种行为可以是外显的，也可以是内在的。那些要改变的行为常被看作心理症状的表现。
3. 治疗的技术通常都是从实验中发展而来，即是以实验为基础的。
4. 对于每个求治者，施治者根据其问题和本人的有关情况，采用适当的行为疗法。
5. 行为疗法的实施首先要建立在良好的医患关系基础上；其次应通过选择，明确认定想更改、除去或养成的行为，如社交恐怖症、广场恐怖症、焦虑症等；再次就其治疗目标的行为性质，选择一套可描述的事先拟定的治疗策略与方法进行治疗。行为疗法不关心所谓"潜意识"或"内在精神的症结"，也不管病情发生的动态和因果关系，而是把着眼点放在当前可观察的非适应性行为上。行为疗法相信只要"行为"改变，所谓"态度"及"情感"也就会相应改变。与其他流派的治疗方法相比，行为疗法对治疗过程关心得较少，而更关心设立特定的治疗目标。而特定的治疗目标又是施治者通过对求治者的行为的观察，对其行为进行功能分析后帮助求治者制订的。因此治疗目标一经确定，新的以条件作用为前提的学习过程就可以开始进行了。

（三）行为疗法的适应证

1. 各种神经症，如恐怖症、强迫症、焦虑症、癔症、抑郁症等；
2. 职业性肌肉痉挛、抽动障碍、口吃、咬手指（甲）、遗尿症、暴露发作等；
3. 肥胖症、神经性厌食症、慢性便秘、烟和酒及药物成瘾等；
4. 阳痿、早泄、阴道痉挛与性乐缺乏、手淫等；
5. 恋物癖、窥阴癖、露阴癖、异装癖、同性恋等；
6. 考试综合征、学习障碍、电视迷综合征、电子游艺综合征、办公室心理压迫综合征、创伤后压力症等；
7. 高血压、心律失常、肿瘤等心身疾病。

二、行为疗法的内容和方法

（一）外显异常行为矫正

外显异常行为矫正包括应答性行为疗法、操作性行为疗法、认知行为疗法等。

1. **应答性行为疗法** 是根据巴甫洛夫的条件反射原理建立一个对抗的条件作用或去条件作用，把由于应答性条件反射机制所形成的异常条件反射（即病理症状）消除掉，并建立一个新的正常的条件反射，具体疗法有系统脱敏疗法、冲击疗法、厌恶疗法等。

2. **操作性行为疗法** 是根据斯金纳的操作性条件反射机制，用奖励的方法强化所期望的行为，用惩罚的方法消除不需要的行为而达到治疗的目的。常用的疗法有标记奖励法、塑造法、消退法、替代性学习疗法。对慢性衰退的精神病患者、智力落后和肢体残疾儿童、行为障碍儿童，常用标记奖励法建立新的良好行为并取得较好效果；塑造法是用奖励的方法在患者身上塑造一种所要求的行为；消退法是指当患者一出现不良行为时，则停止奖励或不予理睬，待其停止任性行为，再与之对话并给予奖励强化其正常行为；替代性学习疗法是让患者学习所示范的方法以替代旧的行为。

3. **认知行为疗法** 是在行为疗法的内容中加入认知的因素，认为患者的病态行为是由于不正确的认知和评价所致，所以要改变患者因此而产生的错误信念和情绪，才能纠正其异常行为。

（二）内部自我调整疗法

其重点是放在调整身体内部各器官和系统的功能，这些功能都是受自主神经系统所支配的，因此不像躯体骨骼肌那样可以受人的意识控制，随意改变其活动水平。但是经过自我调整，这些看起来不能随意控制的内脏器官"行为"也会像骨骼肌那样受控于人的意识。这方面的疗法可分为放松疗法和生物反馈疗法两种类型。

1. **放松疗法** 是通过自我意识的调整达到全身骨骼肌、平滑肌和腺体活动的"放松"。放松疗法种类很多，有的主要靠意念，有的还加上调节呼吸和身体姿势来促使自己进入松弛状态，其中静默法是使自己静坐、闭眼，凝神于某种形象物体或某种意境，排除一切杂念而使情绪宁静下来。放松疗法的适应证是高血压、溃疡病、支气管哮喘等心身疾病和焦虑症、恐怖症等神经症。

2. **生物反馈疗法** 是在放松疗法的基础上借助现代化电子仪器将体内不易感觉到的生理活动信息（如血压升降、心率快慢等）显示出来，让患者根据这一信息学习，使生理活动朝着要求的方向变化。

第四节 常用行为疗法

一、生物反馈疗法

（一）概念

生物反馈疗法（biofeedback therapy）是利用生物反馈技术，训练人们按照体内某些生物学信息，调整与这些信息有关的某些器官或系统的病理性活动，达到治疗目的。

现代生物反馈训练是利用电子仪器把人们在一般情况下不能意识到的生理功能，如血压、心搏、脑电波活动等，经过探查、放大，再通过记录和显示系统，将这些信息转变为信号，使患者能看到、听到或感到这些反应。如此反复训练，患者就能把自己上述感觉与躯体功能联系起来，从而学会在一定程度上调节这些功能，以达到控制病理过程、促进功能恢复的治疗目的。生物反馈的临床应用有以下方面。

1. **肌电反馈** 将肌电活动放大，将信号以视、听方式加以显示，使被试直接感受自身的肌肉活动，因为肌电微电压高低与肌肉收缩强弱成正比，故可用来测量肌肉紧张度。电极多置于额肌、斜方肌、前臂肌、腕、踝等部位。临床上，肌电反馈主要用于神经肌肉功能重建和全身松弛疗法，对恐怖症、哮喘、发育不良、卒中后遗症、斜颈等均有治疗价值。

2. **皮温反馈** 由于皮肤温度与血液容量变化一致，血流又取决于受交感神经支配的血管平滑肌所调节的周围血管舒缩功能，所以皮肤温度是反映自主神经功能的一个窗口，血管舒缩功能可以进行反馈训练。皮温反馈可应用于偏头痛、哮喘、高血压等。

3. **皮电反馈** 皮肤电阻可作为反映人体内部状态的指标。交感神经兴奋时，汗腺分泌增强，导电水平升高。因此，皮肤电反应与情绪激动有密切关系，焦虑、应激反应可有皮肤电反应改变，故皮电反馈可用于减轻某种原因所致的强烈情绪反应，如治疗恐怖症或焦虑症，也可用于治疗高血压、哮喘、多汗症。

4. **心率和血压反馈** 心电图记录可通过直接反馈治疗心律失常，目前已应用于治疗室性期前收缩、心房颤动等。训练时应选择住院患者，且应在心脏监护装置下进行。

血压反馈可用直接反馈或脉搏速率计，前者应用有许多不便，后者可测定心脏脉搏到上肢动脉的速率，脉搏速率越高，血压也越高，以此治疗高血压或低血压均显示出一定的效果。

（二）实施方法

1. 生物反馈训练是一种操作学习过程。实施前应根据患者的具体情况提出明确的目标和相应的训练方法，选择合适的生物反馈仪（如肌电、脑电、心电、皮肤电、心率、血压、血管容积、皮肤温度、胃肠等生物反馈仪），并向患者做必要的解释。

2. 对患者在安静状态下（尚未接受放松训练）的生理状况进行全面检查，采集其基线数值。

3. 进行放松训练。医师先给予一定的指导语，引导患者按身体各部位依次放松，随时观察仪器所测参数的变化，并做出详细记录。

4. 帮助患者分析及评定病情及参数变化，促使患者对自身内部信息的觉察、把握，从而增加对紧张和放松的自我感受，加速自我控制能力的学习。

（三）适应证

生物反馈疗法已在许多疾病的治疗中取得疗效，包括高血压、心律失常、哮喘、糖尿病、消化性溃疡、结肠过敏、大便失禁、反流性食管炎、癫痫、紧张性和血管性头痛、腰背痛、妇科和产科某些病症、自主神经系统功能障碍和周围血管运动障碍、注意缺陷多动障碍以及脑卒中等。

二、系统脱敏疗法

（一）概念

系统脱敏疗法（systematic desensitization）又称为交互抑制法，是将致病因素逐渐、缓慢、系统、反复地暴露给患者，使其逐渐适应，最后达到治愈的目的。具体做法是将致病因素由弱到强、由远及近、由短暂到长时间，系统、反复地与患者接触，最后消除病态反应。

（二）实施方法

1. **制订焦虑等级**　将患者的焦虑从可以引起最轻微的焦虑到引起最强烈的恐惧情景按层次顺序进行排列，然后制成模拟情景（如幻灯片、照片、拟声等），在治疗过程中按顺序向患者先后显示模拟情景。

2. **放松训练**　对患者进行放松训练，使其学会保持轻松。

3. **实施方法**　每一个模拟情景都应较长时间出现，直至患者全身肌肉处于松弛状态后，再按顺序出现下一个模拟情景。如某一个段落模拟情景出现时，患者突然感到焦虑、恐慌，肌肉紧张，则应退回到上一个模拟情景段落，重新进行肌肉放松。确信这一段落已无焦虑，再重现下一段落，依次反复，直到患者经过全部模拟情景不再出现焦虑，肌肉处于松弛状态，即可以从模拟情景向现实情景中转移。一般来说，模拟情景中能够做到全身处于松弛状态，不再出现焦虑情绪，则绝大多数患者也能成功地在现实情景中做到，治疗即告完成。

也可用想象法进行系统脱敏。即让患者记住焦虑层次，或由治疗者按顺序下指令，让患者按指令想象这一焦虑情景，如果在想象时肌肉保持松弛，未曾引起焦虑，则让患者进行高一层次的焦虑情景的想象。

（三）适应证

系统脱敏疗法是行为疗法中研究和应用最多的方法之一，主要适用于恐怖症、强迫症、焦虑症、癔症、性（放纵）亢奋、抑郁症、躁狂症等，也可用于纠正不良的攻击行为。

三、放松训练

（一）概念

放松训练（relaxation training）又称为放松疗法（relaxation therapy），是按一定的练习程序，学习有意识地控制或调节自身的心理及生理活动，以达到降低机体唤醒水平，调整那些因紧张刺激而紊乱了的功能。其理论基础为交互抑制，即焦虑与肌肉放松不能同时存在于个体身上。通过放松肌肉，可达到消除焦虑的目的。

（二）实施方法

放松训练有多种不同的方法，如雅各布森放松疗法、本森放松疗法等，本章介绍本森放松疗法。

1. 患者静静地坐在一个舒适的位置，闭眼。
2. 放松全身肌肉，从足开始渐进性放松至面部，保持它们的深度松弛。
3. 通过鼻呼吸，在每次呼气时，默诵一个单音节的词，如"love"或"1"，并作为压倒意念，不断重复默诵。默诵20分钟左右后睁开眼睛，校正一下时间，但不能用闹钟唤醒。
4. 不要为不能成功地完成一次深度的松弛而烦恼，要让松弛自然到来。当思绪纷乱时，不要理睬它们，不要驻足在这些方面，而是重复地默诵，用不了多久，松弛自然会到来。
5. 当整个训练结束时，可先闭目静坐几分钟，然后才睁眼，缓慢地站起。

放松训练强调持之以恒，只有持续一段时间，才能获得满意疗效。要反复练习，最终要求患者能在日常生活环境中随意放松，达到运用自如的程度。一般每次20~30分钟，每日或隔日1次，一般6~8次。但注意不要在饭后2小时以内进行，以避免消化过程对松弛反应的干扰。除上述放松训练方法以外，还可采取按摩、经络疏导的方式或配合音乐疗法（多选择舒缓的音乐）让患者进入松弛状态。

（三）适应证

放松训练主要适用于强迫症，也可用于抑郁症、焦虑症、求医癖等。

四、暗示疗法

（一）概念

暗示疗法（suggestion therapy）是指医师采用语言、表情、仪态、动作或其他方式，有意表达一种正面暗示信息，使患者在无意中接收这种信息，获得某些积极暗示，从而不加主观意志地接受医师的某种观点、信念、态度或指令，解除心理上的负担和压力，改变认识或情感，达到纠正不良行为或强化某种疗法疗效的目的。

暗示疗法是一种具有悠久历史的心理治疗方法，古代中医多有运用，取得良好疗效。如金·张从正《儒门事亲》载：庄先生治某喜乐之极而病者。切其脉，为之失声，佯曰："我取药去"。数日更不来。病者悲泣，辞其亲友曰：吾不见矣，医已不救。庄知其将愈，慰之，遂愈。此案治疗中，为之失声，佯取药而不复来，都是给患者以暗示，以激起其恐惧不安的情感，从而抑制、消除过于喜乐所导致的病态。

暗示疗法在西方也是一种被较早运用的行为疗法。1775 年，麦斯麦在维也纳首次表演催眠术，从而引起学术界对暗示作用的研究。夏科、巴甫洛夫、弗洛伊德等对暗示现象都有许多精辟的论述。巴甫洛夫说过："暗示乃是人类最简单、最典型的条件反射"。在第一次世界大战期间，英国前线战场上流行着一种因受炸弹爆炸的震惊而患的心理恐惧症——"弹症病"，严重者四肢瘫痪。此病无药可治，蔓延较快，令英国当局头痛。这时，麦独孤参加了战时治疗，他发现这是一种"心病"，于是凭借以往的社会声望成功地进行了暗示疗法。他用笔在下肢失去知觉的士兵膝盖以下若干寸的地方画了一圈，然后以毋庸置疑的口吻告诉士兵，明天画圈以下部位一定会恢复正常。第二天，这个士兵果然恢复了知觉。这样日复一日地提高画圈的位置，直到士兵痊愈。

（二）实施方法

暗示疗法的治疗效果往往取决于患者的易感性和对暗示的顺从性，患者对医师的信任是暗示治疗的基础。

暗示疗法方法有很多，临床上常用的有语言暗示、权威暗示、气功锻炼中的意念导引、存想默念、情境渲染暗示以及药物、手术、针灸治疗等。暗示疗法包括直接暗示疗法和间接暗示疗法。

1. 直接暗示疗法 是指让患者静坐在舒适、安静的椅子上，医师以技巧性的语言或表情给予患者以诱导和暗示，使者接受暗示，从而改变原有的病态感觉和不良态度，达到治疗目的。

2. 间接暗示疗法 是借助于某种辅助手段刺激或仪器检查的配合，用语言强化来进行的暗示治疗。临床上可通过对患者的躯体检查操作，或使用某一仪器或注射某些药物，以及使患者处在某些特定的环境中，再结合医师的言语、态度进行暗示，从而使暗示效果更显著。

具体操作方法有：

（1）在治疗癔症性瘫痪时，医师可用电刺激患者肌肉，同时以均匀、有力的语调，用预先备好的暗示语句，如："你的肢体已通电，神经电流已逐渐畅通，肌肉开始逐渐有力"等，对患者进行积极的暗示，从而取得良好的治疗效果。

（2）给患者服用一些无副作用的"安慰剂"或安全的诱导剂，如常用治疗癔症的暗示疗法为"乙醚诱导疗法"：以乙醚 0.5 ml 静脉注射，并配合语言暗示，告之嗅到某种特殊气味后癔症便会发作，然后任其发作（发作得越彻底越好），待其发作高峰期过去，以适量蒸馏水皮内注射或者 10 ml 10%葡萄糖酸钙溶液静脉注射，并配合语言暗示，称病已发作完毕，此针注射后疾病便可根除了。

（3）此外，也有人运用催眠疗法进行暗示，即在催眠疗法师的暗示引导下，患者在恍惚状态时许多无意识中的记忆便会浮现脑海，从中引出心灵中压抑的困扰，找出心理症结，分析其致病根源，相互交流，使患者激发想象，接受其他的联想形式和心理加工方式而接近问题解决，改变生理过程，改变感觉和时间观念，自己寻找解决问题的方法，以催眠疗法来对抗恐惧、焦虑等反应，保持肌肉松弛，常用于恐惧症的暗示治疗。

（三）适应证

暗示疗法的适应证比较广泛，可应用于癔症、强迫症、焦虑症、恐怖症等神经症的治疗，也可用于治疗疼痛、高血压、心律失常、瘙痒、哮喘、肿瘤等心身疾病。对阳痿、性冷淡等性功能障碍，遗尿、口吃、厌食等行为习惯障碍等均有疗效。

五、冲击疗法

（一）概念

冲击疗法（flooding therapy，implosive therapy）又称满灌疗法，是鼓励患者接触引起他平素恐惧或焦虑的情境，一直坚持到紧张感消失。该疗法的产生是依据下述这一动物实验：将实验动物投入一个全封闭的实验环境中，并制造出恐怖性的声、光刺激，还不时予以电击。实验动物表现出惊恐万状、四处乱窜、想逃离现场。恐怖刺激持续不变，如果不给出路，它只能被迫待在实验环境中。一阵激烈的反应之后，实验动物逐渐变得安静一些了，不再战栗、哀鸣，也不再惊慌失措了。随着时间的推移，它甚至能席地而卧，从容行走。显然，动物由于适应了实验环境，其恐怖反应减轻甚至消失了。这一实验说明：要消除恐怖情绪，所谓松弛，甚至抑制似乎并不重要，只要让患者持久地暴露在导致恐怖的因素或情境面前，恐怖反应终究会自行耗尽。

该疗法与系统脱敏疗法正好相反：系统脱敏疗法是采用对抗条件作用，对同一可引起恐惧的刺激用新的反应（放松）来替代旧的反应（焦虑、紧张），恐惧刺激逐步升级，直到最后给予最强的恐惧刺激时患者仍然做出放松反应，从而达到治疗目的。这一缓慢的逐步消退让过程需要经过一定时间按部就班的训练，使患者逐渐适应引起恐惧的情境。而冲击疗法不需要经过任何放松训练，一开始就让患者进入最使他恐惧的情境中。

（二）实施方法

1. 在开始治疗之前，应先决定现实的治疗目标，并向患者认真介绍冲击疗法的原理和过程，告诉患者必须努力配合，尤其要如实向患者交代在治疗过程可能会出现一些不舒服的症状，必须承受一定的痛苦，但不会有任何危害，因此要求他不要有任何回避意向。只要在恐怖情境中坚持下去，焦虑等不适感就会减轻。

2. 在治疗之前需要进行必要的体格、理化检查及详细的精神状况检查，排除心脑血管疾病、内分泌疾病、癫痫等重大躯体疾病，排除重症精神病、妄想症。

3. 取得患者及家属同意，嘱其在治疗协议上签字。

4. 第一次暴露的项目应当是患者容易做成的，以利于帮助患者建立治疗信心。

5. 配合阳性强化鼓励，即在每次成功的暴露之后，通常应和患者进行讨论，把进步归功于患者的努力，对他的合作表示赞扬。随着暴露成功的次数增加，患者的自信心逐渐增强，对恐怖情境的应对能力也会不断提高，症状也日益减轻，直至完全消退。

一般情况下，每次治疗 30 ~ 60 分钟。治疗次数视情况而定，1 ~ 4 次不等，不宜过多。

（三）适应证

冲击疗法的优点是方法简单、疗程短、见效快；缺点是忽视了患者的心理承受能力，患者痛苦大，实施较难，因此不宜滥用。本疗法最适用于各型恐怖症及有特定情景的惊恐发作和强迫性动作。但实施前需结合患者的文化水平、接受暗示程度以及发病原因等多种因素评估是否适合运用。

六、厌恶疗法

（一）概念

厌恶疗法（aversion therapy）又称厌恶条件反射法，或称为"对抗性条件反射疗法"，它是应用惩罚的厌恶性刺激，将引起躯体痛苦反应的非条件刺激与形成不良行为的条件刺激相结合，使患者发生不良行为的同时感到躯体的痛苦反应，从而对不良行为产生厌恶，而使其逐渐消退的一种疗法。

厌恶疗法利用回避学习的原理，把令人厌恶的刺激，如电击、催吐、语言责备、想象等，与患者的不良行为相结合，形成一种新的条件反射，以对抗原有的不良行为，进而消除这种不良行为。厌恶疗法的特点是治疗期较短，效果较好。

具体地说，当患者的不适行为即将出现或正在出现时，附加一个令人不快的刺激，如催吐药、针刺或没有危险的电击，使患者产生厌恶的主观体验。经过反复实施，不适行为和厌恶体验就建立了条件联系，以后凡当患者欲施或实施这一不适行为时，便会产生主观的厌恶体验，为避免这种厌恶体验，患者会主动放弃或终止原有的不适行为。简言之，厌恶疗法的实质就是把某个行为或症状与不愉快的体验结合起来，利用痛苦的条件刺激来代替异常行为所伴随的快感。

一般来说，附加的不快刺激目的是引起患者对自身不良行为的厌恶，从而消除这一不良行为。但根据所选择的不快刺激来源，主要分为外源性不快刺激和内源性不快刺激。

1. **外源性不快刺激** 即由外界额外附加的不快刺激，如使用催吐药、针刺、一些可产生厌恶效果的音像资料、力量适度的鞭打或没有危险的电击。这类刺激容易获得，操作方便，但有时因较难把握运用尺度（如电击强度的把握），从而导致治疗失败或遗留后遗症。如每当患者酗酒时，便注射催吐药。此时，饮酒就往往伴有令人难受的呕吐，遂引起患者对酒的厌恶而达到戒酒的目的。又如某性恋物癖者为女性内裤所吸引，对这种患者，在呈现给他女性内裤的同时予以电击，使他对女性内裤产生厌恶、恐惧等痛苦的条件反射，从而治愈恋物癖。

2. **内源性不快刺激** 主要特点是教会患者利用他们自己的内部过程作为惩罚，以改变自身的不良行为，惩罚措施常是患者自我构思的窘境或苦恼情节。如针对神经性贪食症患者，治疗时就可以教会他这样去想：一旦他有念头想吃某物或大量进食时，就看到自己已经体态笨拙臃肿，无法正常生活了，由此抑制食欲；又如治疗某嗜烟者，教会他这样去想：烟瘾一上来，伸手到口袋里取烟时，便浮现晚期肺癌患者的惨景或一幅阴森森的骷髅像，从而毛骨悚然，自动放弃点火吸烟。这种方法对于烟酒癖习和某些性变态患者常较适宜，其特点是患者主动配合性强，可由患者自行把握，易在日常生活中自我运用。

（二）实施方法

1. **电击厌恶疗法** 是基于经典条件发射的一种惩罚性厌恶疗法，即将患者习惯性的不良行为反应与电击连在一起，一旦这一行为反应在想象中出现，就予以电击。电击强度应在安全保障的基础上，征得患者的同意。电击一次后休息几分钟，然后进行第二次。每次治疗时间为20～30分钟，反复电击多次。治疗次数可从每日6次到每2周1次。如酗酒的患者，当患者向杯中倒酒准备饮用时，便使其小指产生一个强烈的电抽搐，并且一直延续到他将酒倒掉为止。

2. **药物厌恶疗法** 是一种回避性厌恶疗法，即在患者出现贪恋的刺激时，让其服用催吐药，产生呕吐反应，从而使患者对不良行为产生回避，到逐渐消除不良行为。药物厌恶疗法多用于矫治与吃有关的行为障碍，如酗酒、饮食过度等，其缺点是耗时过长，且易弄脏环境。

3. **想象厌恶疗法** 即将医师口头描述的某些厌恶情境与患者想象中的刺激联系在一起，从而产生厌恶反应，以达到治疗目的。此法操作简便，适应证广，对各种行为障碍疗效较好。如饮酒时想象他酒醉后在大庭广众面前丑态百出的表演，对有一定文化素养并决心戒酒的人来说，采用厌恶想象疗法是非常有效的。

（三）注意事项

1. 厌恶疗法会给患者带来非常不愉快的体验，医师在决定采用此法之前，务必向患者解释清楚，在征得患者的同意后方可进行治疗。并且，医师一般应把厌恶疗法作为最后的一种选择。

2. 运用厌恶疗法进行治疗时，厌恶性刺激应该达到足够强度，通过刺激确定能使患者产生痛苦或厌恶反应，持续的时间为直到不良行为消失为止。

3. 在使用厌恶疗法的同时，应努力帮助患者建立辨别性条件反应，只有这样，才能在消除非适应性行为的同时建立适应性行为。

4. 要求患者要有信心，主动配合。当治疗有进步时，要及时鼓励，必要时最好取得其家人的配合，这样效果会更好。

5. 在治疗时，如果只注重应用厌恶疗法，单纯地纠治病态行为本身，而不注重提高患者的认识和调整引起其不良行为的环境，则不良行为很容易复萌。

6. 尤其需注意的是，厌恶疗法应该在严格控制下使用，因为目前尚有两个争议的问题：一是技术方面的问题。从学习理论可知，负性强化刺激是有危险的或有可能留下副作用。如有些窥阴癖患者，经电击厌恶治疗后遗留下阳痿。还有一些患者可因不愉快的刺激增加焦虑、紧张。因此，要采用电击作为不快刺激时，必须在专业环境下才能进行，而且事前需向患者清楚地讲解实施步骤、注意事项、可能后果等。二是伦理学问题。有人认为所谓附加一个不愉快的刺激实际就是一种惩罚手段，而以惩罚手段作为一种治疗方法有悖于医学宗旨。

（四）适应证

厌恶疗法主要用于强迫症、神经性贪食症、恋物癖、露阴癖、窥阴癖、同性恋、各种瘾癖（包括药物瘾癖、嗜烟、酗酒、嗜赌）、攻击行为等。此外，应用厌恶疗法还可矫正一些不良行为，如孩子提出无理要求，家长不同意则大哭大闹，根据这一原理则采取回避性强化——不予理睬，即大哭大闹与不予理睬反复结合，建立起条件反射，其不良的行为则可被矫正。

七、正性强化法

（一）概念

正性强化法（positive reinforcement）又称阳性强化法，是基于这样一条行为原则：一种行为得以持续，一定是在被它的结果所强化。因此，要保持某种行为，就得强化它的结果；要改变某种行为，就得改变它的结果。

常用的正性强化法是代币调节法和自我强化训练。

1. 代币调节法（token economics） 又称标记奖励法或奖券法，是用给一种代币或奖酬标记的办法鼓励人们做出所希望的行为，从而达到强化"合理"行为、抑制不合理行为的治疗措施。此疗法根据操作性条件反射原理，用奖励的方法强化所期望的行为。

代币调节法的具体运用是：

（1）规定好哪些行为是应该受到奖励的，应奖励的行为一旦出现，必须及时发现，及时给予代币，并说明是什么行为使他获得了奖励。

（2）代币必须能够兑换事先规定好的物品，兑换的物品必须是患者喜爱的东西，否则不能起到强化作用；代币是个抽象的奖励物，可为一种内部（如智残儿童医院、精神病医院等）流通的印有一定价值的"货币"代用券或筹码，在需要时能兑现，所以筹码就有调节患者行为的作用。行为获得改善后，可把标准适当提高，这种疗法常可使慢性衰退的患者恢复建设性行为，掌握一定的生活技能，出院后成功适应生活的机会也较大。

2. 自我强化训练 是指患者通过自我构思理想或美好的情节来奖励自己的合理行为，即自我表扬或奖励。众所周知，得到赞扬和肯定是构建正确行为的良方，但任何人都无法长期、永久地得到来自外界的表扬或肯定，因此要学会自我表扬或奖励强化，如一旦抑制了一次烟瘾，就自己给自己加以肯定并记分，隔一段时间统计一次，用于自我鞭策。

（二）实施方法

1. 确定希望改变的是什么行为，并有专人（医师或经过训练的护士、家属）随时记录这一行为发生的频率、程度。例如要治疗一名儿童的不良攻击行为，就要首先记录这种行为每日发生的次数和持续的时间。

2. 确定这一行为的直接后果是什么，这一后果往往称之为"负面强化"。例如当这名儿童发生不良攻击行为时，是否有人特别关注他？是否有人围观？是否总是遭到父母的责骂？

3. 设计一个新的结果取代原来的结果。例如当患儿进行不良攻击行为时，一方面，不予围观、关注，也不刻意去责骂，让他得不到对不良行为的"负面强化"；另一方面，待他自觉停止攻击行为时，施以"正面强化"，如给予他喜爱的玩具、食物、与其进行某种游戏或给予他某种权利，抑或投以赞许的目光、深情的拥抱、语言的鼓励和肯定。

4. 强化实施。医师应如实记录患者的行为表现，在其出现正常行为（或所期盼的行为）时立即给予强化物，不应拖延。经过反复多次强化后，原有的不良行为就会被弱化，而经过正面强化的规范行为自然取代不良行为。

（三）适应证

正性强化法对于纠正儿童各种行为障碍有较好的疗效，尤其擅长治疗注意缺陷多动障碍、儿童孤独症、儿童智残、儿童行为障碍；也可用于癔症、神经性厌食症、神经性贪食症、抑郁症、严重行为衰退的慢性精神分裂症、成瘾行为等。

八、发泄疗法

（一）概念

发泄在心理学上称为宣泄。在实际社会生活中，宣泄是一种很好的消除人的怨恨等不良情绪与侵犯冲动的方法。健康的宣泄可以使人们将心中的不良情绪释放出来，避免这些情绪转向自身以及人际关系。发泄疗法是一种具有浓厚东方传统文化特色的行为疗法，即利用一种特殊性的环境或方式，把压抑的情绪抒发、宣泄出来，以减轻或消除心理压力，最终达到用一种正常的情绪活动来调整另一种不正常的情绪活动的目的，避免引起精神崩溃，更好地适应社会环境的治疗方法。其机制就是情绪具有相互制约的作用，弗洛伊德称之为"心理净化"疗法。

（二）实施方法

常用的发泄疗法主要有以下3类。

1. **攻击法** 指采用攻击的手段发泄，较快地将心里的不愉快释放出来的发泄方式。现在流行的发泄吧、发泄网站、发泄墙、发泄橡胶人、发泄沙包等均属此类。这种方式可以让人们在压力过大或是遇到挫折不知道该怎样对待时，有一个发泄的渠道，让人们达到自我平衡、自我调节的目的。但是这种发泄属于一种浅层次的发泄，可能会强化患者的暴力倾向，也容易产生新的矛盾，因此不主张滥用，且一般要求将发泄环境营造得温馨一些，减少人们在发泄不良情绪时的纯暴力表现。同时，患者发泄完毕，待其大脑清醒、冷静后，必须辅以医师的心理疏导。

2. **自虐法** 患者采用自虐的手段发泄，也容易走极端，在自责、自虐中，常过多地考虑消极的一面，而忽视积极的一面。

3. **转移法** 是目前较常采用的发泄方式，指采用体育运动、唱歌、大声朗读、吼叫、找朋友倾诉等方法转移注意力，释放、排遣心中不快。谈话性发泄、书写性发泄、哭泣性发泄、哭叫性发泄等均属此类。

(三)适应证

发泄疗法主要适用于治疗暴力行为、抑郁症、躁狂症、焦虑症及儿童孤独症等。

九、森田疗法

(一)概念

森田疗法(Morita therapy)是日本森田正马在对神经症的临床施治实践中,于1920年前后总结出来的一种顺其自然的特殊心理疗法。在治疗方式和医患关系的处理方面,森田疗法与现代行为医学的行为疗法有许多相似之处,因此国内外均有人主张将其划入行为疗法范畴。

森田疗法最早仅仅对神经症中被称为森田神经质的患者采用,但森田的弟子和继承人很多,对该疗法不断进行创新和发展,临床应用范围也不断扩大,并且形成了新的森田理论。

森田疗法的病因学基础是"精神交互作用",即人对某些事物的感觉和体验高度注意时,就会使自己的这种感觉敏锐化,而敏锐的感觉又将使注意力进一步加强并固定化,反过来更加强化感觉和体验,从而形成恶性循环,导致多种心身症状。森田把这一动力过程称之为"精神交互作用"。森田认为,具有强烈疑病性基调素质的人,在日常生活的一次偶然机会触发了精神交互作用的始动,在心理矛盾因素的作用下,即可使症状不断发展,产生固定化,从而导致神经症或心身疾病。

森田疗法治疗原理:通过对有神经质素质的人的性格、意志和行为的陶冶训练,打破精神交互作用,使患者从"被束缚"的桎梏中解脱出来,要求患者"顺应自然,为所当为"。即对疾病症状要有毅力、忍耐,这种忍耐并不是有意识去克制,而是对症状采取一种"听之任之"的态度,在默默接受症状和烦恼的同时,积极行动,做自己想做、能做、应做的事,调动自身调节功能,使紧张不安在无形中逐渐淡化,情绪状态自然趋向正常,症状也因此消失,从而达到"欲治不治,不治而治"的境地。

(二)实施方法

森田疗法可以采取住院治疗或门诊治疗。无论是住院治疗或门诊治疗,都应注意选择那些除表现为神经质症状之外,还具有某种程度的反省心,自身也在积极做着努力,有从症状中解脱出来的强烈愿望的患者。如仅有某些症状,没有强烈的求治动机,是不宜施行森田疗法的。森田疗法一般分为卧床阶段和作业阶段,后一阶段又分为轻度作业期、重度作业期及实际生活期3个阶段。

1. **卧床阶段** 4~7天。要把患者完全隔离,禁止谈话、读书、吸烟及其他一切分心的事情,除用餐、排泄之外,终日躺在床上。其目的有三:①观察患者的精神状况,以作为诊断的补充;②保持安静可以调节身心疲劳;③体会"烦闷即解脱"的心境,迅速去除精神上的郁闷与苦恼。

2. **轻度作业期** 4~7天。采取隔离治疗,禁止读书、交际,每日卧床时间保持7~8个小时,白天在户外进行轻微活动,晚上则在作业室做夜晚工作。一般从第3天开始可逐渐放宽对患者工作量的限制，并要求患者开始写日记，但不能写关于病的问题。此阶段的目标为让患者能面对生理上不愉快的感觉或强迫观念，使其无聊而促进其自动、自发的活动欲望。从体验中打破内心的预期焦虑。

3. **重度作业期** 4～7天。继续禁止会客、娱乐，根据患者的身体状态给予适当的作业，如锯木、劈柴、挖洞等较重体力的劳动。此阶段的目的在于通过努力工作，使患者体验完成工作后的喜悦，培养忍耐力，建立自信。在这一时期学会对症状置之不理，进一步将精神活动能量转向外部世界。

4. **实际生活期** 又称回归社会准备期，一般为1～2周。训练患者打破兴趣、执着，去除一切拘束，顺应外界的变化，准备恢复实际生活，其目的是使患者在工作、人际交往及社会实践中进一步体验顺应自然的原则，为回归社会做好准备。

以上各期的情况是对一般治疗情况的描述，对不同患者，要根据其具体情况来决定治疗的进程。治疗周期长短不一，时间短的约3周即可，时间长的则可能需要60～70天，平均周期一般为40～50天。

（三）适应证

森田疗法主要适用于治疗神经症（如恐怖症、焦虑症、强迫症）、自主神经失调等，尤其适用于对于有较强的自我反省、自我批判、自我完善和自我实现欲望的患者。

十、气功疗法

（一）概念

气功疗法（qigong therapy）是我国特有的一种古老的疗法，是中医学家在历史上创造的行为疗法，是将体育疗法与心理疗法结合进行自我调整的行为疗法。气功疗法是通过自身姿势、呼吸、意念锻炼或配合一定的肢体活动，使躯体内部自我调整，达到调节人体心身功能，使之趋于更为有序状态的一种心理治疗方法，也是一种调神、祛病、强身、延年益寿的方法。由于在练功过程中，控制、调节气的运行（运气）是十分重要的一大环节，故俗称"气功"。

"气功"远在我国春秋战国时代就已经有了雏形，庄子的"吹呴呼吸，吐故纳新"和《黄帝内经》的"把握阴阳，呼吸耗气，独立守神，肌肉若一"都是对气功的最早记载。此后历代医家对它的研究就愈见其深，如华佗的"五禽戏"、张三丰的"太极拳"等均是气功疗法的典型运用。气功疗法的基本特点是呼吸锻炼，意守丹田及全身放松，它的渐进性松弛作用能转移注意力，对抗紧张和焦虑。通过气功对身心功能实现自我控制、自我调整和自我修复，并促使这种过程逐渐转变为一种良性条件反射而强化、固定下来。

（二）实施方法

气功的功法种类很多，有吐纳、导引、行气、炼丹、静功、内功、修道、坐禅、参禅、玄功等名称。按练功时肢体是否运动，气功可分为静功、动功和动静功3种。肢体不运动的功法称静功，如松静功、内养功、强壮功等；肢体运动的功法称动功，如太极拳、五禽戏、八段锦、鹤翔桩等；动静功是将静功和动功有机地结合起来，或先静后动，或先动后静。按练功时的身体姿势，气功可分为卧功、坐功、站功和活步功4种。

不论何种功法，练功时要进行三调，即调身、调息和调神。

1. 调身　是指练功过程中采取某种合适的姿势与动作。各种功法的姿势不一。一般以身体各部分自然放松，适合于生理过程为宜。静功常有坐式、卧式、站（或半蹲）式等。其中，不同的姿势可对身心功能起不同的作用，故作为养生治病之用时，常须辨证选用。如仰卧式适用于中气不足，脾胃虚弱者；半卧式适用于气阴两亏，或兼有阳亢及气逆咳喘者；站式适用于心肝火旺、肝阳上亢者。

2. 调息　又称调气，指通过有意识地调整自己的呼吸，逐渐对自身的某些自律性功能活动加以控制，调整或纠正。调息要求在自然呼吸基础上进行，做到轻松而不紧张，循序渐进而不强求，最后达到呼吸细匀深长的境界。一般来说，调息有腹式呼吸、提肛呼吸、数呼吸、听呼吸、嘘字诀、呵字诀、呼字诀等形式，分别可辨证应用于不同的病症。如提肛呼吸适用于脾气下陷者；数呼吸适用于心血不足、烦躁不宁者。

3. 调神　又称调心、意守、意念、入静等。它是指在练功过程中，一方面注意身体放松，调整呼吸或默念字句；另一方面把注意力集中到身体某一部位或穴位，或集中在某一事物上，并不断排除杂念，安静地进行练功，悉心体会机体内部各方面的情况，从而有意识地加以调整。这是练功的主要环节，因为调身和调息都是在调神（意念锻炼）主导下进行的。调身和调息又都是调神的准备阶段，其目的是为了更好地进入调神和意守。

一般来说，意守的部位以脐中或脐下为多，也可意守涌泉、足三里、命门等。意守部位（穴位）的不同，治疗效果也常迥异。如高血压患者，若意守头部穴位，每使血压上升；而意守腹部或下肢穴位，便可收到降血压之效。故意守部位也应强调辨证选用。有时，诸如心肝火旺、烦躁不安的患者，颇难将注意力集中于身体某一部位。此时又可运用"采外景"的方法，把注意力集中在外界的某一目标上，如花、树、云等，亦可收到良好效果。此外，还可用意念来引导体内之气攻除疾病。它也属于意念锻炼（调神）范畴。

在各种不同的功法中，虽然三调各有侧重，但调身、调息离不开调神的指导，所以调神是主要的。然而在练功中，为了迅速获得效果，人们常从较易掌握的调身入手，训练自己身体的姿势或动作。这一训练虽然需要用意念来指导，但随着身体各部分的放松或动作自如，意念的指导作用也随之减少。在调身的同时也可进行调息，也就是以神领气，将自然呼吸逐步转变为均匀的、缓慢的腹式呼吸。练到一定程度，以神领气的作用也逐步减少，此时即可有目的地进行调神，从意守某一部位到万念俱寂，进入深度的入静状态，气功练到意念、姿势（有时是动作）和呼吸三者高度密切协调，自我与外界浑然一体，就能取得较好的治疗效果。

（三）适应证

气功疗法的应用范围广泛，对各种焦虑症、恐怖症、强迫症、抑郁症、高血压、冠心病、溃疡病、支气管哮喘、糖尿病、偏头痛、肿瘤等心身疾病都有较好疗效。对轻度心身障碍者，如体弱、营养不良、精神不振等也能起到强身保健的作用。

（江　泳）

思考题

1. 认知疗法产生的理论基础是什么?
2. 认知疗法常用的方法和适应证是什么?
3. 行为疗法的概念及特点是什么?
4. 行为疗法的适应证有哪些?
5. 常用的行为疗法有哪些?

第十九章 行为保健

行为保健是指应用行为医学的原理与技术，为提高人们对心理、社会、行为等致病因素的抵抗力，对个人或群体所采取的医疗预防与卫生防疫相结合的综合性措施，最终达到促进健康、提高生活质量的目的。行为保健的任务是应用行为医学的有关知识，使人们养成良好的卫生习惯和行为生活方式，防治常见病、多发病、高危病，减少致残率、病死率，从而促进社会的整体健康水平。

行为保健的活动内容，从个体水平和群体水平具体可分为以下几个方面。①个体行为保健：是行为保健的核心。②家庭行为保健：家庭与个人的健康有着密切的关系，要保证个体健康和预防疾病的发生，首先要从家庭做起，以家庭为单位开展各种卫生保健活动。③社区行为保健：社区有利于健康行为的保健活动，它包括增加社区中有利于健康的行为因素，并以此提高人的抵抗刺激能力以及为患者提供有益的社会行为支持等内容。④国家行为保健：是国家基本职能之一，起着主导地位。⑤全球行为保健：即国际行为保健。

第一节 个体行为保健

一、概念

个体行为保健是通过个人的行为，维护自己的健康，以达到远离疾病的目的。

早在1977年，美国洛克菲勒基金会主席就发表文章说：解决不健康这一问题的方法，应该首先是个人担负起责任，其次才是社会。强调了个体行为保健对一个人健康的重要意义。

此后，一些学者强调充足的睡眠、平衡的营养、适当的运动、愉快的心情等是增强体质和维护身心健康须具备的行为，这些都属于个体行为保健，它对于远离疾病、维护健康具有重要意义。

人格心理特征也影响行为保健的方式和内容。心理学家一般认为，某些心理特征与先天遗传有一定关系，但主要受后天环境条件影响。由于生活环境、教育水平、所从事的工作等不同，心理活动在每个人身上总带有个人特征。这种个体心理特征一旦形成，则很难或很少改变。人格心理特征主要包括能力、气质和性格3个方面。性格和气质都属于个性的范畴，两者互相作用，影响着人的行为。但由于气质与个人的遗传等因素有较大的联系，所以易变性差。而性格则主要与后天的社会实践及环境条件有关，性格虽然稳定，但是通过努力是可以改变的，这就为改造不良性格提供了可能。因此，应用性格与健康和疾病之间的关系进行个体行为保健是切实可行的。

个体的行为保健应当在把握自己个性的原则下有目的地进行，即在认识自我人格特征的基础上，尽量减少人格中不利于健康的因素，塑造健全的人格，培养健康的行为习惯及生活方式，增强自己对疾病的免疫力。

二、应对能力与行为保健

应对是就压力而言的，它的完整概念是压力应对。压力是指人们生活中的各种刺激事件和内在要求在心理上所构成的困惑，表现为心身紧张或不适。现代人社会的相互交往和社会需求越来越复杂，因此现代社会生活也越来越紧张。如驱车在路上发生交通堵塞、承担的工作遭受挫折、看到孩子在疾病中痛苦挣扎、与自己的配偶争吵不休。生活中的压力反应形形色色，数不胜数。这些反应同细菌、病毒、营养不良等一样，成为对人类健康的一种挑战。压力是一切生命为了生存和发展所必需的。

面对压力时，机体是以整体方式做出反应的，既是生理性的，又是心理的。积极的应对是人对压力情境可能导致结果的一种积极反应，是现实生活中培养起来的对可能出现的健康威胁或挫折在头脑里形成的预兆，为达到预期目的而做出积极反应的一种能力。

个体的应对能力不同。恰当估计自己的应对能力，注意利用各种社会支持，往往能取得良好的适应。过高估计自己的应对能力，对生活事件的变动没有足够的心理准备，在压力情景下易产生强烈的心理及生理反应。对自己的应对能力缺乏信心，则易受生活事件的消极影响，更会产生精神紧张，引起心理及生理功能紊乱。

人格特征的差异也会影响个体的适应能力。人格发育不健全，应付压力的能力也差。如儿童人格发育不健全，适应能力和可利用的防卫机制较少，压力反应强烈，需要成人给予支持。

人的应对能力的提高也是行为保健的重要内容。积极应对是通过预知、反馈和控制来实现的，已有一些积极应对的指导模式。如指导个体针对问题的应对方法，管理或改变压力情境，或从根本上消除压力源，这是最理想的控制压力的办法；指导个体进行"再评价"应对，使之改变原有的认知评价模式，随着事件、人和环境之间的发展变化，不断更换角度去认识生活事件，可以使人对压力源的性质和强度有新的认识，有时可以减轻压力反应；提供社会支持，即采用"求助"的应对方式；分散注意，即采用"转移"的应对方式；放松训练，即"松弛"应对，有助于控制与压力有关的不良反应，包括降低大脑皮质的紧张度，从而减轻焦虑和抑郁等心理症状，降低交感神经张力，从而改善内脏症状等。

三、健康行为与行为保健

健康行为一般指健康状态下的行为模式，即理想的健康相关行为。但实际工作中"健康行为"一词常被赋予和"促进健康的行为"同样的含义。

个体行为保健应尽量遵循"健康行为"准则去安排自己的生活方式，其内容如下。

1. **日常健康行为** 指日常生活中有益于健康的基本行为，如合理营养、充足睡眠、适量运动、饭前及便后洗手等。

2. **避开环境危害行为** 指避免暴露于自然环境和社会环境中的有害健康的危险因素，如离开污染的环境、不接触污水、积极调适应对各种紧张生活事件等。

3. **戒除不良嗜好** 如戒除吸烟、酗酒、滥用药物等。

4. **预警行为** 指对可能发生危害健康事件的预防性行为并在事故发生后正确处置的行为，如驾车使用安全带，火灾、溺水、车祸等预防以及意外发生后的自救和他救行为。

5. **合理利用卫生服务** 指有效、合理地利用现有卫生保健服务，以实现三级预防，维护自身健康的行为，包括定期体检、预防接种、患病后及时就诊、遵从医嘱、积极配合医疗护理、保持乐观向上的情绪、积极康复等。

四、个人行为保健能力的培养

20世纪中期以来，人类的疾病谱和死亡谱有了很大变化，威胁人类生命与消耗医药资源最大的疾病已经不是生物源所致的传染病，而是与心理社会因素、生活方式、个人行为密切相关的疾病，如肥胖、高血压、冠心病、糖尿病、癌症等。可见，在现代文明进步的同时，也给人类健康带来了许多的威胁。因此加强个人行为保健能力的培养尤为重要。

1. **积极学习行为保健理论与知识** 在诸多因素"污染"的环境中，人们要学会抗拒方法，掌握各方面的行为保健理论与知识。为此，可通过互联网、报刊、书籍、电视等各种健康宣传媒介，加强健康卫生知识与理论的学习，掌握识别危险因素的本领，并根据所处的环境来调整自己的行为，起到维护身体健康的保健作用。

2. **注意情绪调节，保持良好的心态** 情绪是一把双刃剑，好的情绪可以使人的生活充满阳光，精神焕发，促使身体健康；不好的情绪可以使生命黯淡无光，精神萎靡不振，损害健康；情绪具有神奇的力量，能影响一个人的精神状态、智力发展和能力发挥，能改变一个人的处世态度和处世方法，情绪可改变一个人的理智，还能引起生理功能的一系列变化。人们在日常生活中面临各种挑战和压力，人生不如意者十有八九，难免经受失意、挫折和打击，每个人都会受到不良情绪的困惑，因此要学会应用心理调节，克服不良情绪的影响，保持良好的心态，战胜各自的压力和挑战，成为生活的强者。良好的情绪和心态是行为健康的基础。

3. **建立融洽的人际关系** 人是生物性和社会性的统一体，人的行为总是带有社会性。人是在社会中生存和发展的，人是生活在社会关系结合而成的社会群体之中的，它包括家庭、邻里、朋友、工作团体等，这些社会团体构成了社会的网络。人在社会网络中的相互关系是否能相互支持是影响健康的重要因素。融洽的人际关系不仅可以获得情感上的支持，而且是获得其他社会支持的基础。良好的社会关系和社会支持对个人行为保健有着积极的意义。

4. **热爱自己的工作** 一是工作能表现出个人的价值，获得心理上的满足；二是工作能使人在社会上表现自己，以提高个人的社会地位；三是全身心地投入到工作中去可以免除低级趣味的影响。但现代社会生活节奏快，工作忙碌而机械，不少人精神长期紧张，因此要学会合理安排休闲时间，变换休闲方式，让休闲日丰富多彩，起到恢复体力、调节脑力、增长知识、获得健康的效果。

第二节　家庭行为保健

一、概念

家庭行为保健是把个人的行为保健活动扩大到家庭中的其他成员中，起到互助或互救，以维护健康与实施卫生防治的方式。家庭是社会的细胞，也是人类自身生产的社会单位，是初级的社会群体。家庭所承担的功能有生育、社会化、经济与照顾、情感、传承社会地位。随着政治与社会的现代化进程，家庭的各个方面也受其影响，呈现出家庭观念、家庭结构、家庭关系、家庭生活的现代化转变。但家庭成员之间的相互影响仍然存在。随着医学模式的转变，越来越多的医师、护理工作者和医学社会工作者都注意到了家庭因素与健康的关系。

开展家庭行为保健的意义不仅在于个人的健康，更重要的是有利于社会稳定，有利于特殊人群的保护。开展家庭行为保健是提高全民族健康素质的一个重要环节。家庭行为保健的内容包括建立良好的健康行为和生活方式以及开展家庭行为健康教育这两大方面，具体内容如下：

1. **建立良好的健康行为和生活方式**　家庭是培养健康生活方式的重要场所。选择健康生活方式是获得健康、减少疾病的最简便易行和最经济有效的途径。健康生活方式包括的内容很多，主要有以下方面：合理安排膳食，坚持适当运动，改变不良行为（如吸烟、酗酒、吸毒、赌博等），重视规律的生活习惯，不喝生水或不清洁的水，不吃不洁或腐败变质的食物等。家庭行为保健还应注意自觉保护环境，遵守社会公德，并积极学习行为保健知识，建立健康的家庭生活方式，并抵制迷信和各种错误信息的影响。

2. **开展家庭行为健康教育**　家庭行为健康教育是通过家庭某一成员对家庭其他成员进行健康行为相关知识教育的过程，旨在提高家庭成员防治疾病能力，增进健康。一般来说，多是家庭中的父母及其成年人对未成年儿童进行健康教育的过程。人的健康教育也是一项系统的教育工程，包含着家庭教育、社会教育、集体（托幼园所、学校）教育，三者相互关联且有机地结合在一起，相互影响、相互作用、相互制约。在这项系统工作之中，家庭健康教育是一切教育的基础。家庭作为社会的细胞，是每个人与社会接触步入人生的起点站。家庭健康行为教育的目的就是培养孩子良好的生活习惯，如饮食习惯、运动习惯、按时休息、及时洗手和洗澡等卫生习惯，从小培养儿童的卫生习惯，养成健康生活方式。

二、家庭行为特征对个体的影响

家庭行为特征能够反映与家庭健康相关的行为特点，与家庭中的每一个成员都有着密切的联系，尤其是父母的行为特征将对子女有着深远的影响。

1. **家庭饮食习惯**　家庭饮食习惯直接影响着个人的饮食习惯。高盐、高糖、高脂等不健康的饮食是引起心血管疾病、癌症、糖尿病等一系列慢性病以及其他与肥胖相关问题的主要危险因素。健康的家庭饮食习惯应该提倡按需购买食物，合理储存；选择新鲜、卫生、当季的食物，采取适宜的烹调方式；更多地食用水果、蔬菜、豆类、全谷食物和坚果；减少盐、糖和脂肪的摄入量；使脂肪摄入从饱和脂肪转向不饱和脂肪以及逐步消除反式脂肪酸等；不挑食、不偏食，每天坚持吃早餐。

2. 家庭睡眠行为 父母的睡眠习惯会潜移默化地影响子女的睡眠习惯。父母保证每日充足睡眠的同时，也要保障子女的睡眠时间，减少孩子近距离用眼和看电子屏幕的时间，使家庭中的每一位成员工作、学习、娱乐、休息都按作息规律进行，注意起居有常，不熬夜，不睡懒觉。

3. 家庭吸烟行为 家庭成员中若有人吸烟，不仅会影响其个人自身的健康状况，还会影响其未成年子女对吸烟的态度，增加未来吸烟的可能性。同时，若在家庭中未做吸烟限制，一方面家庭成员将会面临二手烟雾的危害；另一方面也会增加因烟蒂未完全熄灭引起家庭失火的风险。应提倡无烟家庭的创建，劝导家庭成员不吸烟或主动戒烟，教育未成年人不吸烟，让家人免受二手烟的危害。

4. 家庭酗酒行为 酗酒是导致神经精神障碍和其他非传染性疾病（如心血管疾病、肝硬化以及各种癌症）的一种主要但可避免的风险因素。酗酒还与若干传染病相关，如艾滋病、结核病和肺炎等。若家庭成员有酗酒行为，不仅在经济方面会增加家庭支出，还有可能导致家庭暴力和破坏行为，影响未成年人对饮酒的态度与行为，同时也会增加酒驾、醉驾等违法行为以及交通事故发生的风险。家庭中若孕妇酗酒，将直接影响胎儿的健康发展。

5. 家庭运动行为 科学的运动可以预防疾病，愉悦身心，促进健康。家庭成员中若有人坚持运动，有助于营造良好的家庭体育运动氛围，积极引导和带动家庭其他成员（如子女、老年人）一起进行户外运动或体育锻炼。老年人运动有助于保持身体功能，减缓认知功能的退化；儿童体育锻炼能增强体质，促进全方面健康发展。家庭成员相互督促定期运动，有利于养成终身锻炼习惯。

6. 家庭卫生行为 家庭卫生包括环境卫生和个人卫生。家中保持良好、整洁的环境卫生，光线充足、通风良好，能够使人心情愉悦，避免疾病的传播。积极实施垃圾分类并及时清理，将固体废弃物（废电池、废日光灯管、废水银温度计、过期药品等）主动投放到相应的回收地点及设施中，减少污染物的扩散及对环境的影响。家庭成员还应养成勤洗手、勤洗澡、早晚刷牙、饭后漱口，不共用毛巾和洗漱用品，不随地吐痰，咳嗽、打喷嚏时用胳膊或纸巾遮掩口鼻等良好的个人卫生习惯。

7. 家庭教养行为 家庭中父母采用情感温暖、关心、尊重、理解、信任和鼓励等积极的教养方式有利于子女形成健康的心理状态，也有助于夫妻和谐相处。在这样的家庭氛围中，若家庭成员在工作、生活或学习中遇到问题或压力时，成员之间相互给予支持，耐心地倾听，能够及时疏导负性情绪和调整不良状态。

三、不同家庭结构的行为保健

家庭行为保健应按照家庭生活周期及家庭问题的预测进行工作。家庭生活周期通常经历结婚、怀孕、抚养子女、子女成年离家、空巢、离退休、丧偶等过程，这一过程中有规律地重复一些必经阶段，即为家庭生活周期。家庭结构是指家庭中成员的构成及其相互作用、相互影响的状态，以及由这种状态形成的相对稳定的联系模式。每一个家庭生活周期都对应着相应的家庭结构。按照家庭生活周期可以预测家庭健康行为问题。家庭在每一个发展阶段都有特定的家庭健康行为问题，因而应根据家庭生活周期提供相对应的行为保健。

新婚期属于夫妻家庭，只有夫妻两人组成家庭。此阶段新婚夫妇开始了新的生活秩序，经过习惯上的差异磨合，应建立起良好的有利于行为保健的生活模式。如何在婚姻生活中维持适当的自主性及良好的适应性、建立共同的生活习惯是这个阶段的关键。

夫妻若进入计划、准备孕育新生命的阶段，应主动了解妇幼保健和出生缺陷防治知识，积极参加婚前、孕前健康检查，选择最佳的生育年龄，孕前3个月至孕后3个月补充叶酸。预防感染、戒烟、戒酒、避免接触有毒及有害物质和放射线。如发现怀孕，要尽早到医疗卫生机构建档建册，定期做产前检查，保障母婴安全。孕妇宜保证合理膳食，均衡营养，维持合理体重。保持积极心态、放松心情有助于预防孕期和产后抑郁。

有了子女以后，夫妻家庭就转变为核心家庭，即由父母和未婚子女组成。该阶段要科学养育，做好儿童健康管理，促进儿童健康成长。婴幼儿阶段，父母应注意预防接种和卫生喂养以及对疾病的防治等。子女在学龄前期，父母要注意意外伤害与感染。处理应以初级预防为主，以家庭环境的安全、营养的均衡调配及良好习惯的建立为重点。在学龄期与青少年期，子女开始学习与适应社会规范、道德观念，与别人沟通，建立父母、家人之外的人际关系。儿童在认识能力上逐渐进步，自我中心的成分减少，自主能力逐渐形成。此阶段父母应尊重每个孩子自身的发展节奏和特点，不过分追求孩子的学习成绩，关注孩子的心理健康，理解并尊重孩子的情绪和需求，为儿童提供安全、有益、有趣的成长环境。与此同时，孩子成长的黄金期也是父母职场发展的关键阶段。现代生活高工作强度和高压力，夫妻双方除了关注孩子的行为保健，也应该注重自身的行为保健，平时要坚持锻炼、劳逸结合，避免养成熬夜、酗酒等不良习惯。

子女离家和空巢期，随着子女的离开，一方面意味着亲子结合的松弛；另一方面意味着子女对父母的仰仗及父母对子女的支配减少，父母的角色内容与生活重心由子女重新转移到配偶身上，一些原来封闭已久的矛盾可能会重新触发而产生新的危机。父母可产生失落、无奈、无所依靠的感觉，严重时演变成种种身心症状。所以这一时期作为一个家庭成员（夫妇或同居的老年人），应注意心态的调整、情绪的稳定，设法创造新的家庭乐趣，重建有利于健康行为的生活方式。

还有一些特殊的家庭结构（单亲家庭、隔代家庭、单身家庭等），也有各自不同的行为保健特点。以隔代家庭为例，父母长期外出打工，不在孩子身边，孩子由祖父母隔代抚养，尤其要重视该家庭中留守儿童的心理行为问题。

第三节 社区行为保健

一、概念

社区行为保健突出了社区特点和保健需求，强调社区对其全体成员的行为保健应负有主要责任。世界卫生组织认为，卫生保健服务必然贯彻"社区化"原则。开展社区行为保健，提高社区人群健康水平，已成为国家卫生事业发展的主要内容。

社区是人类社会活动相对集中的地域空间，它具有以下特征：有一定的地理区域，有一定数量的人口，社区成员间具有共同意识、共同利益和归属感，并有着较为密切的社会交往。我国城市里的社区指街道、居民委员会。农村的社区指乡、镇、村。人群的社会生活多在所属的社区范围内进行，因此社区内设的学校、机关、商场、医院等社会机构有特定的社会职能，即为社区居民的基本生活需求提供服务，并促进社区的协调发展和稳定。因为人们总在特定的社会范围和生活方式中生活，所以社区内的行政管理体系、管理制度、文化习俗、社区群体意识和行为规范就从不同方面制约和干预社区人群的行为和生活方式。

由于长期生活或工作在一起，人们自然形成了"我是某社区成员"的意识，在心理上有一种潜移默化的归宿感、责任感和趋向性。通过社区组织和社会动员，引导社区群众积极参加社区各项活动，可以实现个人、家庭、社会团体间的互助，推动社区的发展和进步。

社区行为保健指在社区基层开展一系列有利于健康的行为保健活动，它不但包括增加社区中有利于健康的行为因素，并以此提高人的抵抗刺激的能力，还包括为患者提供有益的社会行为支持等内容。

社区行为保健指导要在分析和确定整个社区健康问题的基础上，确定社区内各场所要解决的问题，明确所要干预的危险因素，培养社区骨干。社区行为保健指导需要社区行为保健人员与社区领导和代表一起来设计和发动一系列干预活动，建立行为保健领导和干预网络，制订干预活动计划，针对不同对象和不同层次人员进行培训，分阶段开展干预活动。

二、社区行为保健的内容

社区行为保健是社区卫生保健的主要内容。社区卫生保健可按初级、二级、三级服务来划分。初级卫生保健服务是指使用科学的、实用的、可行的技术和方法，向社区所有个人和家庭提供的保健服务，一般称为通科服务，它是社区家庭和个人享有的基本卫生保健服务，其具体内容包括：①健康及良好生活方式的教育；②改善食品的供应及适当营养；③安全饮用水的适量供应和合格的环境卫生；④妇幼卫生保健和计划生育工作；⑤主要传染病的免疫接种；⑥地方病的预防控制；⑦常见病的处理；⑧基本药物的提供；⑨营造清洁、卫生的社区生活环境。

以上9项社区卫生保健服务内容大部分都与行为保健有关。如第一项就强调了社区要通过健康信息的传播，对社区居民进行健康教育，提高社区居民的健康意识，促进社区成员行为和生活方式的改变，建立社区行为保健的组织管理体系，有目的地进行工作组织和管理，在政策支持下创建健康的支持环境。①组织街道、社区的晨练和文体活动；②提供文体活动用品、设施和活动场地；③建立血压测量点，为居民测量血压；④对性病患者、HIV感染者不歧视，创造安全、宽松的环境；⑤为戒毒者建立戒毒的社区教育网络；⑥健康宣传活动，倡导"不吸烟、少吃食盐、合理膳食、经常运动""自尊自爱，不吸毒，不滥交"等健康生活方式；⑦提供健康营养条件，如老年营养餐桌，学生营养餐，低钠盐；⑧无烟草广告，创建无烟单位、无烟学校、无烟家庭，公共场所不吸烟等。

婴幼儿、妇女、老年人、慢性病患者、残疾人是社区卫生服务的重点人群。比如社区卫生服务中心为新生儿建立档案，进行预防接种，开展新生儿保健、婴幼儿保健以及学龄前儿童保健；为妇女提供婚前保健、孕前保健、孕产期保健以及产后保健等；指导老年人进行疾病预防与自我保健等。开展社区慢性病综合防治服务，改变不良行为，这些也是社区卫生服务的重点服务项目。

三、社区行为保健的发展

随着我国卫生健康事业的发展，社区卫生保健工作取得了显著的成效，尤其是社区行为保健凸显出极其重要的作用。我国未来的社区行为保健将在原有的保健内容基础上继续深化与优化，具体的发展主要体现在以下几个方面。

1. **坚持预防为主的原则，加强社区的心理健康服务** 2018年11月国家卫生健康委、政法委等十部委联合印发了全国社会心理服务体系建设试点工作方案的通知，将心理健康服务融入社会治理体系。其中一项具体目标便是依托村（社区）综治中心等场所，普遍设立心理咨询室或社会工作室，为村（社区）群众提供心理健康服务。以村（社区）为单位，心理咨询室或社会工作室建成率预期达80%以上。同时也利用社区中的老年活动中心、妇女之家、儿童之家、残疾人康复机构等公共服务设施，为空巢、丧偶、失独、留守老年人，孕产期、更年期和遭受意外伤害妇女，流动、留守和困境儿童、孤儿，残疾人及其家属等，提供心理辅导、情绪疏解、家庭关系调适等心理健康服务。

2. **维护社区环境卫生，改善社区居民生活环境** 制定社区健康公约和健康守则等行为规范，开展讲卫生、树新风、除陋习活动。加强社区基础设施和生态环境建设，营造设施完备、整洁有序、美丽宜居、安全和谐的社区健康环境。例如大力推进生活垃圾分类处理。生活垃圾的潜在健康危害不容忽视，如果生活垃圾简易堆放或者处理不当，会导致很多问题，如污染地表水、土壤、地下水，甚至导致出生缺陷、白血病和肿瘤的增加等。社区层面应发挥良好的管理作用，以社区为着力点，主动宣传，引导居民逐步养成主动分类的习惯，加快生活垃圾分类设施的建设。

3. **重视社区老年人群的行为保健，推进居家社区养老服务** 随着我国进入老龄化社会，老年人群的健康以及养老方式逐渐成为社会面临的问题。居家社区养老服务将成为未来的发展趋势。从社区层面整合资源，加强社区日间照料中心等社区养老机构、场所和相关服务队伍建设，鼓励为老年人提供上门服务，为居家养老提供依托；逐步建立支持家庭养老的政策体系，支持成年子女和老年父母共同生活，推动及夯实居家社区养老服务基础。构建尊老、孝老的社区环境，鼓励老年大学、老年活动中心、基层老年协会、有资质的社会组织等在社区中开展有益老年人身心的活动，鼓励老年人积极参加社会活动；积极宣传适宜老年人的中医养生保健方法，定期组织老年人健康体检等。

4. **推广社区健身运动，增强全民健康体质** 社区全力做好全民健身、身体活动等相关知识的宣传教育工作，鼓励社区居民坚持科学锻炼。建设社区健身中心等全民健身场地，配套相关设施，推进社区慢跑步行绿道，努力打造百姓身边"15分钟健身圈"，让想健身的群众有适当的场所。

5. **提升社区基层医疗服务能力，充分发挥全科医师（家庭医生）团队的守门人作用** 社区卫生服务中心或乡镇卫生院积极开展全科医师签约服务，鼓励社区（村）居民签约全科医师服务。全科医师团队要密切与签约居民的联系，通过门诊治疗、随访、健康咨询、信息推送等多种方式，针对不同人群、不同服务需求提供精准健康服务，当好签约居民的健康参谋。将社区居民的健康档案管理、慢病随访、健康教育等公共卫生服务与临床治疗服务整合开展，强化基层医防融合。

第四节 国家、国际行为保健

一、概念

行为保健在国家、国际卫生保健中显示出非常重要的地位。国家行为保健是现代人类保健的重要层次，促使公民的行为健康是国家的基本职能之一。全球卫生政策中提出："各国政府对其人民健康负有全部责任，这种责任只能通过采取适当的卫生保健和其他社会措施来加以实现。"这是对国家保健的高度概括，其中也包含着促进公民行为保健的内容。在当今社会生活中，随着国际政治经济联系的加强，人类健康和卫生事业的发展出现了全球化的趋势。面对全球性的社会医学问题，不仅需要采取全球性措施，更需要对世界各国的卫生保健情况进行比较和分析，寻求合理、有效的卫生措施。加强国际保健不仅有助于各国卫生事业的发展，而且对改善全球健康状况亦有极其重要的作用。

二、国家行为保健

我国《民法通则》第98条规定"公民享有生命健康权"。公民的生命健康权包括生命、生存权和健康权，国家保健的职能就是维护人民的健康。我国卫生事业是社会生产力和综合国力的重要组成部分；卫生机构是由国家设置的；卫生技术人员由国家配备；卫生经费主要由国家投入；卫生基本建设由国家投入；为了提高人民的就医行为，保障人民的健康，国家又提出和实现全民医保。在加强卫生医疗建设、提高人们就医行为的基础上，国家更重视"预防为主"的策略，成立了许多国家到省、市、乡、镇、村的预防机构。为了增强人们的社会保健和行为保健意识，国家还将保健教育与健康促进作为提升国民素质的总体战略，强调"健康教育是公民素质教育的重要内容，要十分重视健康教育。"通过健康教育，人们对健康有了正确的认识，促进行为保健和改变不良行为及生活方式，也成为提高公民健康水平的重要内容。

在促使人们行为保健方面，国家发布了许多措施。如我国宪法第26条规定"国家发展体育事业，开展群众性体育活动，增强人民体质。"发展体育事业，这已成为我国的基本国策，对提高我国整体国民身体素质有着重要意义。积极参加体育锻炼也是行为保健的一项重要内容。许多疾病的发生都与缺乏运动有关，而增强体质与加强体育锻炼有着直接关系。

在防治传染病方面，国家有关机构通过各种宣传形式（包括信息网络）引导人们建立良好的保健行为，预防疾病。如艾滋病的传播主要为性接触、血液和母婴传播。政府除打击、取缔卖淫活动外，对性滥交行为加强健康行为教育，同时推行使用避孕套的措施，在全国各医疗机构应用一次性注射器，并重视12月1日世界艾滋病日的宣传活动，引导人们对该病预防的重视。对艾滋病传播的预防是政府保健干预对个人行为保健的促进。只有政府和个人双方都加大预防力度，才能使这一传播迅猛的疾病得以控制。

对于其他传染病，国家有关机构也提出了许多预防措施和行为保健方法，对预防传染病起到了积极的作用。

国家还推广了许多与行为保健有关的战略与干预活动，如建议人们尽量少吸烟。为了限制人们在这方面的不良行为，法定所有出厂的烟盒都必须标明"吸烟有害健康"的文字，同时还要注明该产品含焦油量、烟气一氧化碳量，并在一些公共场所限制吸烟。有些地区还规定了公共场所吸烟的若干规定，加大了卫生政策的支持，并通过宣传机构使人们懂得吸烟与心脑血管疾病的关系。以上这些措施对减少吸烟人群，改变人们不良行为有一定的帮助作用。为了增强人们对高血压病的预防保健行为，我国还把10月8日定为高血压日。

对行为保健的卫生政策支持还体现在《中国居民膳食指南》的公布。为了引导民众合理地选择并搭配食物，达到平衡膳食，合理膳食，减少疾病，促进全面健康的行为，1989年我国政府根据世界卫生组织（WHO）的建议，仿效瑞典的膳食医学观点制定了我国第一部《中国居民膳食指南》，后又对指南进行了修订和量化，并设计了"平衡膳食宝塔"，这对我国人们饮食保健行为有很大的促进作用。

随着我国社会经济水平的发展，健康领域的改革发展也取得了显著成效。国家越来越重视人民的健康，将人民健康提升到前所未有的国家战略高度。2016年10月国家发布了《"健康中国2030"规划纲要》，提出了健康中国建设的目标和任务。为了更好地实施健康中国战略的重大决策部署，2019年7月健康中国行动推进委员会发布了《健康中国行动（2019—2030年）》，这是国家层面指导未来10余年疾病预防和健康促进的一个重要文件，强调坚持预防为主，倡导健康文明生活方式，推动以治病为中心转变为以人民健康为中心，旨在提高全民健康水平。

在《健康中国行动（2019—2030年）》中，有关国家行为保健的内容涉及实施健康知识普及行动、合理膳食行动、全民健身行动、控烟行动、心理健康促进行动、健康环境促进行动等15项重大健康促进行动。例如合理膳食行动这一国家层面的行为保健内容包括：①针对一般人群、特定人群和家庭，聚焦食堂、餐厅等场所，加强营养和膳食指导；②鼓励全社会参与减盐、减油、减糖、研究和完善盐、油、糖包装标准；③修订预包装食品营养标签通则，推进食品营养标准体系建设；④实施贫困地区重点人群营养干预。

有关全民健身行动的国家行为保健内容包括：①为不同人群提供有针对性的运动健身方案或运动指导服务；②努力打造百姓身边健身组织和"15分钟健身圈"；③推进公共体育设施免费或低收费开放；④推动形成体医结合的疾病管理和健康服务模式。⑤将高校学生体质健康状况纳入对高校的考核评价。

三、国际行为保健

（一）国际卫生保健机构组织和任务

与卫生保健有关的国际组织主要是世界卫生组织（WHO），它成立于1948年4月7日，是联合国系统的专门机构，也是国际卫生工作的指导和协调机构，是国际上最大的政府卫生组织。WHO总部设在日内瓦，其宗旨是"要使全世界人民获得可能的最高水平的健康"。

除WHO外，还有一些影响较大的卫生相关国际组织在国际的卫生交流与合作工作中发挥着重要作用。如联合国儿童基金会（UNICEF）、联合国人口基金会（UNFPA）、国际癌症研究机构（IARC）、联合国环境规划署（UNEP）等。

世界卫生组织（WHO）主要任务：

1. 研究和制定卫生工作方针、政策和计划，向会员国提供咨询和建议。
2. 组织卫生工作的国际协作、技术合作和经验交流。
3. 根据会员国要求派遣专家协助工作，培训人员，改善环境，防治流行病，促进医药卫生科学研究，资助学习、考察或学术交流、合作研究等。
4. 收集、编写、出版、传播医药卫生情报，交流统计资料和技术书刊，向会员国提供卫生领域的情报和咨询。
5. 制定、修改有关疾病死因和公共卫生方面的国际命名，统一名称。
6. 开展传染病的国际监测与监督。
7. 促进并提高药品、生物制品的质量，制定有关国际标准。

WHO 从 20 世纪 70 年代就开始重视行为科学与人类健康关系的国际研究。1981 年夏，WHO 在我国北京举办由世界许多国家参加的"精神病学教学讲习班"时，就组织与会专家讨论了行为科学在医学发展中的重要地位，并提出了生物-心理-社会医学模式的建立。1991 年，WHO 又在我国举办世界性的"社会心理因素和行为与健康研讨会"，与会者讨论了行为与疾病的关系，并涉及许多保健等内容。此后 WHO 在其推行的全球卫生进程战略方向中越来越重视行为保健方面的内容和措施。

（二）WHO 推动全球卫生进程战略方向的具体措施

WHO 是国际卫生工作的指导和协调机构，不仅掌握世界各国的卫生保健情况，而且随时可以召集相关世界专家讨论或制定对某个疾病的防治措施。

就艾滋病而言，它是对全球威胁较大的性传播疾病，WHO 除定期公布各国该病的发病情况外，还综合世界专家意见提出各种行为保健措施。1988 年 1 月，WHO 在伦敦召开了一个有 100 多个国家参加的"全球预防艾滋病"部长级高级会议，会上宣布每年的 12 月 1 日为"世界艾滋病日"；1996 年 1 月，联合国艾滋病规划署（UNAIDS）在日内瓦成立；1997 年联合国艾滋病规划署将"世界艾滋病日"更名为"世界艾滋病防治宣传运动"，使艾滋病防治宣传工作贯穿全年。

世界卫生组织推动全球进程的战略方向中提出"促进健康生活方式"，其中第 1 条是减少烟草的使用。为了引起国际社会对烟草危害人类健康的重视，促进人们改变吸烟的不良行为，建立不吸烟的健康行为，世界卫生组织 1987 年 11 月建议将每年的 4 月 7 日定为"世界无烟日"。1989 年起，世界无烟日又改为每年的 5 月 31 日。世界无烟日每年都有一个主题，对改变人们吸烟的不良行为有积极的作用。为了减少烟草危害，世界卫生大会于 1996 年 5 月还提议进行《烟草控制框架公约》的谈判。2003 年 5 月，在日内瓦召开的第 56 届世界卫生大会上，世界卫生组织 192 个成员国一致通过了第一个限制烟草的全球性公约——《烟草控制框架公约》，为在全球控制烟草危害、共同维护人类健康提供了法律框架。

2005 年 2 月 27 日《烟草控制框架公约》正式生效。它是由世界卫生组织主持达成的第一个具有法律效力的国际公共卫生条约，也是针对烟草的第一个世界范围多边协议。该公约现已成为联合国历史上迅速获得最广泛接受的条约之一。截至 2019 年 11 月，已有 181 个缔约方，涵盖全球 90% 以上的人口。2005 年 8 月，全国人大常委会表决批准了该公约，10 月正式向联合国交存了批准书。《烟草控制框架公约》及其准则为各国实施烟草控制和管理提供了基础。为了让这一切变成现实，世界卫生组织于2008年根据此项公约制定了MPOWER 6项措施：监测烟草使用与预防政策；保护人们免受吸烟危害；提供戒烟帮助；警示烟草危害；禁止烟草广告、促销和赞助；提高烟税。《烟草控制框架公约》的公布以及MPOWER措施的制定对全球卫生保健事业和促进人类健康行为无疑起到了很大的积极作用。

WHO提出的"合理饮食和体力活动促进健康"涉及了与行为保健有关的两个方面：一是强调合理饮食促进健康行为；二是提倡多做体力活动提高健康行为。1968年瑞典提出《斯堪的那维亚国家人民膳食的医学观点》，产生了积极的社会效果。世界卫生组织（WHO）和联合国粮农组织（FAO）建议各国仿效。至今，全球已有许多国家公布了自己的《膳食指南》，其中包括中国。WHO强调多做体力活动，发展体育运动，增强体质也为各国积极支持和响应。

WHO在推动全球卫生进程的战略方向中提出防止意外伤害和暴力以及重视健康风险等内容，也涉及行为保健的许多内容，如自杀、吸毒、嫖娼、赌博等有害的不良行为的干预和健康教育等内容。国际卫生组织的建立和发展促使了医疗保健的国际交流与合作，也促进了各种国际卫生活动的蓬勃开展。国际卫生活动的频繁开展不仅对医学科学的世界交流起着不容忽视的推动作用，同时也对改善世界卫生状况、增进人们的健康水平、提高人们的行为保健意识做出了巨大贡献。

（吴 丹）

1. 行为保健的概念是什么？
2. 行为保健的主要内容是什么？
3. 怎样实施个人行为保健？
4. 怎样实施社区和家庭行为保健？
5. 国家、国际行为保健的意义是什么？

中英文专业词汇索引

A
暗示疗法（suggestion therapy） 265

B
闭经（amenorrhea） 176
表演型人格障碍（histrionic personality disorder） 97

C
常模（norm） 228
成瘾行为（addiction behavior） 73
冲动型人格障碍（impulsive personality disorder） 97
冲击疗法（flooding therapy，implosive therapy） 267
抽动障碍（tic disorders） 126

D
代币调节法（token economics） 270
动机（motivation） 19

E
儿童期（childhood） 109

F
反社会型人格障碍（antisocial personality disorder） 97
防御行为（defense behavior） 13
放松疗法（relaxation therapy） 265
放松训练（relaxation training） 265
肥胖（obesity） 191
分裂样人格障碍（schizoid personality disorder） 96

G
赶上生长（catch up growth） 109
高尿酸血症（hyperuricemia） 192
高脂血症（hyperlipemia） 190
攻击行为（aggressive behavior） 46
冠状动脉粥样硬化性心脏病（coronary atherosclerotic heart disease） 184

H
患者角色（sick role） 214
获得性免疫缺陷综合征（acquired immunodeficiency syndrome，AIDS） 206

J
健康（health） 51
健康传播（health communication） 250
健康促进行为（health promotion behavior） 52
健康行为（health behavior） 52
焦虑-回避型人格障碍（anxious-avoidant personality disorder） 98
戒断综合征（withdraw syndrome） 74
经前期综合征（premenstrual syndrome，PMS） 175
角色（role） 218
角色扮演（role play） 241

L
老龄化社会（aging society） 149
理想（ideal） 19
利他行为（altruism） 48

量表（scale） 7，225

M

慢性疲劳综合征（chronic fatigue syndrome） 174

N

耐受性（tolerance） 74

P

偏执型人格障碍（paranoid personality disorder） 96
品行障碍（conduct disorder） 122
评定量表（rating scale） 240
评估（assessment） 236

Q

气功疗法（qigong therapy） 273
强迫型人格障碍（compulsive personality disorder） 98
青春期（puberty） 114
情绪障碍症（dysthymic disorder） 124
求医行为（health-seeking behavior） 215

R

人格（personality） 20，95
人格测验（personality test） 231
人格障碍（personality disorder） 95
认知行为（cognitive behavioral） 258
认知行为疗法（cognitive behavior therapy，CBT） 258
认知疗法（cognitive therapy） 258

S

森田疗法（Morita therapy） 272
社会化（socialization） 23
摄食行为（feeding behavior） 12，34
神经性贪食症（bulimia nervosa） 170
神经性厌食症（anorexia nervosa） 168
生活方式（lifestyle） 63
生物反馈疗法（biofeedback therapy） 263
失眠（insomnia） 172
睡眠（sleep） 38
睡眠剥夺（sleep deprivation） 40

T

糖尿病（diabetes mellitus，DM） 188
痛风（gout） 192
痛经（dysmenorrhea） 176
退缩（withdrawing） 123

X

系统脱敏疗法（systematic desensitization） 264
效度（validity） 228
心理测验（psychological test） 225
信度（reliability） 228
行为（behavior） 1
行为科学（behavioral science） 3
行为疗法（behavior therapy） 261
行为评估（behavior assessment） 236
行为医学（behavioral medicine） 3
兴趣（interest） 19
性传播疾病（sexually transmitted disease，STD） 200
性行为（sexual behavior） 13
性心理障碍（psychosexual disorder） 105
需要（need） 18

Y

厌恶疗法（aversion therapy） 268
咬指甲症（nail biting） 123
依赖型人格障碍（dependent personality disorder） 99
遗尿症（enuresis） 127
应激源（stressor） 13
原发性高血压（essential hypertension） 182

Z

正性强化法（positive reinforcement） 270
智力测验（intelligence test） 229
肿瘤（tumor） 194
注意缺陷多动障碍（attention deficit hyperkinetic disorder，ADHD） 125
自陈量表（self-report scale） 240
自杀（suicide） 82
自杀未遂（attempted suicide） 82
自杀意念（suicidal ideation） 82
自我防御行为（ego denfense behavior） 45

主要参考文献

[1] 李山山. 生活方式病中国健康头号"杀手". 中国健康月刊, 2005, 8: 18-21.

[2] 王明旭, 李兴民. 行为医学. 2版·修订版. 北京: 北京大学医学出版社, 2008.

[3] 李明霞, 周志钦. 论健康概念及其影响因素. 中国健康教育, 2012, 7: 573-575.

[4] 韦波. 行为医学. 2版. 北京: 人民卫生出版社, 2013.

[5] 凯伦·格兰兹, 芭芭拉 K. 瑞莫, 维斯瓦纳斯著. 健康行为与健康教育理论、研究和实践. 周华珍, 孟静静译. 4版. 北京: 中国社会科学出版社, 2014.

[6] 王彦峰. 健康是生产力. 北京: 社会科学文献出版社, 2015.

[7] 中共中央国务院. "健康中国2030"规划纲要. 北京: 人民出版社, 2016.

[8] 李凌江. 行为医学. 长沙: 湖南科学技术出版社, 2016.

[9] 吕忠梅. 控制环境与健康风险 推进"健康中国"建设. 环境保护, 2016, 44 (24): 21-27.

[10] 傅华. 健康教育学. 3版. 北京: 人民卫生出版社, 2017.

[11] 白波. 行为医学. 3版. 北京: 人民卫生出版社, 2018.

[12] 姚树桥. 心理评估. 3版. 北京: 人民卫生出版社, 2018.

[13] 姚树桥, 杨艳杰. 医学心理学. 7版. 北京: 人民卫生出版社, 2018.

[14] 杨廷忠. 健康研究: 社会行为理论与方法. 北京: 人民卫生出版社, 2018.

[15] 世界卫生组织. 使用抗逆转录病毒药物治疗和预防艾滋病毒感染的综合指南. https://apps.who.int/iris/bitstream/handle/10665/85321/9789245505723_chi.pdf?sequence=11, 2013.

[16] 世界卫生组织. 2016-2021年全球卫生部门性传播感染战略草案. https://www.who.int/reproductivehealth/publications/rtis/ghss-stis/en/, 2016.

[17] 世界卫生组织. 艾滋病毒/艾滋病重要事实. (2020-07-06) https://www.who.int/zh/news-room/fact-sheets/detail/hiv-aids.